Folgende Hilfen bietet dir *deutsch ideen* in den Randspalten:

TIPP

> Wählt eine Gesprächsregel der Woche aus, auf die ihr besonders achten wollt.

TIPP
Hier gibt es Tipps, die helfen, oder Ideen, die weiterführen.

METHODE

> Mit einer **Mindmap** können Ideen zu einem Thema gesammelt und geordnet werden. Den Ausgangsbegriff schreibt man in die Mitte. Auf Ästen stehen Oberbegriffe, von denen Zweige für Unterbegriffe abgehen.

Methoden
An manchen Stellen findest du kurze Erläuterungen zu einer Methode in der Randspalte. Aber auch im **Methodenlexikon** am Ende des Bandes werden dir Methoden genauer erklärt.

> Die Befehlsform des Verbs nennt man **Imperativ** (lat. imperare = herrschen, befehlen).

Hinweise
Einzelne Wörter oder Begriffe, die für das Verständnis der Seite wichtig sind, werden kurz erklärt.

Verweise

K Eine Beschreibung überarbeiten → S. 50

Diese Verweise führen auf die **Kompetenzseiten**.

M Mindmap → S. 304

Diese Verweise führen ins **Methodenlexikon**.

Die Leistung von Adjektiven erproben → S. 256

Diese Verweise führen zu dem Kapitel, in dem das Thema ausführlich behandelt wird.

→ www

Unter der Internetadresse **www.schroedel.de/di-he5** (Registerkarte „Downloads") findet ihr die Lösungen zu den Trainingsideen und zur Selbsteinschätzung.

Sprach- und Lesebuch

Alexandra Beckmann, Anja Levold,
Jelko Peters, Thomas Roberg, Ina Rogge,
Regina Sang-Quaiser, Carola Schmidt,
Hanna Sieberkrob, Marlene Skala,
Birgit Tutt, Birgit Völker

5 Hessen

Schroedel

Sprach- und Lesebuch
5. Jahrgangsstufe
Hessen

Stammausgabe *deutsch ideen* erarbeitet von
Ulla Ewald-Spiller, Christian Fabritz, Martina Geiger, Christina Gervelmeyer,
Günter Graf, Frauke Mühle-Bohlen, Ina Rogge, Torsten Zander

Mit Beiträgen von
Ulla Ewald-Spiller, Christian Fabritz, Martina Geiger, Christina Gervelmeyer,
Günter Graf, Frauke Mühle-Bohlen, Ina Rogge, Torsten Zander

Fördert individuell – Passt zum Schulbuch

Optimal für den Einsatz im Unterricht mit **deutsch ideen**:
Stärken erkennen, Defizite ausgleichen.
Online-Lernstandsdiagnose und Auswertung
auf Basis der aktuellen Bildungsstandards.
Inklusive individuell zusammengestellter Fördermaterialien.

www.schroedel.de/diagnose

© 2012 Bildungshaus Schulbuchverlage
Westermann Schroedel Diesterweg Schöningh Winklers GmbH, Braunschweig
www.schroedel.de

Das Werk und seine Teile sind urheberrechtlich geschützt.
Jede Nutzung in anderen als den gesetzlich zugelassenen Fällen bedarf der
vorherigen schriftlichen Einwilligung des Verlags. Hinweis zu § 52a UrhG:
Weder das Werk noch seine Teile dürfen ohne eine solche Einwilligung
gescannt und in ein Netzwerk eingestellt werden. Dies gilt auch für Intranets
von Schulen und sonstigen Bildungseinrichtungen.
Auf verschiedenen Seiten dieses Buches befinden sich Verweise (Links)
auf Internet-Adressen. Haftungshinweis: Trotz sorgfältiger inhaltlicher Kontrolle
wird die Haftung für Inhalte der externen Seiten ausgeschlossen. Für den
Inhalt dieser externen Seiten sind ausschließlich deren Betreiber verantwortlich.
Sollten Sie bei dem angegebenen Inhalt des Anbieters dieser Seite auf
kostenpflichtige, illegale oder anstößige Inhalte treffen, so bedauern wir dies
ausdrücklich und bitten Sie, uns umgehend per E-Mail davon in Kenntnis
zu setzen, damit beim Nachdruck der Verweis gelöscht wird.

Druck A[1]/ Jahr 2012
Alle Drucke der Serie A sind im Unterricht parallel verwendbar.

Redaktion Esther Geiger
Herstellung Udo Sauter
Illustrationen Katja Gehrmann, Heike Heimrich, Margit Pawle, Jens Rassmus, Marlene Skala, Klaus Vonderwerth
Umschlaggestaltung boje5, Braunschweig
Typografie und Layout Farnschläder & Mahlstedt, Hamburg
Satz Jesse Konzept & Text, Hannover
Druck und Bindung Westermann Druck GmbH, Zwickau

ISBN 978-3-507-42610-8

Inhalt

Kompetenzen

Ins neue Schuljahr starten 10–21

Wege in der Schule	Wege erkunden 11
Einander kennenlernen	Sich und andere vorstellen 12
	Briefe schreiben 14
	E-Mails und SMS verfassen 16
Ingrid Hintz: Kribbeln im Bauch 17	Über Erfahrungen sprechen 17
Das Lernen lernen	Sich einen Platz zum Arbeiten einrichten 18
	Sich die Zeit einteilen 19
	Sinnvoll Hausaufgaben machen und ein Heft gestalten 20

Kompetenzen 21

Wir sind Klasse! – Miteinander sprechen und Meinungen formulieren 22–33

Vier Wochen in der neuen Schule	Über Erfahrungen sprechen 23
Wir gestalten unsere Schule	Gespräche untersuchen 24
	Gesprächsregeln vereinbaren 25
	Gesprächsregeln einhalten 26
	Die eigene Meinung formulieren 27
	Bitten und Wünsche formulieren 28
Neue AGs im Nachmittagsbereich	Stichpunkte entfalten 29
	In einem Brief überzeugen 30
	Selbstlernideen Argumente sammeln und adressatenorientiert ordnen 31

Kompetenzen 32   Selbsteinschätzung 32   Trainingsideen 33

Unterwegs an der Küste – Berichten und Beschreiben 34–53

Eindrücke von der Klassenfahrt	Einen Bericht vorbereiten 35
Eine Klassenzeitung über unsere Klassenfahrt	W-Fragen benutzen 36
	Über ein Ereignis berichten 37
	Bericht und Erzählung vergleichen 39
	Einen Bericht überarbeiten 41
Wege und Irrwege	Einen Weg beschreiben 42
Tiere an Land und im Wasser	Eine Tierbeschreibung planen 44
	Sachlich und genau beschreiben 46
	Selbstlernideen Tiere beschreiben 48
	Eine Beschreibung überarbeiten 49

Kompetenzen 50   Selbsteinschätzung 51   Trainingsideen 52

| Inhalt | Kompetenzen |

Unglaubliche Alltagsgeschichten – Erzählen 54–71

Erzählenswertes	Mündlich erzählen 55
Freizeitgeschichten	Eine mündliche Erzählung planen und gestalten 56
Abenteuer im Alltag	Den Aufbau einer Erzählung erkennen 58
	Eine Geschichte zu Bildern erzählen 60
	Erzählausschnitte untersuchen 61
	Lebendig und anschaulich erzählen 62
	Wörtliche Rede benutzen 63
	Selbstlernideen Eine schriftliche Erzählung gestalten 64
	Eine Erzählung überarbeiten 66
Projektideen Einen Geschichtenbasar veranstalten 67	

Kompetenzen 68   **Selbsteinschätzung** 70   **Trainingsideen** 71

Freude, Mut und Angst – Kurze Geschichten 72–85

Erzählanfänge	Erzählanfänge kennenlernen 73
Giuseppe Pontiggia: Das Versteck 73	
Jutta Richter: Der Rattenkönig 73	
Jostein Gaarder: Gaia 73	
Unter Freunden	
Renate Welsh: Axel und die Freude 74	Inhalte wiedergeben und verstehen 74
Gunter Preuß: Der Sprung 77	Aufbau und Inhalt einer Geschichte untersuchen 77
Gina Ruck-Pauquèt: Die Kreidestadt 79	Sich in eine Figur hineinversetzen und die Geschichte aus einer veränderten Sicht erzählen 79
Leseideen Rätselhaft 81	
Jutta Richter: Die Kellerkatze 81	

Kompetenzen 83   **Selbsteinschätzung** 84   **Trainingsideen** 85

Der Traum vom Fliegen – Sachtexte 86–101

Erste Flugversuche	Einen Überblick gewinnen 87
Erkenntnisse aus Natur und Technik	Lesetechniken anwenden 88
Ung. Verf.: Wie Vögel fliegen 88	
Ung. Verf.: Anpassung der Vögel an den Luftraum 89	Markierungen und Randbemerkungen nutzen 89
Ung. Verf.: Wie funktioniert das Fliegen? 90	Sachverhalte klären 90
Ung. Verf.: Vögel und Flugzeuge 91	
Flugerfolge	Aufbau und Inhalt erfassen 92
Ung. Verf.: Der Fortschritt der Brüder Wright 92	Kernsätze und Schlüsselbegriffe ermitteln 93
	Schaubilder und Tabellen untersuchen 94
Brigitte Endres: Über den Großen Teich – die erste Atlantiküberquerung 96	Informationen entnehmen und vergleichen 96
	Selbstlernideen Texten und Bildern Informationen entnehmen 98

Kompetenzen 99   **Selbsteinschätzung** 100   **Trainingsideen** 101

Inhalt   Kompetenzen

Tierisches in Vers und Reim – Gedichte 102–125

Josef Guggenmos: In der Steppe 102

Tierische Lieder   Lyrische Formen entdecken 103
Jonathan Northon: Der Dschungeltanz 103

Von Tieren und Menschen   Textsorten unterscheiden 104
Christine Busta: Begegnung im Regen 104
Michael Ende: Die Schildkröte 105   Reime bestimmen 105
Friedrich Hoffmann: Fliegenmahlzeit 105
Joachim Ringelnatz: Die Ameisen 106 Verse und Strophen ordnen 106
James Krüss: Die kleinen Pferde heißen Fohlen 106
Christina Zurbrügg: Einmal 107   Ungereimte Gedichte wiederherstellen 107

Mit Sprache und Geräuschen Bilder malen   Sprachliche Gestaltungsmittel erkennen 108
Ursi Zeilinger: Ein sauschweinisches Gedicht 108
Joachim Ringelnatz: Pinguine 109
Wilhelm Busch: Letzte Gelegenheit 110   Gedichte vortragen und auswendig lernen 110
James Krüss: Der Uhu und die Unken 111

Gedichteschmiede   **Selbstlernideen** Gedichte nach Vorgaben schreiben 112
Gerhard Rutsch: Tierisches 112
Josef Guggenmos: Herr Matz und die Katze 112

Unterwassergedichte   Gedichte miteinander vergleichen 114
Helga Glantschnig: Tintenfisch und Tintenfrau 114
Christine Nöstlinger: Karpfenschuppe 114
Paul Maar: Mitten in der Nacht 115

Leseideen Tiergedichte 116

James Krüss: Die kleinen Pferde heißen Fohlen 116   Ron Padgett: Die Giraffe 118
Christina Zurbrügg: Einmal 116   Hanna Johansen: Ein Krokodil 118
Michael Ende: Die Schildkröte 116   Günther Strohbach: Verschieden, aber zufrieden 118
Gerhard Rutsch: Tierisches 117   Christian Morgenstern: Die Vogelscheuche 119
Ernst Jandl: ottos mops 117   Bertolt Brecht: Die Vögel warten im Winter
Joachim Ringelnatz: Die Ameisen 117   vor dem Fenster 119
Friedrich Hoffmann: Fliegenmahlzeit 117   Wilhelm Busch: Rotkehlchen 119
Hermann von Lingg: Das Krokodil 118   Matsuo Bashô: Wintermorgenschnee 119

Projektideen Einen Lyrikabend gestalten 120

Kompetenzen 122   **Selbsteinschätzung** 124   **Trainingsideen** 125
Rose Ausländer: Der Vogel 125
Jan Kaiser: Traurig in Aurich 125

Schlaue Streiche und wahre Lügen – Schwank- und Lügengeschichten 126–137

Schelmenantworten   Schwänke kennenlernen 127
Unbek. Verf.: Ein Fremder in Schilda 127
Unbek. Verf.: Nasreddin Hodscha beantwortet vierzig
    Fragen auf einmal 127

Narren, Ritter und Lügenbarone   Einen Schwank in modernes Deutsch übertragen 128
Unbek. Verf.: Wie Till Eulenspiegel Eulen und
    Meerkatzen buk 128

Inhalt	Kompetenzen
THiLO: Im Angesicht des Drachen 129	Eine schwankhafte Rittergeschichte erschließen 129
Erich Kästner: Der Kampf mit den Windmühlen 131	Eine schwankhafte Rittergeschichte zusammenfassen und deuten 131
Grimmelshausen: Aufschneiderei 132	Eine Lügengeschichte verstehen 132
Gottfried August Bürger: Drittes Seeabenteuer des Freiherrn von Münchhausen 133	Eine Lügengeschichte zusammenfassen und deuten 133
Johann Peter Hebel: Seltsamer Spazierritt 134	**Selbstlernideen** Schwänke und Lügengeschichten erzählen 134

Kompetenzen 135   **Selbsteinschätzung** 136   **Trainingsideen** 137

Paul Maar: Till Eulenspiegel trifft die Schildbürger 137
Gottfried August Bürger: Münchhausen jagt einen achtbeinigen Hasen 137

Märchenhafte Welten – Märchen 138–159

Märchensprüche	Märchen entdecken 139
Märchenstunde	Ein Märchen entwirren 140
Jelko Peters: Ein Verwirr-Märchen 140	
Jacob und Wilhelm Grimm: Die drei Königssöhne 141	Ein Märchen nacherzählen 141
Jacob und Wilhelm Grimm: Die sieben Raben 142	Ein Märchen gliedern 142
Märchenhaft	Märchenmerkmale sammeln 145
	Selbstlernideen Ein Märchen planen und erzählen 146
	Ein Märchen überarbeiten 148
Verkehrte Märchenwelt	Ein verfremdetes Märchen untersuchen 149
Joachim Ringelnatz: Rotkäppchen 149	Märchen verfremden 151

> **Leseideen** Märchen aus aller Welt
> Märchen aus Argentinien: Als es Krapfen regnete 152
> Märchen aus der Türkei: Das wertvolle Salz 153
> Märchen aus Polen: Die Schwanenprinzessin 154
> Hans Christian Andersen: Die Prinzessin auf der Erbse 155

Kompetenzen 156   **Selbsteinschätzung** 158   **Trainingsideen** 159

Janosch: Der Riese und der Schneider 159

TheaterSpielRaum – Szenisches Spiel 160–177

Das Aufwärmen: Bewegungsspiele	Mit dem Spiel anfangen 161
Alles Theater	Körpersprache, Mimik und Gestik einsetzen 162
	Die eigene Stimme erproben 163
Hugo Ball: Wolken 164	Die Stimme ins Spiel bringen 164
Hugo Ball: Seepferdchen und Flugfische 164	Einen Text als Choreografie gestalten 165
Theaterstück	Szenen lesen und Figuren verstehen 166
Petronella. Ein Märchen mit vertauschten Rollen, bearb. für das Theater von Marlene Skala 166–173	Regieanweisungen einfügen und eine Szene spielen 168
	Ohne Text im Spiel bleiben 170
	Einen Rap inszenieren und präsentieren 171
	Spezialeffekte erzeugen 173

> **Projektideen** Einen Theaterabend gestalten 174

Kompetenzen 176

Inhalt   Kompetenzen

Die Welt der Bücher – Jugendbuch 178–195

Bücherabteilungen	Informationen ordnen 179
In der Bibliothek	Eine Bibliothek erkunden 180
Projektideen Eine Klassenbibliothek organisieren 182	
Der Online-Katalog	Nach Büchern in einem Bibliothekskatalog suchen 184
„Ich bin für den Spaß am Lesen zuständig" Andreas Steinhöfel: Rico, Oskar und die Tieferschatten 186	Einen Autor und seinen Romanhelden kennenlernen 185
Eine Buchvorstellung	Eine Buchvorstellung planen 191
	Gestaltend sprechen 192
	Ergebnisse vortragen 193
	Eine Buchempfehlung schreiben 194

Kompetenzen 195

Erfindungen und Phänomene – Rechtschreibung und Zeichensetzung 196–231

Rechtschreibstrategien	Schlangenwörter untersuchen 197
Rechtschreibstrategie 1: Silben mitschwingen	Silben mitschwingen: Kurzer Vokal / Doppelkonsonant 198
	Silben mitschwingen: Schärfung z–tz, k–ck 200
	Silben mitschwingen: Silbentrennendes h 201
	Selbstlernideen Silben mitschwingen 202
Rechtschreibstrategie 2: Wörter verlängern	Wörter verlängern: p–b, t–d, k–g 203
	Wörter verlängern: Doppelkonsonanten im Auslaut/k-Laute 205
Rechtschreibstrategie 3: Wörter ableiten	Wörter ableiten: Wortstamm 206
Rechtschreibstrategie 4: Mit Merkwörtern arbeiten	Mit Merkwörtern arbeiten: Dehnungs-h 208
	Mit Merkwörtern arbeiten: langes i 209
	Mit Merkwörtern arbeiten: Doppelvokale 210
	Mit Merkwörtern arbeiten: f-Laute 211
	Selbstlernideen Mit Merkwörtern arbeiten 212
Rechtschreibregeln	Die Großschreibung trainieren 214
	Verben und Adjektive nominalisieren 215
	s-Laute untersuchen 216
	s-Laute unterscheiden und schreiben 217
	das und *dass* unterscheiden 218
	Anredepronomen richtig schreiben 219
Zeichensetzung	Satzzeichen bei wörtlicher Rede setzen 220
	Das Komma bei Aufzählungen setzen 221
	Selbstlernideen Richtig schreiben 222
Nachschlagen	Mit dem Wörterbuch arbeiten 224

Kompetenzen 226   **Selbsteinschätzung** 229   **Trainingsideen** 230

* fakultatives Angebot

Inhalt   Kompetenzen

Bühne frei für Stars und Sternchen – Wortarten 232–263

Die Wortarten	Wortarten kennenlernen 233
Nomen und Artikel	Das Nomen und die Funktion von Artikeln erkennen 234
	Nomen unterscheiden 235
	Das Genus bestimmen 236
	Singular und Plural verwenden 237
	Nomen deklinieren 238
	Selbstlernideen Nomen bestimmen und deklinieren 239
Personal- und Possessivpronomen	Die Leistung von Personalpronomen erkennen 240
	Personalpronomen deklinieren 241
	Possessivpronomen erkennen 242
Präpositionen	Die Leistung von Präpositionen erkennen 243
	Präpositionen unterscheiden 244
Verben	Verben kennenlernen 245
	Verben konjugieren 246
	Den Imperativ benutzen 247
	Zeitformen der Verben bilden 248
	Vergangenheit, Gegenwart und Zukunft unterscheiden 249
	Das Präsens gebrauchen 250
	Das Futur I gebrauchen 251
	Das Präteritum und das Perfekt gebrauchen 252
	Das Plusquamperfekt verwenden 253
	Selbstlernideen Den Umgang mit Verben üben 254
Das Adjektiv	Funktionen und Formen von Adjektiven kennenlernen 255
	Die Leistung von Adjektiven erproben 256
	Selbstlernideen Adjektive gebrauchen 257

Kompetenzen 258   **Selbsteinschätzung** 261   **Trainingsideen** 262

Auf in den Zoo – Sätze 264–275

Zoosätze – zwei passen zusammen	Satzarten unterscheiden 265
Der einfache Satz	Aussage-, Ausrufe- und Aufforderungssätze gebrauchen 266
Satzreihe und Satzgefüge	Haupt- und Nebensätze unterscheiden 267
	Satzreihe und Satzgefüge bestimmen 268
	Satzreihen und Satzgefüge bewusst verwenden 269
Zeichensetzung	Zeichen setzen in der Satzreihe 270
	Zeichen setzen im Satzgefüge 271
	Zeichen setzen in der Satzreihe und im Satzgefüge 272

Kompetenzen 273   **Selbsteinschätzung** 274   **Trainingsideen** 275

Inhalt　　　　　　　　　　　　　　　Kompetenzen

Den Geheimnissen der Pharaonen auf der Spur – Satzglieder 276–293

Geordnete Sätze	Satzglieder durch die Umstellprobe ermitteln 277
Die Gliederung eines Satzes	Satzglieder ersetzen 278
	Satzglieder erfragen 279
Adverbiale Bestimmungen	Die adverbiale Bestimmung des Ortes und der Zeit erkennen 280
	Die adverbiale Bestimmung des Grundes und der Art und Weise erkennen 281
Das Prädikat	Das Prädikat erkennen 282
Das Subjekt	Das Subjekt erkennen 284
Freya Stephan-Kühn: Vorsicht, Grabräuber! 284	Den Zusammenhang von Subjekt und Prädikat erkennen 285
Jean Vercoutter: Howard Carter oder die Entdeckung des verschollenen Grabes 285	
Objekte	Akkusativ-, Dativ- und Genitivobjekte erkennen und unterscheiden 286
Die Wirkung der Satzglieder	Über die Wirkung von Satzgliedern nachdenken und Texte überarbeiten 288

Kompetenzen 289　　　Selbsteinschätzung 291　　　Trainingsideen 292

Rund ums Wort – Wortkunde 294–303

Die wichtige Aufgabe der Wörter	Über die Aufgabe von Wörtern nachdenken 295
Astrid Lindgren: Pippi findet einen Spunk 295	
Für alles gibt es ein Wort: Wortfeld	Wortfelder bilden 296
	Sich genau und abwechslungsreich ausdrücken 298
Wortfamilie	Wortfamilien bilden 299
Wortbildung	Wörter bilden 300

Kompetenzen 302　　　Selbsteinschätzung 303

Nachschlagen 304–320

M Methoden und Arbeitstechniken 304　　**B** Basiswissen 306　　**K** Kompetenzübersicht 311
Sachregister 312　　Verzeichnis der Textsorten 314　　Textquellen 316　　Bildquellen 319

Ins neue Schuljahr starten

Ihr seid angekommen in eurer neuen Schule! Bestimmt habt ihr viel zu berichten, zu erzählen und zu fragen.

1. Euer Schulrucksack ist randvoll. Neben Pausenbrot, Federmäppchen und Büchern sind sicherlich noch andere Dinge in eurem „Gepäck" versteckt. Erzähle einem Partner, mit welchen Gefühlen du in das neue Schuljahr gestartet bist. Erinnere dich dabei an die letzten Tage der Sommerferien, den Abend vor Schulbeginn, den Morgen, an dem es dann tatsächlich losging.
2. Sind es ähnliche Erfahrungen, die ihr in eurer Klasse gemacht habt?

Wege in der Schule

Meine Wegekarte

Das Schulgebäude ist groß und erscheint noch unübersichtlich. Damit du dich in Zukunft gut zurechtfindest, kannst du eine persönliche Wegekarte anlegen.

> **TIPP**
> Sei aufmerksam und setze alle Sinne bei deinem Gang durch die Schule ein! Nimm alles wahr, was auf deinem Weg liegt, sicherlich wirst du viel entdecken!

3. Geh durch das neue Schulgebäude und über das Schulgelände. Was entdeckst du auf deinem Weg? Halte Stichworte fest und gestalte dann deine Wegekarte: Zeichne deinen Weg. Male wichtige Räume, Orte und Personen (Sekretariat, Hausmeister …), jedoch auch Kleinigkeiten, die dir zunächst unauffällig oder sogar unwichtig erscheinen.
4. Lass nun die anderen diesen Weg gehen. Entdecken sie, was du gesehen hast?
5. Bestimmt hängt in eurer Klasse auch ein „Flucht- und Rettungsplan". Schaut ihn euch genau an. Worüber informiert er?
6. Beschreibt, wo sich bei euch die Cafeteria, der Sanitätsraum und der nächste Feuerlöscher befinden.

> **In diesem Kapitel beschäftigst du dich**
>
> ▶ mit dem Start ins neue Schuljahr, deinen Mitschülerinnen und Mitschülern, dem Schulgebäude und immer wieder mit dir und deinen Vorstellungen von Schule und gemeinsamem Schulalltag,
> ▶ damit, Briefe, E-Mails und SMS zu verfassen,
> ▶ mit dem Lernen! Das Lernen will gelernt sein, hier erfährst du viele praktische Hinweise und Tipps, wie es dir in den nächsten Jahren gelingen kann, erfolgreich zu lernen.

Einander kennenlernen

Wer kennt mich?

Name:

Geburtstag: 23. Juni

Haarfarbe: rot

Augenfarbe: grün-blau

Größe: 1,42 Meter

Hobbys:
Freunde treffen, Fußball spielen, mit dem Hund rausgehen

Lieblingsband:
keine bestimmte

Haustiere:
ein Hund (Pavel), zwei Fische, ein Hamster

Lieblingsfarbe:
blau

Lieblingsessen:
Pizza mit grünem Salat

Lieblingsfächer:
Sport, Englisch

1. Tausche dich mit deinem Nachbarn darüber aus, worauf es bei einem Steckbrief ankommt.
2. Gestalte einen Steckbrief von dir. Schreibe auf, wer du bist, was zu dir gehört, was jeder über dich wissen sollte und womit du dich gerne beschäftigst. Lass Platz für ein Foto und für deinen Namen!
3. Bildet Gruppen mit vier bis sechs Schülern. Jede Gruppe erhält von einer anderen Gruppe die Steckbriefe.
Ordnet diese dann euren Mitschülern zu, indem ihr auf das Blatt jeweils einen Klebezettel mit dem Namen anheftet.
4. Stellt anschließend eure Ergebnisse in der Klasse vor.
Wenn die Zuordnung richtig war, kann die gesuchte Person den Zettel abhängen, ihren Namen auf den Steckbrief schreiben, ein Foto von sich aufkleben und den Brief aufhängen.
Ratet gemeinsam in der Klasse weiter, wenn die Zuordnung nicht richtig war.

TIPP
Ihr könnt auch Namensschilder anfertigen und sie so gestalten, dass sie jeweils eines eurer Hobbys erkennen lassen.

Hier geht's um die anderen!

Je besser man einander kennt, desto besser kann man auch miteinander leben und arbeiten! In einer neuen Klasse ist es daher wichtig, einander gut kennenzulernen. Aufmerksamkeit und Offenheit gehören dazu.

Fragebogen

Wo möchtest du einmal leben, wenn du erwachsen bist? _____

Was ist deine Lieblingsmusik? _____

Wie viele Geschwister hast du? _____

Was isst man in deiner Familie besonders gern? _____

---

5. Gestaltet ein Klassenbingo. Jeder von euch denkt sich so viele Fragen aus, wie es Mitschüler in eurer Klasse gibt.
   - Fertigt einen Laufzettel mit allen Fragen an. Lasst für jeweils eine Antwort Platz.
   - Geht dann durch die Klasse und stellt jeder Mitschülerin und jedem Mitschüler eine Frage.

Interview

6. Bringe etwas mit, das dir am Herzen liegt (einen Gegenstand oder ein Foto).
7. Interviewe eine Mitschülerin oder einen Mitschüler. Beginne jeweils mit dem mitgebrachten Gegenstand und geh dann über zu weiteren Themen und Fragen (Wo ist dein Lieblingsplatz im Haus? Welchen Monat magst du am liebsten? Wie stellst du dir die nächsten Schuljahre vor?).
   Mach dir Notizen.
8. Stelle anschließend mithilfe deiner Notizen deinen Interviewpartner der Klasse vor.

Blick zurück nach vorn

Du bist schon ein paar Tage an deiner neuen Schule. Jetzt hast du Gelegenheit, über den Schulwechsel in einem Brief an dich selber nachzudenken. Sei ganz ehrlich. Niemand außer dir wird den Brief lesen.

1. Suche dir einen Ort in der Schule oder in der Klasse, an dem du ungestört schreiben kannst. Formuliere einen Brief an dich selbst.
   - Was war dir in der Grundschule besonders wichtig?
   - Was möchtest du nicht vergessen?
   - Welche Personen haben dich begleitet und wen vermisst du?
   - Erinnere dich mit allen Sinnen: Wie roch es im Schulgebäude, welche Geräusche hörte man vor dem Fenster?
   - Dann schaue nach vorn: Was wünschst du dir von der neuen Schule, dem Schuljahr, deiner Klasse und den neuen Lehrern?
   - Auf welche Fächer freust du dich besonders?
   - Was macht dir Sorgen, was bereitet dir Freude?
2. Für jeden Brief gibt es einen Umschlag. Beschriftet ihn mit eurem Namen und gebt ihn zugeklebt eurer Deutschlehrerin oder eurem Deutschlehrer. Sie oder er wird ihn sicher aufbewahren und zu einem vereinbarten Zeitpunkt wieder an euch austeilen.

Was ich dir mitteilen möchte

Normalerweise schreiben Menschen Briefe nicht an ihre eigene Adresse, sondern sie richten sie an eine andere Person. Nach den ersten Tagen in der neuen Schule schreibt Sophie ihrer Brieffreundin einen Brief.

Frankfurt, 14.09.2012

Liebe Lena,

vielen Dank für deine Karte aus dem Urlaub mit den lustigen Muscheln drauf. Wie geht es dir?
Ich bin jetzt seit drei Wochen auf dem Gymnasium und es ist immer noch alles ganz aufregend. Die neue Schule ist viel größer als die alte. Wir haben sogar drei Pausenhöfe und eine große Pausenhalle, in der wir bei Regen sein dürfen.
Seit dem ersten Tag sitze ich neben Katharina. Sie wohnt im Nachbarort und wir fahren immer im Bus zusammen. Vielleicht werden wir ja Freundinnen. Nächste Woche wollen wir einmal mit dem Rad zur Schule fahren.
Gestern hatten wir auch am Nachmittag Schule. Wir haben alle zusammen in der Schulmensa gegessen. Anschließend hatten wir Sport. Dort haben wir Völkerball gespielt, das ist mein Lieblingsspiel.
Meine Lehrer sind sehr nett und das finde ich toll!!
Ich habe schon sehr viele Lieblingsfächer.
Wie ist denn deine neue Schule? Hast du schon Freunde gefunden? Schreib mir ganz schnell!!

Viele Grüße
deine Sophie

Sophie Fischer
Eulenspiegelstr. 7
13245 Frankfurt

An
Lena Göhner
Darmstädter Str. 4
54231 Zwingenberg

3. Bestimmte Elemente gehören in jeden Brief. Welche kannst du in Sophies Brief entdecken? Ordne die Begriffe dem Brief zu.

   Ort   Brieftext   Unterschrift   Anrede   Grußformel   Datum

4. Verfasse einen Brief an eine Person, der du über deine neue Schule berichtest. Notiere zunächst auf einem Stichwortzettel, worüber du gerne schreiben möchtest (neue Freunde, Unterricht am Nachmittag …).
5. Schreibe auf einen Briefumschlag die Adresse und den Absender.

Stichwortzettel
→ S. 305 **M**

Einen Brief schreiben
→ S. 21 **K**

Ins neue Schuljahr starten

E-Mails und SMS verfassen

> Die aus dem Englischen „electronic mail" (elektronische Post) abgeleitete Bezeichnung **E-Mail** ist eine briefähnliche Nachricht von einem Computer zu einem anderen. Dazu ist es notwendig, dass der Schreiber/Sender und der Empfänger eine sogenannte E-Mail-Adresse und ein elektronisches Postfach besitzen.

Über kurz oder lang: E-Mail und SMS

Statt eines Briefes, der von der Post befördert an den Adressaten gelangt, gibt es auch die Möglichkeit, elektronische Medien zu nutzen. Solche Mitteilungsformen sind die E-Mail und die SMS.

| An: | sophie.fischer@di.de |
| Betreff: | Liebe Grüße |

Liebe Sophie,

toll, dass es dir an deiner neuen Schule gefällt. Ich kann mir gut vorstellen, wie du dich fühlst!! Bei mir ist auch noch alles total aufregend. Besonders das Busfahren zur Schule ist spannend. Mit Mia, meiner neuen Freundin, sitze ich immer auf der Rückbank des Busses. Dort ruckelt es schön. Allerdings möchten die Jungen auch dort sitzen, was ihnen aber nicht immer gelingt. ☺

Liebe Grüße
deine Lena

1. Du kannst anstelle eines Briefes auch eine E-Mail schreiben. Besprecht, worauf ihr beim Verfassen einer E-Mail achten müsst.
2. Listet auf, welche Vorteile die E-Mail gegenüber herkömmlichen Briefen hat. Gibt es auch Nachteile?

3. Auch die SMS bietet die Möglichkeit, über deine neue Schule zu berichten. Verfasse eine SMS und beschreibe, wie du diese versendest.
4. Wodurch unterscheidet sich deine SMS von anderen Mitteilungsformen wie dem Brief und der E-Mail? Tauscht euch darüber aus,
   – wann ihr welche Mitteilungsform wählt,
   – welche Erwartungen ihr als Sender, welche ihr als Empfänger der Nachricht habt,
   – wie ihr die Texte diesen Ansprüchen gemäß gestaltet.
5. Erstelle eine Tabelle, in der du die Vor- und die Nachteile des „Simsens" (des Schreibens einer SMS) auflistest.

> Die Abkürzung **SMS** kommt aus dem Englischen und steht für „Short Message Service". Diese Übertragungsform von Textnachrichten ist speziell für das Handy entwickelt worden. Eine SMS kann eine Länge von 160 Zeichen umfassen.

K E-Mails und SMS verfassen → S. 21

Vorteile	Nachteile
– schneller Austausch	– Klingeltöne können stören
– lustige Abkürzungen	– …

Ins neue Schuljahr starten

Kribbeln im Bauch   Ingrid Hintz

Das Kribbeln im Bauch wollte nicht verschwinden. Florian stellte fest, dass zwar drei seiner Mitschüler aus der Grundschule in seine neue Klasse kamen, aber Thore war nicht dabei. Sein Freund Thore, der ihm mindestens so wichtig war wie regelmäßiges Spaghetti-Essen und Fußball am Nachmittag! Warum musste Thore auch unbedingt in diese andere Schule gehen, die seine Eltern für ihn ausgesucht hatten? Dabei hatten die beiden Freunde sich schon vorgenommen, in der neuen Klasse auf jeden Fall nebeneinanderzusitzen. Ob Thore ähnliche Gefühle hatte wie er?

Es gelang Florian immer noch nicht, entspannt aufzuatmen. Natürlich war die neue Schule anders als die kleine Grundschule in seinem Stadtteil, die er zu Fuß erreichen konnte. Jetzt musste er viel früher aufstehen und mit dem Bus fahren, der heute so überfüllt gewesen war, dass er die ganze Zeit stehen musste. Andererseits war er jetzt kein Grundschüler mehr. Als Elfjähriger konnte er sich zu den Größeren zählen, die in den nächsten Jahren viele neue und schwierige Dinge lernen würden. In der Pausenhalle hatte die Klassenverteilung stattgefunden. 15 Jungen und 14 Mädchen gehörten zu seiner Klasse 5 b. An so viele Mitschülerinnen und Mitschüler war er gar nicht gewöhnt. Würde er neue Freunde finden, solche wie Thore?

Es klingelte zur Pause. Viele stürmten auf den Schulhof, einige gingen suchend und zögernd den Flur entlang. Florian hielt sich in der Nähe von Murat auf. Zwei Mädchen rannten ihn fast um. Ihr Lachen konnte er noch lange hören. Zusammen mit Murat ging er zu einer Gruppe von Jungen, die gerade dabei waren, eine umgedrehte Bank zu einem Tor aufzustellen und zwei Mannschaften einzuteilen. Wenn Thore nur hier wäre! Mit ihm hätte er es schon geschafft, sich als Fußballprofi vorzustellen. Doch neben Murat fühlte er sich wenigstens nicht ganz allein.

Die anderen Jungen und Mädchen schienen sich irgendwie zu kennen, jedenfalls wirkte es auf Florian so. Einer der beiden Mannschaftsführer, die sich nacheinander ihre Mitschüler aussuchen konnten, guckte sich suchend um. „Da, nimm den!", hörte er plötzliche eine Stimme sagen und er sah, wie Murat auf ihn zeigte. „Der kann auch Fußball spielen." Der Junge nickte mit dem Kopf: „Na gut!" Und schon kickten sie gemeinsam mit einem Softball um die Wette. Als es ihm gelungen war, den Ball durch die Bank zu schießen, gab es Beifall. Florian musste zum ersten Mal an diesem Tag lächeln. Das Kribbeln im Bauch war schon fast verschwunden.

1. Erkläre, wodurch sich das Kribbeln bei Florian auflöst.
2. Wie ist es dir mit deinen Freunden zum Schuljahresbeginn ergangen? Tausche dich mit deinem Sitznachbarn darüber aus.

Das Lernen lernen

Mein Arbeitsplatz zu Hause

Die meisten Schülerinnen und Schüler haben einen eigenen Arbeitsplatz zu Hause, aber nicht alle arbeiten tatsächlich an einem Schreibtisch.

1. Schau die Fotos an: Was fällt dir auf?
2. Wähle aus der folgenden Liste die Dinge aus, die du an deinem Arbeitsplatz für wichtig hältst:

> Lampe – Schere – Pinnwand – Kleber – Locher – Fernseher – großer Terminkalender – Turnbeutel – Spitzer – Buntstifte – Hamsterfutter – Schreibblock – Zirkel – Schmierpapier – Stundenplan – Tennisschläger – Papierkorb – CDs – ganz warmer Raum – CD-Spieler – Butterbrote – Schreibtischstuhl – kleine Notizzettel – Lesezeichen – Ball – Rechtschreibwörterbuch – Musik – Tintenpatronen – Regal – Kuscheltiere – frische Luft – Fremdsprachenwörterbuch – Bonbons – Hocker – Postkartensammlung – PC – Schokolade – …

3. Tauscht euch darüber aus, wo ihr am liebsten arbeitet, und sammelt Ideen, wie euer Arbeitsplatz eingerichtet sein sollte.
4. Versuche eine Woche lang deinen Arbeitsplatz so zu verlassen, dass du am nächsten Tag sofort mit den Hausaufgaben beginnen kannst.
5. Berichte am Ende der Woche deinen Mitschülern, ob dir dein Vorhaben geglückt ist.

TIPP

Packe deine Schultasche, gleich nachdem du deine Aufgaben erledigt hast. Packe nur das ein, was du für den nächsten Tag brauchst!

Drei Experimente

1. Zeit für alles finden – der Wochenplan

Entwirf einen Wochenplan für dich, in den du zunächst deine festen Termine einträgst. Ergänze dann deine weiteren Aufgaben, z. B. Hausaufgaben machen, für eine Klassenarbeit lernen, ein Kurzreferat vorbereiten, ein Buch lesen. Überlege dir dabei eine geeignete Reihenfolge der Bearbeitung.

Tag	Montag	Dienstag	Mittwoch	Donnerstag	Freitag
Zeit	–	Unterricht bis 16 Uhr	Kletter-AG	Treffen mit Jonas	16:30 Uhr: Turnen

2. So viel zu tun! – der Zeitplaner

Manchmal hat man das Gefühl, dass ein Nachmittag für alle Aufgaben nicht ausreicht. Um zu überprüfen, ob dies stimmt, kannst du einen Zeitplaner ausprobieren. Darin trägst du die geschätzte Zeit der Aufgabe und die tatsächlich benötigte Zeit ein. Probiere den Zeitplaner eine Woche lang aus.

Aufgabe	Geschätzte Zeit	Tatsächliche Zeit	Grund für die Abweichung
Gedicht auswendig lernen	1 Stunde	15 Minuten	Zu zweit gelernt

3. Was für eine anstrengende Aufgabe! – lerne mit Pausen

Jede/-r in der Klasse hat die gleiche Aufgabe:
Ihr sollt innerhalb von 10 Minuten für euch allein alle kleinen e-, f- und r-Buchstaben gesondert im Buch von Seite 118 bis 120 zählen. Teilt dazu eure Klasse in drei Zufallsgruppen ein, die nach folgendem Schema arbeiten sollen:

Gruppe A	Gruppe B	Gruppe C
Alle arbeiten 10 Minuten ohne Pause durch.	Alle legen zwischendurch gleichzeitig zwei Minuten Pause ein.	Alle machen zwischendurch zwei Mal eine Minute Pause.

1. Probiert alle drei Experimente aus und tauscht euch über eure Erfahrungen aus. Was bedeutet das für eure Zeitplanung?

Einen Zeitplan anlegen
→ S. 21 K

Hausaufgaben – sinnvoll gemacht

A Arbeite immer am selben Platz.
B Bringe Ordnung in deine Arbeitsmaterialien.
C Checke deine Mitschriften. Wo fehlt noch etwas? Wen kannst du fragen?
D Denke an …
E …

1. Führe das ABC der Hausaufgaben-Empfehlungen fort. Schaffst du es für alle 26 Buchstaben?
2. Nun zeige einem Mitschüler dein ABC. Wählt gemeinsam die fünf wichtigsten Tipps und probiert sie in der nächsten Zeit aus.

K Ein Heft gestalten
→ S. 21

Heftgestaltung – übersichtlich und ordentlich

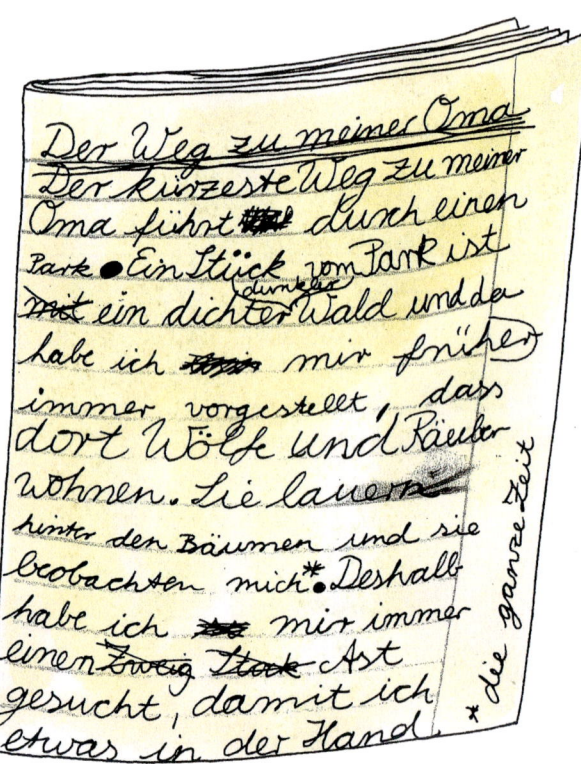

TIPP
Jedes neue Thema sollte auf einer neuen Seite beginnen. Schreibe nicht zu viel auf eine Seite, so fällt dir später das Lesen leichter. Wenn du magst, kannst du ein Inhaltsverzeichnis anlegen.

3. Schaut euch die Heftseite an. Besprecht, was man besser machen könnte.
4. Gestalte eine perfekte Schulheftseite. Was ist dir dabei besonders wichtig?

K Kompetenzen

Einen Brief schreiben

▶ **Überlege dir genau, was du dem Adressaten deines Briefes mitteilen möchtest.** Oft sind es eigene Erfahrungen, Erlebnisse und Wünsche, die man in Briefen beschreiben möchte, manchmal auch gesammelte Informationen.
▶ **Berücksichtige die äußere Form eines Briefes.** Notiere Ort und Datum und finde eine passende Anrede (Liebe … / Lieber … / Hallo …). Beende deinen Brief mit einer Grußformel (Viele Grüße, Bis bald …)
▶ **Entscheide dich für eine Schreibweise der Pronomen** (du / Du und eure / Eure).
▶ **Denk daran, Absätze zu machen und ordentlich zu schreiben!**

E-Mails und SMS verfassen

▶ **E-Mails und SMS sind weniger förmlich als ein Brief.** Häufig enthalten sie bestimmte Zeichen (z. B. Smileys), Kürzel („LG" für „Liebe Grüße") und Buchstaben-Zahlen-Kombinationen („gn8" für „Gute Nacht").
▶ **In E-Mails und SMS kannst du spontaner und zwangloser formulieren,** dennoch solltest du dabei auch auf Höflichkeit und Verständlichkeit achten.
▶ **Verwende auch in einer E-Mail oder SMS die formalen Bestandteile eines Briefes** (Anrede, Mitteilung, Grußformel, Name).
▶ **Passe die Anrede- und Grußformel an die jeweilige Gesprächssituation und an den Empfänger an.**
▶ **Gib deinen E-Mails einen aussagekräftigen Betreff und lockere den Lesefluss durch Absätze auf.**
▶ **Vermeide unverständliche Abkürzungen.**

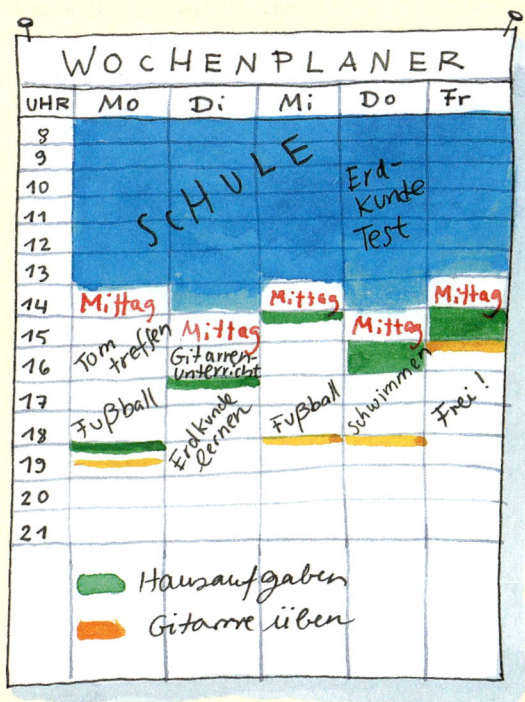

Einen Zeitplan anlegen

▶ **Teile dir deine Zeit gut ein.** Ein Wochenplan hilft dir beispielsweise beim Lernen, den Überblick zu behalten. Notiere genau die anstehenden Aufgaben und überlege, wie lange du ungefähr brauchst, um sie zu bewältigen. Wenn du den Überblick über einen längeren Zeitraum behalten möchtest, dann trage deine Aufgaben in einen Kalender ein.

Ein Heft gestalten

▶ **Notiere am Rand das Datum.**
▶ **Unterstreiche die Überschrift** oder die Aufgabenstellung mit einem Lineal.
▶ **Lass den linken oder rechten Heftrand frei.**
▶ **Lass eine Zeile frei,** wenn du ein neues Thema oder einen neuen Gedanken beginnst.

Wir sind Klasse!
Miteinander sprechen und Meinungen formulieren

In der Politikstunde der Klasse 5 d geht es lebhaft zu. Die Kinder tauschen sich darüber aus, was ihnen in der ersten Woche in der neuen Schule gut gefallen hat.

1. Schaut euch das Bild genau an. Welchen Eindruck erhaltet ihr von dem Gesprächsverhalten der Schüler?
2. Vergleicht die Situation auf dem Bild mit Diskussionen in eurer Klasse.

Vier Wochen in der neuen Schule

Die Schüler haben aufgeschrieben, was ihnen an der neuen Schule gefällt, aber auch Kritik geäußert.

- keine Sport-AGs für Mädchen
- keine richtige Klassengemeinschaft
- Blumen auf die Fensterbank stellen
- große Dreifachturnhalle toll
- langweiliger Klassenraum
- Poster aufhängen
- Schulkiosk klasse
- zu wenig AGs für die Unterstufe
- neue Freunde gefunden
- in der Pause tolle Fußballspiele gegen die Parallelklasse
- selbst gemalte Bilder an die Wand hängen

3. Ordne die Zettel nach Themen.
4. Sind das Themen, die auch in eurer Klasse diskutiert werden? Vergleicht und ergänzt gegebenenfalls.

In diesem Kapitel lernst du,

- wie du dich in Gesprächen am besten verhältst,
- wie du Gesprächsregeln anwenden und Diskussionen beobachten kannst,
- wie du deine Meinung angemessen äußerst,
- wie du deine eigene Meinung gut begründest,
- wie du in einem Brief überzeugen kannst.

Wir gestalten unsere Schule

Hier läuft etwas schief …

Die Sammlung in der Klasse 5 d hat gezeigt, dass es bei verschiedenen Themen Gesprächsbedarf gibt. Die Schüler reden zuerst über die Klassenraumgestaltung.

QUIN-ANH (*spricht sofort los*) Ich würde gerne Blumen auf die Fensterbank stellen.
MAX Aber ich finde Blumen doof.
MARA Du bist auch doof.
5 GETOAR Blumen müssen gut gepflegt werden, sonst vertrocknen sie.
LUKAS In der Grundschule hatten wir ein Netz unter der Decke, in dem selbst gebastelte Fische hingen. Das sah toll aus.
CHRISTINE Ich finde Poster besser. Die Rückwand der Klasse ist noch so kahl.
MAX Ich will aber keine Ponys an ….
10 MALTE (*unterbricht ihn*) Warum streichen wir die Klasse nicht einfach orange? Das ist meine Lieblingsfarbe.
STEFAN Ich bringe ein Schalke-Poster mit.
GETOAR (*ruft in die Klasse*) Iiiih, Schalke, da häng ich ein Bayern-Poster drüber.
15 MARA Wie wäre es, wenn wir gemeinsam ein großes Bild malen? Ich könnte mir eine Collage mit unseren Händen vorstellen.
STEFFEN Mir würde ein Sport-Bild besser gefallen.
JULIA Was haltet ihr davon, wenn wir etwas zu den Ländern der Welt malen? Da gibt es ganz viele Möglichkeiten und jeder kann malen, was ihm gefällt.
20 MALTE In diesem Jahr finden doch die Olympischen Spiele statt. Das hat doch etwas mit Sport und mit der Welt zu tun. Vielleicht kann man damit beides verbinden.
25 QUIN-ANH Was ist jetzt mit unseren Blumen?
JULIA Moment, so geht das nicht. So kommen wir zu keinem Ergebnis. Wenn wir miteinander 30 diskutieren wollen, müssen wir uns an einige Regeln halten …

1. Untersucht, an welchen Stellen das Gespräch gut läuft und wo es nicht so gut klappt.
2. Was sollte man ändern, damit das Gespräch besser gelingt? Spielt dieses Gespräch.

In der nächsten Stunde

Nach den Erfahrungen der letzten Stunde hat die Klasse 5 d Gesprächsregeln vereinbart. Verschiedene Schüler haben die Regeln auf Plakate geschrieben.

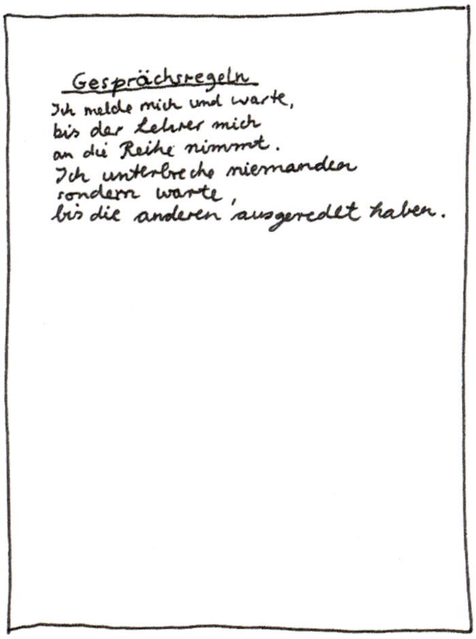

> **TIPP**
> Wählt eine Gesprächsregel der Woche, auf die ihr besonders achten wollt.

3. Vergleicht die Plakate miteinander und überlegt,
   – wie man am besten auf Plakaten formuliert,
   – worauf ihr bei der Gestaltung achten müsst.
4. Entwickelt selbst Gesprächsregeln für eure Klasse und schreibt sie auf ein Plakat. Beachtet dabei die Ergebnisse aus Aufgabe 3.

Ein Plakat gestalten
→ S. 305 M

Jetzt klappt es besser!

In den nächsten Stunden finden weitere Diskussionen in der Klasse 5 d statt. Dabei werden jeweils mehrere Gesprächsbeobachter eingesetzt. Jeder von ihnen achtet auf die Einhaltung einer bestimmten Gesprächsregel und macht sich Notizen. Wenn jemand ganz unfair diskutiert, kann der Gesprächsbeobachter auch eingreifen und die Mitschüler darauf hinweisen.

Beobachtungsbogen

Thema	Beobachter	
	☺	☹
Wir melden uns und warten, bis wir an der Reihe sind.	III	I
Wir lassen einander ausreden.		
Wir gehen auf die Beiträge der anderen ein.		
Wir bleiben beim Gesprächsthema.		
Wir gehen höflich miteinander um und beleidigen uns nicht.		
…		
…		
…		

1. Überprüft mithilfe des Beobachtungsbogens, wie die Klasse 5 d auf Seite 24 miteinander spricht.
2. Diskutiert in der Klasse ein aktuelles Thema, z. B. das Ziel des nächsten Ausflugs, die Durchführung eines Klassenfestes oder einer Lesenacht, die Raumgestaltung …
   Folgende Satzanfänge helfen euch, im Gespräch aufeinander einzugehen:
   a. Ich sehe das genauso wie Mara, denn …
   b. Ich gebe Tobias Recht, weil …
   c. Ich verstehe Getoars Begründung, aber ich denke …
   d. Ich finde Maltes Vorschlag nicht so gut, da …
   e. Obwohl Lisa Recht damit hat, dass …, glaube ich …
3. Setzt bei der Diskussion Gesprächsbeobachter ein. Übertragt dazu den Bogen in eure Hefte und ergänzt die Regeln, die ihr für eure Klasse aufgestellt habt.

K Sich in Gesprächen richtig verhalten
→ S. 32

Collage oder Olympia-Bild?

Nach weiteren Diskussionen über die Klassengestaltung bleiben noch zwei Vorschläge übrig, über die die Klasse nun abstimmen soll.

JULIA Das Olympia-Bild auf einer großen Leinwand und die Hände-Collage haben gleich viele Stimmen bekommen. Vielleicht überlegen wir noch einmal genau, was für die Collage und was für das Olympia-Bild spricht.
MARA Mir gefallen die Hände, weil da von jedem etwas Persönliches dabei ist und aus den vielen Händen etwas Gemeinsames wird.
MALTE Ich finde Sportmotive abwechslungsreicher als Hände. Deshalb gefällt mir die Olympia-Idee besser.
JULIA Wir sollten nicht nur an das Motiv denken. Die Collage soll ja auch ganz anders hergestellt werden als das Bild.
MAX Die Collage können wir auf Tapete oder auf großen Papierbögen anfertigen. Das ist einfacher, als große Leinwände herzustellen.
MARA Man könnte die Hände direkt auf die Pinnwand an der Rückwand heften.
MALTE Tapete geht aber schnell kaputt, z. B. wenn jemand mit dem Rucksack daran vorbeigeht. Leinwand ist stabiler.
QUIN-ANH Die Leinwände könnten wir auch mitnehmen, wenn wir am Ende des Schuljahres in eine andere Klasse umziehen. Da lohnt sich die Arbeit wenigstens.
CHRISTINE Leinwände anzufertigen ist aber auch teurer und es ist schwierig, das Motiv so groß vorzuzeichnen.
STEFFEN Vielleicht könnten wir den Künstler Piet Wald um Hilfe bitten. Der kennt sich mit so großen Bildern aus. Er hat doch im letzten Jahr mit Kindern die große Mauer am Bahnhof bemalt. Wenn er mit uns zusammenarbeitet, haben wir ein ganz besonderes Bild in der Klasse.

1. In diesem Gespräch nennen die Schüler Gründe, mit denen sie ihre Meinungen untermauern. Lege eine Tabelle an, in der du stichpunktartig die Gründe auflistest, die für die Collage bzw. für das Olympia-Bild sprechen.

Meinung	Begründung
Ich bin für die Hände-Collage.	Die Hände zeigen unsere Klassengemeinschaft.
Ich bin für das Olympiabild.	...

2. Welche Gründe überzeugen dich eher? Findest du noch eigene Gründe?

Die eigene Meinung formulieren → S. 32 K

Wenn du deine **Meinung** begründest, kannst du besser überzeugen. **Gründe** (Argumente) kannst du z. B. mit *weil* oder *denn* anfügen: *Mir gefallen die Hände besser, weil von jedem etwas Persönliches dabei ist.*

Ein Besuch beim Künstler

Die Klasse 5 d hat sich schließlich für das große Olympia-Bild entschieden. Gemeinsam haben die Schüler überlegt, wie sie den Künstler Piet Wald bitten könnten, ihnen bei diesem Projekt zu helfen.

Steffen und Christine sollen dem Künstler einen Besuch abstatten und haben sich dafür Notizen gemacht:

1. Bild auf Leinwand – Bemalen der Wand nicht erlaubt, haltbarer als Papier

2. gemeinsames Gestalten – Stärkung der Klassengemeinschaft

3. Hilfe eines Erwachsenen nötig – Schwierigkeiten beim Umgang mit großen Leinwänden

4. Mit Kindern gestaltetes Bild am Bahnhof – Erfahrung mit Kindergruppen

5. Künstler hat Bilder mit Menschen in verschiedenen Ländern gemalt – Auswahl dieses Künstlers

Sätze unterscheiden
→ S. 265 ff.

1. Finde zunächst heraus, welcher Teil der Stichpunkte jeweils die Meinung und welcher die Begründung ist. Formuliere dann vollständige Sätze.
   Wir möchten das Bild auf eine Leinwand malen, weil …
2. Worauf müssen Steffen und Christine achten, wenn sie einen Erwachsenen in einem Gespräch um Unterstützung bitten wollen?
3. Spielt das Gespräch zwischen Steffen, Christine und Piet Wald so, dass es erfolgreich ist.
4. Für die Umsetzung des Projekts brauchen sie noch weitere Unterstützung. Daher bitten zwei andere Kinder aus der Klasse den Hausmeister um Hilfe. Spielt auch dieses Gespräch.

Neue AGs im Nachmittagsbereich

Jetzt geht's rund …

Julia, die Klassensprecherin der Klasse 5 d, berichtet nach der SV-Sitzung, dass auch andere Klassen gerne mehr AGs im Nachmittagsbereich wünschen. Daher bittet die SV um Vorschläge. Mara, die Mitglied der Rhönradabteilung des Sportvereins ist, möchte ihren Sport gerne vorstellen und hat sich dazu Notizen gemacht.

- Wettkampfturnen und Schauturnen schon früh möglich
- Rhönräder ohnehin schon in der Halle
- Paarturnen in einem Rad möglich
- alle Muskeln werden gestärkt
- eleganter Sport
- Trainer könnte einfach früher kommen
- eine außergewöhnliche Sportart
- keine zusätzliche Ausrüstung notwendig, Sportzeug genügt
- fördert das Gleichgewicht
- verschiedene Altersstufen können gemeinsam trainieren

1. Sieh dir Maras Notizen an und überlege, mit welchen Stichpunkten sie die Klasse wohl überzeugen könnte und welche dafür eher nicht so geeignet sind. Suche dir mindestens drei Stichpunkte aus, die du für besonders wichtig hältst.
2. Versetze dich in Maras Lage und überzeuge die Klasse vom Rhönradturnen. Formuliere dazu die einzelnen Argumente aus, z. B.:
   Eine Rhönrad-AG an der Schule einzurichten ist unproblematisch, da der Turnverein ohnehin in der Sporthalle trainiert und die Rhönräder so schon vorhanden sind.

In einem Brief überzeugen

> Wenn du an fremde Erwachsene schreibst, beginnst du den Brief mit *Sehr geehrte Frau … / Sehr geehrter Herr …* oder *Sehr geehrte Damen und Herren*. Der Brief endet dann mit der Grußformel *Mit freundlichen Grüßen* und deiner Unterschrift.
>
> Das Anredepronomen *Sie* und davon abgeleitete Formen wie *Ihr*, *Ihre* oder *Ihnen* schreibt man in Briefen groß.

Ein Brief an den Schulleiter

Mara hat ihre Klassenkameraden und auch die SV überzeugen können, sich für eine Rhönrad-AG einzusetzen. Im Auftrag der SV schreibt sie nun an den Schulleiter und bittet ihn darum, eine solche AG einzurichten.

Rhönrad-AG   Frankfurt, den …

Sehr geehrter Herr Dr. Stüve,

in der letzten SV-Sitzung haben wir über die AGs im Nachmittagsbereich gesprochen und dabei festgestellt, dass es nur wenige Sport-AGs gibt. Wir haben Vorschläge gesammelt und sind zu dem Ergebnis gekommen, dass wir gerne eine Rhönrad-AG einrichten möchten …

… Darum bitte ich Sie im Namen der SV, uns die Rhönrad-AG zu genehmigen und uns bei der Umsetzung unseres Plans zu unterstützen.

Mit freundlichen Grüßen
Mara Klein, Klasse 5 d

1. Überlege dir, wie man den Schulleiter von einer Rhönrad-AG überzeugen kann. Wähle aus der Liste von Seite 29 drei Stichpunkte aus, die du für den Schulleiter ausformulierst.
2. Schreibe nun den Anfang des Briefes in dein Heft und ergänze ihn um deine ausformulierten Stichpunkte.
3. Bildet Vierergruppen und vergleicht eure Briefe. Welcher ist am überzeugendsten?

Anredepronomen richtig schreiben → S. 219

K In einem Brief überzeugen → S. 32

Kochen, Rundfunk oder Wald-AG?

1. Suche dir ein Bild aus. Sammle Stichpunkte, die dafür und die dagegen sprechen, diese Aktivität als AG an eurer Schule anzubieten.
   Lege dazu eine Tabelle an.
2. Überlege nun, mit welchen Stichpunkten du die SV überzeugen kannst. Suche dir die drei wichtigsten heraus.
3. Schreibe einen Brief an die SV, in dem du versuchst, deine Mitschüler von der AG zu überzeugen. Beginne mit deiner Meinung und begründe sie dann ausführlich.
   Liebe Mitglieder der SV, ich finde, dass Golf als AG an unserer Schule angeboten werden sollte, denn ...

TIPP
Wenn du jemanden überzeugen willst, beginne mit dem schwächsten Punkt. Vielleicht reicht diese Begründung schon aus. Wenn sie nicht reicht, kannst du einen stärkeren Grund anführen. Den wichtigsten Punkt behältst du dir für den Schluss auf.

K Kompetenzen

Sich in Gesprächen richtig verhalten
- Achte auf die richtige Anrede.
- Lass andere ausreden.
- Bleibe beim Thema und gehe auf die Beiträge der anderen ein.
- Bleibe höflich. Du kannst die Aussagen oder das Verhalten deines Gesprächpartners bewerten oder kritisieren, aber nicht die Person selbst.
- Akzeptiere, dass nicht alle deine Meinung teilen.

Die eigene Meinung formulieren
- Sammle zunächst Begründungen, die für oder gegen eine Position sprechen, und bilde dir so eine eigene Meinung.
- Nenne deine Meinung und führe dafür deine Gründe an. Die Gründe kannst du mit folgenden Satzverknüpfungswörtern einleiten: *denn, weil, da*.

In einem Brief überzeugen
- Überlege dir, an wen du dich mit deinem Anliegen wendest. Von dem Adressaten hängt es ab, wie du formulierst. Erwachsene redest du mit *Sie* an, das Personalpronomen *Sie* und seine Ableitungen schreibt man dann groß.
  Beginne mit *Sehr geehrte Frau … / Sehr geehrter Herr …* oder *Sehr geehrte Damen und Herren …*
- Nenne den Anlass für deinen Brief und erkläre dann, welche Meinung du vertrittst.
- Begründe deine Meinung, indem du mehrere Argumente anführst.
- Beende den Brief mit der Grußformel *Mit freundlichen Grüßen* und deiner Unterschrift.

S Selbsteinschätzung

Geh noch einmal deine Aufzeichnungen durch und schätze dann ehrlich deine Fähigkeiten ein.

★★★ = sehr sicher
★★ = größtenteils sicher
★ = manchmal unsicher
O = oft unsicher

1. Ich kenne die wichtigsten Gesprächsregeln und halte sie ein.
2. Ich weiß, wie ich auf Beiträge anderer eingehen kann.
3. Ich kann meine Meinung sinnvoll begründen.
4. Ich kann meine Meinung, z. B. in einem Brief, schriftlich begründen.

Auswertung und Anregungen
- Prima, wenn du dir bei den meisten Aussagen sehr sicher oder größtenteils sicher warst. Mit den Trainingsideen auf Seite 33 kannst du noch einmal wiederholen, was du in diesem Kapitel gelernt hast.
- Wenn du dir bei den Aussagen 1 und 2 noch unsicher bist, lies noch einmal die Kompetenz „Sich in Gesprächen richtig verhalten".
- Wenn du dir bei Aussage 3 noch unsicher bist, wiederhole die Seiten 27 und 28. Auf Seite 31 findest du noch weitere Anregungen zum Üben.
- Wenn dir die Aussage 4 noch Schwierigkeiten bereitet, präge dir die Kompetenz „In einem Brief überzeugen" ein und wiederhole die Seite 30.

T Trainingsideen → www

In einem Brief überzeugen

Getoar setzt sich für eine Hockey-AG an seiner Schule ein. Deshalb wendet er sich an die SV und versucht, diese von seiner Lieblingssportart zu überzeugen. Er hat sich dafür einige Notizen gemacht.

> in der Halle und im Freien spielbar
> Mannschaftssport fördert Zusammenhalt
> Hockeyschläger vorhanden, keine weitere Ausrüstung notwendig
> erfolgreichste deutsche Mannschaftssportart für Jungen und Mädchen
> Teilnahme an Turnieren möglich
> Regeln vielen Schülern schon aus dem Unterricht bekannt
> große Mannschaften (10+1, bei Kindern 6+1)
> fördert Reaktionsvermögen und Ausdauer
> ungefährlicher als andere Ballsportarten, da ohne Körperkontakt

1. Sieh dir Getoars Stichpunkte an und überlege, welche Gründe die SV wohl überzeugen könnten und welche dafür eher nicht so geeignet sind.
   Suche dir mindestens drei Stichpunkte aus, die du für besonders wichtig hältst.
2. Versetze dich in Getoars Lage und schreibe einen Brief an die SV, in dem du sie von der Hockey-AG überzeugen willst. Gehe so vor:
   – Formuliere den Anfang des Briefes und nenne den Anlass.
   – Entfalte drei Stichpunkte.
   – Bekräftige deinen Wunsch und beende den Brief.

Unterwegs an der Küste
Berichten und Beschreiben

1. Die Klasse 5 d war auf Klassenfahrt an der Nordsee auf der Insel Langeoog. Welchen Eindruck erhaltet ihr durch die Bilder von der Fahrt?
2. Warst du auch schon einmal an der Nordsee? Erzähle davon!

Eindrücke von der Klassenfahrt

Die Schüler der 5 d möchten eine Zeitung zu ihrer Klassenfahrt erstellen. Deshalb beauftragen sie ihre Klassensprecherin Julia, Kontakt mit der Schülerzeitungsredaktion aufzunehmen. Die Chefredakteurin Inga, die schon in die Oberstufe geht, soll sie bei diesem Projekt unterstützen. Vor dem Treffen hat sich Julia einige Notizen gemacht:

> Ankunft nachmittags, 2 km latschen

> Abends am Strand, zu weit reingegangen, Wasser in den Stiefeln, meckernde Frau Lindemann

> Rausschmiss am Morgen, blöder Tischdienst, spülen, Essen aber gut

> Wattwanderung mit Fischer Heiner, lustig, Wattwurm ausgraben, voll ekelig!

> Schifffahrt von Dornumersiel nach Langeoog

> Dann Schlammschlacht, Heimweg im Regen

3. Beschreibt, welchen Eindruck ihr von Julias Notizen habt.
4. Gebt Julia Tipps: Wie könnte sie ihren Bericht besser vorbereiten? An welchen Stellen muss sie Verbesserungen vornehmen?

In diesem Kapitel lernst du,
- ▶ an welchen Merkmalen man einen Bericht und eine Beschreibung erkennt,
- ▶ wie man einen Bericht und eine Beschreibung vorbereitet,
- ▶ wie man über ein Erlebnis berichtet,
- ▶ wie man einen Weg beschreibt,
- ▶ wie man ein Tier beschreibt.

Eine Klassenzeitung über unsere Klassenfahrt

In der Schülerzeitungsredaktion

Zu Beginn des Treffens möchte sich Inga erst einmal einen Überblick über die Klassenfahrt verschaffen. Deshalb soll Julia ihr einige Fragen beantworten.

INGA In welche Klasse gehst du?
JULIA Ich gehe in die 5 d und wir sind mit unserer Klassenlehrerin Frau Lindemann und Herrn Selder nach Langeoog gefahren.
INGA Wann genau seid ihr eigentlich dahin gefahren?
5 JULIA Warte mal, wir sind direkt in der Woche nach den Osterferien an die Nordsee gefahren.
INGA Und wo seid ihr untergebracht gewesen?
JULIA Wir haben in einem Jugendgästehaus in der Gartenstraße gewohnt. Das war ganz nah am Strand.
10 INGA Dann habt ihr sicher viel Zeit am Wasser verbracht. Was habt ihr denn sonst in der Woche alles erlebt?
JULIA Am zweiten Tag haben wir eine Wattwanderung gemacht. Dabei hat uns der Wattführer verschiedene Tiere wie z. B. Wattwürmer, Herzmuscheln und Krebse gezeigt. Am nächsten Tag sind wir mit einem Kutter zu den
15 Seehundbänken vor Baltrum gefahren.
INGA Das klingt ja sehr interessant.
JULIA Ist es auch gewesen! Ich hätte mir nie vorstellen können, dass das Wattenmeer so spannend sein kann.

1. Welche Fragen werden beantwortet? Ergänze den Stichwortzettel.

   Wer? die Klasse 5d
   Wann? ...
   W ...?

2. Bereite einen Stichwortzettel vor, mit dem du deinen Mitschülern von einem Erlebnis während einer Reise oder eines Ausflugs berichten kannst.

METHODE

Stichwortzettel
Einen Stichwortzettel kannst du als Merkhilfe für das mündliche Berichten oder als Vorbereitung für das schriftliche Berichten nutzen. Richtig gut sind deine Stichworte erst, wenn sie die wichtigsten Informationen (W-Fragen) enthalten und in einer geeigneten Reihenfolge stehen.

M Stichwortzettel
→ S. 305

Maltes Gipsbein

Malte hat sich auf der Klassenfahrt ein Bein gebrochen. Wieder zu Hause berichtet er seinen Eltern von dem Unfall.

Am Donnerstagabend hatte ich das erste Mal richtige Schmerzen, denn morgens hatten wir am Strand ein „Spiel ohne Grenzen" veranstaltet. Trotz meiner Verletzung gewann unser Team. Nach dem Abendessen fuhr Frau Lindemann mit mir zu Dr. Huesmann, dem Inselarzt, der meinen Fuß röntgte.

5   Als eine Disziplin mussten wir über unsere Mitschüler bockspringen. Christine hatte sich nicht tief genug gebückt, sodass ich strauchelte und unglücklich aufkam. Als ich mit dem Gips wieder in die Jugendherberge kam, hatte Christine ein schlechtes Gewissen und entschuldigte sich. Dr. Huesmann stellte fest, dass mein Bein gebrochen ist. Ich muss den Gips bis zum 15. Juni tragen. Unser
10 Hausarzt, Dr. Berger, soll alle zwei Wochen den Gips kontrollieren. An dem Tag war ich schon morgens mit dem falschen Fuß aufgestanden. Das merkte ich daran, dass ich mir beim Frühstück schon die Milch über die Hose gekippt hatte.

> **METHODE**
>
> Auf einem **Zeitstrahl** trägst du Ereignisse in der Reihenfolge ein, in der sie geschehen sind. So bekommst du einen besseren Überblick und kannst später in der richtigen Reihenfolge berichten. Jemand, der nicht dabei war, kann die Zusammenhänge dann leichter verstehen.

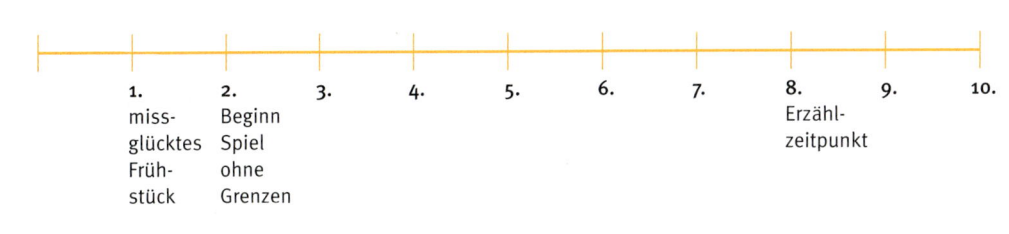

1. Bringe die Ereignisse auf dem Zeitstrahl in die richtige Reihenfolge und fertige einen Stichwortzettel mit W-Fragen und Antworten an.
2. Überlegt gemeinsam, in welcher Zeitform ein Bericht geschrieben werden muss.

Zeitstrahl → S. 305 **M**

| 1. missglücktes Frühstück | 2. Beginn Spiel ohne Grenzen | 3. | 4. | 5. | 6. | 7. | 8. Erzählzeitpunkt | 9. | 10. |

Unterwegs an der Küste

Ein Ereignis – drei Beobachtungen

Steffen möchte in der Klassenzeitung einen Text über Maltes Unfall schreiben. „Wenn du mehrere Mitschüler befragst, die den Unfall gesehen haben, kannst du genauer darüber berichten", erklärt ihm Inga. Deshalb notiert Steffen zunächst seine eigenen Beobachtungen und befragt dann noch Christine und Lisa.

Steffen
- knapper Rückstand meiner Mannschaft
- Aufholen dank guter Organisation
- unebener, weicher Boden
- Christines plötzliches Aufrichten
- Maltes Schrei und Sturz
- Hilfe der Mannschaft auf dem Heimweg
- Klage über Schmerzen beim Abendbrot
- Fahrt zum Arzt
- Rückkehr mit Gipsbein

Christine
- Frau Lindemanns Aufforderung, uns aufzustellen
- mein Platz am Ende der Reihe
- langes Warten
- Gelächter hinter mir
- Neugier, was los ist
- Aufrichten des Oberkörpers und Blick nach hinten
- Malte hinter mir
- springt nicht
- Maltes Sturz gegen mich
- schlechtes Gewissen

Lisa
- Maltes Mannschaft im Rückstand
- Hektik beim Aufstellen
- Steffen versucht, die Mannschaft zu organisieren
- Gelächter unserer Mannschaft über Steffens Kommentare
- Christine dreht sich um
- Maltes Schreck
- Maltes Sturz und Schrei
- Humpeln auf dem Heimweg

K Einen Bericht schreiben → S. 50

3. Welche Aussagen kann Steffen für die Klassenzeitung verwenden? Lege eine Folie über den Text und unterstreiche die geeigneten Aussagen.
4. Schreibe den Bericht für die Klassenzeitung. Nimm den Zeitstrahl zur Hilfe und verwende Informationen aus allen drei Gesprächen. Achte darauf, dass du Antwort auf die W-Fragen gibst.

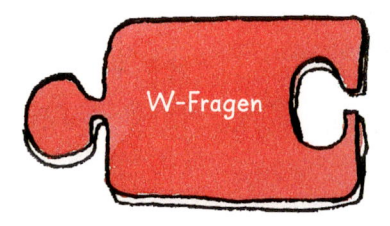

Puzzleteile: W-Fragen | sinnvolle Reihenfolge | Präteritum

5. Tausche den Text mit deinem Nachbarn aus und überarbeite ihn.

Ein nächtliches Abenteuer

Während der Klassenfahrt machte die Klasse 5 d auch eine Nachtwanderung. Max, Tim und Lukas hatten sich überlegt, die anderen zu erschrecken, doch der Plan ging schief. Lukas erzählt:

Am Mittwochabend um elf holte uns Herr Selder für die Nachtwanderung aus den Betten. Außer den Lehrern durfte niemand eine Taschenlampe mitnehmen. Von der Jugendherberge aus ging es sofort in Richtung Dünen. Nach den ersten paar Metern war es dann auch schon richtig dunkel, denn entlang der Wege in
5 den Dünen gibt es natürlich keine Straßenlaternen. Der Mond beleuchtete die Umgebung wenigstens noch ein bisschen, aber immer wieder zogen Wolken davor und dann wurde es schaurig düster. Die Mädchen hatten ganz schön Angst – wir natürlich nicht.
10 Als wir uns dem Dünenfriedhof näherten, erzählte Herr Selder etwas von Geistern und Klabautermännern, die in stürmischen Nächten dort spuken sollten. Einige wurden schon etwas schneller, damit wir flott am Friedhof vorbeikamen. Unerwar-
15 tet öffnete er das Tor und führte uns doch tatsächlich über den dunklen Friedhof. Da kam Max eine Idee. „Wenn wir auf dem Hinweg über den Friedhof gehen, kommen wir bestimmt auch auf dem Rückweg wieder hier vorbei und wie ich Herrn Selder kenne,
20 wird er genau um Mitternacht mit uns wieder hier ankommen und uns dann irgendwelche Klabautermanngeschichten erzählen. Was haltet ihr davon, wenn wir uns hinter dem großen Denkmal dort verstecken und auf die anderen warten? Wenn sie wiederkommen, erschrecken wir sie mit unserem Geheul." „Die
25 Idee ist super", meinte Tim, „so müssen wir auch nicht so weit laufen."
 Wir blieben also auf dem Friedhof zurück und warteten. Glücklicherweise hatte Tim eine Uhr mit Beleuchtung, so konnten wir sehen, wie spät es war. Wenn man im Dunkeln auf einem Friedhof sitzt, vergeht die Zeit nämlich ganz schön langsam. Man hört Eulen und Möwen und Rascheln, aber man weiß nicht,
30 woher es kommt. Im Hintergrund rauschte das Meer. Das war ganz schön unheimlich. Immer wieder sahen wir auf die Uhr. Um Mitternacht hörten wir in der Ferne die Turmuhr schlagen – aber Stimmen hörten wir nicht. Weit und breit war niemand zu sehen. Es war nur noch dunkler und stürmischer geworden, die Äste klapperten über unseren Köpfen. Da überkam mich eine böse Ah-
35 nung. „Was ist, wenn sie einen anderen Rückweg genommen haben?", fragte ich die beiden anderen. „Ohne Taschenlampen finden wir den Weg durch die Dünen nie wieder."

Wir überlegten eine Weile und beschlossen, den Friedhof zu verlassen und vorsichtig dem Weg zu folgen. Dabei hofften wir, dass es keine Abzweigungen geben würde, was aber natürlich nicht der Fall war. So irrten wir eine ganze Weile durch die Dünen und stellten uns schon darauf ein, irgendwo im Gras schlafen zu müssen. Diese Aussicht fand ich gar nicht verlockend und mir war ganz schön mulmig zumute.

Plötzlich sahen wir auf einer Düne etwas blinken. Während eines kurzen wolkenlosen Augenblicks erkannten wir eine dunkle Gestalt, die sich uns näherte. Im Mondschein warf sie einen langen Schatten und immer wieder blitzte ein Licht auf. Gab es den Klabautermann etwa doch? Ich hielt den Atem an – da rief die Gestalt: „Tim? Lukas? Max? Seid ihr das?" Die dunkle Gestalt entpuppte sich als Herr Selder. Er hatte Frau Lindemann allein mit der Klasse zur Jugendherberge geschickt und war zurückgekommen, um uns zu suchen. Ich war vielleicht froh, dass wir doch nicht in den Dünen schlafen mussten.

Was?
Wer?
Wann?
Wo?
Wie?
Warum?
Mit welchen Folgen?

1. Überlege, welche Informationen im Bericht für die Klassenzeitung erwähnt werden müssen und welche weggelassen werden können. Tausche dich mit deiner Partnerin oder deinem Partner darüber aus.
2. Lege einen Stichwortzettel mit W-Fragen und Antworten an. Bringe dann die Ereignisse in die richtige Reihenfolge.
3. Schreibe einen Bericht über dieses Ereignis. Wie unterscheidet sich der Bericht von Lukas' Erzählung?
4. Bist du auch schon einmal verloren gegangen oder hast du dich schon einmal verlaufen? Berichte darüber.
5. Tauscht eure Ergebnisse in kleinen Gruppen aus und notiert konkrete Verbesserungsvorschläge.

Unterwegs an der Küste

Seenotretter im Einsatz

Die Klasse 5 d besuchte während der Klassenfahrt auch das Museumsschiff der DGzRS – der Deutschen Gesellschaft zur Rettung Schiffbrüchiger. Dabei erfuhren die Schülerinnen und Schüler, welche Gefahren das Meer birgt und wie die Seenotretter vorgehen, um Menschen zu retten. Über einen Fall hat Steffen einen Bericht für die Klassenzeitung verfasst.

Einmal wurden fünf Mädchen aus dem Wattenmeer gerettet, die allein eine Wattwanderung gemacht hatten. Die Mädchen waren jedenfalls allein unterwegs im Wattenmeer vor Neuharlingersiel. Das liegt auf dem Festland vor dem Ostende Langeoogs. Da kam die Flut und die Mädchen mussten vom Rettungsboot eingesammelt werden. Die Mädchen sind zwischen 10 und 14 Jahre alt gewesen und haben in Neuharlingersiel Urlaub gemacht. Am späten Vormittag war das Wetter so schön, da haben sie überlegt, eine Wattwanderung zu machen. Aber als gegen halb eins die Flut eingesetzt hat, waren sie noch nicht zurück. Das Hochwasser kam ganz schnell und hatte eine irre Strömung. Plötzlich merkten die Mädchen, dass der Rückweg abgeschnitten war. Die hatten bestimmt große Angst. Damit sie nicht von der starken Strömung abgetrieben wurden, hatten sie sich an einer Fahrwassertonne festgehalten, aber darauf saßen ganz viele Muscheln und daran haben sich die Mädchen böse geschnitten. An Bord des Rettungsbootes war ein Notarzt, der die Wunden versorgt hat. Außerdem sind die Mädchen stark unterkühlt gewesen, denn es war ja erst der 10. Mai, da ist das Wasser kaum wärmer als 10 Grad. Der Onkel eines Mädchens hatte seine Nichte und ihre Freundinnen vom Strand aus beobachtet und die Polizei angerufen. Die haben dann die DGzRS benachrichtigt und so kam das Rettungsboot gerade noch rechtzeitig.

1. Dieser Bericht ist nicht so gut gelungen. Was kann man besser machen? Überarbeite ihn mithilfe der Tipps auf Seite 50 und schreibe die neue Fassung in dein Heft.

Einen Bericht überarbeiten
→ S. 50 **K**

Wege und Irrwege

Eine Fahrradtour

Henning war mit seinen Eltern schon häufiger auf Langeoog. Deshalb hat er bereits bei der Planung der Klassenfahrt den Vorschlag gemacht, die Insel mit dem Fahrrad zu erkunden. Er hat auch schon eine Strecke ausgesucht.

Wir leihen uns direkt am Gästehaus Fahrräder und fahren dann vom Polderweg aus rechts ab in Richtung Osten. Nach einigen Minuten Fahrt erreicht man die Aussichtsdüne Melkhörn, von der aus man einen tollen Blick auf das Meer und über die Insel hat. Von da aus geht es auf dem Pirolatalweg weiter Richtung Westen. Am Ende der Straße fahren wir rechts und dann bald wieder links, dann können wir parallel zum Strand weiterfahren und kommen zum Spöölhus, wo immer Aktionen für Kinder angeboten werden. Danach geht es weiter zum Wasserturm, an dem es einen Kiosk gibt. Dort können wir eine Pause machen. Danach fahren wir in Richtung Ortszentrum und biegen dann links ab. Hinter der Post liegt dann schon die Gartenstraße mit dem Jugend- und Gästehaus.

1. Verfolge Hennings Weg auf der Inselkarte (S. 43). Würdest du den Weg nach dieser Beschreibung finden? Welche Hilfestellungen könnte Henning noch geben?
2. Arbeite mithilfe der Karte selbst eine Fahrradtour über die Insel aus und beschreibe den Weg.

K Einen Weg beschreiben → S. 50

Eine Karte von Langeoog

Tim und seine Freunde haben sich in ihrer freien Zeit auf Langeoog den Bahnhof mit der Inselbahn genauer angesehen und dabei die Uhrzeit ganz vergessen. Jetzt müssen sie zurück zum Jugend- und Gästehaus in die Gartenstraße. Allerdings können sich die Freunde nicht einigen, welches der schnellste Weg zurück ist.

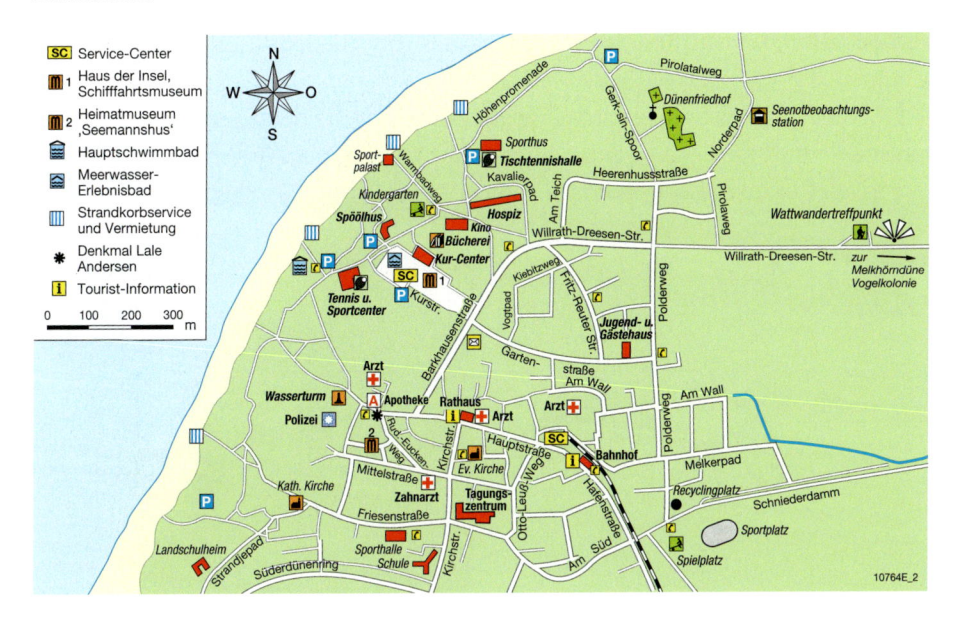

3. Suche auf der Inselkarte den Bahnhof und die Gartenstraße. Welche Wege könnte Tim mit seinen Freunden gehen?
4. Die Schülergruppe wird auf ihrem Rückweg in der Gartenstraße Ecke Fritz-Reuter-Straße von einem Urlauber angesprochen, der die Apotheke sucht. Beschreibe mithilfe des Inselplanes den Weg.

Achtung: Irrweg

Vom Rathaus ist es ein recht weiter Weg bis hin zum Wattwandertreffpunkt. Zuerst geht man die Hauptstraße in Richtung Wasserturm. Am Ende der Hauptstraße biegt man links in die Barkhausenstraße ab und kommt an der Kirche vorbei, die auf der linken Seite liegt. Man muss immer auf dieser Straße weitergehen, die später Kiebitzweg heißt, und kommt nach ca. 1,5 km zum Wattwandertreffpunkt.

5. Korrigiere die fehlerhafte Wegbeschreibung vom Rathaus zum Wattwandertreffpunkt.

Tiere an Land und im Wasser

Geflügelte Vielfalt

Während der Klassenfahrt besuchte die 5 d auch die Vogelwarte der Insel Langeoog. Zu Hause erzählt Tim von einem Tier, das ihn besonders begeistert hat.

Auf der Klassenfahrt haben wir uns mit dem Vogelwart der Insel in seiner Station getroffen. Wir durften durch ein Fernglas verschiedene Tiere genauer beobachten.

 Ein Vogel war besonders schön. Er hatte einen ziemlich schmalen Körper und verschiedenfarbige Federn. Seine Beine waren relativ lang. Außerdem machte er so witzige Geräusche, als ob er schimpfen würde.

Lachmöwe

Brandgans

Austernfischer

Säbelschnäbler

1. Von welchem Tier spricht Tim: der Brandgans, dem Austernfischer, dem Säbelschnäbler oder der Lachmöwe?
2. Welche Tipps könnt ihr Tim geben, damit man besser feststellen kann, von welchem Vogel er gesprochen hat?
3. Verändere Tims Beschreibung so, dass sich ohne Probleme feststellen lässt, welches der abgebildeten Tiere er gemeint hat.

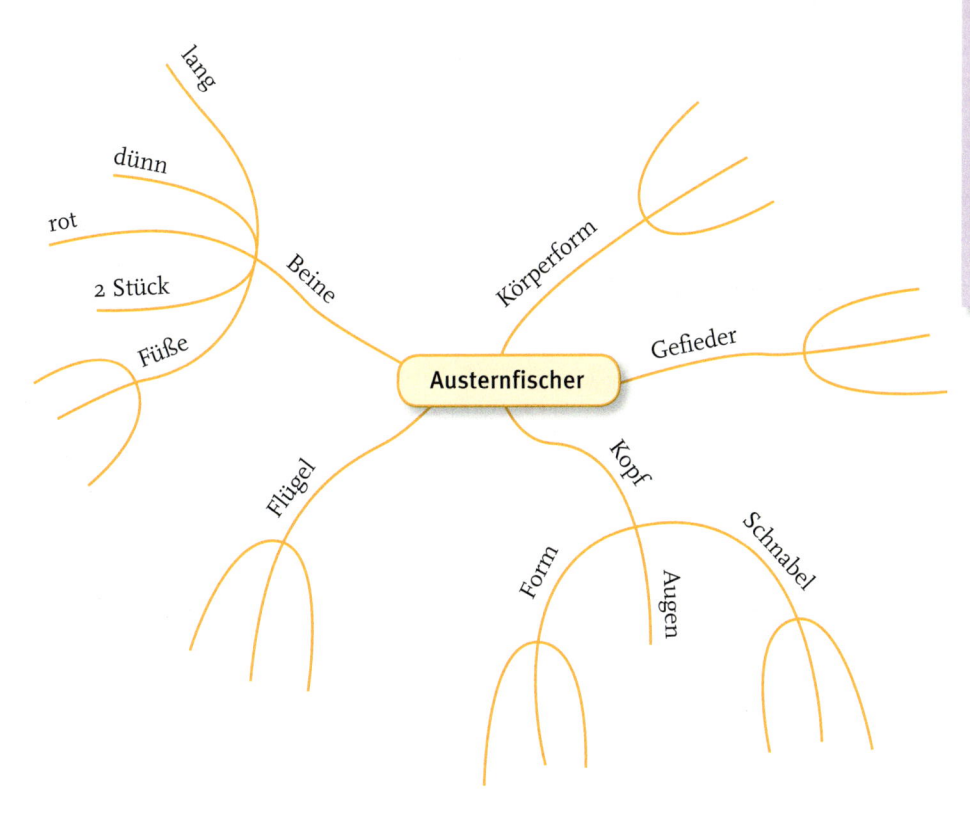

Mindmap zur Tierbeschreibung

Mindmap zur Tierbeschreibung (Austernfischer)

- Beine: lang, dünn, rot, 2 Stück
- Füße
- Flügel
- Körperform
- Gefieder
- Kopf: Form, Augen, Schnabel

> **METHODE**
>
> Mit einer **Mindmap** können Ideen zu einem Thema gesammelt und geordnet werden. Den Ausgangsbegriff schreibt man in die Mitte. Auf Ästen stehen Oberbegriffe, von denen Zweige für Unterbegriffe abgehen.

4. Übertrage die Mindmap in dein Heft und ergänze sie mithilfe des Bildes auf S. 44.
5. Vergleicht eure Mindmaps miteinander.
   Welche Informationen habt ihr welchen Obergriffen zugeordnet?
6. Lege einen Stichwortzettel an, um eine sinnvolle Reihenfolge deiner Beschreibung festzulegen.
   tze dazu die Informationen aus der Mindmap.

   Austernfischer
   - Körperform
   - Kopf (Form, Augen, Schnabel)
   - …

7. Beschreibe den Austernfischer.

Mindmap → S. 304 **M**

Stichwortzettel → S. 305 **M**

Der Seehund

Die Klasse 5 d ist an einem Tag am Oststrand der Insel unterwegs und hat das große Glück, Seehunde beobachten zu können. Lisa ist begeistert und erzählt nach ihrer Rückkehr ihren Eltern von diesem Erlebnis.

Wir konnten die Seehunde sehr gut sehen, denn sie lagen **faul** auf einer Sandbank ganz nah am Strand. Ein besonders **großer, grimmiger** Seehund beobachtete uns. Ich glaube, das war der Vater, der auf seine Frau und das Junge aufpasste. Unruhig bewegte er den Kopf hin und her. Er sah sehr **unfreundlich** aus. Das Seehundbaby war dagegen total **süß**. Es hatte ganz **helles, weiches** Fell und **große, dunkle** Kulleraugen, aus denen es uns **treuherzig** ansah. Es lag ganz still nah bei der Mutter. Wir konnten sogar sehen, wie es trank. Mit **ungeschickten** Bewegungen robbte es an die richtige Stelle und schob das **niedliche** Köpfchen unter den Bauch der Mutter.

1. Erkläre die besondere Aufgabe der im Text fett gedruckten Wörter.

Tierlexikon – Seehund

Der Seehund ist das ▭ Säugetier im Wattenmeer und ein ▭ Schwimmer. Gelegentlich findet man ▭ Seehunde an der Küste, die durch ▭ Heulen auf sich aufmerksam machen. Diese ▭ Jungtiere mit ihrem ▭ Fell werden in Seehundstationen gebracht und dort gefüttert, bis sie so ▭ sind, dass sie allein überleben können.

> schnell ▪ groß ▪ laut ▪ jung ▪ kräftig ▪ hilflos ▪ weich

Die Leistung von
Adjektiven erproben
→ S. 256

2. Schreibe den Text in dein Heft und ergänze die passenden Adjektive in der richtigen Form.
3. Vergleiche die Darstellung der Seehunde in den beiden Texten. Wie wirken die Texte auf dich?

Der Kopf der Kegelrobbe

Graues Fell ____ den langgezogenen, schmalen Kopf der Kegelrobbe. Vorn ____ eine schwarze, dreieckige Nase, von der viele helle Barthaare ____. Darunter ____ das Maul, in dem spitze Zähne ____. Die dunklen Augen ____ an den Seiten des Kopfes. Die Ohren ____ man kaum ____, denn die Ohrmuscheln der Kegelrobbe ____.

> sich befinden ▪ bedecken ▪ glänzen ▪ sitzen ▪ erkennen können ▪ liegen ▪ verkümmert sein ▪ abstehen

4. Schreibe die Sätze ab und setze die passenden Verben in der richtigen Form ein.

Verben konjugieren
→ S. 246

Der Sandregenpfeifer

Lena hat den Sandregenpfeifer beschrieben.

Der Sandregenpfeifer ist ein eher kleiner Vogel. Er hat einen gedrungenen Körper. Er hat einen kleinen und rundlichen Kopf. Oben auf dem Kopf sind die Federn beige, um die Augen herum sind die Federn dunkelbraun, direkt über dem Schnabel sind sie weiß. Der Schnabel ist kurz und gelb. Die Schnabelspitze ist schwarz. Am Hals hat der Vogel wieder einen dunkelbraunen Federstreifen ...

5. Wie könnte Lena ihre Beschreibung verbessern? Überarbeite den Text und schreibe ihn in dein Heft.

... und noch mehr Tiere

Auf dieser Seite findet ihr Anregungen, nach denen ihr weitere Tiere beschreiben könnt.

1 Genau und anschaulich beschreiben

1. Sucht passende Adjektive für die Körperteile der Scholle:
   – Augen,
   – Flossen,
   – Haut.
2. Formuliert anschließend eure Tierbeschreibung aus.

Scholle

2 Nach einer mündlichen Beschreibung ein Tier zeichnen

Kiebitz

Lachmöwe

3. Suche dir einen Partner und beschreibe einen der beiden abgebildeten Vögel. Halte das Buch dabei so, dass dein Partner das Bild nicht sehen kann. Er zeichnet den Vogel nach deiner Beschreibung. Gelingt es ihm oder musst du noch genauer beschreiben?

3 Ein Tier nach Wahl beschreiben

4. Beschreibe ein Tier deiner Wahl. Achte darauf, dass du treffende Adjektive und Verben verwendest.
5. Beschreibe deinem Nachbarn mündlich einen der Fische auf Seite 269. Welcher Fisch ist gemeint?

Die Strandkrabbe

Der Körper ist klein und wölbt sich nach oben und unten. Der Körper wird von einem harten Panzer geschützt. Er ist oben grau und unten sandfarben. Oben auf dem Körper sind noch Muscheln. Der Krebs ist übrigens eine Strandkrabbe. Vorne auf dem Panzer sind zwei Augen. Die Augen schauen nach vorne. Die Augen sind grau. Zwischen den Augen ist die Oberseite des Panzers sehr dünn, denn darunter ist der Mund der Strandkrabbe. Der Kiefer ist in der Mitte senkrecht geteilt, jeder Teil besteht aus zwei weiteren, schmalen Teilen. Der obere Teil ist klein, der untere Teil ist groß. Die sandfarbenen Beine wirken fast durchsichtig. Sie bestehen aus vier schlanken Gliedern. Die Scheren sind größer als die Beine.

1. Untersuche gemeinsam mit deinem Nachbarn die Beschreibung der Strandkrabbe.
   Sprecht darüber, was euch gefällt und was verbessert werden müsste.
2. Überarbeite den Text und beachte dabei die Verbesserungsvorschläge, die du mit deinem Nachbarn besprochen hast.
   Schreibe die neue Textfassung in dein Heft.

Eine Beschreibung überarbeiten → S. 50 K

K Kompetenzen

Einen Bericht schreiben

1. **Überlege, was genau geschehen ist.** Orientiere dich dabei an den W-Fragen:
   - Was ist passiert?
   - Wer war beteiligt?
   - Wann ist es geschehen?
   - Wo ist es passiert?
   - Wie ist es geschehen?
   - Warum ist es geschehen?
   - Welche Folgen hat das Ereignis?
2. **Bringe die einzelnen Ereignisse in die richtige Reihenfolge** und beschränke dich auf das, was wichtig ist.
3. **Schreibe sachlich,** das heißt ohne Übertreibungen, Gefühle, eigene Meinungen, ohne Spannung aufzubauen.
4. **Verwende das Präteritum.**

Einen Bericht überarbeiten

1. **Achte auf die Reihenfolge der Ereignisse.** Kann jemand, der nicht dabei war, das Ereignis so nachvollziehen?
2. **Hast du alle wichtigen Punkte erwähnt?** Kannst du etwas streichen?
3. **Hast du eine sachliche Sprache verwendet?**
4. **Überlege auch, ob du für Erwachsene oder für Kinder schreibst.**
5. **Überprüfe die Tempusformen und die Rechtschreibung.**

Einen Weg beschreiben

1. **Sieh dir die Karte genau an.**
2. **Erstelle einen Schreibplan,** wie du vorgehen willst. Dabei kannst du besondere Merkmale notieren, an denen man sich auf dem Weg orientieren kann, z. B. eine Kirche, ein buntes Haus oder eine Ampel.
3. **Schreibe sachlich.**
4. **Verwende das Präsens.**

Ein Tier beschreiben

1. **Sieh dir das Bild genau an.**
2. **Erstelle einen Schreibplan,** wie du vorgehen willst. Dabei kannst du die Reihenfolge der einzelnen Körperteile festlegen. Beschreibe ein Tier von oben nach unten und von vorn nach hinten. Achte darauf, dass du nicht hin und her springst.
3. **Verwende eine sachliche Sprache,** das heißt ohne Übertreibungen, ohne Wertung.
4. **Schreibe abwechslungsreich und genau,** indem du z. B. Adjektive oder passende Verben benutzt. Verwende das Präsens.

Eine Beschreibung überarbeiten

1. **Kontrolliere die Reihenfolge und die Genauigkeit deiner Beschreibung.** Kann jemand, der das Tier nicht gesehen hat oder den Weg nicht kennt, deine Beschreibung nachvollziehen?
2. **Überprüfe die Sprache.** Hast du bei der Tierbeschreibung passende Adjektive und Verben verwendet? Hast du abwechslungsreich geschrieben?
3. **Überprüfe das Tempus (Präsens) und die Rechtschreibung.**

S Selbsteinschätzung

Geh noch einmal deine Aufzeichnungen durch und schätze dann ehrlich deine Kompetenzen und Fähigkeiten ein.

★★★ = sehr sicher
★★ = größtenteils sicher
★ = manchmal unsicher
○ = oft unsicher

1. Ich kann mithilfe von Stichpunkten die einzelnen Ereignisse eines Geschehens in der richtigen Reihenfolge wiedergeben.
2. Ich kann sachlich berichten und verwende dabei das Präteritum.
3. Ich kann mithilfe der W-Fragen wichtige Informationen erkennen und wiedergeben.
4. Ich kann einen Weg beschreiben.
5. Wenn ich ein Tier beschreibe, achte ich darauf, dass ich
   – meine Beschreibung vorher plane,
   – von vorn nach hinten und von oben nach unten beschreibe,
   – die einzelnen Körperteile genau beschreibe und dabei passende Adjektive verwende,
   – verschiedene Verben und Satzanfänge benutze,
   – im Präsens schreibe.
6. Ich weiß, wie ich einen Bericht oder eine Beschreibung überarbeiten kann.

Auswertung und Anregungen

▶ **Schön, wenn du dir bei den meisten Aussagen sehr sicher oder größtenteils sicher warst.** Mit den Trainingsideen auf Seite 52/53 kannst du deine Fähigkeiten noch einmal trainieren.

▶ **Wenn du bei den Aussagen 1–3 noch unsicher warst,** wiederhole die Seiten 36–41. Erstelle noch einmal einen Zeitstrahl zu einem Ereignis, notiere die W-Fragen und die dazugehörigen Antworten und berichte deinem Lernpartner von dem Ereignis oder schreibe einen Bericht.

▶ **Wenn du bei Aussage 4 noch unsicher bist,** wiederhole die Seiten 42/43. Beschreibe einen Weg über die Insel oder deinen Schulweg und gib die Beschreibung einem Lernpartner. Dieser kann kontrollieren, ob man den Weg nach deiner Beschreibung findet.

▶ **Wenn dir die Aussage 5 noch Schwierigkeiten bereitet,** wiederhole die Seiten 44–47 und präge dir die Kompetenz „Ein Tier beschreiben" gut ein. In den Selbstlernideen auf Seite 48 und in den Trainingsideen auf Seite 53 findest du Aufgaben, mit denen du noch einmal üben kannst.

▶ **Wenn du bei Aussage 6 noch nicht sicher warst,** wiederhole die Seiten 41 und 49 und die Kompetenzen „Einen Bericht überarbeiten" und „Eine Beschreibung überarbeiten".
Auf den Seiten 48 und 53 findest du Aufgaben zum Üben.

T Trainingsideen → www

Über ein Ereignis berichten

Während ihres Besuches bei der DGzRS (Deutsche Gesellschaft zur Rettung Schiffbrüchiger) erfuhr die 5d auch einiges über einen missglückten Klassenausflug auf der Schlei. In einem Film schilderten drei Beteiligte, wie sie die daraus folgende Rettungsaktion erlebt hatten.
Mara hat sich dazu Notizen gemacht, weil sie in der Freiarbeit darüber berichten möchte.

Finn
- Paddelausflug lustig, aber anstrengend
- bei Rückkehr zum Ufer keine Kraft mehr
- riesige Wellen, Auseinandertreiben der Boote, Wasser in einigen Booten
- große Angst, Frieren, Hilferufe
- Ankunft des Rettungsbootes
- Rettung aller Kinder und unseres Lehrers
- an Bord warme Decken
- Untersuchung im Krankenwagen
- abends Bericht über uns im Fernsehen
- später Erkältung aller Geretteten

Herr Pietes
- 19. August
- Notruf durch die DGzRS-Leitstelle
- Kinder bei Brodersby in Gefahr
- Fertigmachen des Rettungsbootes „Walter Merz" in Schleswig
- Wind um 50 km/h, einen Meter hohe Wellen
- Kentergefahr für 6 Kanus, ca. 500 m vom Ufer entfernt
- 14 Kinder und einen Erwachsenen gerettet und unterkühlt dem Rettungsdienst übergeben

Frau Homann
- Jugendherbergsaufenthalt der 5c in Borgwedel
- vormittags Paddelausflug auf der Schlei bei gutem Wetter
- plötzlich starker Wind, hohe Wellen
- Rückkehr zum Ufer, Zurückbleiben einiger Boote
- mein Notruf bei der Polizei, Weiterleitung an die DGzRS
- Angst bei den Kindern am Ufer
- 20 Minuten bis zum Eintreffen des Rettungsbootes
- ärztliche Untersuchung der Kinder

1. Lege einen Zeitstrahl und einen Stichwortzettel mit W-Fragen und Antworten an.
   Überlege, welche Informationen wichtig sind.
   Schreibe dann mithilfe deiner Notizen den Bericht.

Tiere beschreiben

Die Ohren des Feldhasen ▬▬▬, während man die Ohren des Seehundes nicht ▬▬▬ kann. Die Augen des Schafes ▬▬▬ eher seitlich, die der Scholle ▬▬▬ oben auf dem Kopf. Dunkelbraune Federn ▬▬▬ die Augen des Sandregenpfeifers, die roten Augen des Austernfischers ▬▬▬ im dunklen Federkleid. Das Fell des Seehundes ▬▬▬ vor Nässe, den Körper des Schafes ▬▬▬ dichte, warme Wolle.

Die schlanken Beine der Möwe ▬▬▬ einen verhältnismäßig großen Körper, während die Strandkrabbe mit ihren gepanzerten Beinen seitlich ▬▬▬.

> umgeben ■ laufen ■ liegen ■ glänzen ■ abstehen ■ tragen ■ erkennen ■ leuchten ■ sich befinden ■ bedecken

Die Küstenseeschwalbe

- dunkles Auge in dunklem Gefieder
- obere Hälfte des Kopfes schwarz bis in den Nacken
- lange, spitze Schwanzfedern
- auffällig kurze, rote Beine
- lange, spitze Flügel
- Federkleid silbergrau, Unterseite weiß
- kleiner Kopf auf kurzem Hals
- Füße mit Schwimmhäuten
- kräftiger, spitzer Schnabel in leuchtendem Rot
- ca. 35–40 cm lang und schlank

1. Schreibe die Sätze ab und setze dabei jeweils die passenden Verben ein.
2. Beschreibe den Feldhasen. Plane deine Beschreibung mithilfe einer Mindmap oder eines Stichwortzettels. Achte darauf, dass du treffende Adjektive und passende Verben verwendest.
3. Bringe die Stichpunkte in eine sinnvolle Reihenfolge und formuliere die Tierbeschreibung aus. Achte darauf, dass du eine abwechslungsreiche Sprache verwendest.
4. Kontrolliere deine Beschreibung, indem du die Küstenseeschwalbe danach zeichnest.

Zum Bild:
Quint Buchholz,
Zwei Jungen (1997)

Unglaubliche Alltagsgeschichten
Erzählen

Unser Alltag steckt voller Geschichten: Immer wieder erleben wir Situationen oder Ereignisse, von denen wir anderen erzählen wollen.

Oft erzählen auch Bilder eine Geschichte. Genauer gesagt: Sie laden den Betrachter ein, die in ihnen verborgene Geschichte zu entdecken und zu erzählen.

1. Betrachte das Bild und fühle dich in die Situation ein.
   Erzähle deinen Mitschülern, was du wahrnimmst und erlebst.

Erzählenswertes

„Ihr glaubt gar nicht, was mir letzten Samstag passiert ist! Ich muss euch unbedingt davon erzählen! Alles fing damit an, dass ich mit meinem neuen Rad in die Stadt gefahren bin."

„Letzte Nacht habe ich geträumt, dass ich mit Felix zusammen an einem merkwürdigen Ort war, irgendwo am Meer oder an einem großen See."

„Mitten in der Nacht wurde ich durch ein unheimliches Geräusch von draußen geweckt. ‚Hast du das auch gehört?', fragte ich Marit, die neben mir im Zelt lag. Aber sie hat tief und fest geschlafen. Was sollte ich nun machen?"

„Seit heute haben wir einen neuen Schüler in unserer Klasse. Er heißt Mihai und kommt aus Rumänien. Anfang des Monats ist er mit seinen Eltern in unsere Stadt gezogen."

„Ein Ende des Staus war einfach nicht in Sicht. ‚Ich will, dass es endlich weitergeht', hat mein kleiner Bruder immer wieder gejammert, nachdem wir schon eine Stunde auf der dreispurigen Autobahn gestanden hatten."

METHODE

Bei einer **Erzählinsel** sitzt ihr um einen Tisch herum und erzählt euch reihum von einem Erlebnis. Jeder hat zwei Minuten Zeit. Achtet darauf, dass ihr einander aussprechen lasst und euch gegenseitig zuhört.

2. Tauscht euch untereinander aus, um welches erzählenswerte Ereignis es in diesen kurzen Ausschnitten jeweils geht.
3. Bildet eine Erzählinsel und erzählt einander von einem eigenen Freizeiterlebnis.

Erzählinsel → S. 304 **M**

In diesem Kapitel lernst du,

▶ wie du Ideen für Erzählenswertes entwickeln kannst,
▶ wie du Begebenheiten und Erlebnisse geordnet, anschaulich und lebendig erzählst,
▶ wie du Erlebnisse frei oder nach Vorlagen erzählen kannst,
▶ wie du eine Erzählung planst,
▶ wie du mit allen Sinnen erzählst,
▶ wie du Gedanken und Gefühle in Geschichten ausdrückst,
▶ wie du eine Geschichte inhaltlich und sprachlich überarbeitest.

Freizeitgeschichten

> Das erzählenswerte Ereignis, das einer Geschichte zugrunde liegt, wird als **Erzählkern** bezeichnet.

1. Betrachte das Foto und notiere spontan drei Gedanken, die dir zu diesem Bild einfallen.
2. Vergleiche deine Gedanken mit denen deines Sitznachbarn und einigt euch auf einen Erzählkern.

Ideennetz

METHODE

Mit einem **Ideennetz** (auch Cluster genannt) lassen sich Ideen zu einer Geschichte sammeln. Den Erzählkern schreibt man in die Mitte, alle weiteren Einfälle werden um ihn herum notiert und mit ihm verbunden.

M Ideennetz → S. 304

Laura hat zu dem Bild ein Ideennetz begonnen.

- der Untergang des Floßes
  - Campingurlaub im letzten Sommer
  - mit anderen Kindern gemeinsam ein Floß gebaut

3. Lege für deinen Erzählkern ein Ideennetz an und füge weitere Ideen ein. Du kannst auch das angefangene Ideennetz fortführen.

Unglaubliche Alltagsgeschichten

Erzählfaden

Sommerferien: Aufbruch in den Campingurlaub

toller Campingplatz in der Nähe eines Flusses

am ersten Tag: mit anderen Kindern angefreundet, gemeinsam ein Floß gebaut

bei Jungfernfahrt: Max springt auf dem Floß herum

METHODE

Der **Erzählfaden** hilft dir, die einzelnen Erzählschritte in Stichworten festzuhalten. Jeder neue Erzählschritt entspricht einer Schlaufe des Fadens. Die Reihenfolge ergibt sich aus dem zeitlichen Ablauf der Ereignisse.

Erzählfaden → S. 304 **M**

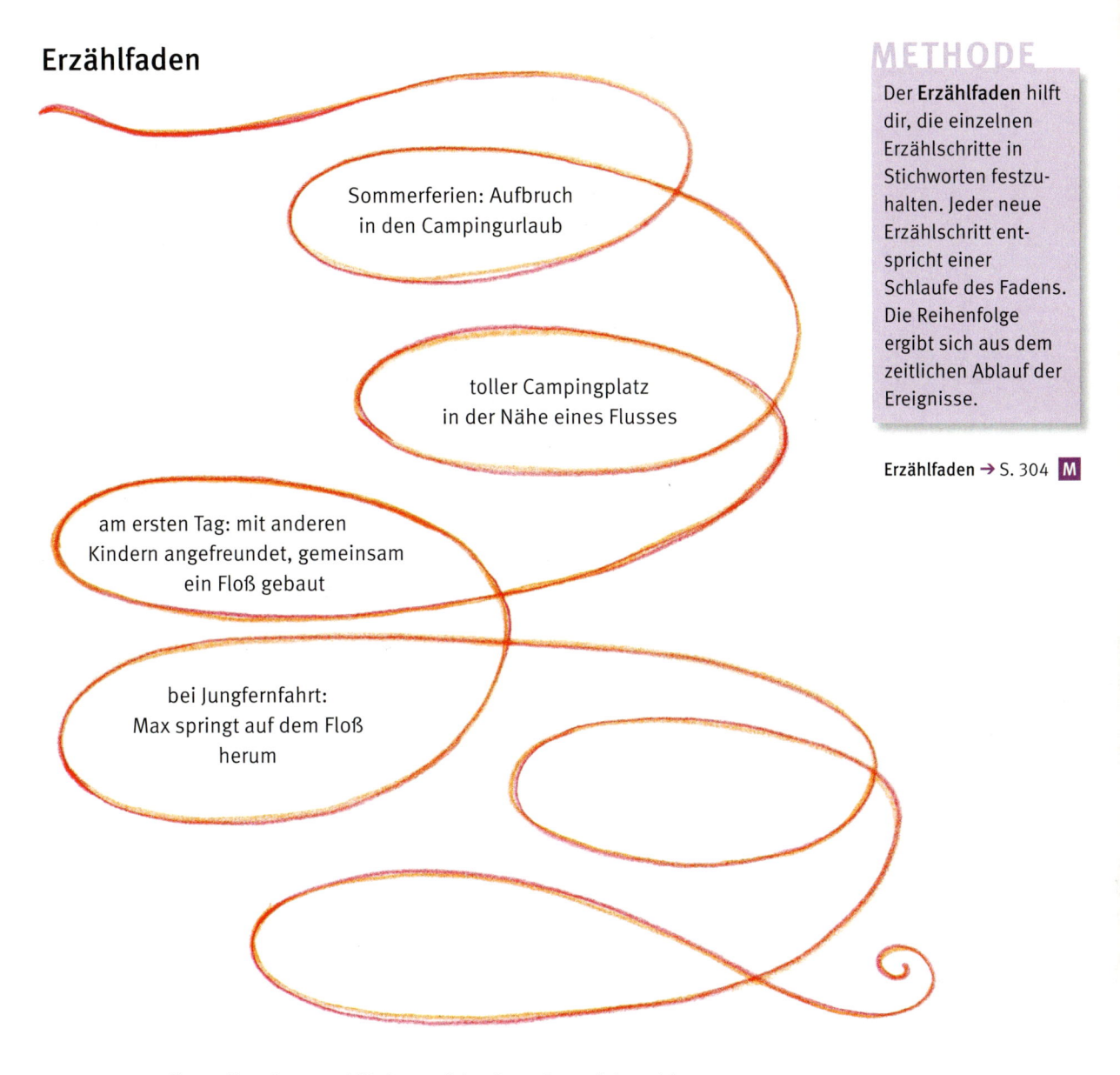

4. Vervollständige den Erzählfaden auf der Grundlage deines Ideennetzes um weitere Erzählschritte.
5. Erzähle deinem Sitznachbarn die Geschichte der Floßfahrt. Achte darauf, dass du sie möglichst lebendig gestaltest:
   – Fühle dich genau in die Situation hinein, bevor du mit deiner Erzählung beginnst. Stelle dir deine Geschichte als Film vor deinem inneren Auge vor.
   – Wähle einen Erzählanfang, der neugierig macht.
   – Halte Blickkontakt zu deinem Zuhörer.
6. Bringe ein Bild deiner Wahl mit und erzähle deinem Sitznachbarn mündlich die Geschichte des Bildes. Erstelle zur Vorbereitung ein Ideennetz und einen Erzählfaden.

Mündlich erzählen → S. 68 **K**

Abenteuer im Alltag

Das Zeltabenteuer

A Keine Reaktion. Ich wollte ihn schon von hinten an der Schulter packen, aber ich schreckte zurück. Er wirkte so geisterhaft und jetzt hatte ich wirklich Angst. Ich überholte ihn und sah ihn von vorne: eindeutig Mark, aber irgendwie auch ein Zombie. Ein Zombie, der aussah wie Mark und mit geschlossenen Augen weiter auf mich zukam.

Ich starrte ihn wie gebannt an und vergaß fast zu atmen. Unwillkürlich bewegte ich mich rückwärts. Auf keinen Fall wollte ich mit diesem fremden Wesen in Berührung kommen.

B Was war denn das? Ein Knacken weckte mich. Draußen streifte etwas an der Zeltwand entlang, vielleicht ein Reh oder ein Fuchs. Der Garten grenzte an den Wald. Ich schaute, ob Mark auch aufgewacht war, ich tastete – da lag aber nur der leere Schlafsack. Er lag sorgfältig ausgebreitet und glatt gestrichen neben mir. Wo war Mark? Merkwürdig, dachte ich, vielleicht musste er mal. Aber dann legt man doch den Schlafsack nicht so ordentlich hin. Wieder knackte es in der Nähe. Ich fühlte mich nicht mehr wohl so allein im Zelt. Ich wartete, aber Mark kam nicht wieder.

Irgendwann beschloss ich, rauszugehen, das Haus war ja nicht weit entfernt. Ich spähte erst mal vorsichtig nach draußen. Es war Vollmond und ich konnte recht weit sehen. Ich kroch heraus und machte ein paar vorsichtige Schritte, ein trockener Zweig knackte und drückte sich spitz in meinen Fuß. Ich hatte keine Schuhe angezogen.

C „Und da spürte ich feuchte, kalte Finger in meinem Nacken. Ich wollte mich umdrehen, aber ich war wie versteinert." Hier machte ich eine wirkungsvolle Pause und schaute zu Mark. Aus dem Schlafsack neben mir hörte ich nur regelmäßige Atemzüge. Er war eingeschlafen. So viel zu meinen Fähigkeiten als Gruselgeschichtenerzähler. Wir durften im Garten von Marks Eltern im Zelt übernachten und wollten durchmachen. Daraus wurde wohl nichts. Ich drehte mich also auf die Seite und schlief auch bald fest ein.

D In der Stille hörte ich mich laut atmen. Sollte ich einfach zum Haus gehen und Marks Eltern wecken? Die Terrassentür war nicht verriegelt. Das hatten wir abgesprochen. „Falls ihr doch noch Angst kriegt", hatte Marks Vater gesagt. Wir hatten nur gelacht. Wir und Angst! Da – im Wald hatte sich was bewegt. Ich peilte. Die Gestalt bewegte sich gleichmäßig schwebend und wurde zwischen den Baumstämmen immer wieder sichtbar. Sie entfernte sich. Sie war hell gekleidet: ein Gespenst! „Quatsch", beruhigte ich mich flüsternd selbst, „es hat ja Hosen an. Ein Gespenst in Hosen! Das ist der helle Schlafanzug von Mark. Genau!" Ich war erleichtert und lief nun schneller der Gestalt hinterher. Im Wald war es viel dunkler und ich musste meine Füße vorsichtig aufsetzen: spitze Steine, Äste, Wurzeln, manchmal weiche Tannennadeln. „Mark", rief ich halblaut. Zu schreien traute ich mich nicht in dieser Stille, aber er lief einfach weiter fort. Das gibt's doch nicht, er muss mich doch hören. Was mache ich denn jetzt? Ich kann ihn doch nicht weiter in den Wald laufen lassen ... Also lief ich schneller und kam ihm bald näher, weil er so langsam ging. „Mark. He, Mark!" –

E Ich holte Mark ein, berührte ihn sanft an den Schultern. Gott sei Dank, er stoppte, wachte aber nicht auf. Vorsichtig drehte ich ihn herum und dirigierte ihn mit Fingerspitzen in die Gegenrichtung. Er schwebte langsam zum Zelt, ich hinter ihm her – volle Konzentration, dass er nicht vom Weg abwich. Das muss ein Bild gewesen sein. Schade, dass ich es nicht von außen sehen konnte.

Ins Zelt wollte ich nicht mehr, ich bugsierte ihn zum Haus. Drinnen angelangt, weckte ich Marks Eltern. Die wussten sofort, was zu tun war, und brachten Mark vorsichtig in sein Bett. Ich verbrachte die Nacht auf dem Sofa. Es dauerte noch eine ganze Weile, bis ich einschlafen konnte. Mark wunderte sich am nächsten Morgen, dass er nicht im Zelt aufwachte. Er konnte sich an nichts erinnern.

F Eine Weile lief ich wie hypnotisiert, bis ich stolperte und hinfiel. Mein Knöchel schmerzte leicht, das rüttelte mich auf. Ich erinnerte mich, dass Mark einmal erzählt hatte, er wäre früher ein Schlafwandler gewesen. Darunter stellte ich mir Menschen in weißen Nachthemden vor, die mit ausgestreckten Armen auf dem Dachfirst Richtung Abgrund balancieren. Na, so ungefähr war das hier ja – zum Glück ohne Abgrund. Außerdem hatte ich gehört, dass man Schlafwandler nicht wecken soll. Keine Ahnung, warum.

> Der **Erzählanfang** informiert über die Hauptpersonen, den Ort und den Zeitpunkt der Geschichte.
>
> Der **Hauptteil** enthält den Erzählkern, das Besondere der Geschichte. Schritt für Schritt wird hier bis zum Höhepunkt Spannung aufgebaut.
>
> Das **Erzählende** rundet die Geschichte ab.

1. Arbeitet in Kleingruppen und bringt die Textteile in die richtige Reihenfolge.
2. Besprecht, woran ihr den Erzählanfang, den Hauptteil und das Erzählende erkannt habt.
3. Notiert in einem Satz den Erzählkern der Geschichte.
4. Tauscht euch darüber aus, welche Stellen besonders spannend sind, und begründet dies.
Wie ist der Höhepunkt der Geschichte ausgestaltet?

Eine Bildergeschichte

Frederike   Laura   Nora

1. Sieh dir die Bilder an und tausche dich mit deinem Sitznachbarn darüber aus, worin der Erzählkern der Geschichte besteht.
2. Überlege, welche Bilder jeweils den Erzählanfang, den Hauptteil und das Erzählende wiedergeben. Bringe die Bilder in die richtige Reihenfolge.
3. Gib jedem Bild eine passende Überschrift.
4. Der Erzählanfang soll auf die Erzählung neugierig machen, aber noch nichts vorwegnehmen. Schreibe den Anfang der Geschichte. Du kannst so beginnen:
   Wenn ich gewusst hätte, was heute passieren würde, dann wäre ich mit Frederike und meiner kleinen Schwester Laura sicherlich nicht zu dem verwitterten Brunnen am Wäldchen gegangen …

Erzählausschnitte

Sophie, Max und Mustafa haben zu den Bildern des Hauptteils eine Geschichte geschrieben. Hier ist jeweils ein Ausschnitt aus ihren Erzählungen:

Endlich war die Feuerwehr da. „Hierher, schnell", rief Nora aufgeregt, „meine kleine Schwester ist in den engen Brunnen gefallen." Drei Feuerwehrmänner kamen, mit einer Leiter und Seilen ausgerüstet, eilig auf Nora und ihre Freundin zu. **Sophie**

Die drei Feuerwehrleute sehen einander besorgt an. „Von uns passt niemand hinein. Der Schacht ist einfach zu eng." „Aber was machen wir dann bloß? Wie können wir meine Schwester retten?", fragt Nora. Dabei kommen ihr die Tränen. „Ich habe eine Idee", sagt der junge Feuerwehrmann zum Einsatzleiter. „Aber die Sache ist nicht ganz ungefährlich." „Ich glaube, ich weiß, was du vorhast", sagt der ältere Feuerwehrmann. Mit ernsten Gesichtern schauen alle auf Nora. **Max**

Es fühlte sich fürchterlich an, in den Brunnen hinabgelassen zu werden. Je tiefer ich in den feuchten Schacht kam, desto deutlicher konnte ich Laura weinen hören. Es war jedoch so dunkel, dass ich fast gar nichts sehen konnte. Ich hatte riesige Angst, wusste aber, dass nun alles auf mich ankam, und dieses Wissen machte mich irgendwie stark. **Mustafa**

1. Lies die drei Erzählausschnitte und ordne sie den Bildern zu.
2. Bevor Sophie, Max und Mustafa begonnen haben, ihre Geschichten zu schreiben, haben sie sich für eine Erzählform und ein Tempus (Zeitform) entschieden.
   Trage ihre Entscheidungen in eine Tabelle in dein Heft ein.

	Sophie	Max	Mustafa
Erzählform			
Tempus (Zeitform)			

3. Begründe, welche Erzählform und welches Tempus du für die Geschichte wählen würdest.

> Es gibt zwei grundlegende **Erzählformen**: die Ich-Form (<u>Ich</u> *schaute entsetzt in den Brunnen.* <u>Meine</u> *Knie fingen an zu zittern.*) und die Er-/Sie-Form, bei der die Geschichte in der 3. Person Singular erzählt wird (*Der Feuerwehrmann hielt das Seil fest. Vorsichtig ließ* <u>er</u> *Nora in den Brunnen herab*).

Die Sinne schärfen

Versetzt euch in Noras Situation, als sie in den engen Brunnenschacht hinabgeseilt wird. Stellt euch die Einzelheiten der Szene möglichst genau vor.

Sie sah
– kaum die Hand vor Augen – lauter Schatten – …

Sie hörte
– von unten ein verzweifeltes Schluchzen – Wassertropfen auf den Boden fallen – …

Der Schacht fühlte sich
– glitschig – kalt – … an

Es roch
– modrig – ekelerregend – …

Sie fühlte
– ihr Herz schlagen – wie die Nässe ihre Kleidung durchdrang – …

Ihr war
– schwindlig – angst und bange – …

Wortfelder bilden → S. 296

1. Überlege, was Nora in dieser Situation sieht, hört, fühlt, riecht und welche Gedanken ihr durch den Kopf gehen.
   Verwende dazu die Vorschläge neben dem Bild und ergänze diese um weitere treffende Formulierungen. Du kannst auch Wortfelder anlegen.
2. Erzähle anschaulich und lebendig von Noras Abstieg in den Brunnenschacht. Verwende die Ich- oder Er-/Sie-Form.

Unglaubliche Alltagsgeschichten

Figurengespräche

Zu den beiden letzten Bildern der Geschichte haben Mareike und Finn einen kleinen Text geschrieben.

Weinend umklammerte Laura Noras Bein. Nora nahm sie auf den Arm und hielt sie mit aller Kraft fest. Auf ein Zeichen zogen die Feuerwehrleute die beiden Schwestern den Brunnenschacht hinauf. Zwei Feuerwehrmänner hoben sie über den Brunnenrand. Erschöpft setzten sich Nora und Laura ins Gras. Die Feuerwehrleute und Frederike schauten sie erleichtert an. Es war alles noch einmal gut gegangen. Was für ein aufregender Nachmittag!
Mareike

„Ich bin so froh, dass du da bist", schluchzte Laura, als Nora unten angekommen war, „ich habe solche Angst gehabt." Wie ein Äffchen umklammerte sie ihre große Schwester. Sie zitterte am ganzen Körper. „Seid ihr bereit? Können wir euch heraufziehen?", rief einer der Feuerwehrmänner von oben in den Brunnen hinab. „Ja, ich halte Laura fest", antwortete Nora. „Gut, auf drei geht es nach oben." ...
Finn

1. Vergleicht die beiden Texte. Worin unterscheiden sie sich?
2. Beschreibt, welche Wirkung Finn mit der wörtlichen Rede erzielt.
3. Schreibe die ganze Geschichte. Nutze dazu deine Vorarbeiten.
4. Stellt eure Geschichten in einer Kleingruppe vor. Besprecht, was besonders gelungen ist und was noch verbessert werden kann.
5. Wählt eine Geschichte aus, die ihr der ganzen Klasse präsentieren möchtet.

Satzzeichen bei wörtlicher Rede setzen → S. 220

Schriftlich erzählen → S. 68

Erzählwerkstatt

K Schriftlich erzählen
→ S. 68

Auf diesen Seiten findest du verschiedene Vorschläge, zu denen du eine Geschichte schreiben kannst. Nutze bei der Planung deiner Geschichte ein Ideennetz oder einen Erzählfaden.

1 Eine Bildergeschichte erzählen

1. Bringe die Bilder in die richtige Reihenfolge und ermittle den Erzählkern.
2. Plane deine Erzählung.
3. Schreibe die Geschichte und finde eine treffende Überschrift.

Unglaubliche Alltagsgeschichten

2 Einen Erzählkern ausgestalten

A Auf der Fahrt in den Sommerurlaub legt die Familie an einem Rastplatz eine Pause ein. Als alle sich dort ein wenig stärken und die Beine vertreten, gesellt sich eine Katze zu ihnen. Schnell bemerken sie, dass jemand die Katze auf dem Rastplatz ausgesetzt haben muss. Sie beschließen, das anhängliche Tier mitzunehmen. Die elfjährige Jana hofft, dass sie die Katze behalten darf.

B Auf einer vielbefahrenen Straße hatte eine Gänsemutter mit ihren fünf Küken einen Ausflug unternommen und dadurch den Berufsverkehr zum Erliegen gebracht. Die beiden Kinder einer Familie, die mit ihrem Auto in diesen Stau geraten war, fingen die Tiere ein, und der Vater fuhr sie zum Tierrettungsdienst, wo man sie fachmännisch zum heimatlichen Weiher zurückbrachte.

4. Wähle einen Erzählkern und gestalte ihn zu einer Geschichte aus. Plane deine Erzählung und achte beim Schreiben darauf, dass du die Geschichte anschaulich und lebendig gestaltest.

3 Geschichten zu Reizwörtern

A Papagei entflogen – mit Obst angelockt – Besitzer glücklich

B Klassenausflug – Großstadt – Gruppe verloren

5. Suche dir eine Reizwortkette aus. Plane und schreibe eine Geschichte, in der diese Wörter vorkommen.

4 Zu Sprichwörtern erzählen

A Wer zuletzt lacht, lacht am besten.

B Hunger ist der beste Koch.

C Ein Unglück kommt selten allein.

D Lügen haben kurze Beine.

6. Wähle eines dieser Sprichwörter aus. Plane und schreibe dazu eine Geschichte.

An der Sprache feilen

Hannah hat folgenden Erzählkern zu einer Geschichte ausgestaltet:

> Zwei zehn Jahre alte Schüler haben in Essen nach Angaben der Polizei eine Kiste voller Gold- und Silberschmuck gefunden. Bislang konnte noch nicht ermittelt werden, woher der wertvolle Inhalt der Kiste stammt.

Die alte Kiste

Neulich ist in Essen etwas Komisches passiert. Paul und Stefan gehen noch zur Schule. Sie sind zehn Jahre alt. Als sie am Samstag im Neubaugebiet hinter ihrer Siedlung spielten, haben sie die Schaufeln gefunden, die die Bauarbeiter dort liegen gelassen hatten. Mit diesen sind sie dann losgegangen und in das nahe gelegene Waldstück gegangen. Im Wald spielten sie mit den Schaufeln herum. Erst haben sie so getan, als ob die schweren Dinger Schwerter wären, und haben Fechten gespielt. Das war Paul aber irgendwann zu anstrengend. „Mir ist das zu anstrengend. Lass uns lieber in der Erde graben", sagte Paul. Stefan wollte das auch und so fingen die beiden an zu buddeln. Irgendwann hörten die beiden beim Buddeln ein komisches Geräusch. Da merkten sie, dass sie beim Buddeln auf etwas gestoßen waren. War das aufregend. Sie buddelten es aus. Es war eine alte Kiste. Eine richtig alte Kiste. Aus Eisen. Sie brachen sie auf und guckten rein. Da staunten sie nicht schlecht: Die Kiste war voller Gold- und Silberschmuck. „Jetzt sind wir reich", rief Stefan. Paul dachte erst, Stefan hat recht, aber dann fiel ihm ein, dass die alte Kiste ja irgendwem gehören musste. Also nahmen sie die Kiste mit nach Hause und zeigten sie ihren Eltern. Die staunten auch nicht schlecht. „Unser Sommerurlaub ist gerettet – für die nächsten 40 Jahre", sagte Pauls Papa, aber das war nur ein Witz. Sie fuhren mit Papas Auto zur Polizei und zeigten dort die Kiste mit dem Gold- und Silberschmuck. Die staunten nicht schlecht. Die Polizisten sahen nach, ob jemand eine Kiste als vermisst gemeldet hatte, aber das war nicht so. Sie wussten also nicht, woher der Inhalt der Kiste kommt. Da niemand die alte Kiste vermisst hat, erhielten sie einen Finderlohn von 100 Euro.

METHODE

Findet euch in Dreier- bis Fünfergruppen zusammen und überarbeitet in einer **Schreibkonferenz** den Text. Lest zuerst den Text gemeinsam. Äußert euch dann zum Inhalt und fragt bei Verständnisschwierigkeiten nach. Schreibt anschließend Verbesserungsvorschläge an den Rand. Notiert auch, was gut gelungen ist. Der Autor kann dann den Text überarbeiten.

M Schreibkonferenz → S. 305

K Eine Erzählung überarbeiten → S. 69

1. Was gefällt dir an Hannahs Erzählweise, was gefällt dir nicht so gut?
2. Überarbeitet ihren Text im Rahmen einer Schreibkonferenz und schreibt die verbesserte Erzählung in euer Heft.

Einen Geschichtenbasar veranstalten

Im Orient war das Erzählen von Geschichten eine gesellige Form der Unterhaltung, die sogar – wie es in *Tausendundeiner Nacht* berichtet wird – der schönen Scheherazade das Leben rettete. Doch die Zeiten sind vorbei, in denen man sich um Kopf und Kragen erzählen konnte.

Auf dem Basar, den ihr veranstaltet, gibt es verschiedene Erzähler und unterschiedliche Geschichten, lustige und traurige, erfundene und nacherzählte, oder auch Geschichten, die auf dem Basar erst gemeinsam entstehen.

Vorbereitung

- ▶ Wählt für eure Geschichten Themen aus, die sich für euren Basar besonders gut eignen. Bildet zu jedem Thema eine Gruppe und sammelt Geschichten.
- ▶ Überlegt, wie ihr den Klassenraum gestalten könnt, damit er zum Erzählen verlockt.
- ▶ Notiert euch, was alles organisiert werden muss und wie der Erzählbasar ablaufen soll.
- ▶ Trommeln, Flöten und Tamburine können den Basar eröffnen, begleiten und Pausen füllen.
- ▶ Übt das Erzählen! Denkt daran, dass professionelle Erzähler ihre Geschichten anschaulich mit Händen und Füßen erzählen und ihre Stimmen gezielt einsetzen. Ihr könnt euch auch verkleiden.

Ideen für das gesellige Erzählen

Reizwortgeschichten
Einer nennt drei beliebige Wörter, aus denen eine Geschichte entwickelt werden soll. Ihr könnt auch drei Gegenstände zeigen.

Reißverschlussgeschichten
Einer fängt an zu erzählen, bricht mitten im Satz ab und der Nächste fährt fort. Wie wäre es mit diesem Anfang: „Als Markus die Turnschuhe anzog, passierte es …"?

Geschichtenmix
Jeder schreibt auf eine Karteikarte den Namen einer bekannten Figur aus einem Jugendbuch, z. B. *Momo,* auf eine weitere Karte eine bekannte Märchenfigur. Dann legt ihr die Karten verdeckt in die Mitte des Kreises. Einer zieht eine Karte und fängt sofort an, eine Geschichte zu erzählen, in der der gezogene Name vorkommt. Nach einem Klatschzeichen deckt der Nächste eine Karte auf und führt die Erzählung des Vorgängers fort, bringt aber nun seine Figur ins Spiel. Am Ende habt ihr gemeinsam eine kuriose Geschichte erfunden.

K Kompetenzen

Mündlich erzählen

1. **Sammle deine eigenen Ideen,** z. B. in einem Ideennetz.
   - Schreibe das Thema oder den Erzählkern in die Mitte und notiere alle weiteren Einfälle um den Ausgangsbegriff herum.
   - Bringe deine Einfälle mithilfe eines Erzählfadens in eine sinnvolle Reihenfolge. Du kannst dich an den W-Fragen orientieren:
     - Wo ist das Ereignis passiert?
     - Wann geschah es?
     - Wer war beteiligt?
     - Was genau ist passiert?
     - Wie und warum kam es dazu?
     - Welche Folgen hatte das Ereignis?

2. **Erzähle deine Geschichte lebendig und anschaulich.**
   - Überlege dir einen Anfang, der die Zuhörer neugierig auf deine Geschichte macht, z. B.: *Ihr glaubt nicht, was mir gestern passiert ist!*
   - Erzähle von deinen Gedanken und Gefühlen, z. B.: *Da brach mir vor Angst der Schweiß aus.*
   - Verwende Spannungsmacher wie *dann, plötzlich, auf einmal*.
   - Sprich deine Zuhörer direkt an, z. B.: *Könnt ihr euch das vorstellen? Was hättet ihr gemacht?*
   - Halte Blickkontakt.
   - Erzähle im Perfekt.

Schriftlich erzählen

1. **Plane deine Erzählung.**
   - Bringe mithilfe eines Ideennetzes oder eines Erzählfadens die Einzelheiten einer Erzählung in eine sinnvolle, zeitlich logische Reihenfolge.
   - Überlege, ob du deine Geschichte in der Ich-Form oder in der Er-/Sie-Form erzählen möchtest. Achte darauf, dass du durchgehend eine Form verwendest.
   - Lass Unwichtiges und Nebensächliches weg.

2. **Schreibe deine Erzählung:**
   - Gestalte den Erzählanfang so, dass er Lust zum Weiterlesen macht. Informiere über die Hauptpersonen und nenne den Ort und den Zeitpunkt deiner Geschichte (W-Fragen). Du kannst Andeutungen darüber machen, was im Hauptteil geschehen wird: *Seit vier Jahren fahren meine Freundin Annika und ich im Sommer mit den Pfadfindern ins Ferienlager. Doch eine solche Fahrt wie diese hatten wir noch nie erlebt. Es fing alles damit an, dass …*
   - Baue bis zum Höhepunkt Schritt für Schritt Spannung auf.
   - Löse am Schluss die Spannung auf und bringe die Geschichte rasch zu einem Ende. Runde deine Erzählung ab: *Er konnte sich an nichts erinnern.*
   - Gib deiner Geschichte eine passende Überschrift.
   - Gestalte wichtige Erzählschritte, vor allem aber den Höhepunkt, mit allen Sinnen aus.

Unglaubliche Alltagsgeschichten

- Gib Gedanken und Gefühle wieder: *Mir wurde angst und bange.* Der Leser sollte sich genau in die Figuren deiner Geschichte hineinversetzen können.
- Verwende wörtliche Rede. *Einer rief: „Was ist denn hier los?"* Fragen und Ausrufe machen deine Geschichte lebendig: *Sah ich etwa ein Gespenst?*
- Schreibe abwechslungsreich. Eine Erzählung wird für einen Leser besonders dann interessant, wenn du treffende Verben und anschauliche Adjektive gebrauchst. *Trockene Zweige knackten, wir hörten nur ein Flüstern und Zischen.*
- Verwende Spannungsmacher wie *auf einmal, plötzlich.*
- Vermeide Wiederholungen in der Wortwahl und im Satzbau.
- Schreibe im Präteritum.

Eine Erzählung überarbeiten

1. **Untersuche den Aufbau und den Inhalt.**
   - Enthält der Erzählanfang alle wichtigen Informationen über Ort, Zeit und Personen?
   - Hat deine Geschichte einen roten Faden?
   - Stehen die Erzählschritte in einer sinnvollen und zeitlich logischen Reihenfolge?
   - Hast du alles Wichtige erwähnt? Kannst du Unwichtiges streichen?
   - Hat deine Geschichte einen Höhepunkt?
   - Gibst du Gedanken und Gefühle der einzelnen Figuren wieder?
   - Löst du am Ende die Spannung auf und führst deine Erzählung rasch zu einem Ende?
   - Hast du eine passende Überschrift gefunden?

2. **Untersuche die Sprache.**
   - Ist deine Geschichte hauptsächlich im Präteritum geschrieben?
   - Sind deine Wortwahl und deine Sätze abwechslungsreich?
   - Enthält deine Erzählung an geeigneten Stellen wörtliche Rede?
   - Kannst du an manchen Stellen noch treffendere Verben und anschaulichere Adjektive einsetzen?

Unglaubliche Alltagsgeschichten

S Selbsteinschätzung

Geh noch einmal das Kapitel und deine Aufzeichnungen durch und schätze dann ehrlich deine Fähigkeiten ein.

★★★ = sehr sicher
★★ = größtenteils sicher
★ = manchmal unsicher
○ = oft unsicher

1. Ich kann mithilfe eines Ideennetzes oder eines Erzählfadens eine mündliche Erzählung planen.
2. Ich kann anschaulich und lebendig erzählen.
3. Ich erkenne den Aufbau einer Erzählung und kann den Erzählanfang, Hauptteil und das Erzählende benennen.
4. Ich kann bei einer Bildergeschichte den Handlungsablauf erkennen und daraus eine schriftliche Erzählung entwickeln.
5. Beim Schreiben einer Erzählung achte ich darauf, dass ich
   – die Erzählschritte in einer sinnvollen Reihenfolge anordne,
   – einen Erzählanfang verfasse, der Lust zum Weiterlesen macht,
   – den Höhepunkt sprachlich besonders ausschmücke,
   – Gedanken und Gefühle wiedergebe,
   – aussagekräftige Verben und treffende Adjektive benutze,
   – an passenden Stellen wörtliche Rede verwende,
   – die Geschichte sinnvoll abschließe,
   – die richtige Tempusform (überwiegend das Präteritum) benutze,
   – abschließend meine Erzählung inhaltlich und sprachlich überarbeite.

Auswertung und Anregungen

▶ **Prima, wenn du dir bei den meisten Aussagen sicher oder größtenteils sicher warst!** Mit den Trainingsideen auf der nächsten Seite kannst du deine Fähigkeiten noch einmal trainieren.

▶ **Wenn du dir bei den Aussagen 1–2 noch unsicher warst,** dann wiederhole noch einmal die Seiten 56/57 und präge dir die Methoden „Ideennetz" und „Erzählfaden" ein, indem du sie am Beispiel eines selbst gewählten Bildes einübst.

▶ **Wenn du bei Aussage 3 Schwierigkeiten hattest,** bearbeite noch einmal das Textpuzzle auf den Seiten 58/59.

▶ **Wenn du dir bei Aussage 4 nicht sicher warst,** erzähle die Bildergeschichte auf Seite 64 oder suche selbst nach Bildergeschichten.

▶ **Wenn du dir bei Aussage 5 noch unsicher warst,** wiederhole noch einmal die Seiten 60–63 und übe das Schreiben eigener Erzählungen, indem du die Aufgaben der Selbstlernideen auf den Seiten 64/65 bearbeitest, die du noch nicht gelöst hast.

▶ **Trainiere deine Fähigkeiten im Überarbeiten von Erzählungen.** Überprüfe und verbessere deine geschriebenen Geschichten mit der Kompetenz „Eine Erzählung überarbeiten" auf Seite 69 oder überarbeite deine Texte in einer Schreibkonferenz mit deinen Mitschülern.

T Trainingsideen → www

Erlebtes und Erfahrenes erzählen

1. Denke an ein besonderes Erlebnis aus deiner Freizeit und gestalte dieses Erlebnis zu einer schriftlichen Erzählung aus.
   - Überlege, worin der Erzählkern besteht, und plane deine Erzählung mithilfe eines Ideennetzes und eines Erzählfadens.
   - Schreibe die Erzählung und achte dabei darauf, dass du die Geschichte lebendig und anschaulich gestaltest.
   - Überarbeite anschließend deine Erzählung.
2. Du kannst auch eines der zwei Bilder auswählen und dazu eine schriftliche Erzählung verfassen.

Erzählen auf der Basis von Materialien oder Mustern

1 Ein zweijähriger Junge hat mit etlichen 100-Euro-Scheinen, die er im Wohnzimmerschrank gefunden hatte, „Schiffe versenken" gespielt, indem er die „Schiffchen" in der Toilette schwimmen ließ und nach und nach wegspülte. Die alarmierte Feuerwehr konnte nicht mehr helfen: 3000 Euro waren im Toilettenabfluss verschwunden. Einigen Kanalarbeitern der Stadt gelang es jedoch, die Geldscheine in einem 200 Meter vom Haus entfernten Kanalschacht aus dem Abwasser herauszufischen.

2 Lingen (dapd). Hilfe in der Auseinandersetzung mit einem neunjährigen Jungen hat sich eine Sechsjährige in Lingen (Kreis Emsland) durch einen Anruf bei der Polizei erhofft. Sie wählte mehrfach die 110 aus einer Telefonzelle und verlangte deren sofortiges Erscheinen. Nachdem sie die Situation immer dramatischer schilderte, machten sich mehrere Polizisten auf den Weg. Sie wurden von dem Mädchen mit den Worten empfangen: „Der hat zu mir gesagt, dass ich blöd bin." Die Worte stammten von einem Neunjährigen aus der Nachbarschaft. Das Mädchen wurde den Eltern übergeben.

3. Gestalte einen dieser Texte zu einer schriftlichen Erzählung aus.
   - Plane deine Erzählung mithilfe eines Ideennetzes oder eines Erzählfadens.
   - Schreibe die Erzählung und achte dabei darauf, dass du die Geschichte lebendig und anschaulich gestaltest.
   - Gib deiner Erzählung eine passende Überschrift.
   - Überarbeite anschließend deine Erzählung.

Unglaubliche Alltagsgeschichten

Zum Bild: James Rizzi, *I know a Secret* (2002)

Freude, Mut und Angst
Kurze Geschichten

Täglich passieren uns zu Hause, in der Schule oder in der Freizeit verschiedene Ereignisse, die uns fröhlich, wütend, nachdenklich oder sogar traurig machen. All diese Stimmungen und Erfahrungen werden häufig in Geschichten aufgegriffen.

1. Nennt Beispiele für Geschichten, in denen die Hauptpersonen besonders lustig, mutig oder ängstlich sind.
2. Welche Geschichten erzählt dir das Bild?

Erzählanfänge

Das Versteck Giuseppe Pontiggia

Als Andrea verschwand, fiel das niemandem auf. Seine Eltern hatten im Flur eine Zwischendecke einziehen lassen und zwischen der neuen und der alten Decke war über den Köpfen all derer, die durch die Wohnung liefen, ein unsichtbarer Tunnel entstanden. An jenem Nachmittag …

*In Italien ist **Andrea** ein Jungenname.*

Der Rattenkönig Jutta Richter

„Ratten sind irre", sagte Hansi Pfeiffer. Wir saßen auf der Bordsteinkante am Jägerzaunabschnitt. Es war ein Sommersamstag, und Hansis Vater zerknatterte mit seinem Motormäher den Nachmittag.
„Wie meinst'n das?", fragte Herbert.
Hansi Pfeiffer guckte ihn an. Hinter den dicken Brillengläsern waren seine Augen riesengroß. Er sah immer etwas erschrocken aus.
„Ratten", sagte Hansi, „sind die klügsten Tiere der Welt."
„Woher willst'n das wissen?", fragte ich.
„Das hab ich gelesen", antwortete Hansi. „Steht in dem Buch, das ich mir zum Geburtstag gewünscht hab." …

Jägerzaun Zaun aus gekreuzten Holzstäben

Gaia Jostein Gaarder

Meine Eltern waren am 29. Februar zu einem Fest eingeladen, das fast die ganze Nacht dauern sollte. Ich hatte gesagt, dass ich keinen Babysitter brauchte. Ich hatte alle Lampen in der Wohnung eingeschaltet und die Telefonnummer hing an der Pinnwand. Aber trotzdem hatte ich Angst. …

3. Diskutiert, warum die Anfänge jeweils zum Weiterlesen verführen.
4. Wähle einen der Erzählanfänge aus und überlege, wie die Geschichte weitergehen könnte. Schreibe die Geschichte weiter.

In diesem Kapitel lernst du,

▶ wie du erste Leseeindrücke formulieren kannst,
▶ wie du einen Text in Handlungsabschnitte einteilst,
▶ wie du den Inhalt einer Erzählung zusammenfasst,
▶ wie du dich in eine Figur hineinversetzt,
▶ wie du eine Erzählung aus einer anderen Sicht erzählst,
▶ wie du das Verhalten einer Figur bewertest.

Unter Freunden

Axel und die Freude Renate Welsh

Axel rannte nach Hause. Susi hatte auf dem Schulhof mit ihm geredet. Erwin hatte ihn in seine Mannschaft gewählt. Beim Lesen hatte er nicht ein einziges Mal den Faden verloren, und die Lehrerin hatte sein Piratenbild in der Klasse aufgehängt.

Axel läutete Sturm. Die Mutter öffnete die Tür mit dem Ellenbogen. Ihre Finger waren schwarz.

„Mama, ich muss dir was erzählen!"

„Moment", sagte sie, „ich muss erst das Farbband wechseln, das ist total verheddert. Und dann muss ich die Seite fertig schreiben, sonst vergesse ich, wie's weitergeht."

Axel riss die Tür zum Zimmer seiner Schwester auf.

„Hanna, ich muss dir was erzählen!"

Hanna hatte die Kopfhörer auf, wippte mit den Beinen und schnippte mit den Fingern. Sie scheuchte Axel weg, ohne die Kopfhörer abzunehmen. Axel ging in das Zimmer, das er mit seinem großen Bruder David teilte. David war nicht da. Axel ging ihn suchen. Er fand ihn im Wohnzimmer, den Telefonhörer in der Hand. David deutete nur stumm auf die Tür.

Axel spürte, wie seine Freude immer weniger wurde. Dann war sie gar nicht mehr da. Als die Mutter eine halbe Stunde später in sein Zimmer kam, hatte Axel nichts mehr zu erzählen. Der nächste Tag war einer von diesen ganz gewöhnlichen, wo überhaupt nichts passiert, ein Tag, der einfach vor sich hin trottet und nirgends ankommt. Aber am Donnerstag schaffte es Axel, an den langen, glatten Stangen hochzuklettern, fast bis unter die Turnsaaldecke. Bisher war er immer nach dem zweiten Klimmzug runtergerutscht, und Susi und Erwin hatten ihn ausgelacht. Axel freute sich, und diesmal würde er seine Freude nicht weniger werden lassen. Diesmal würde er gut aufpassen auf sie.

Er trug sie vorsichtig nach Hause. Dort legte er sich mit ihr auf sein Bett und stopfte die Decke um sie beide, seine Freude und sich.

„Axel!", rief die Mutter. Er stand auf. Am Abend, dachte er, werde ich mich wieder an meine Freude ankuscheln, und das wird sehr schön sein. Ich erzähl' niemand von ihr, ich behalt' sie ganz für mich allein. Er breitete die Decke über sie und machte die Zimmertür fest zu. Den ganzen Nachmittag lang freute er sich auf seine Freude. Aber als er abends ins Bett stieg, war sie nicht mehr da, einfach weg, wie gestorben.

Eine Woche verging. Wenn Axel eine kleine Freude spürte, zog er schnell den Mundwinkel herunter. Er hatte Angst vor der Freude. Er wollte nicht wieder erleben, wie sie immer weniger wurde. Es war eine langweilige Woche.

Dann kam der Tag, an dem Susi Axel geheimnisvoll einen Brief zusteckte und sagte: „Erst nach der Schule lesen." In der letzten Stunde flog ein kleiner blauer

Schmetterling ins Klassenzimmer, flatterte vor der Tafel hin und her, tanzte über den Köpfen der Kinder, die ganz still saßen, landete auf dem Wiesenblumenstrauß und ließ sich dann von einem Luftzug wieder aus dem Fenster tragen.

Axel guckte ihm nach und spürte ein Kribbeln im Bauch. Nach der Schule ging er bis zur Kreuzung mit den anderen, und Heiner rempelte ihn kein einziges Mal an und stieß ihn auch nicht von der Gehsteigkante. Als die anderen um die Ecke verschwunden waren, lehnte sich Axel an eine Hausmauer und zog den Brief aus der Tasche.

„Für meinen Freund Axel", stand auf dem Briefumschlag. Axel riss ihn auf, und drinnen war eine weiße Karte mit einem Clown draufgemalt. „Ich lade dich zu meinem Geburtstagsfest ein", hatte Susi geschrieben. „Komm bestimmt."

Das Freudenkribbeln in Axel wurde stärker und stärker, das ließ sich genauso wenig zurückhalten wie ein heftiges Niesen. An Mundwinkelherunterziehen war nicht mehr zu denken. Axel sprang auf, hüpfte die Straße hinunter, und als ihm eine alte Frau entgegenkam, lachte er sie an. Die alte Frau freute sich und ihre Freude und Axels Freude schlugen Purzelbäume miteinander. Als Nächster bekam ein streng blickender Mann ein Stück Freude, dann ein kleines Mädchen, dann ein eiliger Briefträger, ein humpelnder Mann, ein weinender Junge, schließlich sogar ein schimpfender Autofahrer. Und dabei wuchs Axels Freude ständig.

Als seine Mutter die Tür öffnete, war er so zum Platzen voll mit Freude, dass er von einem Fuß auf den anderen hüpfen musste. „Wenn du aufs Klo musst, dann geh doch", sagte sie.

An jedem anderen Tag wäre Axels Freude jetzt kleiner geworden. Aber heute schlang er der Mutter die Arme um den Hals und gab ihr einen dicken Kuss und ein großes Stück von seiner Freude dazu. Axels Freude erreichte sogar Hanna unter ihren Kopfhörern. Mit David am Telefon hatte sie Schwierigkeiten, da musste sie warten, bis er einmal kurz den Hörer weglegte. Als der Vater nach Hause kam, überfiel ihn Axel mit seiner Freude und steckte ihn an. Ziemlich spät am Abend schlüpfte Axel unter seine Decke. Da war die Freude, warm und weich. Er kuschelte sich hinein und überlegte: „Was schenk' ich Susi zum Geburtstag?"

Und seine Freude wuchs immer noch.

1. Lies den Text und formuliere deinen Eindruck von der Geschichte.
   Du kannst so beginnen: *Mir fällt an der Geschichte auf, dass ...*
2. Prüfe, ob folgende Aussagen auf den Text zutreffen. Begründe deine Entscheidung mithilfe des Textes. Nenne dazu die entsprechenden Zeilenangaben.
   – Axels Piratenbild wird in der Klasse aufgehängt.
   – Die Mutter hat Axels Lieblingsgericht zum Mittag gekocht.
   – Hanna telefoniert mit ihrer Freundin.
   – Axel hat Angst vor der Freude.
   – Axel verschenkt Freude.

Leseeindrücke formulieren
→ S. 83

Inhalte wiedergeben und verstehen

> Ein **Handlungsabschnitt** (Sinnabschnitt) umfasst Sätze, die inhaltlich eng zusammengehören. Er endet, wenn etwas Neues passiert, z. B. eine andere Person auftritt, Zeit oder Ort sich ändern.
> Ein Handlungsabschnitt kann mit den im Text vorgegebenen Absätzen übereinstimmen. Dies ist aber nicht immer der Fall.

3. Um deinen ersten Leseeindruck von einer Geschichte zu überprüfen, fasst du den Inhalt in wenigen Worten zusammen.
   Arbeite mit einem Lernpartner.
   – Teilt den Text in Handlungsabschnitte ein und notiert die Zeilenangaben im Heft. Lasst zwischen den Abschnitten einige Zeilen frei. Die ersten Abschnitte sind bereits am Text markiert.
   – Fasst jeden Handlungsabschnitt stichwortartig zusammen.
   – Gebt jedem Handlungsabschnitt eine Überschrift.

   > „Axel und die Freude" von Renate Welsh
   >
   > 1. Handlungsabschnitt (Z. 1 bis 4):
   > Axel kommt voller Freude nach Hause
   >
   > – mit Susi geredet
   > – in Mannschaft gewählt
   > – gut gelesen
   > – Piratenbild wurde aufgehängt
   >
   > 2. Handlungsabschnitt (Z. 5 bis 20):
   > _____
   >
   > – …
   > – …

K Einen Text in Handlungsabschnitte einteilen → S. 83

K Den Inhalt eines Textes wiedergeben → S. 83

4. Vergleicht eure Handlungsabschnitte, Überschriften und Stichworte mit einem anderen Zweierteam.
5. Gib mithilfe der Handlungsabschnitte den Inhalt der Geschichte in einem zusammenhängenden Text wieder. Nenne im ersten Satz den Autor und den Titel der Geschichte und schreibe im Präsens. Benutze einen der folgenden Anfänge:

   > – In der Erzählung „Axel und die Freude" von Renate Welsh geht es um …
   > – Die Erzählung „Axel und die Freude" von Renate Welsh handelt von …
   > – In Renate Welshs Erzählung „Axel und die Freude" erfährt der Leser …

6. Diskutiert in der Klasse darüber, wie Axel mit der Freude umgeht und wie seine Mitmenschen reagieren.
7. Überlegt gemeinsam, wie die Freude behandelt werden möchte.

Der Sprung   Gunter Preuß

Der Wecker klingelt. Hannes zieht sich das Kissen über den Kopf. Er hat keine Lust aufzustehen. Schön wär's, wenn er jetzt krank wäre. Er horcht in sich hinein. Aber er hat weder Fieber noch Kopfschmerzen. Nur im Bauch rumort und kribbelt es ein bisschen.

Schließlich springt Hannes doch aus dem Bett. Er ist allein im Haus. Wie jeden Tag. Seine Eltern sind bereits auf der Arbeit. Hannes duscht kalt. Er schrubbt die Zähne, schlüpft in seine Klamotten. Im Stehen trinkt er auf einen Zug ein Glas Milch leer. Dann schultert er den Ranzen und macht sich auf den Schulweg. Er pfeift: „Eine Seefahrt, die ist lustig …"

In der Schule ist die Klasse bereits auf dem Pausenhof versammelt. Hannes wird mit Geschrei empfangen. „Ruhe!", ruft Frau Söller, die Sportlehrerin. „Wir sind jetzt vollzählig. Also Abmarsch zum Hallenbad."

Mit einem Mal ist das Bauchbrummen wieder da. Hannes geht an der Spitze der Klasse. Seine Freundin Susen geht neben ihm. Sie sagt: „Heut zeigst du es allen. Du legst ihnen einen feinen Sprung hin."

„Aber klar", sagt Hannes. „Das wird ein Weltklassesprung."

Hannes' Schritte werden immer langsamer und kürzer. Als sie an der Schwimmhalle ankommen, geht er am Schluss der Klasse.

Und im Umkleideraum ist er der Letzte, der seine Badehose anzieht. Sein Bauch brummt nun wie ein hungriger Bär. Frau Söller lässt die Mädchen und Jungen am Schwimmbecken in Reih und Glied antreten. Sie wirft einen Ball ins Wasser und ruft: „Zuerst spielen wir uns warm. Dann üben wir den Kopfsprung."

„Und Hannes führt uns seinen Kopfsprung vom Dreimeterbrett vor!", ruft Susen. Mit lautem Geschrei springen die Mädchen und Jungen ins Wasser. Sie lachen und toben. Und jagen dem Ball hinterher.

Hannes ist ganz elend zumute. Die Schweißtropfen stehen ihm auf der Stirn. Er sieht zum Sprungturm hoch. Ganz oben ist das Dreimeterbrett. Hannes versucht sich zu beruhigen. So hoch sieht das gar nicht aus, denkt er. Das schaffst du doch. Kein Problem. Frau Söller ruft die Mädchen und Jungen aus dem Wasser. „Jetzt ist Hannes dran", sagt Susen. „Er wird uns als erster seinen Sprung vom Dreimeterbrett vorführen."

„Hannes, du bist wirklich schon so oft von da oben gesprungen?", fragt Frau Söller besorgt.

„Hundertmal. Mindestens", antwortet Susen für Hannes.

Blödes Weib, denkt Hannes. Sie ist schuld, dass er irgendwann einmal vor allen behauptet hat: „So ein Sprung ist kinderleicht." Nur weil Susen immer angeben will. Überall will sie auffallen. Sie sagt, ihr Freund muss ein toller Mann sein. Einer wie Batman.

Unter den anfeuernden Rufen der Klasse steigt Hannes die ersten Stufen des Sprungturmes hinauf. Das geht doch ganz gut, denkt er. Zwischendurch verweilt er einen kurzen Moment. Das Bauchbrummen wird stärker. Und der Hals wird eng und trocken.

„Höher", schreit es von unten im Chor.

Jede Stufe fällt Hannes jetzt schwer. Endlich steht er ganz oben. Er will den Sprung hinter sich bringen. Aber dazu muss er nach unten schauen. Mann, ist das tief! Das Schwimmbecken wirkt, als wäre es nur so groß wie ein Planschbecken, und Frau Söller ist nur ein kleiner Punkt.

Hannes klammert sich an das Geländer. Seine Hände sind feucht, die Knie weich. Sein Kopf scheint zu glühen.

„Spring!", schallt es herauf. „Springen!!!"

Langsam lässt Hannes das Geländer los. Er tritt an den Rand des Turmes. Dort bleibt er stehen. So lange bis es ganz ruhig wird. Bis das Bauchbrummen verschwindet. Und sein Kopf wieder frei wird, dass er denken kann. Unten ist es ganz still geworden. Alle erwarten den Sprung. Aber da tritt Hannes vom Rand des Sprungturmes zurück. Langsam steigt er die Stufen hinunter.

Und dann steht er vor der Klasse. Er sieht den Jungen und Mädchen in die Augen.

„Warum bist du nicht gesprungen, Mensch?", ruft Susen enttäuscht. „Das ist aber eine schwache Leistung!"

Die anderen beginnen zu lachen. Worte wie „Angeber" und „Feigling" sind zu hören.

Da nimmt Hannes all seinen Mut zusammen. Es ist, als müsste er doch noch vom Dreimeterturm springen. Nur viel schwerer ist es.

Er sagt: „Ich ... hatte einfach Angst."

Alle schweigen. Auch Frau Söller. Aber dann lächelt sie ihm aufmunternd zu. Hannes sieht, wie Susen sich von ihm abwendet. Sie stellt sich neben Jens. Das gibt Hannes einen Stich in der Brust. Und doch fühlt er sich gut. Endlich kann er tief durchatmen. Er stößt Frau Söller den Ball aus der Hand. Der Ball fällt ins Wasser.

„Jippiheijeee!"

Hannes springt vom Beckenrand dem Ball hinterher, dass das Wasser nur so spritzt.

K Den Aufbau einer Erzählung erkennen → S. 83

Geschichten bestehen aus einem **Erzählanfang**, einem **Hauptteil**, der den Erzählkern, das besondere Ereignis enthält, und einem **Erzählende**.

1. Lest den Text und besprecht euren ersten Leseeindruck.
2. Teile den Text in Handlungsabschnitte ein und finde für jeden Abschnitt eine Überschrift. Ordne die Handlungsabschnitte dem Erzählaufbau zu.
3. Hannes fühlt sich den ganzen Tag elend. Durch welche körperlichen Reaktionen wird dies deutlich? Schreibe die entsprechenden Textstellen heraus und benenne die Zeilen.
4. Am Ende der Geschichte nimmt Hannes all seinen Mut zusammen. „Es ist, als müsste er noch einmal vom Dreimeterturm springen. Nur viel schwerer ist es." Erkläre, was gemeint ist.
5. Warst du auch schon einmal in einer ähnlichen Situation? Erzähle.

Die Kreidestadt   Gina Ruck-Pauquèt

Dass Benze rote Haare hatte, war kein Problem. Einmal hatte einer gewagt, einen Witz zu machen, aber das war lange her. „Holt die Feuerwehr!", hatte er geschrien. „Dem Benze brennt sein Hirn. Die Flammen schlagen schon raus!"
 Dann hatte er Benzes rechten Haken zu spüren bekommen, und es war Ruhe gewesen. Alle respektierten Benze. Es war nicht so, dass er es nötig hatte, mit einem Mädchen zu spielen. Aber das, was er mit Mandi machte, war etwas Besonderes. Etwas Tolles war das:
 Mandi und Benze bauten eine Stadt. Genau genommen malten sie sie bloß. Mit Kreide. Ganz hinten, in der Ecke des großen Parkplatzes, da, wo früher die alten Karren von den Lagerhallen gestanden hatten.
 Sie hatten sich da mal zufällig getroffen und rumgealbert. Und auf einmal hatte Mandi mit Kreide Striche um Benze rumgemalt. „Jetzt bist du im Gefängnis", hatte sie gesagt. „Da kommst du nicht mehr raus!"
 Benze war natürlich mit einem Satz weg. Als er hinter ihr herwollte, hatte sie „Halt!" geschrien. Auf dem Ende einer Kreidelinie hatte sie gestanden. „Ich bin ganz oben auf einem Telefonmast! Da kannst du nicht ran."
 So hatte das angefangen. Benze hatte einen Sportplatz gemalt. Mandi Häuser mit Fenstern und Schornsteinen obendrauf. Ein Park mit Bäumen war entstanden, eine Fabrik, in der Schokolade hergestellt wurde, ein Supermarkt, ein Schießstand, eine Kirche, ein Kino, zwei Hochhäuser, ein Hospital, und zwischen allem Straßen. An den Ecken standen Eisbuden. Ein kleiner Teich war da, und dahinter ein Schloss.
 „Hier wohne ich", sagte Mandi.
 Benze baute sich lieber ein Motorrad. „Brr, beng, beng", startete er. „Mensch", sagte Mandi, „mach doch nicht so'n Lärm! Du weckst ja alle auf!" „Wen denn?", wollte Benze wissen.
 „Na ja", sagte Mandi. „Die Leute. Und die Tiere im Zoo." Au ja, sie wollten einen Zoo haben! Aber das war gestern gewesen. Und da war es dunkel geworden, und sie hatten heim gemusst. „Kommste morgen wieder her?", hatte Benze gefragt. Mandi hatte genickt. Doch jetzt war morgen, und Benze war hier und Mandi nicht. Eigentlich hätte er ja anfangen können mit dem Zoo. Er wollte Raubvögel malen, die auf einer Stange saßen, und Wölfe und Füchse und Urtiere mit riesigen Hörnern. Aber allein machte es keinen Spaß. Benze ging durch die Stadt. Er hatte die Taschen voller Kreide. Extra gekauft.
 Jetzt komm' aber! dachte Benze. Warten lag ihm nicht. Das hielt er nicht aus. Er nahm ein Stück Kreide aus der Tasche, warf es in die Luft und fing es wieder.

METHODE

Rollenspiel
Bei einem Rollenspiel versetzt ihr euch in Personen einer Geschichte hinein. Wichtig ist, dass ihr euch die Situation genau vorstellt, in der die Personen sich befinden.
Überlegt euch, was sie denken und fühlen und wie sie reden und handeln könnten.
Zur Vorbereitung könnt ihr Situations- und Rollenkarten anlegen.
Am Ende des Rollenspiels äußern zunächst die Spieler ihre Meinungen, dann beschreiben die Zuschauer, was sie beobachtet haben.

M Rollenspiel → S. 305

K Eine Geschichte aus veränderter Sicht erzählen → S. 83

K Das Verhalten einer Person beurteilen → S. 83

Dann hörte er das Fahrrad quietschen. Der Bursche blieb neben ihm stehen. Es war der, der für die Lagerhallen rumfuhr. „Was machst'n?", fragte er. „Nix", sagte Benze. „Wartest du auf die?" fragte der Bursche. „Die kommt heut' nicht. Die spielt in der Steinstraße mit den anderen." „Ach Quatsch!", sagte Benze. „Ich warte überhaupt nicht." „Na, denn", sprang der wieder auf sein Fahrrad und sauste ab. Mandi spielte in der Steinstraße mit den anderen. Und er, der Trottel, stand hier und wartete! Eine Hitze stieg Benze in den Kopf, eine rote, wolkige Hitze, die ihn wild machte und ganz sinnlos.

Zuerst zerstörte er das Schloss, rieb es mit seinen Kreppsohlen weg. Spuckte hin und rieb. Die Sonnenblumen zertrampelte er, den Teich.

Er radierte die Schornsteinhäuschen aus, die Schokoladenfabrik, den Supermarkt, das Hospital, die Hochhäuser, alles.

Spuckte hin, wischte und stampfte und spuckte und kreiselte mit seinen Sohlen Linien aus, machte weg, zerstörte und konnte gar nicht mehr spucken, weil sein Mund so trocken war.

Die ganze Stadt!, dachte er. Die ganze Stadt! Alles muss weg!

Als Mandi plötzlich neben ihm auftauchte, erstarrte er. Was machst du da? Wahrscheinlich fragte sie: „Was machst du da?"

Aber Benze hörte es nicht. In seinem Kopf rauschte es, und er sah eine Ecke vom Schießstand, die er nicht erwischt hatte.

Als Mandi zu weinen anfing, rannte er weg. Benze rannte, als ob sie hinter ihm her wären. Und er dachte die ganze Zeit an den Burschen mit dem Fahrrad und wie es möglich ist, dass einer so lügt.

1. Formuliert euren Leseeindruck zu der Geschichte.
2. Überlegt, welche Gründe Benze für sein Verhalten am Ende der Erzählung haben könnte.
3. Versetzt euch in Mandi hinein und erzählt das Ende der Geschichte aus ihrer Sicht: warum sie zu spät kommt, warum sie anfängt zu weinen.
4. Tauscht euch in einer Gruppe von vier bis sechs Mitschülern darüber aus, welche Folgen der Vorfall für die Freundschaft zwischen Benze und Mandi hat.
5. Überlegt euch, wie das erste Treffen nach dem Vorfall verlaufen könnte. Spielt das Treffen in einem Rollenspiel eurer Klasse vor:
   – Wählt dazu zwei Schauspieler aus eurer Gruppe aus.
   – Legt gemeinsam eine Situationskarte und eine Rollenkarte für Benze und Mandi an.

Freude, Mut und Angst

Rätselhaft

> Auf der Seite der Leseideen findest du eine kurze Geschichte, mit der du weiterarbeiten und üben kannst. Du kannst beispielsweise
> - dich mit einem Lernpartner über deinen ersten Leseeindruck austauschen,
> - den Text in Handlungsabschnitte einteilen und den Inhalt zusammenfassen,
> - dich in eine Figur hineinversetzen, indem du Teile der Geschichte aus der Sicht der Kellerkatze, der Mutter oder von Herbert erzählst,
> - das Verhalten der Personen beurteilen.

Die Kellerkatze Jutta Richter

Die Kellerkatze hatte Glühaugen und war groß wie ein Panther.

Sie saß ganz hinten im Keller, auf dem alten Bettgestell neben Papas Bierkasten. Und sie saß da immer.

Die Großen sagten: „Stell dich nicht so an." Oder sie sagten: „Du mit deiner Fantasie!" Oma meinte, das käme vom vielen Lesen. „Das Kind verdirbt sich noch mal die Augen." Und Papa lachte und meinte: „Krause Haare, krauser Sinn."

Aber die Kellerkatze saß auf dem alten Bettgestell und funkelte mich mit ihren Glühaugen an, wenn ich zwei Flaschen Bier holen musste.

Niemand außer mir konnte sie sehen, und doch war sie da.

Und ich fürchtete mich und wollte nie mehr in den Keller gehen. Und Mama sagte, ich wäre zu faul, bequem und faul. „Nicht mal Kartoffeln holen will das Kind. Es ist eine Katastrophe mit ihr."

„Komm doch mit!", bettelte ich. „Nur einmal."

„Also gut", sagte Mama, „obwohl, da gehe ich ja schon wieder selbst, und es ist doch deine Aufgabe …"

Aber sie kam mit. Sie ging vor mir her, öffnete die Eisentür, hinter der die steile Kellertreppe hinabführte, und knipste das Licht an. Die Glühbirne mit dem Drahtgitter drum herum leuchtete nur schwach. Es lagen zu viele tote Fliegen in der Glasschale.

Mama schob mich vorwärts. „Also, wo sitzt deine Kellerkatze?", fragte sie spitz. „Zeig sie mir, und wehe, du hast gelogen …"

Ich kniff die Augen zusammen. Ich wollte gar nicht hingucken. Ich merkte, wie meine Hände feucht wurden, und mein Herz klopfte gegen das Summen der Umwälzpumpe an.

„Da!", sagte ich und zeigte auf das alte Bettgestell. „Da sitzt sie immer!"

„Nichts sitzt da!", sagte Mama. „Absolut nichts. Guck doch selbst!"

Sie machte drei Schritte nach vorn: Die Kellerkatze fauchte.

Pass auf, Mama!, wollte ich schreien, aber es kam kein Ton über meine Lippen. Ich war wie gelähmt. Stumm vor Entsetzen.

Die Kellerkatze sträubte ihr Fell. Sie sah plötzlich doppelt so groß aus. Ein Panther war ein Schoßkätzchen gegen sie. Die Kellerkatze machte einen Buckel. Ihr Schwanz peitschte drohend hin und her.

Mama stand jetzt genau vor ihr und wollte mit der Hand auf das Bettgestell klopfen. Sie hätte die Kellerkatze geschlagen, wenn es nicht plötzlich pitsch gemacht hätte, und dann war stockfinstere Nacht.

Ich schrie, weil ich fürchtete, die Kellerkatze hätte Mama angesprungen. Dann wäre alles zu spät. Nie im Leben hätte ich Mama helfen können. Ich war ja nur ein Kind.

„Sei still", sagte Mama und nahm meine Hand. „Sei ganz ruhig, das war nur die Sicherung!" Und dann führte sie mich langsam die Kellertreppe hoch, öffnete die schwere Eisentür, und es war wieder hell.

„Du bist wirklich ein kleiner Angsthase", sagte sie und drückte mich. „Es gibt keine Kellerkatzen, und es wird nie welche geben."

Aber das stimmte nicht. Ich wusste, was ich wusste, und ich sah, was ich sah. Und lieber war ich ein Angsthase, als mich von Kellerkatzen fressen zu lassen.

Es wäre alles für immer so geblieben, wenn Herbert nicht in unser Haus gezogen wäre. Herbert war zwölf und viel größer und stärker als ich, und mit doofen Weibern hatte er nichts am Hut. Ich hatte Glück, dass ich noch nicht zu den doofen Weibern zählte. Die waren mindestens neun, kamen immer zu zweit und kicherten.

„Na, Meechen", sagte Herbert, als ich mit dem Kartoffeltopf durchs Treppenhaus schlich. „Hasse Angst?"

Ich schluckte und nickte, und Herbert fragte: „Wovor?"

Und dann erzählte ich ihm, was ich von der Kellerkatze wusste.

„Hört sich schwer nach Abenteuer an", sagte Herbert. „Hätt ich nicht gedacht, dass in diesem Haus Kellerkatzen lauern."

„Willste sehen?", fragte ich.

„Na klar", sagte Herbert. Er zog den Spielzeugcolt mit den Knallblättchen aus dem Hosenbund und ging plötzlich ein bisschen breitbeinig wie ein Westernheld. Aber das war mir gar nicht peinlich. Mir war nur wichtig, dass er vorging. Ich hatte plötzlich das Gefühl, er könnte mich vor der Kellerkatze beschützen. Und ich wusste, sie saß da und wartete auf uns. Wir öffneten leise die schwere Eisentür und schlichen mit angehaltenem Atem die Treppenstufen hinunter. Ich blieb dicht hinter Herbert, so dicht, dass ich ihn riechen konnte.

Er roch nach Lehm und Wiese und nach Knallplättchen. Ein bisschen sauer und ein bisschen süß, und ich konnte ihm vertrauen.

„Beweg dich nicht!", flüsterte er. „Da sitzt sie!" Er zeigte mit dem Spielzeugcolt in Richtung Bettgestell.

„Wahnsinn! Das ist die größte Kellerkatze der Welt!"

„Kannst du sie verscheuchen?", fragte ich.

„Und ob! Du musst mir nur helfen!" Er zeigte auf das Kellerfenster.

„Schleich dich da rüber und mach es auf", flüsterte er. „Aber lass die Katze nicht aus den Augen!"

Mein Herz tat einen Sprung, fast hätte ich mich nicht getraut, aber dann sah ich Herbert an und wollte kein Angsthase mehr sein. Ich schlich vorsichtig auf das Fenster zu. Ich schob den Riegel nach unten. Die Kellerkatze war höchstens einen Meter von mir entfernt.

„Wenn ich losballere, musst du schreien!", zischte Herbert mir zu. „So laut du kannst!" Ich hörte, wie er mit einem Klick den Spielzeugcolt entsicherte. „Jetzt!" Und dann knallte es und ich schrie, und es knallte und knallte.

Und die Kellerkatze jaulte auf und floh mit hoch aufgerecktem Schwanz Richtung Kellerfenster. Sie prallte gegen das Gitter, nahm einen neuen Anlauf und verschwand heulend im Hinterhof.

„Na bitte!", sagte Herbert und grinste. „Hast du noch Angst, Meechen?" „Wovor?", grinste ich zurück. „Eben", sagte Herbert. Und ab da waren wir Freunde.

K Kompetenzen

Leseeindrücke formulieren

Wenn du eine Geschichte gelesen hast, gehen dir viele Gedanken oder Fragen durch den Kopf.
- **Notiere deinen persönlichen Leseeindruck** in einem Satz. Du kannst so formulieren: *Mir fällt an der Geschichte auf, dass …*
- **Tausche dich mit deinen Mitschülern** darüber aus.

Einen Text in Handlungsabschnitte einteilen

- **Teile den Text in Handlungsabschnitte ein** und gib jedem Abschnitt eine passende Überschrift. Dies hilft dir bei der Inhaltszusammenfassung. Ein Handlungsabschnitt beginnt, wenn von einer neuen Tätigkeit erzählt wird, wenn ein Ortswechsel erfolgt, wenn neue Personen eingeführt werden.

Den Inhalt eines Textes wiedergeben

Eine Textwiedergabe fasst die wichtigsten Ereignisse einer Geschichte in der Reihenfolge, in der sie geschehen, zusammen.
- **Nenne im ersten Satz den Titel der Geschichte und den Autor.**
- **Fasse den Inhalt eines jeden Handlungsabschnittes** in einem oder zwei Sätzen zusammen. Orientiere dich dabei vor allem an den Überschriften. Benutze keine wörtliche Rede.
- **Schreibe im Präsens.**

Den Aufbau einer Erzählung erkennen

Meist ist eine Erzählung in drei Schritten aufgebaut: Erzählanfang, Hauptteil und Erzählende.
- **Am Anfang der Erzählung** wird für den Leser eine Situation eröffnet, die zum Weiterlesen anregt. Personen, Ort und Zeit der Geschichte werden vorgestellt.
- **Der Hauptteil** enthält den Erzählkern, das besondere Ereignis der Geschichte.
- **Das Erzählende** entlässt den Leser aus der Geschichte und nennt in wenigen Sätzen den Ausgang der Handlung.

Eine Geschichte aus veränderter Sicht erzählen

Du kannst eine Geschichte aus der Sichtweise einer anderen Person erzählen, um so ihr Verhalten besser zu verstehen und zu erklären.
- **Stell dir vor, du bist eine Person aus der Geschichte** und bist bei dem erzählten Ereignis dabei. Du kannst so genau nachvollziehen, wie die Person, in die du dich hineinversetzt hast, sich fühlt, was sie denkt und was sie sich wünscht.

Das Verhalten einer Person beurteilen

Die Personen in den Geschichten haben häufig unterschiedliche Interessen und Ziele. Dies führt oft zu Konflikten, Streitigkeiten oder Missverständnissen.
- **Suche die Textstellen,** in denen das Verhalten erklärt oder beschrieben wird.
- **Nenne deine Meinung** zu dem Verhalten und begründe diese.
- **Mache Vorschläge,** wie man sich anders verhalten könnte.

S Selbsteinschätzung

Geh noch einmal deine Aufzeichnungen durch und schätze dann ehrlich deine Fähigkeiten ein.

★★★ = sehr sicher
★★ = größtenteils sicher
★ = manchmal unsicher
○ = oft unsicher

1. Ich kann zu einer Geschichte einen Leseeindruck formulieren.
2. Ich kann eine Geschichte in Handlungsabschnitte einteilen und passende Überschriften formulieren.
3. Ich kann den Inhalt einer Geschichte in eigenen Worten wiedergeben.
4. Ich kann mich in eine andere Person der Geschichte hineinversetzen und die Geschichte aus dieser Sicht erzählen.
5. Ich kann meine Meinung zu dem Verhalten einer Person der Geschichte ausdrücken und begründen.

Auswertung und Anregungen

▶ **Klasse, wenn du dir bei den meisten Aussagen sicher oder sehr sicher warst!** Mit den Trainingsideen auf der nächsten Seite kannst du deine Fähigkeiten noch einmal trainieren.

▶ **Wenn du dir bei Aussage 1 noch unsicher warst,** dann wiederhole die Seiten 74 und 75 und präge dir die Kompetenz „Leseeindrücke formulieren" auf Seite 83 gut ein. Wähle eine Geschichte aus dem Kapitel aus, und formuliere deinen Leseeindruck. Mit einer Lernpartnerin oder einem Lernpartner kannst du dich gut über Leseeindrücke austauschen.

▶ **Wenn du dir bei Aussage 2 noch unsicher warst,** dann wiederhole die Seite 76 und präge dir die Kompetenz „Einen Text in Handlungsabschnitte einteilen" auf Seite 83 gut ein. Wähle eine Geschichte aus dem Kapitel aus und teile sie in Handlungsabschnitte ein. Finde auch passende Überschriften.

▶ **Wenn du dir bei Aussage 3 noch unsicher warst,** dann wiederhole die Seite 76 und präge dir die Kompetenz „Den Inhalt eines Textes wiedergeben" auf Seite 83 gut ein. Wähle eine Geschichte aus dem Kapitel aus und gib den Inhalt der Geschichte aus jedem Handlungsabschnitt in maximal zwei Sätzen wieder.

▶ **Wenn du dir bei Aussage 4 noch unsicher warst,** dann wiederhole die Seiten 79/80 und präge dir die Kompetenz „Eine Geschichte aus veränderter Sicht erzählen" auf Seite 83 gut ein. Wähle eine Geschichte aus dem Kapitel aus und erzähle die Geschichte aus veränderter Sicht deiner Lernpartnerin oder deinem Lernpartner.

▶ **Wenn du dir bei Aussage 5 noch unsicher warst,** dann präge dir die Kompetenz „Das Verhalten einer Person beurteilen" auf Seite 83 gut ein. Arbeite gemeinsam mit deiner Lernpartnerin oder deinem Lernpartner. Wählt eine Geschichte aus dem Kapitel aus, sprecht gemeinsam über das Verhalten der Personen und darüber, ob es andere Handlungsmöglichkeiten gegeben hätte. Schreibe nun deine Meinung zu dem Verhalten einer Person auf.

▶ **Wenn du nun sicher im Umgang mit kurzen Geschichten bist,** dann teste deine Kenntnisse mit den Aufgaben auf der nächsten Seite.

T Trainingsideen

Eine Geschichte untersuchen

Was heißt hier Feigling? Liz Bente Daehli

„Na los, Mädels!" Der Lehrer schaut in den Umkleideraum.

Alle laufen in die Turnhalle. Katrin bleibt auf der harten Holzbank sitzen. Im Umkleideraum stinkt es. Ein fieser Geruch hängt an den Wänden. Ein unbestimmbarer Geruch, anders als jeder andere. Es riecht einfach scheußlich. Dennoch möchte sie gern hier sitzen bleiben und den fiesen Gestank ganz tief einatmen.

„Fehlt dir was?"

Sie fährt zusammen und blickt hoch. Der Lehrer ragt mit verschränkten Armen und seinem breiten Brustkasten vor ihr auf.

„Nein, nein", murmelt sie und springt auf. Der Lehrer legt ihr seine schwere Hand auf die Schulter und schiebt sie vor sich her in die Turnhalle. Die anderen warten schon. Sie warten und starren sie an, den kleinen Feigling Katrin!

Kletterwand, Seile und Turnringe. Das geht alles gut. Doch dann ist es wieder so weit.

„Stellt euch vor dem Bock auf", ertönt die Stimme des Lehrers. Katrin stellt sich ganz hinten an, dicht vor der Kletterwand. Wenn die anderen sie doch einfach vergessen könnten! Ihr Kopf prickelt und ihr Gesicht ist heiß. Ihr Herz hämmert in der Brust.

Wo Trond nur steckt? Vorhin hat sie ihn an der Kletterwand gesehen. Jetzt sucht sie ihn vor sich in der Reihe, dann sieht sie sich nach ihm um. Dort hinten sitzt er, auf einer der Turnmatten. Für einen kurzen Moment begegnen sich ihre Blicke.

Auch er hat Angst, genauso große Angst wie ich, denkt Katrin. Aber warum bleibt er da sitzen? Und was hat er dem Lehrer erzählt? Bestimmt nicht, dass er Angst hat. Alle Jungen aus jeder Klasse bewundern den neuen Sportlehrer, der ist nämlich Gewichtheber.

„Du bist dran. Na los, Feigling!"

Sie ist dran. Ihre Turnschuhe kleben am Boden fest. Sie kann sich nicht von der Stelle bewegen. Tone, wo ist Tone? Katrin entdeckt Tone. Die starrt auf irgendeine Stelle oberhalb von Katrins Kopf. Die anderen pfeifen und heulen. Wie beim letzten Mal hat Katrin das Gefühl, neben sich zu stehen.

„Das kann doch nicht wahr sein", sagt die eine Katrin zur anderen. „Doch", antwortet die andere. „Du musst springen! Der Lehrer wartet schon am Bock."

Es wird auch heute wieder so sein wie beim letzten Mal. Er wird sich wieder in ein Ungeheuer mit vielen Fangarmen verwandeln.

Katrins Augen brennen. Zum Kranich mit dem ganzen Sportunterricht! Sie will nicht! Will nicht!

„Nein!"

Dieses eine Wort erfüllt die ganze große Turnhalle. Es hängt noch immer in der Luft, als Katrin im Umkleideraum verschwindet.

1. Notiere die richtigen Aussagen und korrigiere die falschen. Schreibe die Sätze in dein Heft.
   - Der Sportlehrer wird von allen gemocht.
   - Trond und Tone unterstützen Katrin.
   - Katrin springt nicht über den Bock.
2. Teile den Text in Handlungsabschnitte ein und finde für jeden Abschnitt eine passende Überschrift.
3. Fasse den Inhalt der Geschichte mithilfe deiner Überschriften zusammen. Nenne zu Beginn Titel und Autor der Geschichte.
4. Isabel hat nach dem Lesen gesagt: „Ich finde Katrins Verhalten mutig." Nimm zu dieser Aussage Stellung.

Zum Bild: Carlo Saraceni (1579–1620), *Der Sturz des Ikarus*, Galleria Nazionale di Capodimonte, Neapel

Der Traum vom Fliegen
Sachtexte

Heutzutage sind Flüge für uns schon fast alltäglich. Viele nutzen bei Urlaubsreisen das Flugzeug, einige Menschen fliegen sogar regelmäßig zu ihrem Arbeitsplatz. Lange Zeit – bis vor ca. 100 Jahren – war das Fliegen jedoch nur ein Traum der Menschheit. Seit Jahrtausenden suchte man nach Möglichkeiten, ihn umzusetzen, wie man z. B. an der griechischen Sage von Dädalus und Ikarus erkennen kann.

1. Beschreibt das Bild. Was zeigt es über den „Traum vom Fliegen"?
2. Kennt ihr die Sage von Dädalus und Ikarus? Erzählt sie.
3. Erzählt weitere Geschichten, in denen Fliegen eine Bedeutung hat.

Erste Flugversuche

Obwohl der Mensch eigentlich viel zu schwer zum Fliegen ist, gab es immer wieder Versuche, sich wie ein Vogel in die Luft zu erheben.

Sehr bekannt sind die von Leonardo da Vinci (1452–1519) angefertigten Skizzen eines künstlichen Flügels und eines Fallschirms. Hierfür
5 beschäftigte sich der italienische Erfinder mit dem Körperbau der Vögel, dem Vogelflug, der Flugtechnik der Fledermäuse und mit den Strömungen der Luft. Seine Ergebnisse hat er zum Teil auch in Büchern veröffentlicht. Die von ihm 1505 entworfene Flugmaschine mit beweglichen Flügeln wurde zu seiner Zeit jedoch nie gebaut.

10 Erst im 19. Jahrhundert kam es zum Bau von Flugapparaten. Diese wurden entweder mit Muskelkraft angetrieben oder man konnte mit ihnen durch die Luft gleiten. Der deutsche Ingenieur Otto Lilienthal (1848–1896) ist einer der bekanntesten Flugpioniere. Wie Leonardo da Vinci beschäftigte er sich ausgiebig mit dem Vogelflug, besonders mit
15 dem von Störchen und Bussarden. Hierbei kam er zu der Erkenntnis, dass die Wölbung des Flügels für das Fliegen von großer Bedeutung ist. Mit selbst gebauten Flugapparaten führte er von Anhöhen aus zusammen mit seinem Bruder Gustav mehrere Flugversuche durch und vermittelte so der Nachwelt einige wichtige Erkenntnisse. 1896 verlor er bei
20 einem seiner Flugversuche sein Leben. Sein Werk „Der Vogelflug als Grundlage der Fliegekunst" galt lange Zeit als Standardwerk der Luftfahrt.

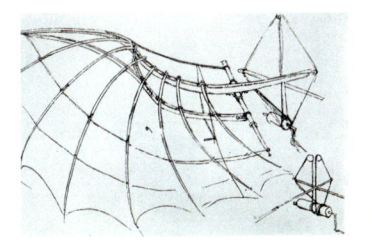

Skizze eines künstlichen Flügels

Otto Lilienthal mit Flugapparat

4. Besprecht die Überlegungen Leonardo da Vincis und Otto Lilienthals zum Fliegen. Beachtet hierbei auch die Zeichnung und das Foto:
   – Woher gewannen sie ihre Erkenntnisse?
   – Wie setzten sie diese um?

In diesem Kapitel lernst du,

- verschiedene Lesetechniken anzuwenden,
- Sachtexten Informationen zu entnehmen und mit Markierungen und Randbemerkungen zu erfassen,
- einzelne Aussagen zu klären,
- Aufbau und Inhalt von Texten zu erfassen,
- Kernsätze und Schlüsselbegriffe zu ermitteln,
- Fachbegriffe zu klären,
- Grafiken, Schaubilder und Tabellen zu untersuchen,
- Informationen zu ermitteln und zu vergleichen.

Erkenntnisse aus Natur und Technik

Viele Erkenntnisse in der Flugtechnik beruhen auf Beobachtungen in der Natur. Begib dich auf die Spuren der Flugpioniere und überlege, welche Informationen ihnen geholfen haben könnten.

1. Tauscht euch darüber aus, was ihr über den Vogelflug, die Flugtechnik der Vögel und ihre Flügel wisst.
2. Bildet Dreiergruppen. Besprecht, wer welche Lesetechnik ausprobiert und wendet diese an. Sucht im Text Informationen zur Flugtechnik der Vögel.

METHODE

Lesetechniken

1. Überfliegend lesen:
Du verschaffst dir einen Überblick, indem du die Überschrift und nur einzelne Sätze oder Wörter (z. B. Nomen) liest. Dein Blick geht von oben nach unten und von links nach rechts.

2. Slalomlesen:
Dein Blick gleitet an den wichtigen Wörtern entlang von links nach rechts und wieder nach links usw. (wie beim Slalomfahren).

3. Weitwinkel-Lesen:
Du suchst dir ein wichtiges Wort und nimmst dabei gleich die zusammenhängende Wortgruppe um das Wort herum wahr.

M Lesetechniken
→ S. 304

K Lesetechniken anwenden → S. 99

Wie Vögel fliegen

Mit ausgebreiteten Flügeln und ohne Flügelschlag lässt sich ein Adler abwärts gleiten. Dieser **Gleitflug** ist die einfachste und wahrscheinlich auch die älteste Form des Fliegens. Je stärker die Flügel beim Gleiten angewinkelt werden, umso schneller und steiler geht es nach unten. Die Energie dafür liefert die Schwerkraft.

Größere Vögel wie Adler und Störche nutzen oft aufsteigende Luftströmungen, um Höhe zu gewinnen. Sie breiten ihre brettartigen Flügel weit aus und fächern den Schwanz. So kann die aufsteigende Luftströmung beim **Segelflug** voll ausgenutzt werden. Handelt es sich um aufsteigende Warmluft, wie sie über Städten oder Feldern entsteht, lassen sich die Vögel spiralförmig in die Höhe tragen. An Berghängen findet man gleichfalls Aufwinde. Besonders gut kann man diese Flugart an Meeresengen, wie zum Beispiel am Bosporus oder an der Straße von Gibraltar, die zwischen Europa und Afrika liegt, beobachten. Dort schrauben sich während des Vogelzuges manchmal Hunderte Greifvögel und Störche gleichzeitig in einer Warmluftsäule segelnd in die Höhe. So können sie in der anschließenden Gleitflugphase durch die kühlere Meeresluft das entgegengesetzte Ufer erreichen. Beim Gleiten und Segeln spart der Vogel Energie, weil er dabei die Flügel kaum bewegen muss. Anders ist das bei der dritten grundlegenden Flugart, dem **Ruderflug.** Hier wird viel Energie für die Bewegung der Flugmuskulatur aufgewendet. Der Flügelschlag hält das Tier in der Luft und bewegt es vorwärts. Der Ruderflug ist die variantenreichste Form des Fliegens. Eine Möglichkeit ist der geradeaus führende Streckenflug, wie er von Kleinvögeln durchgeführt wird, zum Beispiel von Meisen.

3. Vergleicht die Lesetechniken:
   – Welche Informationen habt ihr jeweils erfasst?
   – Was hat euch dabei geholfen?
   – Wo hattet ihr Schwierigkeiten bei der Anwendung?
4. Tauscht euch über Vor- und Nachteile der einzelnen Lesetechniken aus. Überlegt, wann ihr welche Technik anwenden würdet.

Anpassung der Vögel an den Luftraum

Der Vogelkörper ist stromlinienförmig aufgebaut. Den gesamten Körper bedeckt ein Federkleid, nur Schnabel und Füße sind ohne Gefieder. Durch die dachziegelartige Anordnung der Federn werden Unebenheiten ausgeglichen. So kann die Luft ohne großen Widerstand vorbeiströmen. [...] Flügel und Schwanz besitzen große, zum Fliegen notwendige Schwungfedern. [...]

Vögel haben ein Knochenskelett wie alle anderen Wirbeltiere. Trotzdem ist ein Vogel wesentlich leichter als ein Säugetier gleicher Größe. In den großen Röhrenknochen befindet sich Luft. Dadurch sind sie erheblich leichter als die mit Mark gefüllten Säugetierknochen. Ein Netzwerk aus knöchernen Verstrebungen verleiht ihnen Stabilität. Das geringe Körpergewicht stellt eine weitere Angepasstheit an das Leben in der Luft dar. *(Leichtbauweise)*

Die Wirbelsäule ist starr, da alle Wirbel von der Brust bis zum Schwanz miteinander verwachsen sind. Dadurch können Vögel während des Fluges die richtige Körperhaltung bewahren. Auch die Rippen und das Brustbein sind fest miteinander verbunden. An dem kielförmig gebauten Brustbein sitzen die starken Brustmuskeln, mit denen die Flügel bewegt werden. *(Körperbau)*

Eine besondere Einrichtung bei Vögeln sind die Luftsäcke. Sie zweigen von der Lunge ab und liegen zwischen den Muskeln und Organen des Rumpfes. Einige reichen bis in die Knochen. Wie Blasebälge pumpen sie die Luft beim Ein- und Ausatmen durch die Lunge. So kann das Blut mehr Sauerstoff aufnehmen. Beim Fliegen erbringen die Muskeln Hochleistungen und brauchen besonders viel Sauerstoff. *(Atmung)*

1. Erkläre die Markierungen und Randbemerkungen. Auf welche Fragestellung geben sie Antwort?
2. Schlage weitere Markierungen und Randbemerkungen vor und begründe sie.
3. Der Text enthält einige Fachbegriffe, schreibe sie heraus und erkläre sie mit eigenen Worten.
4. Erstelle zu deinen Ergebnissen eine Mindmap.

Mindmap → S. 304 M

Der Nutzen des Auftriebs

Nach verschiedenen Versuchen stellten die Flugpioniere fest, dass es nicht allein reicht, Vögel nachzuahmen. Sie entdeckten, dass der Auftrieb und die Form der Flügel eine ganz entscheidende Rolle für das Fliegen spielen.

Wie funktioniert das Fliegen?

Jeder Gegenstand auf der Erde wird von der Schwerkraft angezogen, auch Flugzeuge und Vögel. Beim Fliegen muss die Schwerkraft überwunden werden. Dazu ist eine Kraft nötig, die den Gegenstand nach oben zieht. Diese Kraft nennt man Auftrieb. Der Auftrieb muss mindestens genauso groß sein wie das eigene Gewicht, damit der Gegenstand in der Luft bleibt.

Ein einfacher Versuch zeigt, wie der Auftrieb funktioniert:
Hält man ein Blatt DIN-A4-Papier an der kurzen Seite direkt unter den Mund, so hängt es in einem Bogen herunter. Bläst man jedoch kräftig über das Papier, dann bewegt sich das Blatt nach oben, obwohl man über die Oberfläche geblasen hat.

Die Erklärung hierfür fand schon im 18. Jahrhundert der Schweizer Physiker Daniel Bernoulli (1700–1782) heraus: Je höher die Geschwindigkeit, desto kleiner ist der Druck. Bläst man oben über das Blatt, dann ist dort die Geschwindigkeit des Luftstroms größer als unten, wo sich die Luft kaum bewegt. So verringert sich durch die Luftgeschwindigkeit an der Oberseite der Druck, und dieser Unterdruck saugt das Blatt nach oben. Auf diese Weise entsteht der Auftrieb, der auch Vögel und Flugzeuge in der Luft hält. Eine gewölbte Flügelform verstärkt diesen Effekt zusätzlich.

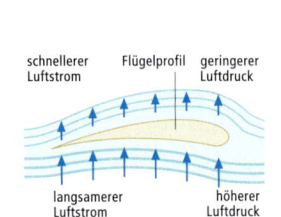

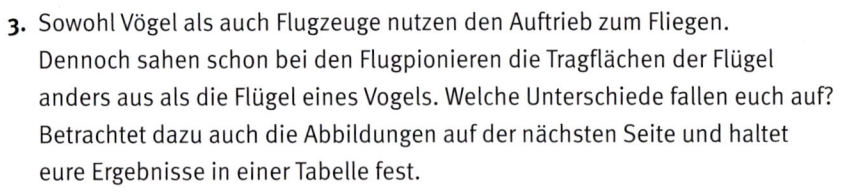

Profil eines Flügels

1. Probiert den Versuch aus.
2. Betrachtet die Abbildung und überlegt, warum eine gewölbte Flügelform den Auftrieb verstärkt.
3. Sowohl Vögel als auch Flugzeuge nutzen den Auftrieb zum Fliegen. Dennoch sahen schon bei den Flugpionieren die Tragflächen der Flügel anders aus als die Flügel eines Vogels. Welche Unterschiede fallen euch auf? Betrachtet dazu auch die Abbildungen auf der nächsten Seite und haltet eure Ergebnisse in einer Tabelle fest.

Vögel	Flugzeuge

4. Was könnten die Gründe für die unterschiedlichen Flügelformen sein? Notiert stichwortartig eure Vermutungen.

Vögel und Flugzeuge

Wer schon einmal in einem Flugzeug saß, wird wahrscheinlich froh sein, dass die Flügel sich nicht allzu sehr bewegen. Ein Flugzeug, das mit den Flügeln schlägt, sähe nicht nur beängstigend aus, es würde auch extrem schwanken. Die Drehbewegung der Flügel, die den Vogel so gleichmäßig fliegen lässt, lässt sich nicht einfach auf ein Flugzeug übertragen. Es gibt bisher keine Materialien, die sich so verformen können wie ein Vogelflügel. Außerdem kann ein Vogel die Flügel durch Veränderung von Form und Schlagbewegung ständig an die Luftströmung anpassen. Das ist technisch auch nicht möglich.

Der entscheidende Grund für die starren Flugzeugflügel aber ist, dass ein Flugzeug zum Schlagflug einfach zu schwer ist. Auch bei den Vögeln gibt es ein Höchstgewicht für die Flugfähigkeit. Unser einheimischer Höckerschwan wiegt etwa 20 Kilogramm und gehört damit zu den schwersten flugfähigen Vögeln. Passagierflugzeuge wiegen aber oft das Tausendfache eines Schwans. Sie müssen sehr schnell sein, um überhaupt abzuheben.

Ehe der Schwan von einer Wasserfläche auffliegen kann, nimmt er Wasser tretend einen langen Anlauf. Dabei bewegt er die Flügel auf und ab, um die Schwerkraft zu überwinden und den nötigen Auftrieb zu erzeugen.

Das Flugzeug hingegen braucht eine große Start- und Landebahn sowie einen Vortrieb, z. B. in Form eines Propellers oder Düsenantriebs, um abzuheben.

5. Überprüft eure Vermutungen zu den Flügelformen aus Aufgabe 4. Sucht dafür Belege im oberen Text. Vergleicht eure Ergebnisse.
6. Arbeitet weitere Unterschiede zwischen Vögeln und Flugzeugen heraus, die im Text genannt werden, die ihr aber noch nicht notiert habt.

TIPP

Sind noch Fragen offen geblieben? Weitere Informationen findet ihr im Internet, z. B. unter www.blindekuh.de oder www.tivi.de/fernsehen/loewenzahn/index/32361/index.html

Flugerfolge

Der Fortschritt der Brüder Wright

1903 gelang den amerikanischen Fahrradfabrikanten Wilbur (1867–1912) und Orville Wright (1871–1948) der erste Motorflug.

Im Mai 1899 bittet Wilbur Wright in einem Brief an das Smithsonian Institut in Washington darum, man möge ihm alles zuschicken, was bisher zum Thema „Fliegen" veröffentlicht wurde. Systematisch studieren die Brüder alle Unterlagen, Publikationen und Pläne berühmter Vorgänger [...]. Besonders die Gleitflüge Otto Lilienthals, der 1896 bei einem Absturz ums Leben kam, sollen einer Legende nach die Initialzündung für die erste Flugzeug-Konstruktion der Wrights gewesen sein. Ab 1899 machen sie sich an die Arbeit. [...] Mit ihrem ersten Gleiter beginnen sie im Jahr 1900 die ersten, nur Sekunden dauernden Testflüge. Um das Gewicht eines Mannes zu tragen, reicht selbst bei starkem Wind der Auftrieb nicht. So entwerfen und bauen Wilbur und Orville ein größeres Modell, basierend auf den Berechnungen Otto Lilienthals. Doch der Erfolg bleibt aus: Der Gleiter kippt immer wieder zur Seite.

[...] Die Brüder geben nicht auf. Zurück in ihrer Werkstatt in Dayton/Ohio beschließen sie, eigene Daten für den Auftrieb zu ermitteln, und bauen einen Windkanal. Sie testen verschiedene Flügelmodelle und Anstellwinkel und suchen so nach der optimalen Flügelform. Aufgrund dieser Daten entwickeln sie immer wieder neue Gleiter.

[...] In nur 4 Jahren erfinden die Gebrüder Wright alles, was zum Fliegen nötig ist. Das Wichtigste dabei ist die Steuerung. Schnell erkennen sie, dass ein kontrollierter Flug nur dann möglich ist, wenn man das Fluggerät in drei Ebenen steuern kann: seitlich, nach oben und nach unten. Die kompletten Flügel werden mit Drähten über einen Hebel bewegt. Zusammen mit dem hinteren Seiten- und dem vorderen Höhenruder kann der Pilot erstmals in jede Richtung steuern. Es fehlt nur noch der passende Antrieb, ein Motor. Vor allem leicht soll er sein. Doch das ist ein Problem, denn die Automobilfirmen dieser Zeit können einen solchen Motor nicht liefern. Also lassen die Wrights einen Motor entwickeln, der mit nur 82 kg und 13 PS für diese Zeit ein ausgesprochenes Leichtgewicht ist.

Flugzeug der Brüder Wright

> **Sinnabschnitte** kannst du daran erkennen, dass das Thema wechselt oder eine neue Frage beantwortet wird.

1. Erkläre, worin der Fortschritt der Brüder Wright bestand.
   – Untersuche den Aufbau des Textes: In welche Sinnabschnitte kannst du ihn einteilen?
   – Formuliere Überschriften für die einzelnen Abschnitte.
2. Vergleicht eure Ergebnisse und diskutiert, welche Abschnittseinteilungen und Überschriften am sinnvollsten sind.

Der Traum vom Fliegen

Kernsätze

In dem Text haben Schüler unterschiedliche Sätze markiert, die ihrer Meinung nach Auskunft über den Fortschritt der Brüder Wright geben.

Julia:
Um das Gewicht eines Mannes zu tragen, reicht selbst bei starkem Wind der Auftrieb nicht. (Z. 10/11)

Max:
Im Mai 1899 bittet Wilbur Wright in einem Brief an das Smithsonian Institut in Washington darum, man möge ihm alles zuschicken, was bisher zum Thema „Fliegen" veröffentlicht wurde. (Z. 1–4)

Emre:
Es fehlt nur noch der passende Antrieb, ein Motor. Vor allem leicht soll er sein. (Z. 26/27)

Naomi:
Das Wichtigste dabei ist die Steuerung. (Z. 21)

Justin:
So entwerfen und bauen Wilbur und Orville ein größeres Modell, basierend auf den Berechnungen Otto Lilienthals. (Z. 11–13)

1. Überprüfe die Vorschläge. Sammle Gründe für und gegen die Wichtigkeit der markierten Sätze.
2. Überlege, wie man entscheiden kann, welche Sätze größere Bedeutung für das Thema des Textes haben und deshalb Kernsätze sind.

> Sätze, die zentrale Aussagen des Textes enthalten, nennt man **Kernsätze**.

Schlüsselbegriffe

Naomi erklärt mithilfe des folgenden Schaubildes, warum sie ihren Satz für einen Kernsatz hält. In die Mitte hat sie den Schlüsselbegriff geschrieben.

> **Schlüsselbegriffe** enthalten zentrale Aussagen zu einem Thema. Ihnen lassen sich mehrere andere Aussagen zuordnen.

Steuerung
- Möglichkeit des kontrollierten Flugs
- Bewegungsrichtungen …
- …
- …

3. Schreibe Naomis Darstellung ab und ergänze sie.
4. Probiere diese Art der bildlichen Darstellung an folgenden Schlüsselbegriffen des Textes aus: *Auftrieb, Motor, Tests*.

Sachtexten Informationen entnehmen → S. 99

Routen der frühen Luftfahrt

Nach der Erfindung des Motorflugzeugs waren immer weitere Flugrouten möglich.

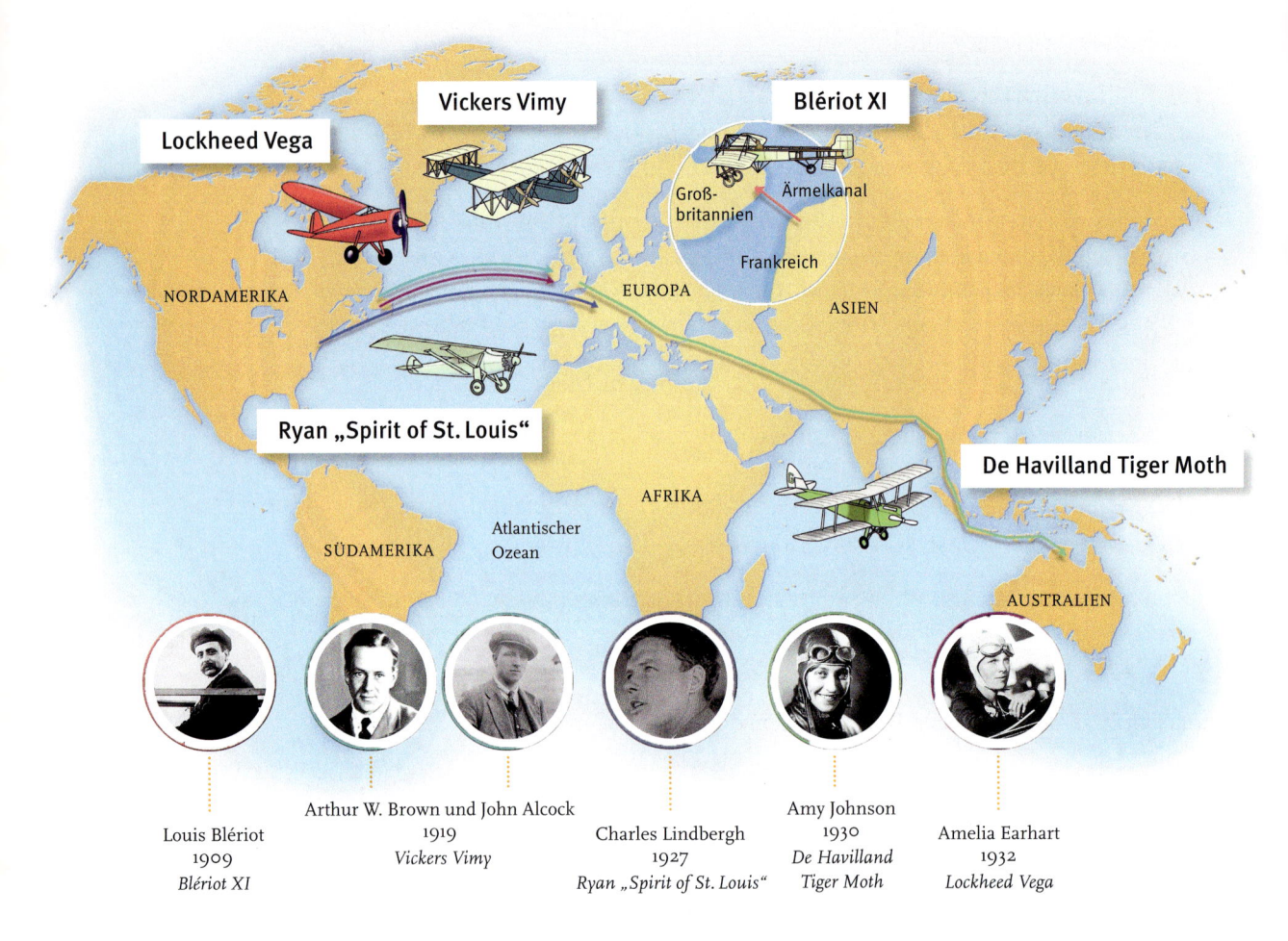

Lockheed Vega · Vickers Vimy · Blériot XI · Ryan „Spirit of St. Louis" · De Havilland Tiger Moth

NORDAMERIKA · EUROPA · ASIEN · AFRIKA · SÜDAMERIKA · AUSTRALIEN · Atlantischer Ozean · Großbritannien · Frankreich · Ärmelkanal

Louis Blériot
1909
Blériot XI

Arthur W. Brown und John Alcock
1919
Vickers Vimy

Charles Lindbergh
1927
Ryan „Spirit of St. Louis"

Amy Johnson
1930
De Havilland Tiger Moth

Amelia Earhart
1932
Lockheed Vega

1. Entnimm dem Schaubild Informationen zu folgenden Aspekten und notiere sie in Form einer Tabelle in dein Heft.

Jahreszahl	Pilotin/Pilot	Name des Flugzeugs	Start- und Landepunkt	Route

2. Vergleicht eure Ergebnisse.

Beschreibung der Flugrouten

Samira und David möchten auf einem Projekttag ihre Klasse über die ersten Flugrouten informieren. Zur Vorbereitung haben sie das Schaubild in einen Text umgewandelt. So fangen ihre Texte an:

Samira: Das Schaubild zu Piloten verschiedener Länder zeigt ihre Flugrouten auf einer Landkarte durch Pfeile zwischen den Ländern. Piloten waren Männer und Frauen, sie flogen unterschiedliche Flugzeuge. Amelia Earhart flog 1932 …

David: Das Schaubild zu den „Routen der frühen Luftfahrt" gibt auf einer Weltkarte einen Überblick über die wichtigsten Pionierrouten. Diese wurden von Louis Blériot, Arthur W. Brown, John Alcock, Charles Lindbergh, Amy Johnson und Amelia Earhart geflogen. Die einzelnen Routen kann man den Piloten durch die Farbgebung zuordnen. Am unteren Rand des Schaubilds …

3. Überprüft die Vorschläge. Welcher gibt genauere Informationen zum Schaubild? Begründet eure Wahl und setzt einen Textanfang fort.
4. Sammelt Tipps, worauf man bei der Beschreibung von Schaubildern achten muss, und erstellt eine Checkliste.

Leistung der frühen Flugpioniere

Zusätzlich haben Samira und David im Internet weitere Informationen gesucht.

Name	Jahr	Flugzeug	Leistung
Louis Blériot	25.07.1909	ein selbstgebauter Eindecker	erste Überquerung des Ärmelkanals
Arthur W. Brown & John Alcock	14./15.06.1919	ein Bomber, Doppeldecker	erster ununterbrochener Flug über den Atlantischen Ozean
Charles Lindbergh	20./21.05.1927	ein einmotoriger Schulterdecker	erste Überquerung des Atlantischen Ozeans im Alleinflug
Amy Johnson	05.–24.05.1930	zweisitziger Doppeldecker	erster Alleinflug einer Frau von England nach Australien
Amelia Earhart	20.05.1932	einmotoriger Hochdecker	erste Überquerung des Atlantischen Ozeans im Alleinflug von Seiten einer Frau

5. Vergleiche die Tabelle mit dem Schaubild. Welche weiteren Informationen erhältst du?
6. Diskutiert Vor- und Nachteile beider Darstellungsformen.

Schaubilder, Tabellen und Abbildungen untersuchen
→ S. 99 **K**

Die erste Atlantiküberquerung

Carla möchte einen Artikel über die erste Atlantiküberquerung für die Schülerzeitung verfassen. Bei ihrer Recherche findet sie Informationen über den Flug von John Alcock und Arthur Whitten Brown.

Über den Großen Teich – die erste Atlantiküberquerung Brigitte Endres

Am 14. Juni 1919 starteten schließlich die Engländer Captain John Alcock und Lieutenant Arthur Whitten Brown von St. John's/Neufundland aus. Ihr Flugzeug, ursprünglich für den Kampfeinsatz geplant, war der robuste englische Bomber Vickers Vimy, den man nach dem Krieg in ein Passagierflugzeug umgebaut hatte.

Robust musste die Maschine auch sein! – Allerdings auch die Piloten, denn Brown sah sich gezwungen, während des Flugs sechs Mal auf die Tragflächen zu klettern, um Eis von den Motoren zu schlagen. Außerdem verursachte der Auspuff des rechten Motors Probleme und ratterte derart laut, dass sich Alcock und Brown kaum verständigen konnten. Dazu gerieten sie plötzlich in einen Sturm, der die schwere Maschine nur so durch die Luft wirbelte.

Manchmal ging es stundenlang im Blindflug durch dichte Wolkenmassen. Doch Alcock hielt die Vimy eisern auf Kurs. Und auch Brown brachte vollen Einsatz, selbst als die Batterien, die sich in ihren Fliegerjacken befanden, nicht mehr wärmten und eisiger Frost sie umgab.

Endlich, nach etwa 16 Stunden erblickten sie jubelnd ihr Ziel: Irland. Doch noch hatten sie keinen festen Boden unter den Füßen. – Und genau das wurde zum Problem. Bei der Landung erwies sich die ausgewählte Wiese in der Grafschaft Galway nämlich als Sumpfgebiet. Die Räder gruben sich rasend schnell in den Untergrund und die Vimy landete nach ihrem glorreichen Flug höchst unelegant mit der Nase im Dreck.

Trotz der missglückten Landung, die sie Gott sei Dank unbeschadet überstanden, wurden Alcock und Brown wie Nationalhelden gefeiert. König Georg V. erhob sie noch am nächsten Tag in den Adelsstand.

Krieg gemeint ist der Erste Weltkrieg (1914–18)

Vickers Vimy

1. Carla weiß von der Redaktion der Schülerzeitung, dass ihr Artikel nur 80 bis 100 Wörter umfassen darf. Deswegen kann sie nur das Wichtigste über den Flug von John Alcock und Arthur Witten Brown erwähnen.
   – Teile den Text in Sinnabschnitte ein und formuliere in deinem Heft Überschriften. Lasse unter jeder Überschrift drei Zeilen frei.
   – Bestimme die Kernaussagen des Textes und notiere sie unter den Überschriften mit den Schlüsselbegriffen.

Die Flugroute

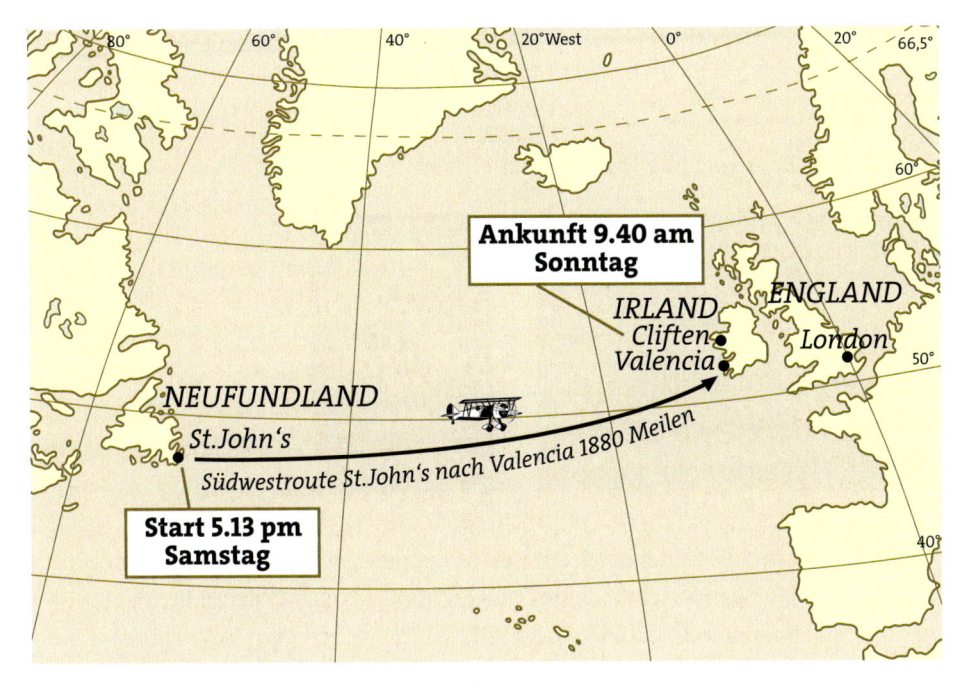

Alcocks und Browns Flug mit einem englischen Bomber (14./15. Juni 1919)

2. Welche Informationen gewinnst du aus der Karte?
   Notiere das Wichtigste in deinem Heft.
3. Unterstreiche in deinen Notizen blau die Informationen, die du sowohl im Text als auch in der Karte findest, und grün und gelb die Informationen, die nur der Sachtext oder nur die Karte enthalten.
4. Verfasse nun den Artikel für die Schülerzeitung. Denk daran, dass er nicht mehr als 80 bis 100 Wörter umfassen darf.
5. Besprecht eure Artikel in einer Schreibkonferenz.
   – Überprüft, ob eure Artikel alle wichtigen Informationen enthalten.
   – Was könnt ihr streichen?
   – Was muss ergänzt werden?
   – Was ist gut gelungen?
   – Was ist unklar formuliert?
   – Nutzt bei eurer Überprüfung der Texte Zeichen,
     z. B. ! (gut gelungen), ? (unklar formuliert).
6. Überarbeitet eure Artikel.

Informationen vergleichen und daraus Schlüsse ziehen → S. 99 K

Schreibkonferenz → S. 305 M

Pusteblumen und technische Entwicklungen

METHODE

In einem **Venn-Diagramm** (Mengendiagramm) kannst du verschiedene Informationen übersichtlich vergleichen. Trage zuerst die unterschiedlichen Informationen in die Kreise ein, notiere dann die Gemeinsamkeiten in der Mitte.

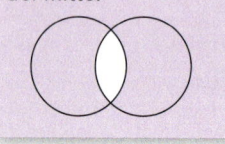

M Venn-Diagramm
→ S. 305

Im Folgenden findest du Bilder und Texte zu Entdeckungen und Entwicklungen rund ums Fliegen. Suche dir Materialien aus und bearbeite sie.

1 Informationen aus Abbildungen entnehmen

1. Vergleiche die Bilder und trage deine Ergebnisse in ein Venn-Diagramm ein.
2. Überlege, was Forscher für die Entwicklung des Fallschirms bei den Pusteblumen entdeckt haben könnten.

2 Sachtexten Informationen entnehmen

Wright Flyer contra Airbus A340–600 Spanndrähte, Streben, ein Holzbrett als Pilotensitz: Der Motorgleiter von Orville und Wilbur Wright hat auf den ersten Blick kaum Gemeinsamkeiten mit modernen Flugzeugen. Ein kleiner Vergleich der Leistungsdaten zeigt die rasante Entwicklung der Flugzeugtechnik in den vergangenen Jahrzehnten:
  Bei den Flügen im Dezember 1903 legten die Wrights 36 Meter mit ihrem Einsitzer zurück. Schon die Passagierkabine des längsten Airbus-Jets, der A340–600, ist 60 Meter lang. Das gesamte Flugzeug misst 75,30 Meter von der Nase bis zum Leitwerk und kann mit 380 Passagieren an Bord bis zu 13 900 Kilometer ohne Tankstopp zurücklegen. Knapp 50 Stundenkilometer schnell flogen Orville und Wilbur mit ihrem Doppeldecker. Heute erreichen kleine, einmotorige Reiseflugzeuge vom Typ Cessna oder Katana rund 150 bis 200 Stundenkilometer. Düsenjets von Airbus oder Boeing rasen kurz vor dem Abheben mit 250 bis 300 Stundenkilometern über die Startbahn – im Reiseflug geht es dann mit Tempo 900 von Kontinent zu Kontinent. Das sind 250 Meter pro Sekunde – die Flugdistanz der Wrights legt der Airbus während eines Wimpernschlags zurück.

3. Teile den Text in Abschnitte ein und gib diesen Überschriften.
4. Lege eine Folie auf den Text und markiere die wichtigsten Informationen zu Bauweise, Technik und Leistung der beiden Flugzeuge.
5. Vergleiche in einer Tabelle den Wright Flyer mit modernen Flugzeugen.

K Kompetenzen

Lesetechniken anwenden

Sachtexte sind informierende Texte, z. B. Lexikonartikel und Zeitungsberichte. Um den Inhalt dieser Texte zu erfassen, gibt es verschiedene Lesetechniken.

1. **Beim überfliegenden Lesen** lenkst du deinen Blick von oben nach unten und von links nach rechts. Achte auf Überschriften, einzelne Sätze und Wörter.
2. **Beim Slalomlesen** lenkst du deinen Blick von links nach rechts, dann von rechts nach links usw. Achte auf wichtige Schlüsselwörter.
3. **Wenn du im Weitwinkel liest,** lenke deinen Blick auf wichtige Wörter und konzentriere dich auf die mit dem jeweiligen Wort zusammenhängende Wortgruppe.

Sachtexten Informationen entnehmen

Sachtexte liest du meist, weil du dich über ein bestimmtes Thema informieren oder Antworten auf Fragen bekommen möchtest. Um Sachtexten Informationen zu entnehmen, kannst du so vorgehen:

1. **Überfliege den Text.** Achte dabei auf Überschriften, Kernsätze und Schlüsselbegriffe.
2. **Lies den Text ein erstes Mal.** Mach dir klar, worum es geht und welche Informationen der Text enthält. Unbekannte Fachbegriffe und Wörter lassen sich häufig aus dem Textzusammenhang klären. Wenn dies nicht möglich ist, schlage in einem Lexikon oder Wörterbuch nach.
3. **Gliedere den Text in Sinnabschnitte.** Formuliere für jeden Abschnitt eine Überschrift und notiere sie auf einem Blatt oder am Rand des Textes.
4. **Markiere Schlüsselbegriffe und zentrale Textstellen (Kernsätze) farbig.** Achtung: Nicht zu viel unterstreichen!
5. **Notiere unter den Überschriften der Sinnabschnitte stichwortartig wichtige Informationen.** Die Kernsätze und Schlüsselbegriffe helfen dir dabei.

Schaubilder, Tabellen und Abbildungen untersuchen

Häufig werden Sachtexte durch Schaubilder, Tabellen und Abbildungen ergänzt.

- **Um Schaubilder und Tabellen zu erklären,** bietet es sich an, sie in einen Sachtext umzuschreiben. Dabei musst du genau auf die einzelnen Elemente und den Aufbau achten. Eine Überschrift gibt meist Aufschluss darüber, worum es geht. Farben, Symbole, Abkürzungen und Zeichen werden häufig in einer Legende erklärt.

Informationen vergleichen und daraus Schlüsse ziehen

- **Lies genau die Aufgabenstellung** und mache dir klar, wozu du Informationen ermitteln und vergleichen sollst, z. B. zur Flugtechnik oder der Länge der Flugroute.
- **Entnimm den Materialien** die entsprechenden Informationen.
- **Halte deine Ergebnisse stichwortartig fest,** z. B. in einer Tabelle oder in einem Venn-Diagramm. Bringe sie in eine sinnvolle Reihenfolge.
- **Vergleiche die Informationen** und ziehe entsprechend der Aufgabenstellung Schlüsse aus dem Vergleich.

S Selbsteinschätzung

Geh noch einmal deine Aufzeichnungen durch und schätze dann ehrlich deine Fähigkeiten ein.

★★★ = sehr sicher
★★ = größtenteils sicher
★ = manchmal unsicher
○ = oft unsicher

1. Ich kann verschiedene Lesetechniken gezielt anwenden.
2. Ich kann Sachtexten Informationen entnehmen.
3. Ich kann den Aufbau und Inhalt von Texten erfassen.
4. Ich kann Aussagen zu Grafiken, Schaubildern und Tabellen formulieren.
5. Ich kann Informationen vergleichen und daraus Schlüsse ziehen.

Auswertung deines Selbsttests

▶ **Prima, wenn du dir bei den meisten Aufgaben sicher oder sehr sicher warst!** Mit den Trainingsideen auf der nächsten Seite kannst du deine Fähigkeiten noch einmal trainieren.

▶ **Wenn du noch unsicher bei der Aussage 1 warst,** dann wiederhole die Seite 88 und präge dir die Kompetenz „Lesetechniken anwenden" auf Seite 99 gut ein. Arbeite dann gemeinsam mit einer Lernpartnerin oder einem Lernpartner. Wählt einen Text, probiert die Lesetechniken aus und besprecht sie.

▶ **Wenn du noch unsicher bei den Aussagen 2 und 3 warst,** dann wiederhole die Seiten 89–93 und präge dir die Kompetenz „Sachtexten Informationen entnehmen" auf Seite 99 gut ein. Wähle dann einen Sachtext, formuliere Fragen zu einem Thema, das dich interessiert, suche Antworten im Text und markiere sie.

▶ **Wenn du noch unsicher bei der Aussage 4 und 5 warst,** dann wiederhole die Seiten 94–97 und präge dir die Kompetenzen „Schaubilder, Tabellen und Abbildungen untersuchen" und „Informationen vergleichen und daraus Schlüsse ziehen" auf Seite 99 gut ein. Du kannst auch mithilfe der Aufgaben bei den Selbstlernideen auf Seite 98 üben.

▶ **Wenn du nun sicherer im Umgang mit Sachtexten bist,** dann teste deine Kenntnisse abschließend mit den Aufgaben der nächsten Seite.

T Trainingsideen → www

Informationen entnehmen und vergleichen

Fliegen wie Batman Anne-Katrin Schade

Es ist fast windstill, als Leander Lacey auf der Klippe Chapman's Peak in Südafrika steht. Vorn schimmert der Ozean in der Morgensonne, 170 Meter unter ihm branden Wellen gegen Felsen. Da liegt sein Ziel.

Leander lauscht aufmerksam. Kein Stürmen oder Pfeifen ist zu hören – ein guter Tag, um von der Klippe zu springen.

Der 33-Jährige gehört zu den Leuten, die sich von Hochhäusern, Türmen oder Klippen stürzen. Base-Jumping heißt dieser Sport: Fallschirmspringen von einem festen Objekt aus.

Dafür trägt Leander einen Anzug aus Nylon, einen „Wingsuit". „Wing" ist englisch und heißt auf Deutsch Flügel, „suit" bedeutet Anzug. Dieser Flügelanzug hat Stoff zwischen Armen und Beinen. Dadurch wirkt er wie ein kleiner Fallschirm: Er bremst den Sportler in der Luft. Wenn alles gutgeht, dann wird Leander durch die Luft gleiten – und nicht wie ein Stein hinunterplumpsen.

Leander will so lange wie möglich schweben. Und erst im letzten Moment, ein paar Meter über dem Wasser, wird er einen Fallschirm öffnen und auf einem Felsvorsprung im Meer landen: „So etwas hat hier noch keiner gemacht."

Das ist gefährlich. Wenn der Wind zu stark wird, könnte Leander gegen die Felswand prallen. Darum hat er den Sprung auch schon zweimal abgesagt. Er kletterte auf den Berg, merkte, dass es zu windig war, und kehrte um. „Das war mir zu unheimlich", sagt er. Er will springen, aber nicht sterben.

Mit seinem Körper bestimmt Leander, in welche Richtung er fliegt. Dazu muss er den Kopf, die Schultern oder die Arme bewegen. Nur wer schon über hundert Mal mit einem normalen Fallschirm gesprungen ist, hat genügend Erfahrung und darf den Wingsuit tragen. […]

1. Beschreibe anhand der Bilder die Flugtechnik beim Base-Jumping.
2. Arbeite die zentralen Informationen im Text zum Base-Jumping heraus.
3. Vergleiche das erste Foto mit dem Foto des Flughörnchens. Erkläre, warum Leander zusätzlich zu seinem Anzug einen Fallschirm benötigt.

Der Traum vom Fliegen

Zum Bild: Kerstin Meyer, *In der Steppe*

Tierisches in Vers und Reim
Gedichte

In der Steppe Josef Guggenmos

Er kreuzte die Vorderpranken
und legte sein Haupt darauf,
das Haupt voller kühner Gedanken.

So ruht er und träumt allerlei,
5 der Löwe im Schatten des Baumes.
Wir gehn auf den Zehen vorbei.

> **1.** Lest das Gedicht „In der Steppe" und beschreibt die Stimmung, die ihr dabei empfindet. Vergleicht eure Eindrücke mit dem Bild.
> **2.** Wovon träumt wohl der Löwe?

Tierische Lieder

Der Dschungeltanz Jonathan Northon

Der Dschungeltanz oho
der Dschungeltanz geht so
ja so geht der
ja so geht der
5 ja sooooo
wir stampfen mit dem Bein
und alle hintendrein
Ja, so ist's fein
Ja, so muss das sein

10 BING BONG BANG
der Dschungel bebt und lebt
hörst du den Rhythmus
weißt du gleich
dass jeder mit muss

15 Was ist bloß im großen Dschungel los
King Louis macht es vor
und alle singen im Chor:

Der Dschungeltanz oho
der Dschungeltanz geht so
20 ja so geht der
ja so geht der
ja sooooo
tief runter in die Knie
genau wie King Louis
25 ja so ist's fein
ja so so muss das sein

BING BONG BANG
…

3. Lest oder singt den Dschungeltanz.
4. Entscheidet, ob es sich bei dem Lied auch um ein Gedicht handeln könnte. Benutzt dazu den Hinweiskasten am Rand.
5. Kennt ihr weitere Merkmale, warum das Lied Ähnlichkeiten mit Gedichten aufweist? Erklärt diese.

> Schon früher wurden Texte auch gesungen und der Gesang mit Instrumenten begleitet. Im alten Griechenland benutzte man dazu häufig die Lyra, ein harfenähnliches Zupfinstrument. Von ihrem Namen leitet sich der Begriff **Lyrik** ab, mit dem man heute Gedichte bezeichnet.

In diesem Kapitel lernst du,

▶ wie sich Gedichte von anderen Textsorten unterscheiden,
▶ wie du Gedichte beschreibst,
▶ wie du ein Gedicht auswendig lernen kannst,
▶ wie du ein Gedicht gestaltend vorträgst,
▶ wie du selber Gedichte schreiben kannst,
▶ wie du Gedichte miteinander vergleichst.

Von Tieren und Menschen

Igel   Meyers großes Kinderlexikon

Am Abend hört Jakob ein Rascheln im Garten. „Ein Igel", sagt Oma. „Der wird erst bei Dunkelheit munter." Jetzt rollt sich der Igel zu einem Stachelball zusammen und ist so vor Angreifern geschützt. Bei der Geburt sind die Stacheln noch weich. So verletzen sie die Igelmutter nicht. Igel fressen → Insekten, → Würmer und → Schnecken. Im Winter halten sie im Laub versteckt → Winterschlaf und ernähren sich von ihrem Fett. Leider werden viele Igel überfahren.

Kleiner Freund   Maximilian/Hendrik, 11 Jahre

Der Igel, der ist kugelrund
und hat einen spitzen Mund.
Tausend Stacheln hat er auch,
aber nicht am Unterbauch.
5   Rollt bei Gefahr er sich plötzlich ein,
ist er kugelig und klein.
Im Herbst sucht er 'nen warmen Platz,
wo ihn nicht bekommt die Katz.
Im Frühling vom Winterschlaf erwacht,
10 jagt er Schnecken in der Nacht.

Begegnung im Regen   Christine Busta

Igel, mein kleiner Stachelbruder,
gut getarnt wie ein Brocken Erde
in die nasse Wiese gerollt.

Stell dich nur tot! Ich weiß es besser:
ganz nach innen verbergen wir beide
unsre verletzliche Lebenswärme.

> Eine Zeile im Gedicht nennt man **Vers**, einen Abschnitt im Gedicht **Strophe**.

K Gedichte von anderen Textsorten unterscheiden → S. 122

1. Lies die drei Texte.
2. Arbeite die Gemeinsamkeiten und Unterschiede heraus. Benutze bei der Beschreibung auch die Fachbegriffe aus dem Hinweiskasten am Rand.
3. Kennst du noch weitere Fachbegriffe zu Gedichten? Erkläre sie.

Tierisches in Vers und Reim

Die Schildkröte Michael Ende

Die Schildkröt' geht im Regen gern spazieren ohne Regenscherm. Das Wasserspritzen stört sie nicht, ihr Mantel ist ja wasserdicht. Sie bleibt zu Haus, auch wenn sie reist, sie kann, obwohl sie Kröte heißt, nicht hupfen und kriegt auch keinen Schnupfen.

> Von einem **Reim** spricht man beim Gleichklang zweier oder mehrerer Silben, z. B. *Turm – Wurm*. Bei einem **unreinen Reim** hören sich die Laute nur fast gleich an, z. B. *küssen – Gewissen*.

1. Schreibe den Text so ab, dass jede Zeile mit einem Reimwort endet. Vergleiche deine Ergebnisse mit einer Partnerin oder einem Partner.
   Die Schildkröt' geht im Regen gern
   spazieren ohne Regenscherm.
   Wo findet ihr einen unreinen Reim?
2. Unterstreiche die zusammengehörigen Reimwörter in der gleichen Farbe. Lässt sich ein Muster erkennen?

Fliegenmahlzeit Friedrich Hoffmann

Wortauswahl: Gaumen, stinkt, fein, einzustecken, Imbissbude, Rüssel, Abfalltonne, Mund, mitzunehmen, anständig, gar, seh, rieche

Die Familie Siebenbein   a
Führt heut, welche Wonne,   b
Alle hundert Kinderlein   a
In die _____.   b

5 Mhm, wie riechts hier wunderbar   c
   Nach verfaulten Pflaumen.   d
   Ach, solch grüne Wursthaut _____
   Kitzelt mir den _____.

   Schimmelkäse, alt und zäh,
10 Eine ganze Schüssel!
   Kinder, wenn ich so was _____,
   Wässert mir der _____.

   Immer schön manierlich sein,
   Nicht so hastig schlecken,
15 Brumsebrim, es ist nicht _____,
   Sich etwas _____.

3. Ergänze in jeder Strophe die fehlenden Reimwörter. Achtung: Es stehen mehr zur Auswahl, als du brauchst.
4. Vergleicht zu zweit eure Verse mit denen des Originalgedichts auf S. 117. Was ist ähnlich? Was ist unterschiedlich?
5. Ergänze die Buchstaben, die das Reimschema bestimmen.

> Die Reime eines Gedichtes werden am Ende eines Verses alphabetisch durch Kleinbuchstaben gekennzeichnet. Jeder gleiche Reim bekommt denselben Buchstaben. Dies hilft dir zu erkennen, nach welchem Reimschema das Gedicht aufgebaut ist: **Paarreim** (aabb …), **Kreuzreim** (abab …) oder **umarmender Reim** (abba …).

Die Ameisen Joachim Ringelnatz

Die wollten nach Australien reisen.

Chaussee Landstraße

Bei Altona auf der Chaussee,

In Hamburg lebten zwei Ameisen,

Da taten ihnen die Beine weh,

Dann auf den letzten Teil der Reise.

Und da verzichteten sie weise

1. Die Reihenfolge der Verse in diesem Gedicht ist durcheinandergeraten. Stelle die richtige Reihenfolge wieder her und schreibe das Gedicht in dein Heft. Begründe deine Lösung.
2. Wähle ein Reimpaar aus und finde weitere Reimwörter.

Die kleinen Pferde heißen Fohlen James Krüss

Doch manchesmal – das ist sehr reizend –
kannst du auf einer Wiese sehn,
wie sie, die Vorderbeine spreizend,
den Fohlenhals nach oben drehn.

5 Sehr hoch gebaut und knickebeinig,
schwanken sie bang durchs grüne Gras.
Sie sind sich selber noch nicht einig,
ob Gehen Angst macht oder Spaß.

Dann trinken sie die Milch der Stute,
10 und bei dem Trinken stehen sie
zum ersten Mal – das ist das Gute –
so fest wie nie.

Die kleinen Pferde heißen Fohlen,
sie haben Streichholzbeine, und
15 sie stehen mit den Fohlensohlen
ein wenig wacklig auf dem Grund.

3. Die Reihenfolge der Strophen stimmt so nicht. Stelle die Strophen um, sodass man den Inhalt des Gedichts besser versteht. Begründe deine Anordnung.

Einmal Christina Zurbrügg

Einmal
verwandle ich mich in ein Tier,
das hüpft wie ein _____ ,
schleicht wie eine _____
5 und rennt wie ein _____ .
Ich habe die Augen von einem _____
und kann den Kopf drehen
wie ein _____ .
Ich grabe mich wie eine _____ tief
10 in die Erde
und lasse mich an einem Faden
vom Wind durch das Land tragen.
Ich werde Räder schlagen wie ein _____ ,
gurren wie eine _____
15 und krächzen wie ein _____ .
Und einmal kommt der Jäger,
und der trifft mich nicht.

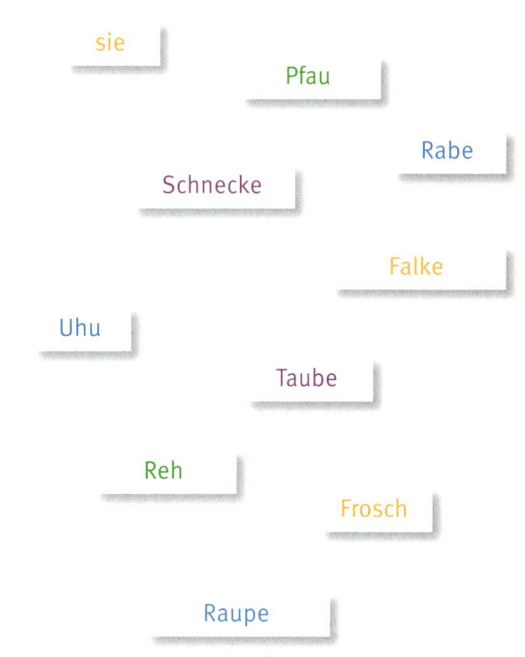

Wörter am Rand: sie, Pfau, Rabe, Schnecke, Falke, Uhu, Taube, Reh, Frosch, Raupe

1. Vervollständige das Gedicht mithilfe der Wörter am Rand. Woran kannst du dich orientieren?
2. Jemand behauptet, dies sei kein Gedicht. Was antwortest du ihm?
3. Verfasse selbst ein Gedicht. Entscheide dich vorher, ob du mit Reimen arbeiten möchtest. Nimm diesen Anfang
   Einmal verwandle ich mich in ein Tier, das ...
   und dieses Ende
   Und einmal ...

Gedichte beschreiben
→ S. 122

Mit Sprache und Geräuschen Bilder malen

Ein sauschweinisches Gedicht Ursi Zeilinger

Das ist Schwein Ida vom Bauer Klein.
Das wollt kein armes Schwein mehr sein.
Es wollte mal die Sau raus lassen
und dafür das Geld aus dem Sparschwein verprassen.

5 Es war saukalt – kein Schwein war zu seh'n,
als Ida das Sparschwein wollt' schlachten geh'n.
Doch was war das nur für eine Riesenschweinerei.
Das Sparschwein war leer – da dachte sich Ida anbei:
Ich glaube mein Schwein pfeift!

10 Ich hab doch ein Schweinegeld verdient, na und …
wer war jetzt dieser gemeine Schweinehund, …
… der Ida um ihr ganzes Geld gebracht.
„Unter aller Sau" – rief sie da aufgeregt in die Nacht.

Im Schweinsgalopp lief Ida zurück in den Stall,
15 als Bauer Klein und die anderen all …
… zu Ida kamen, um Torte zu essen!
Ach ja – Geburtstag! Den hat sie ja saumäßig vergessen!

Die Schweinebacken, das stellte sich später heraus,
die das Sparschwein von Ida nahmen aus,
20 Das waren die Ferkel. Sie kauften viel ein und ließen es krachen.
Sie wollten der Ida ne saugroße Freude machen!

„Schwein gehabt!", dacht' Ida für sich.
Sie wollten das Geld nur leihen – weg ist's also nich'!

Viele Dichter „malen" häufig mit der Sprache, sodass Bilder und Vorstellungen in unserem Kopf entstehen, die bestimmte Bereiche veranschaulichen, hervorheben oder spannender machen. Zu **sprachlichen Bildern** gehören auch Redewendungen, die durch das Bild, welches sie uns vor Augen führen, eine bestimmte Aussage vermitteln.

---

1. Lies das Gedicht vor, nachdem du es zunächst wiederholt halblaut für dich selbst gelesen hast.
   Welche Strophe oder welcher Vers gefällt dir besonders gut?
2. In dem Gedicht sind vier sprachliche Bilder unterstrichen.
   Erkläre sie.
3. Sammle weitere tierische Redewendungen (z. B. Schmetterlinge im Bauch haben) und male ein Bild dazu. Lass die anderen erraten, um was es geht.

Pinguine Joachim Ringelnatz

Auch die Pinguine ratschen, tratschen,   *ratschen* plaudern,
Klatschen, patschen, watscheln, latschen,   schwatzen
Tuscheln, kuscheln, tauchen, fauchen
Herdenweise, grüppchenweise
5 Mit Gevattern,   *Gevatter* guter Bekannter
Pladdern, schnattern
Laut und leise.
Schnabel-Babel-Schnack,
Seriöses, Skandalöses, Hiebe, Stiche.
10 Oben: Chemisette mit Frack.   *Chemisette* gestärkte Hemd-
Unten: lange, enge, hinderliche   brust an Frackhemden
Röcke. – Edelleute, Bürger, Pack,
Alte Weiber, Professoren.

Riesenvolk, in Schnee und Eis geboren.
15 Sie begrüßen herdenweise
Ersten Menschen, der sich leise
Ihnen naht. Weil sie sehr neugierig sind.
Und der erstgesehene Mensch ist neu.
Und Erfahrungslosigkeit starrt wie ein kleinstes Kind
20 Gierig staunend aus, jedoch nicht scheu.

Riesenvolk, in Schnee und Eis geboren,
Lebend in verschwiegener Bucht
In noch menschenfernem Lande.
Arktis-Expedition. – Revolverschuss –:
25 Und das Riesenvolk, die ganze Bande
Ergreift die Flucht.

4. Schließe die Augen und stelle dir alles ganz genau vor, während dein Sitzpartner das Gedicht langsam vorliest. Tauscht anschließend die Rollen und sprecht darüber, was ihr gesehen habt. Welche Stimmung drückt das Gedicht aus?
5. Notiere, wovon die einzelnen Strophen handeln. Du kannst auch Zeichnungen dazu anfertigen.
6. Suche im Text nach Beispielen für Lautmalerei. Benutze dazu den Hinweiskasten am Rand.
7. Kennst du weitere lautmalerische Wörter?

> Die **Lautmalerei** ist ein sprachliches Gestaltungsmittel. Bei einer Lautmalerei wird versucht, einen bestimmten Klang durch Worte wiederzugeben (z. B. *quietschen*, *summen* ...), die so ähnlich wie das Geräusch selbst klingen.

Letzte Gelegenheit Wilhelm Busch

Es sitzt ein Vogel auf dem Leim,

Er flattert sehr und kann nicht heim.

Ein schwarzer Kater schleicht herzu,

Die Krallen scharf, die Augen gluh.

5 Am Baum hinauf und immer höher

Kommt er dem armen Vogel näher.

Der Vogel denkt: Weil das so ist

Und weil mich doch der Kater frisst,

So will ich keine Zeit verlieren,

10 Will noch ein wenig quinquilieren

Und lustig pfeifen wie zuvor.

Der Vogel, scheint mir, hat Humor.

Wilhelm Busch (1832–1908) ist ein berühmter deutscher Dichter und Zeichner aus Wiedensahl in Niedersachsen. Zu seinen bekanntesten Werken zählt die Bildergeschichte *Max und Moritz*.

quinquilieren hell und leise singen

---

1. Lest das Gedicht laut vor. Warum heißt es in dem Gedicht, dass der Vogel Humor hat? Erklärt mit eigenen Worten.
2. Haltet in einer Tabelle fest, wie sich Vogel und Kater verhalten und wie sie sich fühlen. Notiert die jeweilige Verszeile, auf die ihr euch bezieht.

	Verhalten (mit Versangabe)	**mögliche Gefühle**
Vogel		
Kater		

3. Überlegt euch, wie ihr mit eurer Stimme die Angst des Vogels, das vorsichtige Anschleichen des Katers und den Witz des Gedichts verdeutlichen könnt. Legt dazu eine Folie über den Text und tragt mit folgenden Zeichen eure Ideen in das Gedicht ein:
   / Silbe betonen
   < lauter werden
   > leiser werden
   | Pause
   || lange Pause

4. Übt jetzt das Vortragen des Gedichts. Achtet dabei auch auf eine passende Mimik oder Gestik.

K Gedichte vortragen → S. 123

Mimik, Gestik → S. 162

Tierisches in Vers und Reim

Der Uhu und die Unken James Krüss

Sieben dumme Unken munkeln:
Unke punke u ru ru,
in dem Brunnen, in dem dunklen
sitzt ein schwarzer Marabu.
5 Unke punke u ru ru,
sitzt ein schwarzer Marabu.

Hört ein Uhu das Gemunkel:
Unke punke u ru ru,
lugt hinab ins Brunnendunkel,
10 und die Unken gucken zu.
Unke punke u ru ru,
und die Unken gucken zu.

Uhu lugt zum Brunnengrunde:
Unke punke u ru ru,
15 doch die runden Brunnensteine,
Unke punke u ru ru,
malen in dem fahlen Scheine
Schatten wie ein Marabu.
Unke punke u ru ru,
20 Schatten wie ein Marabu.

Brummt der Uhu: Unken-Munkeln!
Unke punke u ru ru,
lugt wohl eine halbe Stunde:
Unten ist kein Marabu.
25 Unke punke u ru ru,
unten ist kein Marabu.

Unken-Munkeln wächst im Dunkeln,
besser ist, man hört nicht zu.
Unke punke u ru ru,
30 besser ist, man hört nicht zu!

> Manchmal dürft ihr zwischen Versen keine Pause machen, da die Sätze weitergehen. Das nennt man **Zeilensprung**. Einen Zeilensprung findet ihr z. B. in den Versen 17/18.

5. Lernt das Gedicht auswendig und übt in Partner- oder Gruppenarbeit den Vortrag ein. Überlegt euch genau, wer was sprechen soll! Welche Aufteilung hat die beste Wirkung?
Vielleicht können auch zwei gleichzeitig sprechen.
6. Achtet besonders auf die Lautmalerei des Gedichts.
Probiert Varianten mit anderen Vokalen und vergleicht die Wirkung.
7. Tragt das Gedicht vor. Ihr könnt euren Gedichtvortrag auch aufnehmen.

Ein Gedicht auswendig lernen → S. 304

Gedichteschmiede

K Gedichte schreiben
→ S. 123

Hier findest du Vorschläge, nach denen du ein Gedicht schreiben kannst.

1 Tierisches   Gerhard Rutsch

Im Wasserturm
ein nasser Wurm.
Im Untergrund
ein bunter Hund.
Im Bäderhaus
die …

TIPP
Bringt eine Tapete mit und verfasst in Gruppen ein Endlosgedicht – welche Gruppe schafft es, das längste Gedicht zu reimen?

1. Lies dir den Gedichtanfang durch. Versuche, selbst „Tierisches" zu reimen. Diese Wörter kannst du zu Hilfe nehmen:
Rittersaal, Haferstroh, Straßenteer, Spiegeltisch, Wiesenschlamm

2 Herr Matz und die Katze   Josef Guggenmos

Als Herr Matz
die Katze
von ihrem Platze
auf der Matratze
5 vertrieb,
beschloss die Katze,
vor Wut am Platzen,
Herrn Matz zu besteigen
und ihm mit der Tatze
10 die Glatze
zu zerkratzen.
Doch ließ sie es bleiben
und war lieber lieb.

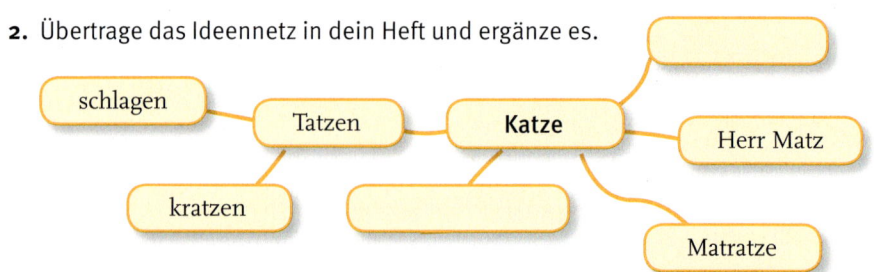

2. Übertrage das Ideennetz in dein Heft und ergänze es.

schlagen — Tatzen — Katze — Herr Matz
kratzen   Matratze

M Ideennetz → S. 304

3. Fertige ein Ideennetz zu einem Tier deiner Wahl an. Verfasse mithilfe deines Ideennetzes ein eigenes Tiergedicht.

3 Haiku

Dünner Hahnenschrei
erhält zehnfache Antwort
aus zehn Käfigen

Auf grünen Blättern –
du kannst dich nicht verstecken,
rote Libelle

4. Finde heraus, nach welchen Regeln ein Haiku aufgebaut ist. Beachte dabei die Vers- und Silbenzahl.
5. Verfasse selbst ein Haiku über ein Tier deiner Wahl.

4 Akrostichon

Tiger
Intelligent
Elefant
Riesengroß
Ente

TIPP
Ein Akrostichon zu schreiben fällt dir leicht? Dann versuche einmal, mehrere Wörter für jede Zeile zu finden. Vielleicht ergibt sich daraus sogar eine kleine Geschichte.

6. Erkläre den Bauplan dieser Gedichtform und schreibe zu deinem Lieblingstier ein Akrostichon.

5 Elfchen

Weiß.
Das Einhorn
Glänzt der Mond
im Licht des Wunderbaren.
Phantastisch.
Peter

Grau.
Ein Pferd.
Ein dickes Pferd.
Von meiner liebsten Pferdeart.
Nilpferd.
Clara

7. Nach welchen Regeln ist ein Elfchen aufgebaut? Ergänze:
   1. *Vers:* ein Wort
   2. *Vers:* zwei Wörter
   3. *Vers:*
8. Schreibe nach diesem Muster ein Tier-Elfchen.

Unterschiedliche Gedichtformen erkennen
→ S. 123

Unterwassergedichte

Tintenfisch und Tintenfrau Helga Glantschnig

Mein weichstes Tier, mein
Weichtier du. Hast du
viele Arme! Zum Spritzen
und zum Schweben, zum Muschel-
5 fangen und zum Kitzeln. Und
fast tausend Augen tun fleißig
saugen. Einen Tintenbeutel
hab ich auch, kichert
die Tintenfrau. Kennst du
10 meine Meerschrift, meine
Wasserzeichen? Die zeigen
dir ganz genau, ob ich jetzt
mit dir eine Weile durch
Höhlen schlüpfen werde. Psst!
15 sagt der Tintenfisch und
spritzt für seine Frau ein
weites Herz ins nasse Blau.

Karpfenschuppe Christine Nöstlinger

Wenn man sie gegen das Licht hält
und ein Sonnenstrahl auf sie fällt,
dann gäb es nichts auf der Welt,
was schöner wär!
5 Aber meine Mutter hat keine Augen,
die für das Wunderbare taugen.
Sie sieht nicht, wie's funkelt, glitzert und blinkt.
Sie schnüffelt bloß:
Scheußlich, wie das wieder stinkt.

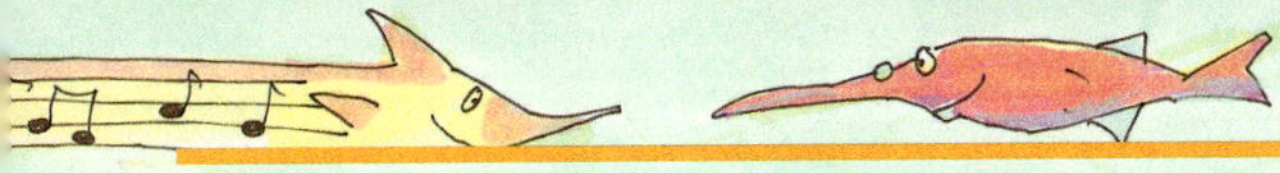

Mitten in der Nacht Paul Maar

Keine Ahnung, wo ich bin.
Nichts als Dunkel um mich her.
Wie im Bauch von einem Fisch
meilentief im Schwarzen Meer.

5 Lebt noch jemand außer mir?
Oder bin ich ganz allein!
Diese Stille. Dieses Dunkel.
Gleich beginne ich zu schrein.

Da entdeck ich in der Schwärze
10 einen schmalen Strich aus Licht.
Das ist meine Zimmertüre!
Alles klar, ich schreie nicht.

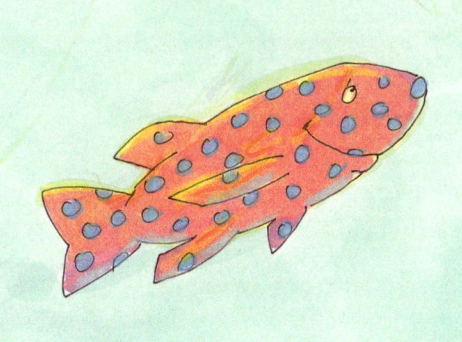

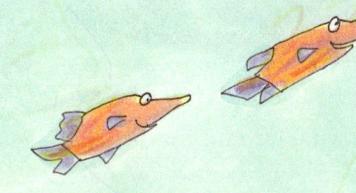

1. Lest die Gedichte laut. Welche Stimmung kommt jeweils zum Ausdruck?
2. Arbeitet zu zweit. Sucht euch zwei der Gedichte aus und vergleicht sie miteinander. Übertragt dazu die folgende Tabelle in euer Heft:

	Gedicht 1	Gedicht 2
Titel		
Strophen- und Versanzahl		
Reime/Reimschema		
Sprachliche Bilder		
Inhalt *(Worum geht es?)*		

3. Benennt Gemeinsamkeiten und Unterschiede.

Gedichte beschreiben
→ S. 122

Tiergedichte

> Auf den Seiten der Leseideen findest du einige Tiergedichte, mit denen du weiterarbeiten und üben kannst. Du kannst beispielsweise
> ▶ ein Gedicht auswendig lernen und gestaltend vortragen,
> ▶ verschiedene Gedichte miteinander vergleichen (Strophen, Verse, Reimschema, Inhalt),
> ▶ die Gedichte illustrieren,
> ▶ ein Gedicht in ein Lied umwandeln.

Originaltext zu S. 106

Die kleinen Pferde heißen Fohlen
James Krüss

Die kleinen Pferde heißen Fohlen,
sie haben Streichholzbeine, und
sie stehen mit den Fohlensohlen
ein wenig wacklig auf dem Grund.

5 Sehr hoch gebaut und knickebeinig,
schwanken sie bang durchs grüne Gras.
Sie sind sich selber noch nicht einig,
ob Gehen Angst macht oder Spaß.

Doch manchesmal – das ist sehr reizend –
10 Kannst du auf einer Wiese sehn,
wie sie, die Vorderbeine spreizend,
den Fohlenhals nach oben drehn.

Dann trinken sie die Milch der Stute,
und bei dem Trinken stehen sie
15 zum ersten Mal – das ist das Gute –
so fest wie nie.

Originaltext zu S. 107

Einmal   Christina Zurbrügg

Einmal
verwandle ich mich in ein Tier,
das hüpft wie ein Frosch,
schleicht wie eine Schnecke
5 und rennt wie ein Reh.
Ich habe die Augen von einem Uhu
und kann den Kopf drehen
wie ein Falke.
Ich grabe mich wie eine Raupe tief
10 in die Erde
und lasse mich an einem Faden
vom Wind durch das Land tragen.
Ich werde Räder schlagen wie ein Pfau,
gurren wie eine Taube
15 und krächzen wie ein Rabe.
Und einmal kommt der Jäger,
und der trifft mich nicht.

Originaltext zu S. 105

Die Schildkröte   Michael Ende

Die Schildkröt' geht im Regen gern
spazieren ohne Regenscherm.
Das Wasserspritzen stört sie nicht,
ihr Mantel ist ja wasserdicht.
5 Sie bleibt zu Haus, auch wenn sie reist,
sie kann, obwohl sie Kröte heißt,
nicht hupfen
und kriegt auch keinen Schnupfen.

Tierisches in Vers und Reim

Leseideen

Originaltext zu S. 112

Tierisches Gerhard Rutsch

Im Wasserturm
ein nasser Wurm.
Im Untergrund
ein bunter Hund.
5 Im Bäderhaus
die Fledermaus.
Im Siedetopf
ein Wiedehopf.
Im Rittersaal
10 ein Zitteraal.
Im Haferstroh
ein braver Floh.
Im Straßenteer
ein Nasenbär.
15 Am Spiegeltisch
ein Igelfisch.
Im Wiesenschlamm
ein Riesenlamm.
Das Getier
20 ging hier
dem Reim
auf den Leim.

ottos mops Ernst Jandl

ottos mops trotzt
otto: fort mops fort
ottos mops hopst fort
otto: soso
5 otto holt koks   Koks Brennstoff
otto holt obst
otto horcht
otto: mops mops
otto hofft
10 ottos mops klopft
otto: komm mops komm
ottos mops kommt
ottos mops kotzt
otto: ogottogott

Originaltext zu S. 105

Fliegenmahlzeit
Friedrich Hoffmann

Die Familie Siebenbein
Führt heut, welche Wonne,
Alle hundert Kinderlein
In die Abfalltonne.

5 Mhm, wie riechts hier wunderbar
Nach verfaulten Pflaumen.
Ach, solch grüne Wursthaut gar
Kitzelt mir den Gaumen.

Schimmelkäse, alt und zäh,
10 Eine ganze Schüssel!
Kinder, wenn ich so was seh,
Wässert mir der Rüssel.

Immer schön manierlich sein,
Nicht so hastig schlecken,
15 Brumsebrim, es ist nicht fein,
Sich etwas einzustecken.

Originaltext zu S. 106

Die Ameisen
Joachim Ringelnatz

In Hamburg lebten zwei Ameisen,
Die wollten nach Australien reisen.
Bei Altona auf der Chaussee,
Da taten ihnen die Beine weh.
5 Und da verzichteten sie weise
Dann auf den letzten Teil der Reise.

Tierisches in Vers und Reim

Das Krokodil Hermann von Lingg

Im heil'gen Teich zu Singapur,
Da liegt ein altes Krokodil
Von äußerst grämlicher Natur
Und kaut an einem Lotosstiel.
5 Es ist ganz alt und völlig blind,
Und wenn es einmal friert des Nachts,
So weint es wie ein kleines Kind,
Doch wenn ein schöner Tag ist, lacht's.

Ein Krokodil Hanna Johansen

Ich träum, es kommt ein Krokodil
mit einem großen Maul.
Am Tage liegt's auf einem Stein,
am Tage ist es faul.

5 Und dann am Abend wird es wach
und macht sich auf die Socken.
Es kriecht zu unserm Haus aufs Dach,
da seh ich es schon hocken.

Und wenn es erst ganz dunkel ist,
10 dann schleicht es sich heran.
Es will zu mir herein und frisst
mich dann.

Es hinkt durchs Haus, das hör ich doch,
es steigt die Treppe rauf.
15 Dann kommt's herein durchs Schlüsselloch
Und reißt sein Maul schon auf.

Es hat 'ne Menge Zähne in
dem großen roten Rachen.
Und weil es auch noch Flügel hat,
20 glaub ich, es ist ein Drachen.

Was willst du hier, schrei ich ganz laut,
ich glaub, du willst mich fressen.
Nein, sagt das Krokodil und schaut,
ich hab nur was vergessen.

Die Giraffe Ron Padgett

Die 2 ff's
in Giraffe
sind wie
2 Giraffen
5 die durch das Wort
Giraffe laufen

Die 2 ff's
laufen durch Giraffe
wie 2 Giraffen

Verschieden, aber zufrieden
Günther Strohbach

Der Leopard hat Flecken,
Der Papagei ist dreist,
Das Nashorn, das hat Zecken,
Das Nilpferd, es ist feist.   *feist* fett, dick

5 Der Hai hat scharfe Zähne,
Und Krallen hat der Bär.
Der Elch hat eine Mähne,
Der Wal ist träg und schwer.

Die Gans hat weiße Federn,
10 Die Ziege einen Bart,
Die Haut vom Pferd ist ledern,
Der Schwanz vom Schwein apart.

Sie alle sind verschieden,
Am Kopf, am Schwanz, am Bauch,
15 Und doch mit sich zufrieden!
Ich hoff, du bist es auch!   *apart* besonders reizvoll, ungewöhnlich

Tierisches in Vers und Reim

Die Vogelscheuche Christian Morgenstern

Die Raben rufen: „Krah, krah, krah!
Wer steht denn da, wer steht denn da?
Wir fürchten uns nicht, wir fürchten uns nicht
Vor dir und deinem Brillengesicht.

5 Wir wissen es ja ganz genau,
du bist nicht Mann, du bist nicht Frau.
Du kannst ja nicht zwei Schritte gehen
und bleibst bei Wind und Wetter stehn.

Du bist ja nur ein bloßer Stock
10 Mit Stiefeln, Hosen, Hut und Rock.
Krah, krah, krah!"

Rotkehlchen Wilhelm Busch

Rotkehlchen auf dem Zweige hupft,
wipp wipp!
hat sich ein Beerlein abgezupft,
knipp knipp!
5 lässt sich zum klaren Bach hernieder,
tunkt's Schnäblein ein und hebt es wieder,
stipp stipp nipp nipp!
und schwingt sich wieder in den Flieder.

Es singt und piepst
10 ganz allerliebst,
zipp zipp zipp zipp trili!
sich seine Abendmelodie,
steckt's Köpfchen dann ins Federkleid
und schlummert bis zur Morgenzeit.

Die Vögel warten im Winter vor dem Fenster Bertolt Brecht

Ich bin der Sperling.
Kinder, ich bin am Ende.
Und ich rief euch immer im vergangnen Jahr,
Wenn der Rabe wieder im Salatbeet war.
5 Bitte um eine kleine Spende.
    Sperling, komm nach vorn.
    Sperling, hier ist dein Korn.
    Und besten Dank für die Arbeit!

Ich bin der Buntspecht.
10 Kinder, ich bin am Ende.
Und ich hämmere die ganze Sommerzeit,
All das Ungeziefer schaffe ich beiseit.
Bitte um eine kleine Spende.
    Buntspecht, komm nach vurn.
15 Buntspecht, hier ist dein Wurm.
    Und besten Dank für die Arbeit.

Ich bin die Amsel.
Kinder, ich bin am Ende.
Und ich war es, die den ganzen Sommer lang
20 Früh im Dämmergrau in Nachbars Garten sang,
Bitte um eine kleine Spende.
    Amsel, komm nach vorn.
    Amsel, hier ist dein Korn.
    Und besten Dank für die Arbeit!

Wintermorgenschnee Matsuo Bashô

Wintermorgenschnee –
Selbst die Krähe, sonst verhasst,
heute ist sie schön!

Einen Lyrikabend gestalten

Ihr habt jetzt viele Tiergedichte kennengelernt. Aus diesen Gedichten und euren selbst geschriebenen Texten lässt sich ein schöner Lyrikabend gestalten, zu dem ihr eure Lehrer, Eltern und Freunde einladen könnt.

Tipps für einen gelungenen Abend

Organisation

Überlegt euch gemeinsam einen Termin, wann der Lyrikabend stattfinden soll. Teilt euch in Arbeitsgruppen ein und klärt, wer für welche Aufgabe zuständig ist und bis wann diese erledigt sein muss.

Arbeitsgruppe	Aufgabe	fertig bis
Laura, Jan, Robin, Merve	Einladungen erstellen	15. November
Nico, Esra, Luca …	Gestaltung des Klassenraums	…

Einladung

Wenn ihr Einladungen schreibt, dann gebt eurem Projekt einen Namen. Nennt den Veranstaltungsort, das Datum und die Uhrzeit.
Ihr könnt die Einladung als Plakat gestalten oder einen Handzettel mit dem Computer entwerfen.

> **TIPP**
>
> Anregungen, wie ihr mit dem Computer eine Einladung gestalten könnt, findet ihr im Internet unter *www.schroedel.de/di-he5*.

Die Klasse 5 a lädt herzlich ein zu ihrem Lyrikprojekt

„Tiere der Welt in Reime gestellt"

Wann?
30.11.2012
17:00 Uhr

Wo?
Riesener Gymnasium
Klassenraum der 5 a

Gedichtauswahl

Überlegt gemeinsam, welche Gedichte von euch und welche von anderen Autoren ihr an eurem Lyrikabend vorstellen wollt.

Ihr könnt euch auch eine interessante Geschichte um eure Gedichte ausdenken, die den Rahmen für die Aufführung bildet. Lasst eurer Fantasie freien Lauf.

Ein Beispiel:
Im Jahre 3010 gibt es keine Tiere mehr auf der Erde. Der Junge Maximilian verbringt die Ferien bei seiner Großmutter und langweilt sich sehr. Heimlich schleicht er sich auf den Dachboden und findet eine alte Truhe. Er durchstöbert die Truhe und entdeckt seltsame Gegenstände, die er nicht kennt, z. B. ein Hirschgeweih, eine Feder, Bilder von Tieren usw. Während er die Sachen neugierig betrachtet, gesellt sich seine Oma zu ihm. Sie erinnert sich an alte Zeiten und berichtet ihrem Enkel davon …

An dieser Stelle können nun eure Gedichte zum Einsatz kommen, die ihr immer wieder mit der Geschichte verknüpfen könnt.

Gestaltung

Am Tag eures Lyrikabends sollte der Raum, in dem die Vorführung stattfindet, dem Anlass entsprechend gestaltet sein. Sammelt dazu eure im Unterricht erarbeiteten Lyrikwerke (z. B. das Endlosgedicht, Bilder usw.) und stellt diese übersichtlich aus.

Wenn ihr euch auf einige Gedichte geeinigt habt, dann überlegt, wie ihr die ausgewählten Gedichte inszenieren wollt. Es gibt verschiedene Möglichkeiten:

- Gedichte auswendig vortragen
- Gedichte gestaltend vorlesen
- Gedichte in ein Lied umwandeln
- ein Schattenspiel zu einem Gedicht entwerfen
- Gedichte zu kleinen Theaterstücken umschreiben
- einen kleinen Gedichte- oder Reimwettstreit einbauen

TIPP
Lustige Tierkostüme oder Masken könnt ihr auch im Kunstunterricht anfertigen. Eure Lehrerinnen und Lehrer helfen euch bestimmt.

K Kompetenzen

Gedichte von anderen Textsorten unterscheiden

▶ **Gedichte haben in der Regel eine besondere Sprache und Form.** Sie reimen sich oft und sind häufig durch Verse und Strophen gekennzeichnet. In einem Gedicht kannst du deiner Fantasie freien Lauf lassen. Du darfst Tiere und Situationen erfinden, die es gar nicht gibt. Ein Lexikonartikel hingegen gibt möglichst genau sachliche Informationen zu einem Tier oder Gegenstand. Dort darf nur das stehen, was auch wahr ist.

Gedichte beschreiben

Wenn man von Gedichten spricht, verwendet man häufig den Begriff Lyrik. Dieser Begriff stammt von dem Wort ‚Lyra' und bezeichnet ein altes griechisches Zupfinstrument, mit dem früher Texte und Gesang begleitet wurden. Deshalb kann man auch von lyrischen Texten sprechen. Wenn du ein Gedicht untersuchen möchtest, solltest du einerseits die äußere Form beschreiben und andererseits den Inhalt mit eigenen Worten erklären können.

▶ **Eine Zeile in einem Gedicht nennt man Vers.** Mehrere Verse bilden eine Strophe und eine oder mehrere Strophen bilden ein ganzes Gedicht.

▶ **Verse können sich reimen.** Ein Reim bezeichnet den Gleichklang zweier oder mehrerer Silben, z. B. *reisen – Ameisen*. Einen Reim, der nur fast gleich klingt, nennt man einen unreinen Reim, z. B. *küssen – Gewissen*.

▶ **Um das Reimschema eines Gedichts herauszufinden,** wird jeder Reim mit einem kleinen Buchstaben, angefangen bei a, dann b, c, d ... versehen. Zwei aufeinanderfolgende Verse, die sich reimen, bilden einen Paarreim (aabb ...). Bei einem Kreuzreim bilden Vers 1 und Vers 3 einen Reim und Vers 2 zusammen mit Vers 4 (abab ...). Ein umarmender Reim entsteht, wenn sich in einer Strophe der erste und letzte Vers und die beiden inneren Verse reimen (abba ...).

▶ **Häufig wird in Gedichten mit Sprache gespielt.** Dichter versuchen, mit Sprache Bilder in den Köpfen der Leser oder Zuhörer entstehen zu lassen (*kleiner Stachelbruder* für Igel). Bei dem sprachlichen Gestaltungsmittel der Lautmalerei wird ein bestimmter Klang durch Worte nachgeahmt, z. B. *klatschen, patschen, watscheln, krah, krah*.

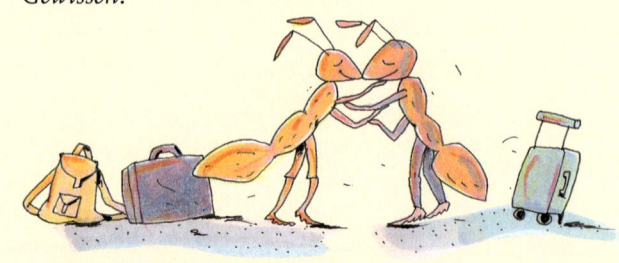

Unterschiedliche Gedichtformen erkennen

Es gibt viele unterschiedliche Gedichtformen, die nach einem ganz bestimmten Muster aufgebaut sind. Einige davon hast du schon kennengelernt.

▶ **Ein Elfchen bezeichnet eine Gedichtform,** bei der elf Wörter so auf fünf Verse aufgeteilt werden, dass in jedem Vers ein Wort hinzukommt. Im letzten Vers steht dann wieder nur ein Wort.

▶ **Ein Haiku ist eine japanische Gedichtform** aus drei Versen mit insgesamt 17 Silben, welche sich so auf die drei Verse aufteilen: 5 Silben – 7 Silben – 5 Silben.

▶ **Ein Akrostichon ist eine Gedichtform,** bei der alle ersten Buchstaben der Verse ein eigenes Wort oder auch einen Satz bilden.

Gedichte schreiben

▶ **Du kannst Gedichte frei oder nach festen Vorgaben und Regeln** schreiben, z. B. Elfchen, Akrostichon oder Haiku.

▶ **Lege als Vorbereitung für das Schreiben ein Ideennetz an.** Notiere ein Wort, welches dich besonders interessiert, in die Mitte auf ein leeres Blatt Papier. Überlege dann, woran dich das Wort erinnert, und schreibe diese Begriffe um dein Ausgangswort. Verbinde alle Wörter, die deiner Meinung nach zusammengehören. Dein Ideennetz kannst du nun als Grundlage für das Schreiben eines Gedichts verwenden.

▶ **Du kannst auch nach möglichst vielen Reimwörtern suchen,** die zu einem bestimmten Begriff passen.

Gedichte vortragen

▶ **Gedichte sind besonders schön, wenn man sie laut vorträgt.** Durch den Vortrag drückt man sein Verständnis des Gedichts aus. Nimm dir Zeit zu überlegen, welche Stimmung du deinem Publikum vermitteln möchtest, wo du laut und leise, langsam und schnell sprichst, wo du Sprechpausen einlegst und wie du bestimmte Wörter betonen willst. Markiere dies in dem Gedicht, damit du es beim Vortragen nicht vergisst. Gedichte können auch von mehreren Personen gleichzeitig oder mit verteilten Rollen gesprochen werden.

S Selbsteinschätzung

Lies dir noch einmal deine Unterlagen durch und überlege, was du besonders gut konntest und wo du Schwierigkeiten hattest. Beurteile dann ehrlich deine Fähigkeiten.

★★★ = sehr sicher
★★ = größtenteils sicher
★ = manchmal unsicher
○ = oft unsicher

1. Ich kann ein Gedicht von anderen Textsorten unterscheiden.
2. Ich kenne mindestens vier Fachwörter, um ein Gedicht korrekt beschreiben zu können: ▇▇▇, ▇▇▇, ▇▇▇, ▇▇▇
3. Ich kann themengleiche Gedichte miteinander vergleichen.
4. Ich kann mit meiner Stimme Gedichte gestaltend vortragen, sodass der Inhalt und die Stimmung des Gedichts deutlich werden. Dabei achte ich auch auf meine Körperhaltung.
5. Gedichte lerne ich mithilfe bestimmter Merktechniken auswendig. Folgendes Gedicht kann ich auswendig vortragen: ▇▇▇
6. Ich kann nach bestimmten Vorgaben eigene Gedichte verfassen und weiterschreiben.

Auswertung und Anregungen

▶ **Prima, wenn du dir bei den meisten Aussagen sicher oder sehr sicher warst!** Mit den Trainingsideen auf der nächsten Seite kannst du deine Fähigkeiten an verschiedenen Aufgaben noch einmal trainieren.

▶ **Wenn du noch unsicher bei den Aussagen 1 und 2 warst,** dann wiederhole die Seiten 104–106 und präge dir die Kompetenzen „Gedichte von anderen Textsorten unterscheiden" und „Gedichte beschreiben" auf Seite 122 gut ein. Arbeite dann gemeinsam mit einer Lernpartnerin oder einem Lernpartner. Wählt ein Gedicht aus den Leseideen aus und beschreibt es (Strophen- und Versanzahl, Reimschema, Inhalt, sprachliche Bilder). Sucht dann in einem Lexikon nach einem Eintrag über das Tier, von dem das Gedicht handelt. Worin unterscheiden sich Gedicht und Lexikonartikel?

▶ **Wenn du noch einmal das Vergleichen von Gedichten trainieren möchtest,** dann wähle aus den Leseideen zwei themengleiche Gedichte aus und benenne Gemeinsamkeiten und Unterschiede. Wiederhole dazu noch einmal die Kompetenz „Gedichte beschreiben" auf Seite 122.

▶ **Weitere Gedichte zum Vortragen und Auswendiglernen** findest du ebenfalls in den Leseideen.

▶ **Ideen zum Verfassen eigener Gedichte** findest du auf den Seiten 112/113. Suche dir eine Aufgabe aus, die du noch nicht gemacht hast. Tipps findest du auch in der Kompetenz „Gedichte schreiben" auf Seite 123.

T Trainingsideen → www

Ein Gedicht erkennen und beschreiben

Groß
langer Hals
ein netzartiges Fell
ein wundervolles, elegantes Huftier
Giraffe
Mara

Der Vogel Rose Ausländer

Mit leisem Flügelschlag
dieser Vogel
in meinem Fenster

Traumfern
5 flaumnah
ein Sonnengruß

Verwundert
wie ich
Ich liebe ihn
10 und frage nicht
ob er mich liebt

Katzen

Die Katzen sind eine Familie aus der Ordnung der Raubtiere. Die meisten Katzen ähneln äußerlich und im Verhalten unserer Hauskatze: Sie haben geschmeidige Körper, ein weiches Fell, kurze Gesichter und relativ kleine Schädel. Die Ohren stehen aufrecht, sind spitz bis rundlich und können in verschiedene Richtungen gedreht werden.

1. Erkläre, bei welchen dieser Texte es sich um Gedichte handelt. Wähle dazu unter folgenden Wörtern passende Fachbegriffe aus: *Text – Lyrik – Vers – Lexikon – Reim – Erklärung – Strophe – Abschnitt – Kurzgeschichte*.
2. Verfasse ein Elfchen über eine Katze.

Ein Gedicht untersuchen und verändern

Traurig in Aurich Jan Kaiser

Eine Qualle, arm und klein,
trieb einst betrübt durchs Meer
Sie wünschte sich ein Dorsch zu sein,
das Herz ward ihr so schwer.

5 So schwamm sie trauernd Jahr für Jahr
bis in die Bucht bei Aurich.
Dort wurd sie eines Dorschs gewahr,
der schien nicht minder traurig.

Vor Freude tat der kleine Wicht
10 sich kugelrund aufbauschen.
Und sprach zum Dorsch: „He, willst du nicht
mit mir die Rolle tauschen?"

Ein Lächeln striff das Dorschgesicht
„Jawohl!" so grunzte er.
15 „Ein Fisch zu sein, das will ich nicht,
doch Qualle sein, das sehr."

Von nun an also fühlte sich
als Dorsch das Quallentier.
Und der Dorsch schwamm künftiglich
20 als Qualle durchs Revier.

Beide waren fortan froh
und blieben's bis zur Bahre.

(Doch weder klingt die Fabel so,
noch ist sie eine wahre.)
25

3. Erkläre, warum das Gedicht den Titel „Traurig in Aurich" besitzt.
4. Gib jeder Strophe eine Überschrift.
5. Beschreibe die Form des Gedichts: Strophen, Verse, Reimschema.
6. Schreibe das Gedicht um, sodass beide Tiere mit dem Tausch unzufrieden sind.

Schlaue Streiche und wahre Lügen

Schwank- und Lügengeschichten

Schwank- und Lügengeschichten sind lustige Erzählungen, die seit vielen Jahrhunderten überall auf der Welt erzählt werden. Im Mittelpunkt steht ein Narr oder Schelm, der mit Witz oder einem verblüffenden Einfall Dummheiten der Menschen entlarvt, oder ein Held, der glaubhaft von unglaublichen Abenteuern berichtet.

1. Kennst du die Schelme und Abenteurer, die oben abgebildet sind?
2. Erzähle zu einem Bildausschnitt eine Geschichte.

Schelmenantworten

Ein Fremder in Schilda Unbekannter Verfasser

Einst kam ein Fremder nach Schilda und stieg dorten in einem Gasthaus ab. Als der Wirt sich nach seinen Wünschen erkundigte, meinte der Wanderer, er wünsche nur zwei Dinge: Er wolle gern einen Schildbürgerstreich erleben und jetzt wollte er vor dem Schlafengehen bequeme Pantoffeln haben. Der Wirt sagte dazu: „Dazu kann sicher Rat werden." Nach kurzer Zeit brachte ihm der Wirt Pantoffeln, die passten so gut, dass der Fremde darüber höchlichst verwundert war und den Wirt dazu befragte. „Ei", sagte der Wirt, „ich habe einfach von euren Stiefeln die Schäfte abgeschnitten, deshalb passen euch die Pantoffeln so gut und zum andern habt ihr gleich ein gutes Schildbürgerstücklein obendrein dazu."

*Die **Schildbürger** sind die Helden eines Schwankbuchs aus dem 16. Jahrhundert. Sie sind berühmt für ihre schlaue Dummheit, ihre Schildbürgerstreiche.*

Nasreddin Hodscha beantwortet vierzig Fragen auf einmal Unbekannter Verfasser

Einmal zog ein Mann durchs Land, der sich als Weiser ausgab und überall mit seiner Klugheit prahlte. Er sprach so gelehrt und geschraubt, dass ihn niemand verstand und keiner aus seinen Reden klug wurde. Er fragte die Menschen hochmütig: „Gibt es bei euch überhaupt jemanden, der klug genug ist, sich mit mir unterhalten zu können?" Da schickten sie ihn zu Nasreddin Hodscha.
  „Ich möchte gern wissen, ob du wirklich so klug bist, wie die Leute sagen", meinte der Gelehrte. „Ich werde dir vierzig Fragen stellen und du sollst mir eine Antwort auf alle geben." Nasreddin war einverstanden und der Fremde stellte ihm vierzig schwierige und verwickelte Fragen. Nasreddin hörte ihm die ganze Zeit aufmerksam zu. „Nun, kannst du mir auf alle vierzig Fragen mit einem einzigen Satz antworten?", fragte der Mann, als er fertig war. Nasreddin nickte und sprach: „Die Antwort lautet, dass keine einzige deiner Fragen zu verstehen ist!"

***Nasreddin Hodscha** lebte vermutlich im 13. Jahrhundert in der Gegend der heutigen Türkei. Er ist ein Schelm, von dem viele Geschichten erzählt werden.*

3. Untersuche, woran du erkennen kannst, dass es sich bei Nasreddin Hodscha und dem Gastwirt aus Schilda um Schelme handelt.
4. Versucht zu erklären, was ein Schelm ist.

> **In diesem Kapitel lernst du,**
> ▸ woran du einen Schwank und eine Lügengeschichte erkennst und wie du sie deutest,
> ▸ wie du einen Schwank in modernem Deutsch nacherzählst,
> ▸ wie du eine Lügengeschichte gliederst und zusammenfasst,
> ▸ wie du einen Schwank oder eine Lügengeschichte erzählst.

Narren, Ritter und Lügenbarone

Wie Till Eulenspiegel Eulen und Meerkatzen buk
Unbekannter Verfasser

Da nun Eulenspiegel wieder gen Braunschweig kam zu der Bäckerstuben, da wohnt ein Bäcker nahebei. Der ruft ihn in sein Haus und fragt ihn, was er für ein Gesell oder für ein Handwerksmann sei. Eulenspiegel sprach: „Ich bin ein Bäckerknecht." Der Brotbäcker, der sprach: „Ich hab eben kein Knecht. Willst du mir dienen?" Eulenspiegel sagt ja. Als er nun zween Tag bei ihm war gewesen, da hieß ihn der Bäcker backen auf den Abend, aber er kunnt ihm nit helfen bis an den Morgen. Eulenspiegel sprach: „Ja, was soll ich aber backen?" Der Bäcker war ein schimpfig, poltrig Mann und ward zornig und sprach im Spott: „Bist du ein Backknecht und fragst erst, was du backen sollst? Was pfleget man zu backen? Eulen oder Meerkatzen!" Und ging damit schlafen. Da ging Eulenspiegel in die Backstuben und macht den Teig zu eitel Eulen und Meerkatzen, die Backstub voll, und buk die. Der Meister stund des Morgens auf und wollt ihm helfen, und da er in die Backstuben kam, so findet er weder Weck noch Semmeln, nur eitel Eulen und Meerkatzen. Da ward der Meister zornig und sprach: „Dass du die Pest kriegst, was hast du gebacken?" Eulenspiegel sprach: „Was Ihr mich geheißen habt: Eulen und Meerkatzen." Der Bäcker sprach: „Was soll ich nun mit der Narretei tun? Solch Brot ist mir nirgends zu nütz, ich mag das nit zu Geld bringen." Und er griff ihn bei dem Hals und sprach: „Bezahl mir mein Teig!" Eulenspiegel sprach: „Ja, wenn ich Euch den Teig bezahl, soll dann die Ware mein sein, die davon gebacken ist?" Der Meister sprach: „Was frag ich nach solcher War'? Eulen und Meerkatzen dienen mir nit in meinem Laden." Also bezahlt Eulenspiegel dem Bäcker sein Teig und nahm die gebacken Eulen und Meerkatzen in ein Korb und trug sie aus dem Haus in die Herberg ‚Zu dem Wilden Mann'. Und Eulenspiegel gedacht in sich selber: ‚Du hast oft und viel gehört, man könnt nit so seltsam Ding gen Braunschweig feil bringen, man löst Geld daraus.' Und es war an der Zeit, dass am andern Tag St.-Niklas-Abend war, da ging Eulenspiegel vor die Kirchen zu stehn mit seiner Kaufwar' und verkauft die Eulen und Meerkatzen alle und löst viel mehr Geld daraus, denn er dem Back für den Teig hätt gegeben. Das ward dem Bäcker kundgetan. Den verdross es. Und lief vor St.-Niklas-Kirchen und wollt ihn anfordern um das Holz und für die Kosten um die Ding zum Backen. Da war Eulenspiegel schon hinweg mit dem Geld, und hat der Bäcker das Nachsehen.

Die Geschichten vom Narren **Till Eulenspiegel,** der den Menschen immer wieder Streiche spielte, werden schon sehr lange erzählt. Das älteste Buch, in dem seine Schwänke gesammelt sind, stammt aus dem 16. Jahrhundert.

eitel bloß, nur

Meerkatzen sind kleine Affen

feil bringen, man löst Geld daraus etwas zum Verkauf anbieten, dass man Geld dafür bekommt

St. Niklas Nikolaus

Eine **Pointe** ist die unerwartete, witzige Lösung eines Problems, die den Leser zum Lachen bringt.

K Einen Schwank oder eine Lügengeschichte (nach-)erzählen
→ S. 135

---

1. Erkläre, worin die Pointe des Schwanks besteht.
2. Die Geschichte ist in einem älteren Deutsch geschrieben. Manches würdet ihr heute anders ausdrücken. Erzählt in Kleingruppen den Schwank in einem heute gebräuchlichen Deutsch nach.

Im Angesicht des Drachen THiLO

Der Ritter Rostiger Robert, sein Knappe Knut mit dem Pferd Behaarte Beate wollen Flora, die Tochter des Königs Obolus, aus den Händen von Sir Eisenhau, dem Anführer der Barbaren, befreien. Auf ihrer Reise müssen sie eine Schlucht durchqueren, in der ein gefährlicher Drache wohnt. Lies, was sie dort erleben, und beantworte dabei die Fragen am Rand. Vergleiche anschließend deine Antworten mit einer Partnerin oder einem Partner.

„Wir tauschen die Kleidung. Du, als Ritter verkleidet, wirst das Untier ablenken. Der Drache wird selbstverständlich glauben, ein Knappe könne ihm niemals gefährlich werden, und mich deshalb nicht weiter beachten. So werde ich mich von hinten an ihn heranpirschen können. Und wenn er sich dann dir zuwendet – *Zack!* – Rübe ab!" Robert fuchtelte wild mit seinem rostigen Schwert in der Luft herum.

Doch der Knappe blieb misstrauisch: „Und Ihr seid sicher, dass dieser Plan funktionieren wird?"

„111-prozentig! Außerdem hat die ganze Sache noch einen weiteren Vorteil: Ich muss nicht reiten."

„Warum ist das ein Vorteil?" Knut sah seinen Herrn stirnrunzelnd an. „Na, wenn ich beim Anblick eines Drachen auch noch reiten soll, mache ich mir in die Hosen. Und beim Kampf gegen Sir Eisenhau kann ich absolut kein Pipi in der Rüstung brauchen."

So stieg Robert also umständlich aus seiner rostigen Panzerung und streifte sich stattdessen die einfache Kleidung seines Knappen über.

Der war bei dem Gedanken an den Drachen sehr froh, wenigstens einen eisernen Schutz zu tragen. Stolz, aber mit einem etwas mulmigen Gefühl in der Magengegend, trabte er auf Beate dem Ende der Schlucht entgegen. Robert, wie ein echter Knappe, führte das Pferd.

Als sie den Ausgang schon vor Augen hatten und Knut glaubte, das ganze Täuschungsmanöver sei erfreulicherweise völlig umsonst gewesen, erklang plötzlich ein ohrenbetäubendes Poltern, gefolgt von einem scheußlichen Fauchen. Knut fürchtete, dass die Rüstung seines Herrn nun doch ein wenig Pipi abbekommen würde.

Aus einer dunklen Höhle im Bergmassiv stapfte ein baumlanges giftgrünes Wesen hervor. Sein Bauch war so dick, dass mindestens tausend Rostige Roberts, Knuts und Behaarte Beates hineingepasst hätten. Auf seinem krummen Rücken reihten sich spitze grüne Zacken eng aneinander. Und jeder seiner Schritte hinterließ tiefe Abdrücke im Boden.

„Aha!", krächzte es ihnen entgegen. „Was haben wir denn da?" Das Ungeheuer betrachtete die drei Gestalten eingehend. Dann leckte es sich mit seiner gespaltenen Zunge flatternd über die Lippen und fällte sein Urteil: „Einmal Frischfleisch, eine Konservendose und ein pelziger Nachtisch! Wen von euch verputze ich denn zuerst?"

1. Erkläre den Plan des Ritters. Wie würdest du die Idee finden, wenn du Knappe wärst?

2. Schreibe auf, was Robert und Knut beim Anblick des Drachen denken. Verwende Ausrufe- und Fragesätze.

Der Drache bewegte seine Krallenfinger zwischen den dreien hin und her und zählte aus:

„Einer von den Drachen,   erst mal die Konservendose,
schiebt sich in den Rachen,   dann den mit der Fellhose ..."

Mitten in den Abzählreim rief Knut mit fester Stimme überlaut von seinem Pferd herunter: „Fürwahr! Ein echter Drache! Wir können ihn verwenden!"

Das Untier stoppte, zornig über die Störung: „Was könnt ihr – hopsendes Gemüse?"

„D-d-d-dich verwenden!", wiederholte Knut mutig. „Du bist ein echter Drache!"

Die Echse fühlte sich geschmeichelt. „Ja, und das schon seit mehr als tausend Jahren. Und nun schweigt, ich möchte euch verspeisen!"

Bis hierher war der Plan des Rostigen Robert voll aufgegangen. Doch gerade, als er dabei war, sich auf Zehenspitzen um den Drachen herumzuschleichen, schnellte dessen Klaue blitzartig nach vorne. Noch ehe Robert sein Schwert ziehen konnte, war er in der riesigen Pranke gefangen.

„Gut – dann kommst du zuerst dran!", beschloss das Untier und führte die Faust zu seinem Maul.

Jetzt lag es an Knut, das Leben seines Herrn noch um einige Ritterjahre zu verlängern. „Halt!" Er lenkte die Behaarte Beate ein paar Schritte näher an den Drachen heran und bedeutete ihm, er solle den Kopf zu ihm hinabsenken.

Verdutzt von dieser Furchtlosigkeit, senkte das Schuppentier tatsächlich seine Kralle und legte seinen Kopf auf den Boden der Schlucht. Knut beugte sich zu seinem riesengroßen Ohr hinüber.

„Nein, nein, nein", flüsterte er hinein. „Falsche Antwort, werter Drache. Bist du denn des Lebens müde?"

Dieser verstand nicht ganz.

„Weißt du überhaupt, wen du da in deiner Faust hast?"

Der Drache schüttelte schnaufend den Kopf.

„Den geizigsten aller Ritter. Den, äh, Knauserigen Knut, genau! Was meinst du wohl, warum er in so einer ärmlichen Kleidung durch das gefährliche Land der Barbaren reist?"

Der Drache zuckte fragend mit den Nasenlöchern.

„Er hat in einem Pergament gelesen, wie man unverletzbar wird: durch Baden in Drachenblut. Dann braucht er überhaupt keine Rüstung und kann sich die Münzen dafür sparen!"

Beim Wort „Drachenblut" zuckte das Ungeheuer ungeheuerlich zusammen.

3. Erläutere, was du getan hättest, um euer Leben zu retten.

4. Überlege, warum der Drache zusammenzuckt. Wie verstehst du jetzt Knuts Aussage, dass man den Drachen verwenden kann?

1. Beschreibe, worin die Pointe der Geschichte besteht.
2. Schreibe den Schwank so zu Ende, dass der Drache den Ritter loslässt und Robert, Knut und Beate unbeschadet weiterreisen können.

Der Kampf mit den Windmühlen Erich Kästner

Don Quichotte träumt davon, ein Ritter zu sein und das Herz der Dame Dulzinea von Toboso durch Heldentaten zu erobern. Er geht deshalb mit seinem Diener Sancho Pansa und seinem Pferd Rosinante auf Abenteuerreise.

Gegen Abend näherten sie sich einem Hügel, auf dem dreißig bis vierzig Windmühlen standen. Da stellte sich Don Quichotte in die Steigbügel und rief: „Siehst du die Riesen auf dem Hügel?" Sancho Pansa kaute gerade etwas Brot und Schinken und sagte: „Riesen? Auf dem Hügel? Ich sehe nur Windmühlen!" „Riesen!" rief der Ritter. „Und jeder hat vier Arme!" „Nein", sagte der Stallmeister kauend. „Es sind Windmühlen, und jede hat vier Flügel!" Doch da legte sein Herr und Gebieter auch schon die neue Lanze ein, rief zum Hügel: „Im Namen der Dame Dulzinea von Toboso, ergebt euch!" und gab Rosinante die Sporen. Als Don Quichotte die erste Windmühle erreicht und die Lanze voller Wucht in einen Windmühlenflügel gebohrt hatte, kam plötzlich ein Wind auf. Die Flügel begannen sich zu drehen. Die Lanze zersplitterte. Und Ross und Reiter flogen in hohem Bogen durch die Luft und ins Feld. Dort blieben beide liegen, als hätten sie sämtliche Knochen gebrochen! Sancho Pansa trabte erschrocken näher und rief schon von weitem: „Habt Ihr große Schmerzen?" Da setzte sich Don Quichotte mühsam auf und sagte stolz: „Ritter haben keine Schmerzen. Und wenn sie doch einmal welche haben, klagen sie nicht." „Wie gut, dass ich kein Ritter bin!", rief der kleine Dicke und half den beiden auf die Beine.

Als sie schließlich weiterritten, hing der Ritter schief und krumm im Sattel, und der Gaul humpelte und kam kaum vom Fleck. Weil es außerdem dunkel wurde, beschlossen sie zu kampieren und ließen sich in einem Steineichenwald nieder. Sancho Pansa aß und trank wieder, legte sich um und schnarchte, dass die Wipfel zitterten. Don Quichotte aß nichts, trank nichts und schlief nicht. Nachdem er einen kräftigen Zweig von einem der Bäume abgerissen und ihn als Lanze zurechtgeschnitzt hatte, saß er noch lange wach, grämte sich über seine Niederlage und träumte von neuen, aber erfolgreicheren Taten.

Don Quichotte von der Mancha ist ein berühmter Roman des spanischen Schriftstellers **Miguel de Cervantes** (1547–1616). Die Geschichten des Ritters erzählte Erich Kästner nach.

1. Gliedere den Text in Handlungsabschnitte und fasse die Erzählung in eigenen Worten zusammen.
2. Erkläre, warum Sancho Pansa kein Ritter sein will.
3. Auf diese Geschichte geht die Redewendung „gegen Windmühlen kämpfen" zurück. Erkläre, was damit gemeint ist. In welchen Zusammenhängen wird diese Redewendung heute noch gebraucht?
4. Vergleiche Don Quichotte und Sancho Pansa mit dem Ritter Robert und Knut. Welche Gemeinsamkeiten und Unterschiede kannst du feststellen?
5. Welches Ritterpaar gefällt dir besser? Begründe.

Einen Schwank oder eine Lügengeschichte gliedern und zusammenfassen
→ S. 135

Aufschneiderei   Hans Jakob Christoffel von Grimmelshausen

Simplicissimus befand sich einsmals[1] bei einer Gesellschaft, welche dergestalt zusammenschnitte[2], dass man ihre Lügen auch hätte greifen mögen. Da nun die Reihe auch an ihn kam, dass er etwas von seinen wunderlichen Begegnussen[3] erzählen sollte, sagte er: „Ich ging einsmals mit meinem Rohr[4] hinaus, beides, die Zeit zu passieren[5] und zu sehen, ob mir etwas von Wildpret[6] zu schießen anstehen möchte. Mein Rohr war gut und mit einer Kugel der Gebühr nach[7] wohlgeladen, und wollte mir das Glück so wohl, dass ich eine Ente auf einem Weiher antraf. Auf dieselbe schlug ich an, traf sie durch den Kopf, und im Schuss sprang ein achtpfündiger Hecht auf, der gleichfalls ausgeplündert von der Kugel getroffen wurde, dass er das Weiß über sich kehrte[8]. Ich ging hinüber auf die andere Seite des Weihers, zu sehen, wie ich meiner Beute habhaft werden und solche zu mir aufs Trockene bringen möchte. Da sehe ich, dass die Kugel in einen hohlen Baum gegangen war, worin ein reicher Immen[9] säße, maßen[10] so viel Honig zum geschossenen Loch herausliefe, dass ich gemüßigt[11] ward, dasselbe mit Moos zu verstopfen. Als ich nun solches zu dem End ausreißen wollte, erwischte ich einen Hasen bei den Ohren, was einen in so unversehener Begebenheit nit unbillig[12] erschreckt. Derowegen schmiss ich ihn aus allen Kräften wider den Boden und warf ein Kitt[13] Feldhühner unversehens damit zu Tod, bei welchen der Hase also gestreckt liegen blieb. Nichtsdestoweniger vergaß ich des Honigs im Baum nit, sondern verstopfte das Loch zum fleißigsten; und wie ich auf die andere Seiten des Baums kam, das hinterste Loch auch wie das vordere zu verstopfen, da fand ich einen Hirsch von 16 Enden, den bemeldte[14] Kugel auch getroffen hatte, in letzten Zügen liegen, wie nicht weniger auch gleich hinter diesem eine Sau sitzen, deren ich erst mit meiner Flauten[15] einen Fang[16] geben musste." – „Ei", sagte einer von den Zuhörenden, „das ist schier unglaublich!" – „Ach", antwortet Simplicissimus, „hättet Ihr mich doch nicht irr gemacht, bis ich etwa auch einen Wolf und ein paar Fuchs dazu gebracht hätte." – „So, so!" sagte jener, „so hören wir wohl, dass der Herr selbst gestehet, dass dieses ein Schnitt[17] sei." – „Freilich gestehe ichs", antwortet Simplicissimus; „es hat mich aber die Anhörung eurer Erzählungen verwähnet[18], dass ich glaubte, es müsste jedweder so etwas daherschneiden."

1 **einsmals** früher
2 **zusammenschneiden** aufschneiden, lügen
3 **Begegnus** Erlebnis
4 **Rohr** Gewehr
5 **Zeit passieren** Zeit vertreiben
6 **Wildpret** Wildfleisch
7 **mit einer Kugel der Gebühr nach** er hat die Gebühr für einen Schuss bezahlt
8 **das Weiß über sich kehren** sterben
9 **reicher Immen** großer Bienenstock
10 **maßen** sodass
11 **gemüßigt ward** gezwungen war
12 **nit unbillig** nicht wenig
13 **Kitt** Kette, Reihe
14 **bemeldte** erwähnte
15 **Flauten** Jagdmesser
16 **Fang** Stich
17 **Schnitt** Lüge
18 **verwähnen** darauf bringen

K Einen Schwank und eine Lügengeschichte erkennen → S. 135

1. Erzähle die Geschichte in eigenen Worten und in heute gebräuchlichem Deutsch nach.
2. Erkläre, worin die Pointe der Geschichte besteht und was Simplicissimus mit seiner Lügengeschichte erreichen will.

Drittes Seeabenteuer des Freiherrn von Münchhausen
Gottfried August Bürger

Einst war ich in großer Gefahr, im Mittelländischen Meere umzukommen. Ich badete mich nämlich an einem Sommernachmittage ohnweit Marseille in der angenehmen See, als ich einen großen Fisch mit weit aufgesperrtem Rachen in der größten Geschwindigkeit auf mich daherschießen sah. Zeit war hier schlechterdings nicht zu verlieren, auch war es durchaus unmöglich, ihm zu entkommen. Unverzüglich drückte ich mich so klein zusammen als möglich, indem ich meine Füße heraufzog und die Arme dicht an den Leib schloss. In dieser Stellung schlüpfte ich denn gerade zwischen seinen Kiefern hindurch bis in den Magen hinab. Hier brachte ich, wie man leicht denken kann, einige Zeit in gänzlicher Finsternis, aber doch in einer nicht unbehaglichen Wärme zu. Da ich ihm nach und nach Magendrücken verursachen mochte, so wäre er mich wohl gern wieder los gewesen. Weil es mir gar nicht an Raume fehlte, so spielte ich ihm durch Tritt und Schritt, durch Hopp und He gar manchen Possen. Nichts schien ihn aber mehr zu beunruhigen als die schnelle Bewegung meiner Füße, da ichs versuchte, einen schottischen Triller zu tanzen. Ganz entsetzlich schrie er auf und erhob sich fast senkrecht mit seinem halben Leibe aus dem Wasser. Hierdurch ward er aber von dem Volke eines vorbeisegelnden italienischen Kauffahrteischiffes entdeckt und in wenigen Minuten mit Harpunen erlegt. Sobald er an Bord gebracht war, hörte ich das Volk sich beratschlagen, wie sie ihn aufschneiden wollten, um die größte Quantität Öl von ihm zu gewinnen. Da ich nun Italienisch verstand, so geriet ich in die schrecklichste Angst, dass ihre Messer auch mich par compagnie mit aufschneiden möchten. Daher stellte ich mich so viel möglich in die Mitte des Magens, worin für mehr als ein Dutzend Mann hinlänglich Platz war, weil ich mir wohl einbilden konnte, dass sie mit den Extremitäten den Anfang machen würden. Meine Furcht verschwand indessen bald, da sie mit Eröffnung des Unterleibes anfingen. Sobald ich nun nur ein wenig Licht schimmern sah, schrie ich ihnen aus voller Lunge entgegen, wie angenehm es mir wäre, die Herren zu sehen und durch sie aus einer Lage erlöset zu werden, in welcher ich beinahe erstickt wäre. Unmöglich lässt sich das Erstaunen auf allen Gesichtern lebhaft genug schildern, als sie eine Menschenstimme aus einem Fische heraus vernahmen. Dies wuchs natürlicherweise noch mehr, als sie lang und breit einen nackenden Menschen herausspazieren sahen.

1. Gliedere die Lügengeschichte in Abschnitte und finde passende Überschriften. Fasse den Inhalt der Geschichte schriftlich zusammen.
2. Glaubst du Münchhausen? Wie versucht er seine Leser davon zu überzeugen, dass seine Geschichte wahr ist?
3. Begründe, warum es sich bei seiner Erzählung nur um eine Lügengeschichte handelt.

Zu Gast bei Eulenspiegel und Münchhausen

K Einen Schwank oder eine Lügengeschichte (nach-)erzählen
→ S. 135

Mit einem eigenen Schwank oder einer eigenen Lügengeschichte kannst du deine Leserinnen und Leser unterhalten. Probiere einmal selbst, eine lustige Erzählung zu schreiben, und lass dich von den Vorschlägen dazu anregen:

1 Eine Eulenspiegelgeschichte erzählen

> Eulenspiegel erklärt einem Besserwisser, wie man einen Computer bedient.

> Eulenspiegel erklärt einer Spitzenfußballmannschaft, wie man spielt.

1. Schreibe zu einer Idee eine Eulenspiegelgeschichte.

2 Seltsamer Spazierritt   Johann Peter Hebel

Ein Mann reitet auf seinem Esel nach Haus, und lässt seinen Buben zu Fuß nebenher laufen. Kommt ein Wanderer, und sagt: „Das ist nicht recht, Vater, dass Ihr reitet, und lasst Euren Sohn laufen; Ihr habt stärkere Glieder." Da stieg der Vater vom Esel herab, und ließ den Sohn reiten. Kommt wieder ein Wandersmann, und sagt: „Das ist nicht recht, Bursche, dass du reitest, und lässest deinen Vater zu Fuß gehen. Du hast jüngere Beine." Da saßen beide auf, und ritten eine Strecke. Kommt ein dritter Wandersmann, und sagt: „Was ist das für ein Unverstand: Zwei Kerle auf einem schwachen Tiere; sollte man nicht einen Stock nehmen, und euch beide hinabjagen?" Da stiegen beide ab …

2. Denke dir zu dem Schwank eine Pointe aus und schreibe ihn zu Ende.

3 Baron von Münchhausen zieht sich am eigenen Schopf aus dem Sumpf

3. Erzähle zu dem Bild eine Lügengeschichte. Geh auch darauf ein, wie Münchhausen in den Sumpf geraten ist und was er dabei fühlt, als er sich herauszieht.

4. Welche großartige Tat hast du schon vollbracht, die unglaublich ist? Denke dir eine eigene Lügengeschichte aus.

Schlaue Streiche und wahre Lügen

K Kompetenzen

Einen Schwank und eine Lügengeschichte erkennen

- **Ein Schwank wird zur Unterhaltung und manchmal auch zur Belehrung erzählt.** Oft steht ein Schelm im Mittelpunkt, von dem viele lustige, manchmal auch unverschämte Streiche erzählt werden. Schwänke gibt es überall auf der Welt. Einige sind schon sehr alt.
- **In Schwankgeschichten geht es oft um alltägliche Dinge und Streitigkeiten.** Den Konflikt entscheidet der Schelm für sich, indem er seinen Gegner, den scheinbar Überlegeneren, überlistet.
- **In einem Schwank zielt alles auf die Pointe,** die eine unterwartete und komische Lösung des Problems liefert.
- **Die Lügengeschichte erweitert den Schwank um die Lüge.** Dabei kann der Erzähler als Lügner auftreten und unter dem Vorwand, die Wahrheit zu sagen, seinen Zuhörern Lügen auftischen.

Einen Schwank oder eine Lügengeschichte gliedern und zusammenfassen

1. **Achte auf die Überschrift.** Worum könnte es in der Erzählung gehen?
2. **Erfasse den Inhalt des Schwanks.**
   - Unterstreiche, welche Personen vorkommen, wo der Text spielt und was passiert.
   - Achte auf unbekannte und alte Wörter und Besonderheiten.
   - Gliedere den Text und unterscheide zwischen dem Anfang, wenn der Konflikt deutlich wird, der Lösung des Konflikts und der Pointe sowie dem Ende.
   - Unterscheide weitere kleinere Handlungsabschnitte und gib jedem Abschnitt eine Überschrift.
3. **Schreibe eine Zusammenfassung.**
   - Beginne mit einer Einleitung. Dort nennst du den Titel und den Autor.
   - Erkläre die Situation: Welche Personen treten auf? Wie ist die Ausgangslage? Welches Problem muss gelöst werden?
   - Beschreibe die Pointe. Wie wird der Konflikt gelöst? Wie endet die Geschichte?
   - Schreibe deine Zusammenfassung im Präsens und in der Er-/Sie-Form.

Einen Schwank oder eine Lügengeschichte (nach-)erzählen

1. **Plane deine Geschichte** und mache dir Notizen, z. B. in einem Ideennetz oder auf Erzählkarten.
   - Notiere die einzelnen Handlungsschritte und die Ausgangslage: Welcher Schelm tritt auf? Wer ist sein Gegenspieler? Welches Problem gibt es?
   - Halte fest, wie der Schelm die Aufgabe bzw. das Problem angeht und löst. Was ist die Pointe des Schwanks?
2. **Erzähle deinen Schwank oder deine Lügengeschichte.**
   - Achte darauf, dass du bei einer Handlung bleibst, und erzähle die Handlungsabschnitte folgerichtig.
   - Benutze wörtliche Rede, dann wird dein Text lebendiger.
   - Ein Schwank ist oft sehr alt. Überlege beim Nacherzählen, wie du alte und ungebräuchliche Worte in ein aktuelles Deutsch übertragen kannst.
   - Überlege, ob und wie du übertreiben willst.
   - Erzähle im Präteritum.

S Selbsteinschätzung

Geh noch einmal deine Aufzeichnungen durch und schätze dann ehrlich deine Fähigkeiten ein.

★★★ = sehr sicher
★★ = größtenteils sicher
★ = manchmal unsicher
○ = oft unsicher

1. Ich kann einen Schwank und eine Lügengeschichte in Handlungsabschnitte gliedern.

2. Ich kann einen Schwank und eine Lügengeschichte in eigenen Worten zusammenfassen.

3. Ich kann einen Schwank und eine Lügengeschichte frei oder mithilfe von Notizen nacherzählen.

4. Folgende drei Figuren aus Schwänken und Lügengeschichten fallen mir sofort ein:
   _____, _____, _____

5. Ich kann mindestens drei Merkmale von Schwänken und Lügengeschichten nennen und an einem Beispiel erklären.

6. Beim Schreiben eines Schwanks oder einer Lügengeschichte achte ich darauf, dass ich
   – den Aufbau meines Textes plane,
   – eine passende Pointe finde,
   – eine geeignete Wortwahl verwende,
   – die richtige Tempusform (Präteritum) benutze,
   – abschließend meinen Text inhaltlich und sprachlich überarbeite.

Auswertung und Anregungen

▶ **Klasse, wenn du dir bei den meisten Aussagen sicher oder sehr sicher warst!** Mit den Trainingsideen auf der nächsten Seite kannst du deine Fähigkeiten noch einmal trainieren.

▶ **Wenn du dir bei den Aussagen 1–2 noch unsicher warst,** dann wiederhole die Seiten 131–133 und präge dir die Kompetenz „Einen Schwank oder eine Lügengeschichte gliedern und zusammenfassen" auf Seite 135 gut ein. Arbeite dann gemeinsam mit einer Lernpartnerin oder einem Lernpartner.

▶ **Wenn du dir bei Aussage 3 unsicher warst,** dann wiederhole die Kompetenz „Einen Schwank oder eine Lügengeschichte (nach-) erzählen" auf Seite 135 und erzähle einer Lernpartnerin oder einem Lernpartner einen Schwank oder eine Lügengeschichte nach.

▶ **Wenn du bei den Aussagen 4–5 noch Schwierigkeiten hattest,** dann überlege noch einmal, woran du einen Schwank oder eine Lügengeschichte erkennen kannst. Lies dann einen dir unbekannten Schwank oder eine Lügengeschichte und untersuche den Text auf seine Merkmale hin.

▶ **Wenn du bei Aussage 6 noch nicht sicher bist,** dann präge dir die Kompetenz „Einen Schwank oder eine Lügengeschichte (nach-)erzählen" auf Seite 135 gut ein. Bearbeite die Aufgaben der Seite 134, die du noch nicht gemacht hast.

▶ **Wenn du nun sicherer im Umgang mit Schwänken und Lügengeschichten bist,** dann teste deine Kenntnisse abschließend mit den Aufgaben auf der nächsten Seite.

T Trainingsideen → www

Einen Schwank gliedern und verstehen

Till Eulenspiegel trifft die Schildbürger
Paul Maar

Nahe bei Schilda fließt ein kleiner Fluss, so war es nicht verwunderlich, dass der Stadtrat von Schilda an einem warmen Sommertag auf die Idee kam, darin zu baden. Es waren ihrer acht, die sich auf den Weg zum Fluss machten. Der Schildbürger-Bürgermeister und sieben Stadträte. Als sie dort ankamen, streckte der Bürgermeister den Finger ins Wasser und sagte dann: „Das Wasser ist ziemlich kalt. Wir müssen uns warm anziehen, wenn wir darin baden wollen." So gingen die acht noch mal zurück in die Stadt, holten ihre Wintersachen aus dem Schrank und gingen damit zum Fluss. Dort zogen sie sich erst mal warm an. Über das Hemd streiften sie einen wollenen Pullover und darüber eine gepolsterte Jacke. Dann schlüpften sie in zwei dicke Hosen, der Bürgermeister sogar in drei. So stiegen sie ins Wasser und planschten vergnügt herum. Nach einer Weile kam der Bürgermeister auf die Idee, nachzuprüfen, ob auch noch alle Stadträte da seien und keiner ertrunken. Er zählte die Köpfe, die aus dem Wasser ragten: „Eins, zwei, drei, vier, fünf, sechs, sieben." So sehr er sich auch umguckte, einen achten Kopf konnte er nirgends entdecken. „Ich glaube, einer von uns ist ertrunken", sagte er zu den Stadträten. Auch die fingen an, die Köpfe zu zählen, und alle kamen nur auf sieben. Bestürzt stiegen sie aus dem Wasser und überlegten, wer von ihnen wohl ertrunken sei, fanden es aber nicht heraus. Da kam Till Eulenspiegel des Wegs, hörte ihre Klagen und ließ sich ihr Problem schildern. „Es gibt nur einen Weg, herauszufinden, wer von euch ertrunken ist", sagte er den Schildbürgern. „Legt euch ans Ufer und steckt die Nasen tief in den Schlamm!" Das taten sie. „So, und jetzt steht ihr wieder auf und zählt die Löcher, die eure Nasen im Schlamm hinterlassen haben", sagte Eulenspiegel. Sie zählten die Löcher, und siehe da: Es waren acht. „Acht Löcher! Dann sind wir ja alle wieder da", riefen die Schildbürger, fielen sich um den Hals, bedankten sich bei Till Eulenspiegel und gingen mit nassen Kleidern, schwarzen Nasen und sehr zufrieden nach Hause.

1. Gliedere den Text in Handlungsabschnitte und fasse den Schwank in eigenen Worten zusammen.
2. Erkläre, worin die Pointe des Schwanks besteht und warum sich die Schildbürger am Ende bei Till Eulenspiegel bedanken.

Eine Lügengeschichte erzählen

Münchhausen jagt einen achtbeinigen Hasen
Gottfried August Bürger

Ich jagte nämlich zwei ganze Tage hinter einem Hasen her. Mein Hund brachte ihn immer wieder herum, aber nie konnte ich zum Schusse kommen.
Vier Läufe hatte mein Hase unter dem Leibe und viere auf dem Rücken. Waren die zwei untern Paar müde, so warf er sich wie ein geschickter Schwimmer, der auf Bauch und Rücken schwimmen kann, herum, und nun ging es mit den beiden neuen wieder mit verstärkter Geschwindigkeit fort. Nie habe ich nachher einen Hasen von der Art gefunden und auch diesen würde ich nicht bekommen haben, wenn mein Hund nicht so ungemeine Vollkommenheiten gehabt hätte.

3. Ergänze bei dieser Lügengeschichte den mittleren Teil und erzähle, wie Münchhausen den Hasen lebend einfängt.

Märchenhafte Welten
Märchen

Seit Hunderten von Jahren werden Märchen in aller Welt erzählt. Sie entführen ihre Zuhörer in ein Reich mit Hexen, Prinzessinnen, Zwergen, Brüdern und Schwestern, Fröschen und anderen sprechenden Tieren, locken sie in eine Welt mit dunklen Wäldern, prächtigen Schlössern, voller Wunder und gefährlicher Abenteuer, in eine Zeit, in der das Wünschen noch geholfen hat …

1. Betrachte das Bild. Welche Märchen erkennst du wieder?
2. Der Zeichner hat einiges in die Märchenlandschaft geschmuggelt, was nicht dazugehört. Welche Merkwürdigkeiten kannst du entdecken?
3. Sprecht darüber, warum eurer Meinung nach diese Personen oder Dinge nicht in die Märchenwelt gehören.

Märchensprüche

„Heute back ich, morgen brau ich,
übermorgen hol ich der Königin ihr Kind;
ach, wie gut, dass niemand weiß,
dass ich … heiß!"
A Schneewittchen
B Aschenputtel
C Rumpelstilzchen
D Brüderchen und Schwesterchen

„Was macht mein Kind?
Was macht mein Reh?
Nun komm ich noch einmal
und dann nimmermehr."
A Hase und Igel
B Hans im Glück
C Brüderchen und Schwesterchen
D Der Wolf und die sieben Geißlein

„Die schlechten ins Kröpfchen,
die guten ins Töpfchen."
A Aschenputtel
B Dornröschen
C Schneewittchen
D Rapunzel

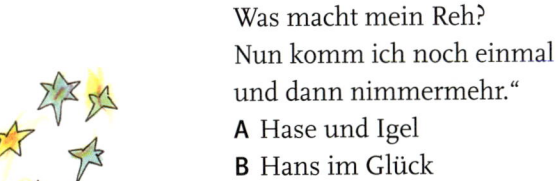

„Etwas Besseres als den Tod
findest du überall."
A Rotkäppchen
B Hans im Glück
C Die Bremer Stadtmusikanten
D Sterntaler

„Wie sollt ich satt sein?
Ich sprang nur über Gräbelein
und fand kein einzig Blättelein:
mäh, mäh!"
A Sterntaler
B Der Froschkönig
C Tischlein deck dich
D Die goldene Gans

4. In welchen Märchen kommen diese Sprüche vor? Ordne sie richtig zu.
5. Wähle einen Märchenspruch oder eine Figur aus dem Bild aus und erzähle das dazugehörige Märchen aus deiner Erinnerung.

In diesem Kapitel lernst du,
▶ woran du ein Märchen erkennst (Märchenmerkmale),
▶ wie du ein Märchen nacherzählst,
▶ wie du ein Märchen in Handlungsabschnitte gliederst,
▶ wie du Märchen erfinden und erzählen kannst,
▶ wie du ein eigenes Märchen überarbeitest,
▶ wie du Märchen verfremden kannst.

Märchenstunde

Ein Verwirr-Märchen Jelko Peters

Es war einmal ein König, der ging, um seine Tochter zu sehen, zum Brunnen bei der alten Linde. Und tatsächlich sah er schon von weitem die Prinzessin, die auf dem Rand des kühlen Brunnens saß und vor Langeweile eine goldene Kugel hochwarf und wieder fing. Als er sie rief, passte sie nicht auf und die Kugel plumpste in den Brunnen. „Wie bekomme ich nur meine Kugel wieder?", fragte sie entsetzt, „da unten ist nur ein Frosch." Doch der König wusste keine Antwort.

Da kamen sieben Zwerge zu dem Brunnen, um frisches Wasser zu holen, und König und Prinzessin baten die Zwerge um Hilfe. Doch die Zwerge waren zwar hilfsbereit, aber auch zu klein, sie konnten nur das Wasser schöpfen, doch die Kugel erreichten sie nicht. „Vielen Dank für eure Mühe", sagte die Prinzessin höflich. Dann ritt ein Prinz vorbei, der ein Schloss, verborgen hinter einer Dornenhecke, suchte. Doch auch er konnte nicht helfen. „Ich muss zu Dornröschen, es schläft schon viel zu lange. Ich habe jetzt keine Zeit, nach der Kugel zu fischen. Später gerne."

„Holst du mir die Kugel aus dem Brunnen?", bat die Prinzessin Aschenputtel, die im goldenen Kleid ohne linken Pantoffel vorbeihumpelte. „Der Prinz ist mir auf den Fersen", rief sie außer Atem, „ich muss schnell weiter."

Da kam ein Wolf vorbei und sie fragten ihn, ob er die Kugel aus dem Brunnen holen könne. Doch der Wolf hatte großen Durst, denn die Wackersteine, die er für Geißlein gehalten hatte, lagen ihm schwer im Magen. „Tut mir leid", sagte er, „aber ich muss zuerst etwas trinken." Doch er fiel in den Brunnen hinein und musste jämmerlich ersaufen. „Der arme Wolf", sagten der König und die Prinzessin. „Der Wolf ist tot! Der Wolf ist tot!", jubelten aber die sieben Geißlein, die dem Wolf gefolgt waren, und sie tanzten vor Freude um den Brunnen herum.

Da kam Hans vorbei, er war müde und erschöpft von seiner langen Wanderung und legte zwei Steine auf den Rand des Brunnens. Er bückte sich, um etwas zu trinken, da stieß er gegen die Steine und sie fielen in die Tiefe. Er blickte hinab und entdeckte die goldene Kugel und holte sie hoch. Er war froh, von den schweren Steinen befreit zu sein, und überreichte freudestrahlend der Prinzessin die Kugel. „So glücklich wie ich", rief er aus, „gibt es keinen Menschen unter der Sonne."

1. Lest das Verwirr-Märchen und findet heraus, aus welchen Märchen die Figuren entstammen, die in diesem Text vorkommen.
2. Legt für diese Figuren kleine Steckbriefe an und stellt sie euch gegenseitig vor.

Die drei Königssöhne Jacob und Wilhelm Grimm

Ein König hatte drei Söhne, und jeder von ihnen sollte in die Welt gehen, und welcher ihm das feinste Linnen bringen würde, der sollte nach ihm regieren. Er stellte sich vor seinen Palast und blies drei Federn in die Luft; nach welchen Gegenden sie flögen, dahin sollten sie ziehen. Eine flog nach Westen, der folgte der älteste Sohn, eine nach Osten, der folgte der zweite, die dritte aber fiel auf einen Stein, nicht weit vom Palast. Da lachten die beiden ältesten Prinzen den Däumling aus, dass er dableiben und das Linnen bei dem Stein suchen müsste.

Der Däumling setzte sich auf den Stein und weinte, und indem er so hin und her wankt, schiebt sich der Stein fort und darunter liegt eine Marmorplatte mit einem Ring, die hebt er auf. Und einige Stufen führen hinab, denen er folgt, und er kommt in ein schönes Gewölbe, wo ein junges Mädchen sitzt, das eifrig spinnt. Er klagt ihm sein Leid, da steht es auf und gibt ihm vom allerfeinsten Linnen, das es gesponnen hat, und heißt ihn hinaufgehen und seinem Vater bringen.

Als er hinauf kommt, sind seine Brüder auch schon da mit ihrem Linnen, aber seins wird am feinsten gefunden. Doch wollen die Brüder sich nicht zufrieden geben, und der König bläst aufs Neue drei Federn in die Luft und verlangt den schönsten Teppich. Die zwei ältesten Brüder ziehen wieder nach Westen und Osten, Däumlings Feder fällt wieder auf einen Stein. Er säumt nicht hinunter zu steigen, wo er das junge Mädchen beschäftigt sieht, einen wunderbaren Teppich zu wirken. Den bringt er hinauf und er ist schöner als die Teppiche seiner Brüder.

Aufs Neue werden Federn in die Luft geblasen, jeder soll sehen, die schönste Frau zu erhalten. Wie Däumling hinunter kommt, sagt ihm das Mädchen, er solle nur weiter in das Gewölbe gehen, in das goldene Gemach, da werde er die schönste Dame finden. Er eilt hin und öffnet ein Gemach, das von Gold und Edelsteinen blitzt, aber drinnen sitzt keine Dame, sondern ein entsetzlich hässlicher Frosch. Doch fasst er Mut und trägt ihn herauf zu einem nahen Teich, wo er ihn hinabwirft. Kaum aber berührt der Frosch das Wasser, so verwandelt er sich in die schönste Dame, die je gelebt hat. Darauf wird Däumling König und sie Königin.

1. Lies das Märchen und notiere, welche Personen vorkommen, wo das Märchen spielt und was passiert.
2. Erzählt euch das Märchen in Gruppen. Einer beginnt, wer fortfahren möchte, hebt die Hand.
3. Schreibe das Märchen in eigenen Worten auf. Verwende das Präteritum.

Die Brüder **Jacob und Wilhelm Grimm** begannen um 1806, Märchen zu sammeln. Sie schrieben auf, was sie selber kannten oder was ihnen erzählt wurde. Diese oft sehr alten und mündlich überlieferten Märchen nennt man **Volksmärchen**. 1812 erschien der erste Band unter dem Titel „Kinder- und Hausmärchen".

Linnen Leinen

säumen warten

Als **Däumling** bezeichnete man nicht nur kleine Personen, sondern auch Menschen, die man für dumm hielt.

Märchen lesen
→ S. 156 K

Präteritum → S. 252

Die sieben Raben Jacob und Wilhelm Grimm

Ein Mann hatte sieben Söhne und immer noch kein Töchterchen, so sehr er sich's wünschte; endlich gab ihm seine Frau wieder gute Hoffnung zu einem Kinde, und wie's zur Welt kam, war's auch ein Mädchen. Die Freude war groß, aber das Kind war schmächtig und klein und sollte wegen seiner Schwachheit die Nottaufe haben. Der Vater schickte einen der Knaben eilends zur Quelle, Taufwasser zu holen, die andern sechs liefen mit, und weil jeder der Erste beim Schöpfen sein wollte, so fiel ihnen der Krug in den Brunnen. Da standen sie und wussten nicht, was sie tun sollten, und keiner getraute sich heim. Als sie nicht zurückkamen, wurde der Vater ungeduldig und sprach: „Gewiss, haben sie's wieder über einem Spiel vergessen, die gottlosen Jungen." Es wurde ihm angst, das Mädchen müsste ungetauft verscheiden, und im Ärger rief er: „Ich wollte, dass die Jungen alle zu Raben würden!" Kaum war das Wort ausgeredet, so hörte er ein Geschwirr über seinem Haupt in der Luft, blickte in die Höhe und sah sieben kohlschwarze Raben auf und davon fliegen.

Die Eltern konnten die Verwünschung nicht mehr zurücknehmen, und so traurig sie über den Verlust ihrer sieben Söhne waren, trösteten sie sich doch einigermaßen durch ihr liebes Töchterchen, das bald zu Kräften kam und mit jedem Tage schöner wurde. Es wusste lange Zeit nicht einmal, dass es Geschwister gehabt hatte, denn die Eltern hüteten sich, ihrer zu erwähnen, bis es eines Tages von ungefähr die Leute von sich sprechen hörte, das Mädchen wäre wohl schön, aber doch eigentlich Schuld an dem Unglück seiner sieben Brüder. Da wurde es ganz betrübt, ging zu Vater und Mutter und fragte, ob es denn Brüder gehabt hätte und wo sie hingeraten wären? Nun durften die Eltern das Geheimnis nicht länger verschweigen, sagten jedoch, es sei so des Himmels Verhängnis und seine Geburt nur der unschuldige Anlass gewesen.

Allein das Mädchen machte sich täglich ein Gewissen daraus und glaubte, es müsste seine Geschwister wieder erlösen. Es hatte nicht Ruhe und Rast, bis es sich heimlich aufmachte und in die weite Welt ging, seine Brüder irgendwo aufzuspüren und zu befreien, es mochte kosten, was es wollte. Es nahm nichts mit sich als ein Ringlein von seinen Eltern zum Andenken, einen Laib Brot für den Hunger, ein Krüglein Wasser für den Durst und ein Stühlchen für die Müdigkeit.

Nun ging es immer zu, weit, weit, bis an der Welt Ende. Da kam es zur Sonne, aber die war zu heiß und fürchterlich und fraß die kleinen Kinder. Eilig lief es weg und lief hin zu dem Mond, aber der war gar zu kalt und grausig und bös, und als er das Kind merkte, sprach er: „Ich rieche Menschenfleisch." Da machte es sich geschwind fort und kam zu den Sternen, die waren ihm freundlich und gut, und jeder saß auf seinem besondern Stühlchen. Der Morgenstern aber stand auf, gab ihm ein Hinkelbeinchen und sprach: „Wenn du das Beinchen nicht hast, kannst du den Glasberg nicht aufschließen, und in dem Glasberg, da sind deine Brüder."

---

verscheiden sterben

sich ein Gewissen machen sich schuldig fühlen

Hinkelbeinchen Hühnerknochen

Das Mädchen nahm das Beinchen, wickelte es wohl in ein Tüchlein und ging wieder fort, so lange, bis es an den Glasberg kam. Das Tor war verschlossen, und es wollte das Beinchen hervorholen; aber wie es das Tüchlein aufmachte, so war es leer, und es hatte das Geschenk der guten Sterne verloren.

Was sollte es nun anfangen? Seine Brüder wollte es erretten und hatte keinen Schlüssel zum Glasberg.

Das gute Schwesterchen nahm ein Messer, schnitt sich ein kleines Fingerchen ab, steckte es in das Tor und schloss glücklich auf. Als es hineingegangen war, kam ihm ein Zwerglein entgegen, das sprach: „Mein Kind, was suchst du?" – „Ich such meine Brüder, die sieben Raben", antwortete es. Der Zwerg sprach: „Die Herren Raben sind nicht zu Haus, aber willst du hier so lang warten, bis sie kommen, so tritt ein." Darauf trug das Zwerglein die Speise der Raben herein auf sieben Tellerchen und in sieben Becherchen, und von jedem Tellerchen aß das Schwesterchen ein Bröckchen, und aus jedem Becherchen trank es ein Schlückchen; in das letzte Becherchen aber ließ es das Ringlein fallen, das es mitgenommen hatte.

Auf einmal hörte es in der Luft ein Geschwirr und ein Geweh, da sprach das Zwerglein: „Jetzt kommen die Herren Raben heimgeflogen." Da kamen sie, wollten essen und trinken und suchten ihre Tellerchen und Becherchen. Da sprach einer nach dem anderen: „Wer hat von meinen Tellerchen gegessen? Wer hat aus meinem Becherchen getrunken? Das ist eines Menschen Mund gewesen." Und wie der siebente auf den Grund des Bechers kam, rollte ihm das Ringlein entgegen. Da sah er es an und erkannte, dass es ein Ring von Vater und Mutter war, und sprach: „Gott gebe, unser Schwesterlein wäre da, so wären wir erlöst."

Wie das Mädchen, das hinter der Türe stand und lauschte, den Wunsch hörte, so trat es hervor, und da bekamen alle die Raben ihre menschliche Gestalt wieder. Und sie herzten und küssten einander und zogen fröhlich heim.

1. Untersuche das Schicksal der sieben Brüder:
   In welcher Situation sind die Jungen am Anfang des Märchens?
   Wie ergeht es ihnen am Ende?
2. Teile das Märchen in Handlungsabschnitte ein.
   Nutze dazu die Informationen aus dem Informationskasten.
   Fasse jeden Handlungsabschnitt in Stichworten zusammen und gib ihm eine Überschrift.

> Ein **Handlungsabschnitt** umfasst Sätze, die inhaltlich eng zusammengehören. Er endet, wenn etwas Neues passiert, z. B. eine andere Person auftritt, Zeit oder Ort sich ändern.

Märchenerzählkarten

Ausgangssituation/Aufbruch
Ein Ereignis am Anfang führt in eine außergewöhnliche Ausgangssituation.

- Eltern freuten sich über die Geburt eines Mädchens
- sieben Brüder sollten Wasser für die Nottaufe holen
- kehrten nicht zurück, Vater verwünschte sie aus Ärger
- ...
- ...
- ...

Gefahren/Prüfungen
Auf dem Weg zum Ziel lauern Gefahren und sind Prüfungen zu bestehen.

- Schwester machte sich auf den Weg
- kam ans Ende der Welt
- ...
- ...
- ...
- Schlüssel zum Glasberg ist ein kleiner Knochen
- verlor ihn; nahm als Ersatz einen ihrer Finger

Ende/Ziel
Am Ende wird die Mühe belohnt.

- ...
- ...
- ...
- aß von jedem Teller
- trank aus jedem Becher
- legte in den letzten Becher den Ring der Eltern
- der letzte Rabe erkannte den Ring, wünschte, die Schwester wäre da
- Schwester zeigte sich den Raben
- die sieben Raben wurden erlöst und kehrten zurück

K Märchen nacherzählen
→ S. 156

3. Ergänze mithilfe deiner Stichworte die Märchenerzählkarten zum Märchen „Die sieben Raben". Übertrage dazu die Karten in dein Heft.
4. Erzähle nun das Märchen deinem Nachbarn mithilfe deiner Märchenkarten. Er überprüft anhand seiner Märchenerzählkarten, ob du an alle Handlungsschritte gedacht hast.
Tauscht anschließend.
5. Lege solche Märchenerzählkarten für das Märchen „Die drei Königssöhne" auf Seite 141 an. Welche Gemeinsamkeiten bzw. welche Unterschiede stellst du fest, wenn du die Karten der beiden Märchen miteinander vergleichst?
6. Bringt Märchenbücher mit und legt zu anderen Märchen eurer Wahl weitere Märchenerzählkarten an. Ihr könnt so euer Lieblingsmärchen vorstellen.

Märchenhaft

Das Schloss der Märchenmerkmale

Märchenanfänge und Märchenschlüsse
- Vor langer Zeit lebte einmal ein König ...
- Mein Märchen ist aus, dort läuft eine Maus, wer sie fängt, darf sich eine große große Pelzkappe daraus machen

Zauberzahlen
- ein Mann hatte sieben Söhne und noch immer kein Töchterchen ...

Zauberdinge und Sprüche
- ein verwunschener Spiegel ...

Märchenorte
- in einem kleinen Häuschen fern von jedem Dorf ...

Märchengestalten
- Schneewittchen
- ...

1. Jeder Raum im Schloss enthält wichtige Märchenmerkmale. Legt Karten für die verschiedenen Merkmale an und sucht in Märchen aus dem Buch nach weiteren Beispielen für Märchenschlüsse, Märchengestalten, Märchenorte, Zauberdinge, Zaubersprüche und Zauberzahlen.
2. Tauscht euch darüber aus, was typisch für die jeweiligen Märchenmerkmale ist, und haltet dies auf euren Karten fest.

TIPP
Gestaltet ein Poster eines Märchenschlosses mit den Märchenmerkmalen für eure Klasse.

Märchen erkennen
→ S. 156 K

Märchenhafte Welten

146 Selbstlernideen Ein Märchen planen und erzählen

In der Märchenspinnstube

Früher setzten sich die Familien abends in der Spinnstube zusammen, um zu handwerken, zu nähen, zu sticken oder zu spinnen. Beim Spinnen wird über ein Spinnrad aus Fasern ein Faden hergestellt. Da es kein Radio oder Fernsehen gab, erzählte man sich den neuesten Klatsch und auch Märchen. Begib dich nun in eine Märchenspinnstube und spinne dein eigenes Märchen. Du findest auf diesen Seiten verschiedene Vorschläge, zu denen du ein Märchen schreiben kannst.

K Märchen erzählen
→ S. 157

1 Zu einem Bild ein Märchen erzählen

M Ideennetz → S. 304

1. Betrachte das Bild und spüre die märchenhaften Elemente auf. Suche dir dann ein Element aus dem Bild als Erzählkern aus und notiere es in der Mitte eines Ideennetzes. Ergänze dein Ideennetz und verfasse eine märchenhafte Erzählung.

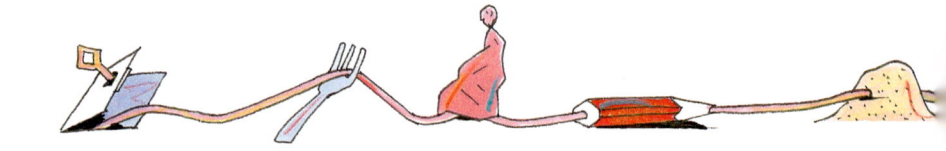

Märchenhafte Welten

Ein Märchen planen und erzählen **Selbstlernideen** 147

2 Den Anfang eines Märchens fortsetzen

Es war einmal ein König, der hatte drei Töchter. Als er sein Ende nahen fühlte, überlegte er, welcher seiner Töchter er sein Reich vererben könnte, denn sie waren alle drei unverheiratet. Die älteste war so groß und stark, dass sie jeden Mann hätte im Ringkampf besiegen können. Die mittlere war schlau und konnte die Gedanken anderer Menschen lesen. Die jüngste war klein und die Menschen hielten sie für dumm. Sie war aber zu jedermann freundlich …

2. Schreibe das Märchen weiter. Verwende dabei die folgenden vier Märchenmerkmale:
   – Die Zauberzahl „3" spielt eine wichtige Rolle.
   – Eine besondere Zauberkraft verändert den Fortgang des Märchens.
   – Eine schwierige Aufgabe muss gelöst werden.
   – Ein wiederkehrender Zauberspruch wird verwendet.

3 Zu Reizworten ein Märchen schreiben

> Zwillinge von armen Bauern ▪ Mutter stirbt ▪ Kinder laufen weg ▪ Kinder treffen Fee ▪ drei Wünsche frei ▪ Kinder wieder bei Vater

> ein armer Prinz ▪ ein Drache ▪ ein listiger Zwerg ▪ eine Höhle voller Schätze ▪ ein goldener Ring ▪ eine schöne Prinzessin

3. Wähle einen Kasten aus und schreibe zu einer Gruppe von Reizworten ein Märchen.
   Entwickle zuerst ein Ideennetz und schreibe danach ein Märchen.
   Du kannst dir auch selbst sechs Reizworte ausdenken.

Vom Märchen zum Märchenbuch

4. Wenn ihr Märchen geschrieben habt, lest euch eure Märchen vor und gebt euch in einer Schreibkonferenz gegenseitig Hinweise, was ihr an dem Märchen verbessern und ändern könnt. Erklärt auch, was euch gut gefallen hat.
5. Sammelt eure Märchen in einem Klassenmärchenbuch.
   Ist ein Märchen fertig, schreibt es jeweils noch einmal in der schönsten Märchenschrift ab. Ihr könnt auch Bilder dazu malen.

Schreibkonferenz
→ S. 305 **M**

Märchen überarbeiten
→ S. 157 **K**

Märchenhafte Welten

Ein Märchen überarbeiten

METHODE

Mit der **Textlupe** könnt ihr eure eigenen Märchen überarbeiten. Jeder Schüler nimmt beim Lesen des Märchens einen bestimmten Bereich unter die Lupe, z. B. den Gebrauch von Adjektiven, die Gestaltung des Schlusses oder der Einsatz von Märchenmerkmalen.

M Textlupe → S. 305

Ich finde den Anfang nicht so typisch für ein Märchen, weil …

Mir gefällt, dass du viel wörtliche Rede verwendet hast. Dadurch …

Du benutzt oft die Verben „sagen" und „gehen". Versuche sie durch andere Verben zu ersetzen, z. B. …

Ich kann mir den Wald noch nicht so gut vorstellen. Kannst du ihn noch märchenhafter beschreiben?

Sollte nicht ein Zwerg vorkommen?

K Märchen überarbeiten → S. 157

Märchen unter der Lupe

Zu diesen Stichworten hat eine Schülerin ein Märchen geschrieben:

> ein trauriger Wolf ▪ ein armer Junge ▪ ein alter Zwerg ▪
> eine verzauberte Quelle ▪ drei silberne Haare

Fünf Schüler haben gemeinsam das Märchen mit der Methode der Textlupe gelesen und ihre Anmerkungen an den Rand geschrieben.

Der Wolf mit den silbernen Haaren

In einem tiefen Wald lebte ein Vater mit seinen drei Söhnen. Sie waren so arm, dass nicht einmal die Mäuse ihnen die Krümel stibitzen konnten. Da sagte der Vater zu seinen Söhnen: „So geht das nicht weiter. Ich kann uns nicht mehr alle ernähren. Einer von euch muss das Haus verlassen." Da schauten die drei Jungen traurig auf ihre nackten Füße, denn keiner wollte gehen. Der Vater nahm drei abgebrannte Hölzer und sagte: „Wer das kürzeste Holz zieht, der muss gehen." Es traf den Jüngsten. Er ging los in den Wald und traf auf einen Wolf. Der Wolf lag unter einem Baum und sah traurig aus.
„Was ist mit dir?", fragte der Junge. „Ich habe drei silberne Haare in meinem Fell. Die nehmen mir meine ganze Kraft", sagte der Wolf. „Ich werde dir helfen", sagte der Junge und zog an den Haaren. Der Wolf jaulte auf vor Schmerz, doch die Haare steckten fest. Da ging der Junge wieder in den Wald und entdeckte eine klare Quelle mit frischem Wasser, das trank er. Die Quelle war verzaubert und der Junge war auf einmal ganz stark. Er ging wieder zum Wolf und nun konnte er ihm die Haare ausreißen. Der Wolf war nun wieder ganz kräftig und bedankte sich bei dem Jungen. Er sagte: „Du darfst die Silberhaare behalten." Der Junge sah sich die Silberhaare in seiner Hand an und stellte fest, dass sie sich in Silberstücke verwandelt hatten. Glücklich ging er zu seinem Vater und seinen Brüdern zurück. Mit den Silberstücken konnten sie sich genug zu essen kaufen und sie lebten weiter glücklich in dem Wald.

1. Stelle fest, welche Bereiche die Schüler unter ihre Textlupe genommen haben. Begründe ihre Anmerkungen.
2. Überprüfe das Märchen mithilfe der Kompetenz „Märchen überarbeiten" und der Aussagen der Schüler.
   Notiere, was du gelungen findest und was du verbessern möchtest.
3. Überarbeite das Märchen und schreibe es verbessert auf.

Märchenhafte Welten

Verkehrte Märchenwelt

Rotkäppchen Joachim Ringelnatz

Also Kinners, wenn ihr mal fünf Minuten lang das Maul halten könnt, dann will ich euch die Geschichte vom Rotkäppchen erzählen, wenn ich mir das noch zusammenreimen kann. Der alte Kapitän Muckelmann hat mir das vorerzählt, als ich noch so klein und so dumm war, wie ihr jetzt seid. Und Kapitän Muckelmann hat nie gelogen.

Also lissen tu mi. Da war mal ein kleines Mädchen. Das wurde Rotkäppchen angetitelt – genannt heißt das. Weil es Tag und Nacht eine rote Kappe auf dem Kopfe hatte. Das war ein schönes Mädchen, so rot wie Blut und so weiß wie Schnee und so schwarz wie Ebenholz. Mit so große runde Augen und hinten so ganz dicke Beine und vorn – na, kurz eine verflucht schöne, wunderbare, saubere Dirn.

Und eines Tages schickte die Mutter sie durch den Wald zur Großmutter; die war natürlich krank. Und die Mutter gab Rotkäppchen einen Korb mit drei Flaschen spanischem Wein und zwei Flaschen schottischem Whisky und einer Flasche Rostocker Korn und einer Flasche Schwedenpunsch und einer Büttel mit Köm und noch ein paar Flaschen Bier und Kuchen und solchem Kram mit, damit sich Großmutter mal erst stärken sollte.

„Rotkäppchen", sagte die Mutter noch extra, „geh nicht vom Wege ab, denn im Walde gibt's wilde Wölfe!" (Das Ganze muss sich bei Nikolajew oder sonstwo in Sibirien abgespielt haben.) Rotkäppchen versprach alles und ging los. Und im Walde begegnete ihr der Wolf. Der fragte: „Rotkäppchen, wo gehst du denn hin?" Und da erzählte sie ihm alles, was ihr schon wisst. Und er fragte: „Wo wohnt denn deine Großmutter?"

Und sie sagte ihm das ganz genau: „Schwiegerstraße dreizehn zur ebenen Erde."

Und da zeigte der Wolf dem Kinde saftige Himbeeren und Erdbeeren und lockte sie so vom Wege ab in den tiefen Wald. Und während sie fleißig Beeren pflückte, lief der Wolf mit vollen Segeln nach der Schwiegerstraße Nummero dreizehn und klopfte zur ebenen Erde bei der Großmutter an die Tür.

Die Großmutter war ein misstrauisches, altes Weib mit vielen Zahnlücken. Deshalb fragte sie barsch: „Wer klopft da an mein Häuschen?" Und da antwortete der Wolf draußen mit verstellter Stimme:

Joachim Ringelnatz (1883–1934) ist ein berühmter deutscher Schriftsteller aus Wurzen in Sachsen.

Kinners Kinder

lissen tu mi engl. listen to me (hört mir zu)

Dirn Mädchen

Büttel Flasche
Köm Schnaps

„Ich bin es, Dornröschen!" Und da rief die Alte: „Herein!" und da fegte der Wolf ins Zimmer hinein. Und da zog sich die Alte ihre Nachtjacke an und setzte ihre Nachthaube auf und fraß den Wolf mit Haut und Haar auf.

Unterdessen hatte sich Rotkäppchen im Walde verirrt. Und wie so pissdumme Mädel sind, fing sie an, laut zu heulen. Und das hörte der Jäger im tiefen Wald und eilte herbei. Na – und was geht uns das an, was die beiden dort im tiefen Walde mitnander vorgehabt haben, denn es war inzwischen ganz dunkel geworden, jedenfalls brachte er sie auf den richtigen Weg.

Also lief sie nun in die Schwiegerstraße. Und da sah sie, dass ihre Großmutter ganz dick aufgedunsen war.

Und Rotkäppchen fragte: „Großmutter, warum hast du denn so große Augen?" Und die Großmutter antwortete: „Damit ich dich besser sehen kann!"

Und da fragte Rotkäppchen weiter: „Großmutter, warum hast du denn so große Ohren?"

Und die Großmutter antwortete: „Damit ich dich besser hören kann!"

Und da fragte Rotkäppchen weiter: „Großmutter, warum hast du denn so einen großen Mund?"

Nun ist das ja auch nicht recht, wenn Kinder so was zu einer erwachsenen Großmutter sagen.

Also da wurde die Alte fuchsteufelswild und brachte kein Wort mehr heraus, sondern fraß das arme Rotkäppchen mit Haut und Haar auf. Und dann schnarchte sie wie ein Walfisch. Und draußen ging gerade der Jäger vorbei.

Und der wunderte sich, wieso ein Walfisch in die Schwiegerstraße käme. Und da lud er seine Flinte und zog sein langes Messer aus der Scheide und trat, ohne anzuklopfen, in die Stube. Und da sah er zu seinem Schrecken statt einem Walfisch die aufgedunsene Großmutter im Bett.

Und – diavolo caraitro! – Da schlag einer lang an Deck hin! – Es ist kaum zu glauben! – Hat doch das alte gefräßige Weib auch noch den Jäger aufgefressen. –

Ja, da glotzt ihr Gören und sperrt das Maul auf, als käme da noch was. – Aber schert euch jetzt mal aus dem Wind, sonst mach ich euch Beine.

Mir ist schon sowieso die Kehle ganz trocken von den dummen Geschichten, die doch alle nur erlogen und erstunken sind.

Marsch fort! Lasst euren Vater jetzt eins trinken, ihr – überflüssige Fischbrut!

diavolo caraitro
Zum Teufel

1. Dieser Text von Joachim Ringelnatz enthält einige untypische Ereignisse und eine ungewöhnliche Wortwahl für ein Märchen. Spüre sie beim Lesen auf und tausche dich mit deiner Nachbarin oder deinem Nachbarn darüber aus.
2. Untersuche nun das verfremdete Märchen genauer. Lege dafür eine Tabelle an und notiere stichwortartig, welche Märchenmerkmale du findest und was untypisch für ein Märchen ist. Überlege, ob es sich bei dem Text überhaupt noch um ein Märchen handelt.

K Märchen lesen
→ S. 156

K Märchen erkennen
→ S. 156

Märchen verfremden 151

Märchen verdreht

Durch kleine Änderungen kann aus einem bekannten Märchen eine völlig neue Geschichte entstehen. Hier findest du Anregungen, wie du Märchen verfremden und modernisieren kannst. Plane vor dem Schreiben dein Märchen.

Märchen erzählen
→ S. 157 K

Märchen überarbeiten
→ S. 157 K

1 **Märchenwelt – etwas anders**

2 **Ein Märchen neu und modern erzählen**

Dornröschen ▪ Hexe ▪ Schloss ▪ Prinz ▪ Hubschrauber

3 **Ein Mini-Märchen erzählen**

Es war einmal ein Jüngling, der kam auf der Suche nach der schönen Rapunzel zu einem Turm. „Rapunzel, lass dein Haar herab!" rief er, und schon wallte vom Fenster eine blonde Haarflut zur Erde nieder. Als der Jüngling sich hochgehangelt hatte, erschrak er. Rumpelstilzchen aber, an dessen Bart er irrtümlich emporgeklettert war, lacht noch heute über seinen Streich.

1. Schreibe ein Märchen, in dem du die Märchenwelt auf den Kopf stellst. Wenn du ein Mini-Märchen schreiben willst, dann achte darauf, dass du Geschichten, Gestalten oder Sprüche aus zwei verschiedenen Märchen miteinander verknüpfst.
2. Lest eure verfremdeten Märchen in Gruppen. Gebt euch Tipps, wie ihr eure Märchen noch weiter verfremden könnt.

TIPP

Habt ihr Freude an ungewöhnlichen Märchen? Auf den Seiten 166–173 findet ihr das Märchen „Petronella". Dort werden euch viele Anregungen gegeben, wie ihr das Märchen auf der Bühne präsentieren könnt.

Märchenhafte Welten

Märchen aus aller Welt

> Auf den Seiten der Leseideen findest du einige Märchen, mit denen du weiterarbeiten und üben kannst. Du kannst beispielsweise
> - die Märchen spannend vorlesen,
> - Märchenerzählkarten anlegen,
> - die Märchen nacherzählen,
> - die Märchen illustrieren oder eine Bildergeschichte entwerfen,
> - die Märchen auf ihre Märchenmerkmale hin untersuchen.

Als es Krapfen regnete   Märchen aus Argentinien

Es lebten einmal in einer Gegend im Norden unseres Landes zwei alte Leutchen, die waren außergewöhnlich arm. Sie hatten eine kleine Hütte mitten im Gebirge, wo es nichts als Johannisbrotbäume gab. Nicht weit davon weg war ein Dorf mit einer kleinen Schule.

Eines Tages, als die beiden Alten Holz sammeln gingen, fanden sie eine Börse mit viel Geld, die ein Reisender verloren hatte. Die Alte nahm sie auf und versteckte sie, und sie sagte zu ihrem Mann: „Sag nichts, leg dich hin und schlaf!"

Und sie ging ins Dorf und kaufte Eier und Mehl, und sie backte eine Unmenge Krapfen, die sie bei ihrer Hütte über Berg und Feld verstreute. Dann ging sie in die Hütte hinein und weckte den Alten, und sie sagte zu ihm: „Alter, du solltest doch noch einmal in die Schule gehen und zusehen, dass du noch etwas lernst!" – „Was soll ich noch lernen, wo ich doch schon so alt bin!" rief der Mann aus. – „Das macht nichts", sagte die Alte, „geh nur, lerne was!"

Und der Mann ließ sich noch zwei oder drei Tage in die Schule schicken.

Unterdessen hatten die Eigentümer der Geldbörse den Verlust entdeckt und machten sich auf die Suche. Und sie kamen auch zu der Hütte der beiden Alten und fragten dort, ob sie nichts gesehen hätten. Die Alte antwortete, sie hätten nichts gefunden, aber der Alte sagte: „Doch, wir haben sie gefunden!" – „Ach, dieser Alte ist verrückt!", rief die Frau, „wenn wir doch gar nichts gefunden haben. Du solltest dein Maul halten, denn du bist wirklich närrisch." – „Aber nein, Alte! Erinnerst du dich nicht daran, wann wir sie gefunden haben?" – „So", sagte die Alte, „wann haben wir sie denn gefunden?" – „Erinnerst du dich nicht? Damals, als es Krapfen geregnet hat, so viel, dass Berg und Tal davon bedeckt waren." – „Haben Sie das gesehen?", fragte die Alte die Besitzer der Börse, „er spinnt." „Aber nein", sagte der Alte, „weißt du nicht mehr: damals, als ich in die Schule ging." – „Dieser Alte ist komplett verrückt!", sagten die Besitzer der Geldbörse, „wie viele Jahre ist es doch schon her, dass *der* in die Schule ging!" Und sie gingen fort.

Das wertvolle Salz Märchen aus der Türkei

Es war einmal vor langer Zeit, als das Sieb im Stroh war, als die Flöhe Berber waren, als die Kamele Makler waren, als ich in der Wiege meiner Mutter schaukelte. Dieses Märchen wird folgenderweise erzählt:

Es lebte einmal vor langer Zeit ein Sultan mit seinen drei Töchtern. Eines Tages rief der Sultan seine Töchter zu sich und fragte sie: „Wie sehr liebt ihr mich?" Die älteste Tochter antwortete: „So sehr wie die Welt." Die zweite Tochter sagte: „So sehr wie meine Arme." Die jüngste Tochter jedoch antwortete: „So sehr wie
5 Salz."

Der Sultan erzürnte sehr über die Antwort seiner jüngsten Tochter und übergab sie dem Henker. Der Henker brachte das Mädchen in den Wald, um es zu töten. Aber das Mädchen flehte den Henker an: „Wie kannst du mir das antun? Bist du nicht auch Vater und hast ein Kind?" Der Henker
10 hatte Mitleid mit dem Mädchen und brachte es nicht übers Herz, es zu töten. An dessen Stelle tötete er ein Tier, beschmierte das Hemd des Mädchens mit dem Tierblut und brachte es dem Sultan.

Das junge Mädchen machte sich auf den Weg und nach einiger Zeit erreichte es ein Dorf. Es wurde dort Dienerin eines rei-
15 chen Dorfbewohners.

Es wuchs heran und wurde ein sehr schönes Mädchen, dessen Schönheit in aller Munde war. Ihr Schicksal wollte es, dass sie den Sohn eines anderen Sultans heiratete.

20 Nach langer Zeit erzählte es ihrem Mann, was es alles erlebt hatte, und schlug ihm vor, ihre Familie zum Essen zu laden. Der Mann stimmte zu und es wurden die notwendigen Vorbereitungen getroffen. Der Sultan, also der Vater des Mädchens, kam an dem verabredeten
25 Tag mit seiner Gefolgschaft zum Festmahl. Als der Vater am Tisch saß, wurden die Speisen der Reihe nach aufgetragen. Aber das Mädchen hatte dem Koch befohlen, alle Speisen ohne Salz zuzubereiten. Welche Speisen der Sultan auch probierte, sie waren alle salzlos, und der Sultan konnte keine von
30 ihnen essen. Da sprang das Mädchen vom festlichen Tisch auf und sagte: „Mein Sultan, ich habe gehört, dass Sie ihre jüngste Tochter hinrichten ließen, weil das Mädchen Ihnen sagte, dass es Sie so sehr wie Salz liebe." Ohne dem Sultan eine Gelegenheit zur Antwort zu geben, fuhr es fort: „Ich bin dieses kleine Mädchen. Und ich habe sämtliche Speisen ohne Salz zubereiten lassen, damit Sie seinen
35 Wert verstehen."

Der Sultan schämte sich für seine Tat und umarmte seine Tochter. Nun verstand er den Wert des Salzes und sie lebten von nun an in Frieden gemeinsam bis zum Tode.

Lese-TIPP

Zum Buch:
Texte. Medien. Märchenreise – Ausgewählte Märchen aus Europa. Braunschweig 2008.

Die Schwanenprinzessin   Märchen aus Polen

Es waren einmal ein stolzer König und eine Königin, die hatten sieben Kinder, davon waren die ältesten ebenso stolz und hochmütig wie sie selbst, die jüngste aber war gut und liebreich. Diese wurde von einem armen Jüngling geliebt, den sie wiederliebte. Eines Tages trat der Jüngling vor den Thron des Königs und der Königin und bat um die Hand der jüngsten Prinzessin. Da erhob sich die Königin in großem Zorn und rief: „Ehe dies geschieht, wollte ich eher, dass wir alle zu wilden Schwänen verwandelt werden." Es war aber zu der Zeit, als die Wünsche noch in Erfüllung gingen. Kaum waren diese Worte über die Lippen der Königin gekommen, siehe, da verwandelte sich das ganze Land in eine Einöde, das Schloss mit dem Garten in einen See, der König und die Königin aber mitsamt ihren sieben Kindern und dem Liebsten der Prinzessin in wilde Schwäne.

Die jüngste Prinzessin und ihr Liebster lebten am Ufer des Sees für sich allein und waren glücklich. Eines Morgens aber kam ein junger Jäger zu dem See, der verletzte mit seinem Pfeil die jüngste Prinzessin am Flügel. Da nahm er den Schwan mit in seine Hütte. Doch wer beschreibt sein Erstaunen, als er am Abend wieder zu seiner Hütte zurückkehrte, war dieselbe aufgeräumt und das Feuer brannte im Herd. Am zweiten Tag geschah dasselbe. Da beschloss der Jäger, am dritten Tag vor der Hütte zu warten und zu sehen, was darin vorgehe. Wie er nun durch das Fenster schaute, da sah er, wie der Schwan sein Schwanenkleid abwarf und ein wunderschönes Mädchen war. Flugs sprang der Jäger in die Hütte, nahm dem Mädchen das Schwanenkleid weg und da musste sie bei ihm bleiben. Mit dem Verlust ihres Schwanenkleides hatte sie aber ihre ganze Erinnerung verloren. Sie wusste nicht mehr, dass sie eine Prinzessin gewesen, sie wusste nicht mehr, dass sie in einen Schwan verwandelt, und sie wusste auch nicht mehr, dass sie einen Liebsten gehabt. Nur immer zur Zeit des Frühlings und des Herbstes, wenn die wilden Schwäne über die Hütte zogen, erfasste sie eine unbestimmte Sehnsucht.

Nun lebte sie schon drei Jahre bei dem Jäger. Es war wieder der zur Zeit des Herbstes und sie saß mit dem Jäger vor der Hütte. Dieser aber war eingeschlafen, da flogen plötzlich drei Schwäne über sie hinweg. Das aber waren ihre Brüder gewesen, die riefen ihr zu: „Ach, unser Schwesterchen an der Seite eines sterblichen Mannes! Komm mit uns! Fliege wieder mit uns!" Sie aber rief zurück: „Ich kann nicht mit euch! Fliegt mit Gott weiter!"

Danach kamen drei Schwäne geflogen, das waren ihre Schwestern gewesen. Und auch diese riefen: „Ach, unser Schwesterchen an der Seite eines sterblichen Mannes! Komm mit uns! Fliege wieder mit uns!" Sie aber rief zurück: „Ich kann nicht mit euch! Fliegt mit Gott weiter!"

Danach kamen zwei Schwäne geflogen, das waren ihre Eltern gewesen: „Ach, unsere Tochter an der Seite eines sterblichen Mannes! Komm mit uns! Fliege wieder mit uns!" Sie aber rief zurück: „Ich kann nicht mit euch! Fliegt mit Gott weiter!"

Nun aber kam ganz zuletzt ein einzelner Schwan geflogen. Dies aber war ihr Liebster gewesen. Und als er sie sah, stieß er einen klagenden Schrei aus und rief: „Ach, meine Liebste, meine Schwanenprinzessin an der Seite eines Jägers! Komm mit mir! Fliege wieder mit mir!" Der Ruf ihrer Eltern und Geschwister war ihr nur bis ans Ohr gedrungen, der Ruf ihres Liebsten aber drang ihr ins Herz. Ihre ganze Erinnerung wachte wieder auf, sie eilte in die Hütte, suchte so lange, bis sie ihr Schwanenkleid fand, schlüpfte in dasselbe und flog als Schwan zum Fenster hinaus. Und als der Jäger erwachte, sah er am Horizont zwei Schwäne fliegen. Aber immer zur Zeit des Herbstes flog die Prinzessin wieder über die Hütte des Jägers und so vergaß er nie, dass einmal eine Schwanenfrau bei ihm gelebt.

Die Prinzessin auf der Erbse Hans Christian Andersen

Es war einmal ein Prinz, der wollte eine Prinzessin heiraten. Aber das sollte eine wirkliche Prinzessin sein. Da reiste er in der ganzen Welt herum, um eine solche zu finden, aber überall fehlte etwas. Prinzessinnen gab es genug, aber ob es wirkliche Prinzessinnen waren, konnte er nie herausfinden. Immer war da etwas, was nicht ganz in Ordnung war. Da kam er wieder nach Hause und war ganz traurig, denn er wollte doch gern eine wirkliche Prinzessin haben.

Eines Abends zog ein furchtbares Wetter auf; es blitzte und donnerte, der Regen stürzte herab, und es war ganz entsetzlich. Da klopfte es an das Stadttor, und der alte König ging hin, um aufzumachen. Es war eine Prinzessin, die draußen vor dem Tor stand. Aber wie sah sie vom Regen und dem bösen Wetter aus! Das Wasser lief ihr von den Haaren und Kleidern herab, lief in die Schnäbel der Schuhe hinein und zum Absatz wieder hinaus. Sie sagte, dass sie eine wirkliche Prinzessin wäre. ‚Ja, das werden wir schon erfahren!', dachte die alte Königin, aber sie sagte nichts, ging in die Schlafkammer hinein, nahm alles Bettzeug ab und legte eine Erbse auf den Boden der Bettstelle. Dann nahm sie zwanzig Matratzen, legte sie auf die Erbse und dann noch zwanzig Eiderdaunendecken oben auf die Matratzen. Hier sollte nun die Prinzessin die ganze Nacht über liegen. Am Morgen wurde sie gefragt, wie sie geschlafen hätte. „Oh, entsetzlich schlecht!" sagte die Prinzessin. „Ich habe fast die ganze Nacht kein Auge geschlossen! Gott weiß, was in meinem Bett gewesen ist. Ich habe auf etwas Hartem gelegen, sodass ich am ganzen Körper ganz braun und blau bin! Es ist ganz entsetzlich!" Daran konnte man sehen, dass sie eine wirkliche Prinzessin war, da sie durch die zwanzig Matratzen und die zwanzig Eiderdaunendecken die Erbse gespürt hatte. So feinfühlig konnte niemand sein außer einer echten Prinzessin. Da nahm sie der Prinz zur Frau, denn nun wusste er, dass er eine wirkliche Prinzessin gefunden hatte. Und die Erbse kam auf die Kunstkammer, wo sie noch zu sehen ist, wenn sie niemand gestohlen hat.

Im Unterschied zu den Brüdern Grimm sammelte **Hans Christian Andersen** (1805–1875) keine Märchen, sondern dachte sich selbst welche aus. Diese neuen und erfundenen Märchen nennt man **Kunstmärchen**.

K Kompetenzen

Märchen erkennen

▶ **In einem Märchen gibt es keine bestimmten Orts- und Zeitangaben.**

▶ **Du erkennst Märchen an ihrem Aufbau.** Am Anfang steht oft ein Ereignis, welches die Märchenheldin oder den Märchenhelden in eine außergewöhnliche Situation bringt. Die Märchenheldin oder der Märchenheld zieht aus und muss Gefahren und Schwierigkeiten meistern. Am Ende wird sie bzw. er für die Mühe belohnt. Die Heldin oder der Held ist die/der Gute, die/der über das Böse siegt.

▶ **In Märchen treten typische Personen wie Prinz und Prinzessin, die böse Stiefmutter usw. auf.** Nicht immer haben die Figuren Namen. Sie sind einfach Prinz, Hexe oder Mädchen. Die Personen, die in Märchen aufeinandertreffen, sind meistens sehr gegensätzlich, z. B. schön – hässlich, klug – dumm. Sie verändern nie ihre Eigenschaften. Auch sprechende Tiere, Riesen, Zwerge, Zauberer, Feen usw. können in Märchen vorkommen.

▶ **Zu den typischen Märchenelementen gehören Zauberwesen, die Zauberdinge benutzen und Zaubersprüche äußern.** Immer wieder spielen magische Zahlen, z. B. drei, sieben oder zwölf, eine Rolle. Typisch für Märchen sind feste sprachliche Formeln, z. B. für den Anfang „Es war einmal" und für das Ende „und wenn sie nicht gestorben sind …".

Märchen lesen

1. **Achte auf die Überschrift.** Worum könnte es in dem Märchen gehen?
2. **Erstes Lesen:** auf unbekannte Wörter und Besonderheiten achten
3. **Zweites Lesen:** den Inhalt des Märchens erfassen
   ▶ Unterstreiche, welche Personen vorkommen, wo das Märchen spielt, was passiert.
   ▶ Gliedere das Märchen und unterscheide zwischen dem Anfang, wenn der Märchenheld seine Aufgabe erhält oder in Not gerät, den Gefahren und Prüfungen, die der Held bestehen muss, sowie dem Ende bzw. dem Ziel, das der Held erreicht.
   ▶ Unterscheide weitere kleinere Handlungsabschnitte (z. B. die einzelnen Prüfungen) in dem Märchen und gib jedem Abschnitt eine Überschrift.

Märchen nacherzählen

Du kannst ein Märchen mündlich oder schriftlich nacherzählen.

1. **Plane deine Nacherzählung.** Lege dir deine Überschriften zu den Handlungsabschnitten bereit und erstelle Märchenerzählkarten.
2. **Stell dein Märchen vor.** Nenne den Titel und den Autor oder das Herkunftsland des Märchens.
3. **Erkläre die Ausgangslage.** Welche Not wird beschrieben? Welche Aufgabe ist zu erledigen? Muss jemand weggehen?
4. **Geh auf die Gefahren und Prüfungen ein.** Wie viele sind es? Wie werden sie gelöst?
5. **Beschreibe den Schluss.**
6. **Beachte die Märchenmerkmale.**
7. **Erzähle im Präteritum.**

Märchen erzählen

1. **Plane dein Märchen** und mache dir zu folgenden Fragen Notizen, beispielsweise in einem Ideennetz oder auf Märchenerzählkarten:
   - Überlege die einzelnen Handlungsschritte: Wie beginnt dein Märchen? In welche Notlage gerät dein Held? Welche Aufgaben muss er lösen? Wie endet das Märchen? Wo spielt dein Märchen? Welche Figuren kommen vor? Welche Märchenmerkmale, wie Sprüche oder Zahlen, willst du verwenden?

2. **Schreibe dein Märchen.**
   - Achte darauf, dass du bei einer Handlung bleibst, und erzähle die Handlungsabschnitte folgerichtig.
   - Benutze wörtliche Rede, dann wird dein Märchen lebendiger. Denke daran, dass im Märchen Tiere oder Pflanzen sprechen können.
   - Verwende passende Verben, die genau das ausdrücken, was passiert: Statt „gehen" kannst du z. B. „rennen", „laufen", „kriechen" … schreiben.
   - Benutze anschauliche Adjektive, mit denen du genau und lebendig beschreibst: „ein dunkler (kalter, schauerlicher, furchteinflößender, fürchterlicher) Wald".
   - Schreibe im Präteritum.
   - Verwende Wörter, Sätze und Sprüche, wie sie in Märchen oft vorkommen.

3. **Finde eine passende Überschrift.**

Märchen überarbeiten

1. **Achte auf den Anfang.** Beginnt dein Märchen mit einem typischen Märchenanfang, z. B. „Es war einmal …"?

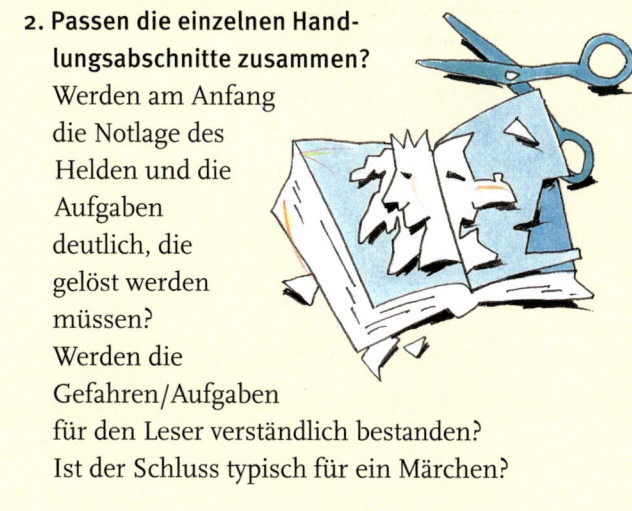

2. **Passen die einzelnen Handlungsabschnitte zusammen?** Werden am Anfang die Notlage des Helden und die Aufgaben deutlich, die gelöst werden müssen? Werden die Gefahren/Aufgaben für den Leser verständlich bestanden? Ist der Schluss typisch für ein Märchen?

3. **Musst du noch etwas ausführlicher darstellen?** Achte auf deine Beschreibungen und die Adjektive. An welchen Stellen kannst du treffendere Verben einsetzen?

4. **An welchen Stellen kannst du noch wörtliche Rede einfügen?**

5. **Kannst du etwas streichen?** Lassen sich Wortwiederholungen vermeiden?

6. **Hast du die wichtigsten und passenden Märchenmerkmale verwendet?**

7. **Ist dein Märchen im Präteritum geschrieben?**

S Selbsteinschätzung

Geh noch einmal deine Aufzeichnungen durch und schätze dann ehrlich deine Fähigkeiten ein.

★★★ = sehr sicher
★★ = größtenteils sicher
★ = manchmal unsicher
○ = oft unsicher

1. Ich kann ein Märchen in Handlungsabschnitte gliedern und vollständige Märchenerzählkarten anlegen.
2. Ich kann bekannte Märchen frei oder mithilfe von Notizen nacherzählen.
3. Folgende drei Märchen fallen mir sofort ein: ▮▮▮, ▮▮▮, ▮▮▮
4. Ich kann mindestens sechs Märchenmerkmale nennen und an einem Beispiel erklären: ▮▮▮, ▮▮▮, ▮▮▮, ▮▮▮, ▮▮▮, ▮▮▮
5. Beim Schreiben eines Märchens nach Vorlagen (z. B. Bild, Reizworte) achte ich darauf, dass ich
   – den Aufbau meines Märchens plane,
   – märchenhafte Elemente benutze,
   – die richtige Tempusform (Präteritum) verwende,
   – abschließend mein Märchen inhaltlich und sprachlich überarbeite.
6. Ich kann bekannte Märchen verfremden.

Auswertung und Anregungen

▶ **Klasse, wenn du dir bei den meisten Aussagen sicher oder sehr sicher warst!** Mit den Trainingsideen auf der nächsten Seite kannst du deine Fähigkeiten an verschiedenen Aufgaben noch einmal trainieren.

▶ **Wenn du dir bei den Aussagen 1–2 noch unsicher warst,** dann wiederhole die Seiten 142–144 und präge dir die Kompetenzen „Märchen lesen" und „Märchen nacherzählen" auf Seite 156 gut ein. Arbeite dann gemeinsam mit deiner Lernpartnerin oder deinem Lernpartner. Wählt ein Märchen aus den Leseideen (Seite 152–155) aus, gliedert es und erzählt es euch gegenseitig nach.

▶ **Wenn du bei den Aussagen 3–4 noch Schwierigkeiten hattest,** dann überlege noch einmal, woran du ein Märchen erkennen kannst. Das Märchenschloss (Seite 145) und die Kompetenz „Märchen erkennen" (Seite 156) werden dir helfen. Suche dann ein dir unbekanntes Märchen und untersuche es auf seine Märchenmerkmale hin.

▶ **Wenn du die Aussage 5 noch nicht sicher beantworten konntest,** dann präge dir die Kompetenz „Märchen erzählen" (Seite 157) gut ein. Bearbeite die Aufgaben der Seite 146/147, die du noch nicht gemacht hast.

▶ **Trainiere deine Fähigkeiten im Überarbeiten von Märchen.** Überprüfe und verbessere deine geschriebenen Märchen mit der Kompetenz „Märchen überarbeiten" (Seite 157).

▶ **Wenn du nun sicherer im Umgang mit Märchen bist,** dann teste deine Kenntnisse abschließend mit den Aufgaben auf der nächsten Seite.

T Trainingsideen →www

Den Mittelteil eines Märchens erzählen

Der Riese und der Schneider Janosch

Es war einmal ein Schneider, der war schwach wie ein Wurm, dabei aber ein richtiges Großmaul. Überall spielte er sich auf, protzte mit seiner Kraft und markierte den starken Maxe. Einmal fuhr er in der Straßenbahn. Da sah er einen Riesen sitzen. So einen dicken, starken Riesen mit Muskeln wie Krautköpfe, einem Kopf wie ein Bierfass. Er saß dort mit seinem Hinterteil gleich auf drei Plätzen. „Dem werd ich's zeigen", dachte der Schneider und stellte sich direkt neben ihn. Alles war verboten in der Straßenbahn, überall hingen Schilder:

> Auf den Boden spucken verboten!
> Scheiben beschmieren verboten!
> Rauchen verboten!
> Fahrgäste beleidigen verboten!

Und der Schneider spuckte auf den Boden. Direkt vor dem Riesen.

„Holla", dachte der Riese, „der traut sich aber was! Wenn sie den erwischen!"

Der Riese, der doch ein Riese war und stark, war aber auch etwas einfältig und dachte: „Wer sich so aufführt, der kann wohl mehr als Sauerkraut essen", und wäre froh gewesen, den Schneider los zu sein. Da kam der Kontrolleur. Als der Schneider keine Fahrkarte hatte, warf der Kontrolleur ihn hinaus. Da freute sich der Riese und schaute aus dem Fenster, wie er zu Fuß hinter der Straßenbahn herlaufen musste, der freche Schneider.

1. Bei diesem Märchen fehlt der mittlere Teil ▒▒▒. Überlege, was der Schneider und der Riese wohl noch in der Straßenbahn erleben werden, und schreibe einen passenden Mittelteil.

Ein Märchen zu einem Comic erzählen

2. Erzähle passend zu den Bildern die verfremdete Version des Märchens vom Froschkönig.

Zum Bild:
René Magritte,
Die persönlichen Werte –
Les valeurs personelles (1952)
Museum of Modern Art,
San Francisco

TheaterSpielRaum
Szenisches Spiel

Theater spielen kannst du überall: auf einer richtigen Bühne oder vor der Tafel im Klassenraum. Du hast schon alles, was du brauchst: von den Fußsohlen bis zur Kopfhaut. Wenn du Musiker bist, brauchst du ein Instrument. Das Instrument des Schauspielers ist sein ganzer Körper. Damit kann er ein Bösewicht sein, vor dem du zitterst, ein Held, den du bewunderst, oder ein Verfolgter, um den du Angst hast.

Im TheaterSpielRaum gibt es einiges auszuprobieren …

1. Beschreibe das Bild. Was siehst du alles?
2. Überlege dir, was du in diesem Raum machen würdest:
   Wie kommst du hinein? Wie bewegst du dich?
   Was machst du mit den Gegenständen?
   Wie kommst du aus dem Raum wieder heraus?

Das Aufwärmen: Bewegungsspiele

Bevor du spielst, solltest du erst dein Instrument stimmen. Das bedeutet natürlich: Dein Körper, der vom vielen Sitzen in der Schule steif und faul ist, muss in Bewegung kommen und warm werden.

Sich strecken und recken

Stellt euch im Kreis auf, Schulter an Schulter, und macht dann alle einen großen Schritt nach außen – so habt ihr genügend Bewegungsfreiheit. Schüttelt jetzt zuerst eure Arme, dann die Beine und anschließend Arme und Beine gleichzeitig. Streckt euch und reckt euch, hebt die Arme ganz hoch und versucht immer noch ein bisschen mehr zu wachsen.

Jetzt stellt euch vor, dass plötzlich eine Maus auftaucht. Sie huscht im Kreis zwischen euren Beinen hindurch. Jeder von euch reagiert auf seine Weise, z. B. mit panischem Wegspringen, einen Fuß vorsichtig hochheben …

Aus der Maus wird eine Ringelnatter. Wie reagiert ihr jetzt?

Käfer an der Wand

Stellt euch in zwei Reihen gegenüber auf. Geht in Schrittstellung, achtet auf einen sicheren Stand. Stellt euch nun vor, dass ein Käfer langsam die Wand oder das Fenster hinter euch hinaufkrabbelt. Bleibt stehen, aber verdreht euch so, dass ihr mit eurer Nase möglichst dicht an das Tier herankommt. Verfolgt es nun mit eurer Nase: Der Käfer kriecht an der Decke entlang, fällt einen Meter vor euch auf den Boden, krabbelt auf euch zu, kriecht vom vorderen Fuß über das Bein, den Bauch bis zum Kopf; von dort aus springt er wieder zur Decke.

Bleibt mit eurer Nase immer möglichst dicht am Käfer. Dabei müsst ihr euch ganz schön strecken und verrenken. Ihr könnt auch zwischendurch eine kleine Pause machen und der Gruppe gegenüber zugucken.

3. Probiert die Aufwärmübungen gemeinsam aus.

> **In diesem Kapitel lernst du,**
> - wie du Körperhaltung, Mimik, Gestik und deine Stimme bewusst beim Theaterspiel einsetzen kannst,
> - wie du Theatertexte verständlich und sinngestaltend sprechen kannst,
> - wie du dich in eine Theaterfigur (Rolle) hineinversetzen kannst,
> - worauf du beim Spielen auf der Bühne achten musst,
> - wie du selber kürzere Texte inszenieren kannst.

Alles Theater

Pantomime

Mimik (griech.: mimikós = nach Art der Schauspieler) bezeichnet die Veränderung des Gesichtsausdrucks, um Gefühle, Stimmungen und Wünsche zu zeigen.

Gestik (lat.: gestus = Gebärde) bezeichnet Hand- und Fußbewegungen, die die gesprochenen Worte unterstützen oder ohne Worte etwas ausdrücken.

Nonverbale Kommunikation ist die Verständigung zwischen Menschen ohne Worte, also mithilfe von Mimik und Gestik.

Beim pantomimischen Spiel drückst du alles, was du fühlst und denkst, ohne Worte aus. Auch Gegenstände, die du trägst oder benutzt, sind nur in deiner Vorstellung vorhanden, aber mithilfe deiner Körperhaltung, deines Gesichtsausdrucks (Mimik) und deiner Handbewegungen (Gestik) zeigst du dem Zuschauer genau, um was für einen Gegenstand es sich handelt, ob er groß, klein, zerbrechlich, leicht oder schwer ist. Die Pantomime ist eine selbstständige Theaterform, aber sie ist auch eine gute Übung für das Sprechtheater: Du willst deinen Text ja spielen – und nicht aufsagen.

Im Kinderzimmer

MUTTER Um Himmels willen, wie sieht es denn hier aus?
KIND *(läuft mit ausgestreckten Armen im Zimmer herum)* Ich fliege gerade in meinem Segelflieger über den Wolken.
MUTTER Bleib stehen und hör' mir zu!
KIND *(bleibt stehen)* Aber es ist gerade so schön!
MUTTER Das ist keine Wolke, sondern dein Kopfkissen!
(Sie wirft ihm das Kopfkissen zu.)
KIND Jaaah! Eine Runde Kissenschlacht?
MUTTER Na gut, du Nervensäge!
(Sie schleudern sich mit Wucht das Kissen ein paar Mal zu.)
MUTTER So, jetzt ist es genug. Aufräumen!

1. Spielt diese kleine Szene mit verteilten Rollen. Ihr braucht ein Kissen oder eine Jacke zum Werfen.
2. Sprecht darüber, welche Gefühle Mutter und Kind bei ihren Äußerungen haben. Probiert aus, wie man sie ohne Worte nur durch Gesichtsausdruck, Handbewegung und Körperhaltung darstellen kann.
3. Bildet Gruppen aus zwei Spielern und mindestens zwei Regisseuren. Versucht, die kleine Szene ohne Worte zu spielen. Achtung: Zeigt deutlich, dass es um Segelflieger, Wolken und Kopfkissen geht! Die Regisseure geben Hinweise und kontrollieren, ob kein Gefühlsausdruck vergessen wird und alle Gegenstände zu erkennen sind.
4. Prägt euch die Sätze ein und spielt die Szene noch einmal mit Text. Könnt ihr Körperhaltung, Bewegung, Mimik und Gestik einbauen?
5. Denkt euch eigene kleine Szenen aus, die ihr ohne Worte darstellt.

K Mimik, Gestik und Körpersprache trainieren → S. 176

Stimme und Sprechen

Wenn du beim Theaterspielen langsam, laut und deutlich sprichst, dann ist schon viel gewonnen. Wenn du es schaffst, mit deiner Stimme zu zeigen, wie sich deine Figur gerade fühlt, dann kannst du auf der Bühne richtig loslegen.

Fernbedienung

Die Hälfte der Klasse sind „Fernsehsprecher", sie stellen sich im Raum auf und sprechen einen Text (z. B. ein auswendig gelerntes Gedicht oder einen Abzählvers). Die anderen laufen umher von Fernseher zu Fernseher und verändern den Ton. Dazu müsst ihr zuvor Handbewegungen absprechen.

- Die Zuschauer schalten auf stumm, die Lippen des Fernsehsprechers bewegen sich weiter, sodass man den Text von den Lippen ablesen könnte.
- Sie regeln die Lautstärke von laut bis leise.
- Sie regeln das Tempo von sehr langsam bis sehr schnell.
- Zeigt nun dem „Fernsehsprecher" durch Mimik und Gestik eindeutige Gefühle (Freude, Trauer, Wut, Ekel, Angst), er muss seinen Text nun mit diesen Gefühlen sprechen.
- Wichtig: Der „Fernsehsprecher" muss immer Blickkontakt zum Zuschauer halten!

Varianten: – Zwei spielen vor der Klasse.
– Einer dirigiert von vorn, die ganze Klasse reagiert.

Dolby surround – Hörspiel

Teilt euch in zwei große Gruppen. Jede Gruppe denkt sich einen Schauplatz aus, den man mit Geräuschen gut darstellen kann (Wald, Spukschloss, Geisterbahn, Klassenzimmer ...). Erfindet nun eine kleine Geschichte, die an diesem Schauplatz spielt (z. B.: zwei Freunde haben sich im Wald verlaufen, Regen setzt ein, Gewitter). Stellt euch im großen Kreis auf und übt euer Hörspiel, setzt dabei Geräusche und Stimmen ein.

Ladet euch dann gegenseitig ein: Die Zuhörer setzen sich hin und halten sich die Augen zu. Die Spieler stellen sich im Kreis um die Zuhörer auf und spielen das Stück. Achtet darauf, dass die Geräusche und Stimmen aus allen Richtungen kommen.

1. Wählt eine Übung aus und erprobt eure Stimme.

Zwei Lautgedichte

Diese Lautgedichte könnt ihr gut vortragen, wenn ihr eure Stimme möglichst vielfältig benutzt.

Hugo Ball (1886–1927): Mitbegründer des Dadaismus, einer Kunstrichtung zu Beginn des 20. Jahrhunderts. Diese Dichter wollten die Welt nicht mehr mit Sprache beschreiben und erklären, sondern sie erfanden neue Wörter aus Silben und Wortfetzen, die nur durch den Klang ihrer Laute und den Rhythmus wirken sollten. Die Gedichte auf dieser Seite nennt man daher auch **Lautgedichte**.

Wolken   Hugo Ball

elomen elomen lefitalominal
wolminuscaio
baumbala bunga
acycam glastula feirofim flinsi
5   elominuscula pluplubasch
rallalalaio
endremin saxassa flumen flobollala
feilobasch falljada follidi
flumbasch
10   cerobadadrada
gragluda gligloda glodasch
gluglamen gloglada gleroda glandridi
elomen elomen lefitalominai
wolminuscaio
15   baumbala bunga
acycam glastala feirofim blisti
elominuscula pluplusch
rallabataio

Seepferdchen und Flugfische
Hugo Ball

tressli bessli nebogen leila
flusch kata
ballubasch
zack hitti zopp
5   zack hitti zopp
hitti betzli betzli
prusch kata
ballubasch
fasch kitti bimm
10   zitti kitilabi billabi billabi
zikko di zakkobam
fisch kitti bisch

bumbalo bumbalo bumbalo bambo
zitti kittilabi
15   zack hitti zopp

treßli beßli nebogen grügrü
blaulala violabimini bisch
violabimini bimini bimini
fusch kata
20   ballubasch
zick hitti zopp

K Die eigene Stimme bewusst einsetzen
→ S. 176

1. Arbeitet zu zweit und lest die Verse abwechselnd:
   – der eine ganz deutlich, der andere undeutlich und nuschelnd
   – dann: leise und mit zitternder Stimme/zornig-befehlend
   – dann: fröhlich/traurig

Choreografie

Von einer Choreografie spricht man, wenn eine Gruppe von Spielern auf der Bühne Bewegungen – oft zusammen mit Text oder Musik – nach einem geplanten und eingeübten Ablauf durchführt. Choreografien bringen Schwung und Abwechslung in ein Theaterstück.

1. Sucht euch ein Lautgedicht von Seite 164 aus und arbeitet daran weiter. Bildet größere Gruppen. Sprecht euch ab und lernt mindestens zwei Verse auswendig. Sprecht sie mit der Lautstärke und Betonung, die ihr passend findet.
2. Erfindet Gesten oder Bewegungsabläufe, die zu euren Versen passen. Dabei könnt ihr an die Bewegungen von Wasserlebewesen oder an unterschiedliche Wolkengebilde denken, die an Tiere erinnern.
3. Wählt einen Regisseur, der euch die Einsätze gibt. Ihr könnt ausprobieren, wie es sich anhört, wenn ihr euren Text leise weitersprecht, wenn der Nächste schon dran ist, oder wenn ihr durcheinander sprecht oder wenn ihr ein Wort im Chor sprecht oder … Ihr habt viele Möglichkeiten. Führt zum Schluss eure Fassung vor.

> Eine Choreografie zu einem Text entwickeln → S. 177 K

> Der **Regisseur** (lat.: regere = lenken, leiten) ist für das gesamte Stück verantwortlich. Er sucht die Schauspieler aus und leitet sie an; er entscheidet, wie das Stück dargestellt wird, und achtet darauf, dass Kostüme und Bühnenbild zusammenpassen.

Wie man eine Choreografie notieren kann

BETONUNG	BEWEGUNG	STIMME
bumbálo bummmbalo bumbalo ☐ bambo		tief lauter werdend
zit¦ti ☐ kit¦tilabi	zit → ti suchend; kit, ti, la, bi	leise vorsichtig ängstlich

/ = BETONUNG ; ▬ = LAUT ; ══ = SEHR LAUT; ☐ = PAUSE;
¦ = TRENNUNG; 👣 = FÜSSE; → = SCHRITT ↷ = SPRUNG

TheaterSpielRaum

Theaterstück

Szene (griech.: skené = Zelt, Bühne) bezeichnet heute eine kleine, zusammenhängende Einheit im Theaterstück. Eine Szene endet, wenn der Schauplatz sich ändert oder wenn die Schauspieler auf demselben Schauplatz wechseln.

Vielleicht warst du schon einmal im Theater und bestimmt hast du schon mehrere Filme gesehen. Theaterstücke sind genau wie Filme aus vielen Szenen zusammengesetzt. Bis jetzt hast du kurze, selbstständige Einzelszenen gestaltet und dabei gelernt, worauf es beim Theaterspielen ankommt.

Nun lernst du die Theaterfiguren aus dem Stück „Petronella" und ihre Rollen kennen. Du kannst sie auf der Bühne zum Leben erwecken …

Petronella. Ein Märchen mit vertauschten Rollen

Bearbeitet für das Theater von Marlene Skala, frei nach dem gleichnamigen Märchen von Jay Williams.

Inhalt

Im Königreich der Himmelblauen Berge werden seit Generationen immer drei Prinzen geboren. Alle drei ziehen in die Welt hinaus und der jüngste, der immer Peter heißt, rettet eine Prinzessin
5 und gewinnt ihr Königreich. Doch diesmal ist alles anders: Der dritte Prinz ist ein Mädchen – Petronella –, eine Katastrophe für ihre Familie. Als ihre Brüder in die Welt hinausziehen, will auch Pe-
10 tronella ihr Glück wagen. Sie möchte einen Prinzen befreien und findet diesen in der Burg des Zauberers Albion. Obwohl Prinz Ferdinand von Feuerzack so gar nicht ihren Erwar-
15 tungen entspricht, löst sie für ihn drei gefährliche Aufgaben und gewinnt so drei Gegenstände: Spiegel, Kamm und Kette, die ihr bei der Flucht vor Albion helfen sollen. Doch bald stellt
20 Petronella fest, dass der Zauberer gar nicht den Prinzen verfolgt …

3. Szene: Die Erpressung

Petronella sitzt mit ihrem Stickzeug auf der Bühne und müht sich ab. Sie ächzt, stöhnt und mault. Die Königin tritt auf.

KÖNIGIN Ach ja, wie die Jahre vergehn. Es scheint mir, als wäre es gerade vorhin gewesen, dass Petronella auf die Welt kam. Und jetzt …

PETRONELLA Oh nein! Verflixt und zugenäht, wieder ein Knoten im Faden! Wo kommen die immer her? Drei Stiche und alle ganz ordentlich. Kaum denke ich: „Endlich geht es" – Knoten, Knoten, Knoten. Ach.

KÖNIGIN Ich weiß auch nicht, wie ich es dir noch beibringen soll. In deinem Alter habe ich schon Bilder mit Figuren in feinster Seide gestickt. Der Kampf Siegfrieds mit dem Drachen war mein Meisterstück.

PETRONELLA Ein Drachenkampf! Das wäre was!

KÖNIGIN Du musst geduldig üben, dann schaffst du das auch.

PETRONELLA Ich meine einen richtigen Drachenkampf. (*Sie führt ihre Sticknadel wie ein Schwert gegen ein Monster.*) Nimm diesen und diesen!

KÖNIGIN Vorsicht! Du stichst mir noch die Augen aus! Warum willst du nur immer kämpfen?

PETRONELLA Warum muss ich denn unbedingt sticken?

KÖNIGIN Sticken ist eine gute Übung in Geduld, es sieht anmutig aus und du brauchst bestickte Taschentücher, um sie deinem Prinzen zu schenken. Außerdem: Was willst du denn sonst den ganzen Tag machen?

PETRONELLA Den ganzen Tag? (*Pause*) Dann will ich nicht mehr leben.

KÖNIGIN Immer musst du übertreiben.

PETRONELLA Ich meine es ernst. Ich habe mir immer Mühe gegeben, dir zuliebe. Aber wenn ich gewusst hätte, dass ich das für immer machen soll … Meine Brüder lernen Fechten und Reiten und lauter spannende Sachen. (*Sie überlegt.*) Ich weiß, was ich tue: Ich werde nichts mehr essen, bis ich mit meinen Brüdern zusammen unterrichtet werde.

KÖNIGIN Unsinn.

PETRONELLA Du weißt genau, dass ich keinen Unsinn rede. (*Sie setzt sich gerade auf ihren Stuhl und schließt die Augen.*)

1. Macht einige Leseversuche mit verteilten Rollen in der Klasse.
2. Untersucht den Dialog. Welche der Adjektive aus dem Kasten könnten zu Petronella passen? Diskutiert eure Ergebnisse.

Adjektive → S. 256

> frech ■ ungehorsam ■ faul ■ entschlossen ■ ungeduldig ■
> ungeschickt ■ temperamentvoll ■ dickköpfig ■ freundlich ■
> phantasievoll ■ eitel ■ arrogant ■ zickig

3. Mit welchen Adjektiven kannst du die Mutter beschreiben?

TheaterSpielRaum

> Mithilfe von **Regieanweisungen** kann der Autor eines Stückes dem Regisseur oder den Schauspielern Hinweise geben, wie eine Szene gespielt werden soll. Das umfasst Angaben zu Handlung, Gestik und Mimik der Schauspieler, aber auch Anmerkungen zum Bühnenbild, zu Requisiten, Beleuchtung und Musik. Regieanweisungen werden dabei in Klammern in den eigentlichen Text eingefügt.

In der folgenden Szene lernst du Petronellas Brüder Georg und Michael kennen:

5. Szene: Der Geburtstag

König Peter, Königin Blühblume und die Brüder Georg und Michael sind im Thronsaal versammelt.

PETRONELLA *(tritt verschlafen auf)* Wer redet von mir?
KÖNIG PETER Herzlichen Glückwunsch zum Geburtstag!
GEORG *(unwillig)* Na dann, alles Gute.
MICHAEL *(schüttelt Petronella die Hand)* Glückwunsch, kleine Katastrophe!
PETRONELLA Nehmt es zur Kenntnis: Ich bin jetzt eine große Katastrophe.
HAUSHOFMEISTER *(tritt unter vielen Verbeugungen auf die Bühne)* Oh, Eure Hoheit hat Geburtstag! Ich erlaube mir zu gratulieren. In diesem Fall wird wohl der Unterricht nicht stattfinden …
GEORG Na, das wäre ja ein richtiger Grund zu feiern.
MICHAEL Essen wir jetzt die Torte?
PETRONELLA Die Torte kann warten! Nichts habe ich lieber als diese Unterrichtsstunden.
(Petronella bläst die Kerzen aus. König und Königin gehen ab.)

1. Besprecht, was die Regieanweisungen in den Klammern verraten.

6. Szene: Tanzstunde

HOFMEISTER Wir beginnen also mit der Tanzstunde. Wenn ich bitten darf: Rechts, links, Wechselschritt, schließen, Drehung, Ausfallschritt, Verbeugung! ( )
HOFMEISTER ( ) Euer Hoheit, Prinz Georg, mit Verlaub, wenn ich um etwas größere Bewegungen bitten darf! Ich sehe ja kaum etwas. Und Prinz Michael, bitte höflichst um Entschuldigung, aber Er tanzt, als habe Er einen Besenstiel verschluckt. Und noch einmal, bitte: Rechts, links, Wechselschritt, schließen, Drehung, Ausfallschritt, verbeugen!
GEORG ( ) Diese Prinzenausbildung ist die reinste Folter. Wenn ich einmal mein Königreich errungen habe, dann wird dort zuerst Musik und Tanzerei abgeschafft.
HOFMEISTER Mit Verlaub, das würde ein trauriges Königreich.
MICHAEL ( ) Stimmt, dann könnte keiner mehr über die Tanzversuche des Königs lachen.
HOFMEISTER Prinz Michael, ich sehe, Ihr gebt Euch alle erdenkliche Mühe. Prinz Georg, es geht nicht darum, die Festigkeit des Fußbodens zu testen. Nicht trampeln sollt Ihr, sondern schweben, ja, schweben. ( )
GEORG ( ) Schweben, schweben! Bin ich vielleicht ein Vögelein?

PETRONELLA Allenfalls ein Pinguin.
GEORG Das ist doch nichts für rechte Männer. ( ) Bitte mit Verlaub um Entschuldigung, Herr Hofmeister. *(Zu Petronella:)* Und du, warte, bis es ans Fechten geht.
MICHAEL ( ) Da gewinnt sie doch auch immer.
HOFMEISTER Das verwundert nicht: Leichtfüßigkeit ist beim Fechten Voraussetzung.
GEORG Diese Übungen sind sinnlos. Zum Kämpfen braucht man einen richtigen Gegner. Worauf warten wir noch? Lass uns aufbrechen. Es ist doch alles vorbereitet.
MICHAEL ( ) Aber wollten wir nicht noch Torte essen?
GEORG Nichts aber.
PETRONELLA ( ) Aufbrechen? Wohin? Was ist vorbereitet?
GEORG ( ) Kleine Katastrophe, wir ziehen in die Welt hinaus. Wir retten eine Prinzessin und erobern ein Königreich.
MICHAEL Stimmt. Das ist immer so gewesen.
PETRONELLA Ja, und es war immer so, dass alle drei ausgezogen sind. Wenn ihr denkt, dass ich zu Hause hocken bleibe, dann habt ihr euch aber getäuscht! Ich ziehe aus, um – um – einen Prinzen zu retten.
HOFMEISTER Mit Verlaub, das ist unmöglich. Das gehört sich nicht. Es wäre eine Katastrophe!
PETRONELLA Na, dann passt es ja zu mir.

Regieanweisungen

(1) *stolpert über seine eigenen Füße, spricht sehr angestrengt*   (2) *vorsichtig*   (3) *macht die Schrittfolge schwebend vor*   (4) *macht es vor, schaut dann seinen Schülern zu und gibt mit einem Stock den Takt.*   (5) *genervt*   (6) *wendet sich erschrocken an ihre Brüder und schüttelt Georg am Arm*   (7) *stolz und von oben herab*   (8) *zuckt mit den Schultern*   (9) *während er seine Bewegung übertrieben grob ausführt*   (10) *äfft den Hofmeister nach*   (11) *schaut enttäuscht die Torte an*

2. Spiele die Regieanweisungen aus dem Kasten zunächst ohne Worte. Ordne sie dann den richtigen Figuren aus der 6. Szene zu, indem du die entsprechende Nummer in die leeren Klammern einträgst. Lege dazu eine Folie über den Text.
3. Wie unterscheiden sich die Prinzen Michael und Georg voneinander?
4. Bildet mehrere Gruppen. Entscheidet euch für die Szene 3 (S. 167) oder die Szenen 5 und 6. Versucht nun, den Text vom Blatt zu spielen. Bestimmt einen Regisseur, der euch beobachtet und Hinweise zu Körperhaltung, Gestik und Mimik gibt.

Einen szenischen Text gestaltend sprechen
→ S. 177 **K**

TheaterSpielRaum

Petronella bricht auf und findet in der Burg des Zauberers Albion ihren Prinzen, der sich in einem Liegestuhl sonnt.

8. Szene: Prinz Ferdinand von Feuerzack

Unbemerkt von Petronella und Ferdinand tritt der Zauberer Albion im Hintergrund auf und beobachtet die Szene.

PETRONELLA Ist das das Haus des Zauberers Albion?
FERDINAND Hm, ich glaube schon. Ja, ich bin sicher.
PETRONELLA Und wer bist du?
FERDINAND Ich bin Prinz Ferdinand von Feuerzack … und – könntest du vielleicht etwas zur Seite gehen, du stehst mir in der Sonne. Wie soll ich da braun werden?
PETRONELLA Braun? Dieser Zauberer Albion … ist er sehr grausam?
FERDINAND Es wäre netter hier, wenn er nicht jeden, der ihm querkommt, in irgendein zotteliges Monster verwandeln würde. Die Biester stinken und machen Lärm.
PETRONELLA Wie lange bist du schon sein Gefangener?
FERDINAND Ich bin schon ein paar Wochen hier.
PETRONELLA So. Ein paar Wochen zwischen zotteligen Monstern! Das reicht! *(Sie stellt sich in Position und ruft entschlossen:)* Zauberer Albion! Ich fordere dich heraus!
ALBION *(tritt vor)* Oh, Besuch! *(Er betrachtet Petronella eingehend.)* So, so, du forderst mich heraus? Das ist ja originell und ich dachte schon, mich könnte nichts mehr überraschen.
PETRONELLA Ich möchte für dich arbeiten.
ALBION Bist du sicher? Ich kann dich nicht abweisen, aber ich warne dich: Es ist sehr gefährlich, für mich zu arbeiten. Es genügt nicht, wenn du gut mit dem Schwert umgehen kannst. Du brauchst wirklichen Mut. Ich werde dich auf Herz und Nieren prüfen. Auf **Herz** und Nieren.

1. Überlegt euch, was für Charaktereigenschaften Prinz Ferdinand haben könnte. Sucht passende Adjektive.
2. Legt Spieler für die Rollen von Petronella und Ferdinand fest. Alle anderen stehen auf und spielen Albion, der die Szene zunächst still beobachtet. Seinen Text könnt ihr ruhig alle sprechen.

TIPP

Es ist wichtig, dass ihr als Albion durch Körperhaltung, Bewegung, Mimik und Gestik ausdrückt, was ihr über Petronella und Ferdinand während ihres Gespräches denkt. Denn **alle** auf der Bühne sind beim Spiel dabei und spielen mit, auch wenn sie gerade keinen Text haben. Keiner darf „abschalten" und an etwas anderes denken.

Petronella löst zwei Aufgaben: Sie bändigt die wilden Hunde, indem sie freundlich zu ihnen ist, und bringt den wilden Pferden das Tanzen bei. Dabei erlöst sie ihre Brüder Georg und Michael, die Albion wegen fortgesetzter Verachtung von Musik und Tanz in Pferde verwandelt hat. Als Petronella um die dritte Aufgabe bittet, sagt Albion: „Die kenne ich noch nicht. Sie kommt von selber." Und schon hört man es fauchen und poltern und vier Drachen erscheinen auf der Bühne.

11. Szene: Drachen und Prinzen (Auszug): Der Drachen-Rap

Rap 1. Teil:

Die vier Drachen Drafax, Drapax, Drastax, Drazax erscheinen.
Es kommen die Drachen,
ihr habt nix mehr zu lachen!
Wartet nur, was wir für Sachen machen:
5   Brände entfachen, Wände krachen,
in Rauchschwaden baden, Gewitter entladen
und wir erlauben – uns – Prinzessinnen zu rauben,
sie anzuschnauben, bis sie dran glauben
und ihre Knöchelchen in unserer Höhle verstauben. Hah!

10 DRAFAX Naa? Bist du vielleicht eine Prinzessin?
PETRONELLA Na ja, irgendwie schon, aber auch irgendwie nicht so richtig.
DRAPAX Oh nein! Uns bleibt auch nichts erspart!
DRASTAX Und wo ist der dazugehörige Prinz? Ist er schon zu sehen?
DRAZAX Es wird sicher nicht lange dauern und dann geht der ganze Mist
15   wieder von vorne los! Oh je!
PETRONELLA Wovon sprecht ihr?

Rap 2. Teil

Die vier Drachen rappen im Chor:
Iiii! Prinzen, wir hassen sie,
in Massen kommen sie,
wollen uns fassen, sterben und erblassen lassen,
5 mit Schwertern erstechen, die Knochen brechen,
nur um eine Prinzessin zu rächen,
in unserem Blut baden bis über die Waden,
dann kann ihnen keiner mehr schaden.
Unser Blut macht unsterblich
10 und das Königreich der Prinzessin ist erblich.
Drum drehen wir den Spieß herum
und legen sofort jeden Prinzen um. Hah!

1. Macht ein paar Leseversuche in der Klasse. Legt vorher Bewertungskriterien fest, z. B.: Wie abwechslungsreich wird der Text gesprochen und betont?
2. Bildet Vierergruppen und gestaltet den Rap für einen Wettbewerb.
   – Verteilt den Text unter euch. Ihr habt viele Möglichkeiten zu sprechen (laut, leise, schnell, langsam, fauchend, gefährlich …).
   Vielleicht findet ihr Geräusche dazu.
   – Achtet auch auf Bewegungen. Passen sie zu den Drachen?
   – Am besten schreibt ihr euch alles genau auf, lernt euren Text auswendig und übt, bevor der Wettbewerb startet.

K Eine Choreografie zu einem Text entwickeln → S. 177

Drachen-Rap-Wettbewerb

Bewertungsbogen	
Bewegung	passend zum Drachen, …
Zusammenspiel der vier Rapper	
Aussprache und Betonung	deutlich
Gesamteindruck	

Die Flucht

Petronella bekommt für die Lösung der drei Aufgaben drei Geschenke: einen Spiegel, einen Kamm und eine Halskette. Sie bewegt den Prinzen Ferdinand zur Flucht. Um ihren Verfolger Albion abzuschütteln, wirft sie die drei Gegenstände hinter sich. Der Kamm wird zu einem Gefängnis, der Spiegel zu einem großen See und die Kette fesselt den Zauberer. Im Film kann man heute fantastische Verwandlungen mithilfe des Computers leicht darstellen. Auf der Bühne kann man tolle Effekte z. B. mit Requisiten und durch Schattenspiel erreichen.

▶ **Spezialeffekte mit Requisiten erzeugen**: Requisiten sind Gegenstände, die ein Schauspieler zum Spiel benötigt. Auf dem Bild wurde aus Wellpappe und Holzstäben ein riesiger, biegsamer Kamm gebaut.

▶ **Spezialeffekte durch Schattenspiel erzeugen**: Mithilfe einer Lichtquelle, z. B. eines Tageslichtprojektors, werden Körperschatten auf eine Leinwand geworfen. Man kann auch Gegenstände, die man auf die Projektionsfläche legt, stark vergrößern.

1. Hier findet ihr zwei Beispiele für den Kamm. Vielleicht fallen euch noch andere Lösungsmöglichkeiten ein. Überlegt, wie man den See und die Fesselung durch die Halskette darstellen könnte.

Das Ende

Aus der Fesselung durch die Halskette kann Albion sich nicht befreien. Das kann nur Petronella, und sie tut es, als sie begreift, dass Ferdinand ein egoistischer Nichtsnutz ist. Albion verfolgt gar nicht ihn, sondern sie, weil er sich in das ungewöhnliche Mädchen verliebt hat. Petronella begreift endlich, dass nicht alles so bleiben muss, wie es immer schon war. Sie heiratet also keinen Prinzen, sondern den Zauberer. Und wenn sie nicht gestorben sind …

Einen Theaterabend gestalten

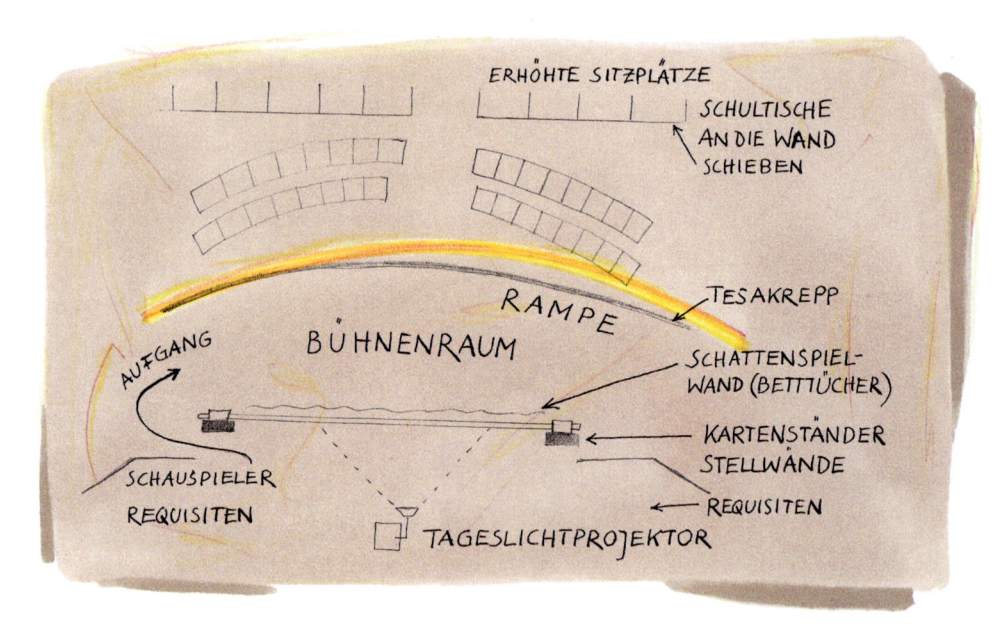

[Skizze eines Bühnenaufbaus mit Beschriftungen: ERHÖHTE SITZPLÄTZE, SCHULTISCHE AN DIE WAND SCHIEBEN, RAMPE, TESAKREPP, AUFGANG, BÜHNENRAUM, SCHATTENSPIELWAND (BETTTÜCHER), KARTENSTÄNDER STELLWÄNDE, SCHAUSPIELER REQUISITEN, TAGESLICHTPROJEKTOR, REQUISITEN]

Der ganz große Auftritt

Euer Theaterabend ist jetzt schon gut vorbereitet: Ihr kennt die Figuren aus dem Stück „Petronella" und habt verschiedene Szenen gespielt. Außerdem verfügt ihr über einen Vorrat von kleinen selbstständigen Szenen.

Ihr habt verschiedene Möglichkeiten, euren Theaterabend zu gestalten:

- ▶ Ihr könnt die Einzelszenen des Stückes „Petronella" spielen und sie durch einen Erzähler verknüpfen.
- ▶ Zusätzlich könnt ihr eure Unterrichtsergebnisse präsentieren (Lautgedichte, Hörspiel, Pantomime).
- ▶ Wenn ihr mehr Zeit und Lust habt, könnt ihr auch das ganze Stück „Petronella" spielen.

K Einen szenischen Text spielen
→ S. 177

Das Bühnenbild

Ihr könnt mit Folien für den Tageslichtprojektor arbeiten, die ihr selber mit Filzstift zeichnet. Ihr könnt auch vor die Rückwand aus Stoff mit Stecknadeln große Bilder auf Packpapier übereinander hängen, die ihr dann nacheinander abnehmt, z. B. für das Schloss im Königreich der Himmelblauen Berge eine Ahnengalerie. Baut möglichst wenig um und wenn, dann muss es blitzschnell gehen. Nichts zerhackt ein Stück für die Zuschauer mehr als lange Umbaupausen!

Projektideen 175

Das Plakat

Für euren Theaterabend benötigt ihr gute Werbung. Schaut euch einige Plakate an. In eurer Schule findet ihr sicher welche. Darauf müsst ihr achten:

▶ Blickfang (großes, einfaches Bild mit Fernwirkung),
▶ gut leserliche, große Schrift,
▶ übersichtlicher Aufbau (der Betrachter muss sofort alle Informationen finden).

Ein Plakat gestalten
→ S. 305 M

Ein Programmheft erstellen

Ihr könnt gut am Computer arbeiten. Einigt euch auf die Schriftart und Schriftgrößen. Ihr könnt Bilder scannen und einfügen.

Hier sind Anregungen zum Inhalt: Verzeichnis der Rollen und ihrer Darsteller, Abfolge der Szenen, kurze Inhaltsangabe des Stückes, Informationen zu den Autoren. Steckbriefe zu den Figuren im Stück mit Bildern, z. B.:

▶ Ich bin Prinz Ferdinand von Feuerzack
▶ Ich heiße so, weil …
▶ Wenn ich drei Wünsche frei hätte, würde ich …
▶ Drei Dinge, die ich überhaupt nicht leiden kann:
▶ Was ich über Petronella und Albion denke …

Der Blick zurück …

… auf ein paar spannende Schulwochen lohnt sich. Einige von euch können einen Artikel für die Schülerzeitung oder das Jahrbuch der Schule schreiben: über die Entstehung und Umsetzung eurer Ideen, was ihr auf und hinter der Bühne erlebt habt, über Pannen, Spaß und Zuschauerreaktionen. Ihr könnt auch die Schauspieler befragen: Wie fühlt man sich so als Ferdinand im Liegestuhl?

TheaterSpielRaum

K Kompetenzen

Sicher ist dir aufgefallen, dass viele Fachbegriffe rund um das Theater aus dem Griechischen kommen.

Im alten Griechenland hat sich vor mehr als 2500 Jahren das Theaterspiel (Drama) aus den Festumzügen mit Gesang und Tanz zu Ehren des Weingottes Dionysos entwickelt. Am Anfang gab es nur einen Chor und zwei bis drei Schauspieler. Die Choreografie ist also eine ganz alte Form des Theaterspiels. Es gab Tragödien (mit traurigem Schluss) und heitere Komödien. Im 5. Jahrhundert vor Christus wurden Tragödien geschrieben, die bei uns noch heute regelmäßig auf der Bühne gespielt werden. Das Besondere an einem Theaterstück ist, dass es sich „live" vor den Augen der Zuschauer abspielt, so als wären sie unmittelbar dabei.

Einen szenischen Text erkennen

- **Ein dramatischer Text besteht im Wesentlichen aus wörtlicher Rede von Figuren.** Wenn zwei oder mehrere Personen auf der Bühne miteinander sprechen, nennt man das einen Dialog (griech.: diá = auseinander, zwischen und lógos = Wort, Rede). Wenn nur eine Person ein lautes Selbstgespräch führt, ist das ein Monolog (griech.: mónos = einzig, allein). Dazu kommen einige Regieanweisungen, die meistens kursiv und in Klammern gesetzt sind. Sie beschreiben kurz Handlungen und Gefühle der Personen oder machen Angaben zum Schauplatz des Geschehens.

Mimik, Gestik und Körpersprache trainieren

- **Versuche einem Partner** etwas ohne Worte mitzuteilen, z. B. was du am Nachmittag vorhast.
- **Beobachte deine Mitschüler** in der Klasse oder auf dem Pausenhof. Versuche aus ihrer Körpersprache abzulesen, wie sie sich fühlen.
- **Probiere vor dem Spiegel** oder mit einem Partner aus, wie man mit dem ganzen Körper Angst, Freude, Ärger, Ekel, Verachtung, Überraschung, Interesse, Trauer darstellen kann.

Die eigene Stimme bewusst einsetzen

- **Wärme deine Stimme auf.** Probiere mithilfe eines Abzählverses aus, was deine Stimme alles kann: laut, leise, langsam, schnell, nuscheln oder ganz klar und deutlich sein.
- **Überlege, was zu dem Text passt,** den du vortragen willst: Ist er fröhlich oder ernst? Wie verändert sich die Stimmung? Wo bist du leise, wo laut? Wo machst du eine Pause, wo ändert sich das Tempo, weil plötzlich etwas Überraschendes geschieht oder weil es spannend wird oder sich die Gefühle des Sprechers verändern?
- **Markiere dir diese Stellen** im Text. Beispiele für Betonungszeichen findest du auf Seite 110.

Kompetenzen Selbsteinschätzung Trainingsideen

Eine Choreografie zu einem Text entwickeln

- **Teilt den Text in einzelne Sprecher auf.**
- **Stellt euch genau vor, wer spricht:** Wie sieht der Sprecher aus? Welches Aussehen, welche Stimme könnte er haben? Und wie könnte er sich bewegen?
- **Überlege dann, wie du deine Stimme einsetzen kannst.**
- **Denke dir für deine Verse oder Zeilen eine Bewegung aus,** die zu dem Sprecher und seinen Gefühlen passt, z. B. zorniger Drache: Du schüttelst deinen (jetzt schweren) Kopf, ziehst die Schultern hoch, ballst die Fäuste oder zeigst die Krallen und stampfst mit deinen Füßen links/rechts auf der Stelle.
- **Teile nun die Wörter deines Textes auf die Bewegung auf:** Jedes Wort eine Bewegung, jede Silbe eine Bewegung oder Bewegung in der Pause.
- **Nun müsst ihr in der Gruppe vereinbaren,**
  - mit welcher Bewegung ihr auf die Bühne kommt,
  - ob ihr euch immer bewegt oder nur dann, wenn ihr sprecht,
  - ob die anderen Geräusche machen, während einer spricht,
  - und ob ihr ein Stück Text gemeinsam sprecht.
  - Euer Regisseur gibt euch die Einsätze und achtet darauf, dass ihr deutlich sprecht und ausdrucksvoll spielt.

Einen szenischen Text gestaltend sprechen

- **Lies dir den Text gut durch und mache dir klar:**
  - Wer spricht jeweils?
  - In welcher Lage befinden sich die Theaterfiguren? Welche Gefühle haben sie?
  - In welcher Beziehung stehen sie zu den anderen Figuren? Mögen sie einander, hat einer Angst vor dem anderen? Fühlt sich einer dem anderen überlegen?
  - Versuche die Gefühle ohne Worte darzustellen.
  - Überlege dir, wie diese Person geht, wo sie auf der Bühne steht.
  - Dann mache dir Gedanken, wie du deine Stimme am besten einsetzen kannst.
  - Spiele die Figur mit deinem ganzen Körper: Denke an Mimik, Gestik, Körperhaltung, Bewegung und Stimme!

Einen szenischen Text spielen

- **Wärme dich vor dem Spiel auf.**
- **Prüfe, ob alle Requisiten griffbereit sind.**
- **Halte Ruhe hinter der Bühne.** Auch wenn man dich nicht sieht – du bist zu hören!
- **Du bist immer im Spiel,** auch wenn du keinen Text hast!
- **Sage den Text nicht vor dich hin, sondern zu deinen Mitspielern,** *aber:* auch zu den Zuschauern in der letzten Reihe!
- **Wenn du mal im Text hängst, ärgere dich nicht,** sondern denk nach vorne: Was muss ich als nächstes tun?
- **Klebe nicht hinten am Bühnenbild!** Geh nach vorn an die Rampe und genieße deinen Auftritt, dann genießt ihn das Publikum auch!

Applaus Applaus **Bravo!**

TheaterSpielRaum

Die Welt der Bücher
Jugendbuch

Lesen heißt durch fremde Hand träumen.   *Fernando Pessoa*
Lesen, ein Buch lesen – für mich ist das das Erforschen eines Universums.   *Marguerite Duras*
Wenn es mir schlecht geht, gehe ich nicht in die Apotheke, sondern zu meinem Buchhändler.   *Philippe Djian*
Bücher lesen heißt wandern gehen in ferne Welten, aus den Stuben über die Sterne.   *Jean Paul*

1. Betrachte das Bild. Beschreibe, wo und bei welchen Gelegenheiten die Bücher gelesen werden.
2. Welches Zitat gefällt dir am besten? Erkläre, warum.
3. Wo und was lest ihr am liebsten?
   Tauscht euch darüber aus, was das Lesen für euch bedeutet.

Bücherabteilungen

Zu allen Bereichen werden Bücher geschrieben. Damit man den Überblick behält, werden die Bücher in Buchhandlungen und Bibliotheken nach Themen und Textsorten unterteilt.

4. Welches Buch gehört wohin? Sortiere die am Rand abgebildeten Bücher in die Regale ein und begründe deine Entscheidung.
5. Fülle die Bücherregale weiter auf und ergänze sie um fünf Titel. Zeichne dazu ein Regal in dein Heft. Wenn du für ein Buch kein passendes Fach findest, beschrifte ein neues Fach mit einem passenden Namen.

> **In diesem Kapitel lernst du,**
> - wie man eine Bibliothek benutzt,
> - wie du gezielt nach einem Buch in einer Bibliothek suchst,
> - wie ihr eine Klassenbibliothek einrichtet,
> - wie du ein Buch vorstellst,
> - wie du ein Buch empfehlen kannst.

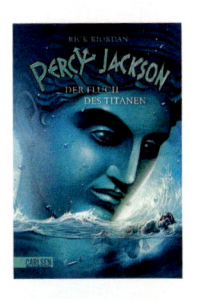

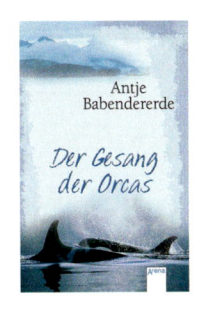

In der Bibliothek

Tritt ein in die Welt der Bücher. Viele Bücher und noch einiges mehr findest du in öffentlichen Bibliotheken und Büchereien. Dort hast du die Möglichkeit, dir günstig Bücher, CDs und DVDs auszuleihen.

1. Betrachte die Bilder auf der Doppelseite und halte fest, was für Angebote diese Bücherei hat.
2. Tauscht euch darüber aus, welche Angebote und Bereiche ihr in dieser Bücherei besonders interessant findet und welche euch weniger ansprechen.
3. Nicht alle Besucher benehmen sich richtig an diesem Ort.
   Erkläre, warum einige Verhaltensweisen in der Bücherei nicht erlaubt sind.

Die Welt der Bücher

4. Besucht eine Bücherei in eurer Nähe und erkundet sie.
Informiert euch über folgende Bereiche und ergänzt die Liste gegebenenfalls
um eure eigenen Fragen:
- Wie lange und an welchen Tagen hat die Bücherei geöffnet?
- Wie komme ich an einen Ausweis?
- Gibt es ein besonderes Angebot für Jugendliche?
- Wie lange darf ich Bücher oder CDs ausleihen?
- Was passiert, wenn ich die Ausleihfrist überschreite?
- Finden besondere Veranstaltungen statt?
- …

Eine Klassenbibliothek organisieren

Leider kann man nicht alle Bücher kaufen, die man gerne lesen möchte. Deshalb könnt ihr in eurer Klasse eine Klassenbibliothek einrichten.
Bringt dazu die Bücher mit, die ihr gerade nicht lest oder euren Mitschülern zum Lesen vorschlagen möchtet.

Ausleihheft der Klasse 5 a

Büchereiteam: Gülserem, Michail, Janina

Autor	Titel	Besitzer	Entleiher	Ausleih-datum	Rückgabe-datum
Jonathan Stroud	Bartimäus. Das Amulett von Samarkand	Hannah Peters	Michael Bender	11. 3.	
Alfred Hitchcock	Die drei ??? und das Geisterschiff	Jannik Einstein	Ayse Altun	11. 3.	18. 3.
Alfred Hitchcock	Die drei ???	Jannik Einstein	Artur Schmidt	11. 3.	
Martin Gardner	Mathematische Zauberei	Flo	Michael	11. 3.	

1. Beschreibe, wie die Klasse 5 a ihre Bibliothek organisiert hat.
2. Worauf muss das Büchereiteam besonders achten?
   Überlege, wodurch Fehler und Missverständnisse entstehen können.
   Welche Aufgaben hat das Ausleihheft?

Umgang mit ausgeliehenen Büchern

Die Klasse 5 a will Regeln für den Umgang mit den ausgeliehenen Büchern schriftlich festlegen. Dazu hat sie in Gruppen diese Vorschläge erarbeitet:

Regeln für das Ausleihen von Büchern
1. Keine Knicke in die Bücher!
2. Kaugummi, Schokolade und Stifte sind Feinde der Bücher!
3. Jeder behandelt das ausgeliehene Buch so, als wäre es sein eigenes!
4. Nur das Büchereiteam darf das Ausleihheft führen!
5. Nur das Büchereiteam darf Bücher entleihen und zurücknehmen!
6. Man darf die Bücher nicht untereinander tauschen.
7. Man gibt die Bücher nach 14 Tagen wieder zurück.

Unsere Bücherei-Ordnung
1. Wir gehen alle pfleglich mit den Büchern um und beschädigen sie nicht. Wir machen keine Knicke oder Schokoladenflecken in die Bücher und wir schreiben oder malen nichts in das Buch hinein.
2. Wir befolgen die Anweisungen des Büchereiteams.
3. Wir tauschen die Bücher nicht untereinander.
4. Wir geben die Bücher nach 14 Tagen spätestens wieder zurück.
5. Wir behandeln ein fremdes Buch so, als wäre es unser eigenes Buch.

Du und die Klassenbücherei
1. Wenn du zum Büchereiteam gehörst: Nur du darfst Bücher entleihen und zurücknehmen. Nur du führst das Ausleihheft. Du achtest auf den Zustand der Bücher und die Einhaltung der Leihfrist.
2. Wenn du nicht zum Büchereiteam gehörst: Du beachtest die Anweisungen des Büchereiteams!
3. Du machst keine Knicke in die Bücher!
4. Du machst keine Flecken oder Zeichnungen in die Bücher! Du schreibst nichts hinein!

3. Untersuche die Vorschläge für die Regeln der Klassenbibliothek der 5 a. Welche Regeln würdest du übernehmen, welche ändern, welche streichen?
4. Was für Regeln würdet ihr ergänzen?
5. Vergleicht die Formulierungen in den Vorschlägen für die Regeln der Klassenbibliothek und beschreibt ihre Unterschiede. Welche Vor- und Nachteile bringen die jeweiligen Formulierungen mit sich?
6. Besprecht in einer Gruppe, wie ihr die Regeln formulieren würdet. Stellt anschließend Regeln für eure Klassenbibliothek auf.

Satzarten → S. 266

Ein Plakat gestalten → S. 305 M

Die Welt der Bücher

Der Online-Katalog

In einer großen Bibliothek gibt es sehr viele Bücher. Der Online-Katalog hilft dir bei deiner Recherche. In ihm stehen alle Bücher, Zeitschriften, Zeitungen, CDs, DVDs und Spiele, die du in deiner Bibliothek ausleihen kannst. Mithilfe der Suchmaske kommst du ihnen auf die Spur.

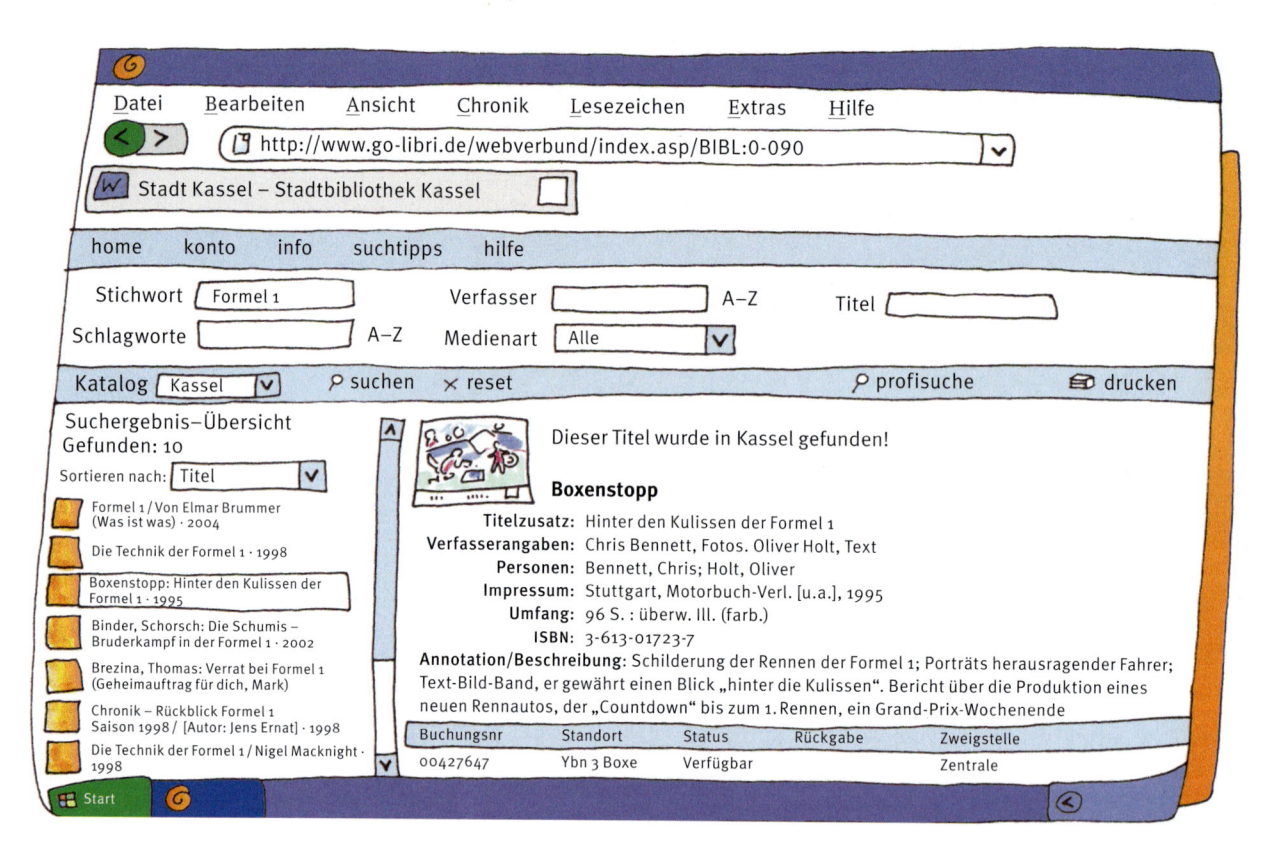

```
Datei    Bearbeiten    Ansicht    Chronik    Lesezeichen    Extras    Hilfe
< >   http://www.go-libri.de/webverbund/index.asp/BIB1:0-090
      Stadt Kassel – Stadtbibliothek Kassel

home    konto    info    suchtipps    hilfe

Stichwort [Formel 1]          Verfasser [       ] A–Z      Titel [       ]
Schlagworte [       ] A–Z     Medienart [Alle  v]

Katalog [Kassel v]   🔍 suchen   ✕ reset              🔍 profisuche    🖨 drucken

Suchergebnis-Übersicht                    Dieser Titel wurde in Kassel gefunden!
Gefunden: 10
Sortieren nach: [Titel v]                 Boxenstopp
                                  Titelzusatz: Hinter den Kulissen der Formel 1
  Formel 1 / Von Elmar Brummer     Verfasserangaben: Chris Bennett, Fotos. Oliver Holt, Text
  (Was ist was) · 2004             Personen: Bennett, Chris; Holt, Oliver
  Die Technik der Formel 1 · 1998  Impressum: Stuttgart, Motorbuch-Verl. [u.a.], 1995
  Boxenstopp: Hinter den Kulissen der   Umfang: 96 S. : überw. Ill. (farb.)
  Formel 1 · 1995                  ISBN: 3-613-01723-7
  Binder, Schorsch: Die Schumis – Annotation/Beschreibung: Schilderung der Rennen der Formel 1; Porträts herausragender Fahrer;
  Bruderkampf in der Formel 1 · 2002   Text-Bild-Band, er gewährt einen Blick „hinter die Kulissen". Bericht über die Produktion eines
  Brezina, Thomas: Verrat bei Formel 1  neuen Rennautos, der „Countdown" bis zum 1. Rennen, ein Grand-Prix-Wochenende
  (Geheimauftrag für dich, Mark)
  Chronik – Rückblick Formel 1     Buchungsnr   Standort    Status      Rückgabe    Zweigstelle
  Saison 1998/ [Autor: Jens Ernat] · 1998   00427647   Ybn 3 Boxe   Verfügbar                Zentrale
  Die Technik der Formel 1 / Nigel Macknight ·
  1998

Start
```

Die **Signatur** ist eine Buchstaben-Ziffern-Kombination, die den Standort des Buches in den Regalen angibt. Sie steht auf dem Buchrücken.

K Bücher und andere Medien in einer Bibliothek finden
→ S. 195

1. Fatima sucht Bücher zum Thema „Formel 1", da sie einen Vortrag über Autorennen halten will. Untersuche die Trefferliste und erkläre, welche Bücher sie sich für ihr Referat ausleihen sollte und welche eher nicht.
2. Prüfe, welche Signatur das Buch „Boxenstopp" hat und ob Fatima es sich ausleihen kann.
3. Stelle mithilfe des Online-Katalogs deiner Bibliothek fest, welche der Bücher von Seite 179 dort vorhanden sind und welche Signatur sie tragen. Suche außerdem zu einem Thema, das dich besonders interessiert, fünf Bücher heraus. Notiere ihren Titel, den Autor und die Signatur.
4. Tauscht euch nach eurer Recherche darüber aus, auf welche Schwierigkeiten und Probleme ihr bei der Suche gestoßen seid und worauf man bei der Online-Suche achten sollte.

„Ich bin für den Spaß am Lesen zuständig"

Andreas Steinhöfel ist im Jahr 2009 auf der Frankfurter Buchmesse mit dem Jugendliteraturpreis in der Sparte „Kinderbuch" für das Buch „Rico, Oskar und die Tieferschatten" ausgezeichnet worden.

1. Beschreibe die beiden Hauptfiguren des Buches, Rico und Oskar, die auf dem Bucheinband abgebildet sind.
2. Wie wirkt der Autor Andreas Steinhöfel auf dich als Leser?

In dem folgenden Interviewausschnitt beschreibt Andreas Steinhöfel, was für ihn das Besondere an Kinder- und Jugendbüchern darstellt.

„Ich hab mal angefangen für Kinder zu schreiben, weil ich fand, dass Kinder oft ein bisschen blöde dargestellt werden – nicht in den Büchern, aber es ist für Kinder, da müssen wir uns nicht so anstrengen, eine kleine Larifari-Geschichte reicht. Oder es gab massenhaft Problembücher, als sei jedes Kind vordergründig
5 nur mit irgendwelchen Problemen beschäftigt. Ich fand, es gibt auch etwas dazwischen, dass Kinder einfach gerne gut unterhalten werden (ich als Erwachsener auch). Und dann kannst du ja immer noch ein paar Sachen reintun, wo man drüber nachdenken kann. Aber erst mal soll's spannend und witzig sein. Das ist der Grund, warum ich heute noch Kinderbücher schreibe."

3. Fasse in ein bis zwei Sätzen zusammen, warum Andreas Steinhöfel begann, für Kinder zu schreiben.
4. Vergleiche seine Äußerungen mit Kinder- oder Jugendbüchern, die du bisher gelesen hast. Treffen sie deiner Meinung nach zu?

> Einem Romanhelden kann man sich auf unterschiedliche Weise nähern, indem man zum Beispiel auf seine Besonderheiten achtet, seine Stärken und Schwächen herausfindet und seinen Charakter erkennt. Das wiederum erfolgt in unterschiedlichen Kapiteln, sodass sich erst im Laufe des Lesens ein vollständiges Bild der Hauptfigur zusammensetzt.

Ferientagebuch

Vielleicht hast du schon einmal ein Ferientagebuch geschrieben oder schreibst sogar täglich deine Tageserlebnisse, Gedanken und Gefühlen in ein Tagebuch oder stellst sie im Internet in einem sozialen Netzwerk ein.

Rico, der Ich-Erzähler im Roman „Rico, Oskar und die Tieferschatten" von Andreas Steinhöfel, erhält von seinem Lehrer Wehmeyer den Auftrag, ein Ferientagebuch zu schreiben. Rico sagt von sich selbst, er sei ein „tiefbegabtes" Kind, das heißt, dass ihm Schreiben und Rechnen besonders schwerfallen. So lässt er sich auf den Vorschlag des Lehrers ein, um schon für das kommende Schuljahr Pluspunkte zu sammeln. Rico schreibt jeden Abend seine Tageserlebnisse auf. Mit den folgenden Textauszügen lernst du den Erzähler Rico in seinem Wesen kennen.

1. Lies die Textauszüge auf den folgenden Seiten und suche Wortgruppen, Sätze oder Wörter und Wendungen aus den Texten heraus, die die Besonderheiten Ricos beschreiben und verdeutlichen.
2. Fasse anschließend die Aussagen mit eigenen Worten zu einem Charakterbild zusammen: Wer ist Rico? Was zeichnet ihn aus? Wie lernst du ihn kennen?

Rico und das Schreiben

Einen Weg beschreiben
→ S. 42 f.

„Warum hat der Wehmeyer dich denn noch mal antanzen lassen?", sagte Mama. „Ich dachte, gestern war schon der letzte Schultag?"

„Wegen einem Ferienprojekt. Was schreiben."

„Du und schreiben?" Sie runzelte die Stirn. „Was denn?"

„Nur einen Aufsatz", murmelte ich. Die Sache war komplizierter, aber ich wollte Mama noch nicht einweihen, bevor ich es erfolgreich ausprobiert hatte. [...] Der Wehmeyer hat gesagt, eine meiner Stärken beim Schreiben von Aufsätzen wären die Zeiten, also Vergangenheit, Gegenwart und Zukunft und die So-als-ob-Zeit. [...] Das war der Grund dafür, dass ich am Samstag noch mal bei ihm antanzen sollte, obwohl eigentlich schon Ferien waren. Es ging um einen Aufsatz [...], den ich vor zwei Wochen geschrieben hatte. Der hatte den Wehmeyer schwer beeindruckt, deshalb wollte er noch mal mit mir darüber reden.

„Deine Rechtschreibung zieht einem zwar die Schuhe aus, Rico", sagte er. „Aber *wie* du schreibst, das hat schon was. Du bist ein guter Erzähler ... wenn man die längere Abschweifung mal außer Acht lässt. [...]" [...]

Der Wehmeyer guckte ganz listig. [...] „Ich hab mir Folgendes überlegt", sagte er. „Was würdest du davon halten, so eine Art Tagebuch zu führen? Über deine Erlebnisse in den Ferien? Was du so denkst, was du so alles machst ... Fahrt ihr in Urlaub, du und deine Mutter?"

„Nein. Ist das 'ne Hausaufgabe?"

„Sagen wir mal: Wenn du es wirklich versuchst, erlasse ich dir dafür nach den Ferien ein paar andere Hausaufgaben."

Das klang gut.

„Wie viel soll denn drinstehen?"

„Sagen wir mal ... ab zehn Seiten bin ich zufrieden. Ab zwanzig gibt's einen Bonus."

„Was ist das?"

„Eine zusätzliche Belohnung."

Das klang noch besser. Trotzdem war mir nicht ganz wohl dabei. Zwanzig Seiten waren ziemlich viel.

„Und die Rechtschreibfehler?", sagte ich misstrauisch.

„Um die mach dir erst mal keine Gedanken. Du hast doch sicher einen Computer, oder?"

„Mama hat einen. Wegen eBay." [...]

„Hat der ein Textverarbeitungsprogramm mit Korrekturfunktion?"

„Was heißt Korrektur?"

„Verbesserung."

> Verbesserungsfunktion: ab und zu kriegt man ein Wort erklärt und versteht es dann leider erst recht nicht. Jedenfalls nicht sofort. Zum Beispiel könnte man sich bei *Verbesserungsfunktion* fragen, warum man was verbessern sollte, obwohl es längst tadellos funktioniert. Und schon ist man reingefallen!

Für Rico ist das zusammengesetzte Substantiv **„Textverarbeitungsprogramm"** ein besonders langes Wort. Er hat Schwierigkeiten, es auf Anhieb zu verstehen. Die Frage „Hat der ein Textverarbeitungsprogramm mit Korrekturfunktion?" empfindet Rico als zu lang und schwer verständlich, weil sie außerdem ein Fremdwort enthält, das Rico nicht versteht.

Manchmal bastelt der Wehmeyer extralange Wörter und Sätze zusammen, um uns zu ärgern. Wenn ich einen schlechten Tag habe, rege ich mich darüber auf [...]. Aber heute würde ich mich nicht ärgern lassen. Jetzt waren Ferien. Außerdem, das muss ich zugeben, schmeichelte mir sein Vorschlag ein bisschen. Ein Tagebuch ...

Es dauerte eine Weile, dann hatte ich die vielen Wörter sortiert und verstanden. Als Mama unseren Computer gekauft hat, ist so ein Textprogramm und anderer Schnickschnack umsonst dabei gewesen. Mama benutzt es ab und zu, um Briefe zu schreiben. Ich nickte.

„Gut", sagte der Wehmeyer. „So ein Programm verbessert deine Fehler nämlich automatisch."

Ich war verblüfft. „Echt?"

„Echt. Aber tu mir einen Gefallen und guck dir wenigstens ein paar von den übelsten Fehlern an. Vielleicht lernst du was draus." [...]

„Abgemacht."

Er grinste und hob eine Hand. „Gib mir fünf."

Ich schob meinen Stuhl zurück, stand auf, sagte schnell Tschüs und ging. Wenn der jetzt auch noch mit Mathe anfing, bekäme ich echt schlechte Laune. [...]

Rico – wie er sich selbst sieht

Ich war schon in jeder Wohnung im Haus, nur in Fitzkes nicht. Er lässt mich nicht rein, weil er mich nicht leiden kann.

„Ah, der kleine Schwachkopf", knurrte er.

Ich sollte an dieser Stelle wohl erklären, dass ich Rico heiße und ein tiefbegabtes Kind bin. Das bedeutet, ich kann zwar sehr viel denken, aber das dauert meistens etwas länger als bei anderen Leuten. An meinem Gehirn liegt es nicht, das ist ganz normal groß. Aber manchmal fallen ein paar Sachen raus, und leider weiß ich vorher nie, an welcher Stelle. Außerdem kann ich mich nicht immer gut konzentrieren, wenn ich etwas erzähle. Meistens verliere ich dann den roten Faden, jedenfalls glaube ich, dass er rot ist, er könnte aber auch grün oder blau sein, und genau das ist das Problem.

In meinem Kopf geht es manchmal so durcheinander wie in einer Bingotrommel. Bingo spiele ich jeden Dienstag mit Mama im Rentnerclub *Graue Hummel*. [...]

Mama kann Fitzke nicht ausstehen. Vor ein paar Jahren, als wir in die Dieffe 93 eingezogen waren, hatte sie mich durchs ganze Haus mitgeschleppt, um uns den Nachbarn vorzustellen. Ihre Hand war ganz schwitzig gewesen, voll der Klammergriff. Mama ist mutig, aber nicht kaltblütig. Sie hatte Angst gehabt, die Leute könnten uns nicht leiden, wenn sie rauskriegten, dass sie keine Dame war und ich ein bisschen behindert. Fitzke hatte auf ihr Klopfen geöffnet und im Schlafanzug vor uns gestanden. Im Gegensatz zu Mama, die sich nichts anmerken ließ, hatte ich gegrinst. Das war wohl der Fehler gewesen. So in etwa hatte Mama dann gesagt, Tach, ich bin also die Neue hier, und das ist mein Sohn Rico. Er ist ein bisschen schwach im Kopf, aber da kann er nichts für. Wenn er also mal was anstellt ...

Fitzke hatte die Augen zusammengekniffen und das Gesicht verzogen, als hätte er einen schlechten Geschmack im Mund. Dann hatte er, ohne ein Wort, uns die Tür vor der Nase zugeknallt. Seitdem nennt er mich Schwachkopf. [...]

Der Neue [Nachbar] heißt Westbühl, so steht es auf seinem Klingelschild. [...] Das gibt Stress, wenn ich den mal mit seinem Namen anreden muss. Wegen Westen und Osten und so weiter. Ich bringe nämlich links und rechts immer durcheinander, auch auf dem Kompass. Wenn es um links und rechts geht, startet automatisch die Bingotrommel in meinem Kopf. [...]

Ich hab Angst, ich könnte mich mal in der Stadt verirren [...]. Ich finde mich nicht zurecht [...]. Mit dem vielen links und rechts und dergleichen. [...] [I]ch war ja noch nie allein unterwegs. Wäre aber auch gar nicht so schlimm, eigentlich. Mama sagt, wenn's mich irgendwann mal erwischt, soll ich mich einfach in ein Taxi setzen und nach Hause bringen lassen. Falls sie nicht da ist, wird schon irgendwer aus dem Haus das Geld vorlegen. [...]

Dieffe 93 ist die Dieffenbachstraße 93 in Berlin-Kreuzberg

Ricos Sicht auf die Welt

Das Einkaufen lief prima. Zahnpasta, Butter, Salzstangen, Salatzeugs und Joghurt. Ich hielt der Kassiererin bei Edeka das Geld hin und sie gab mir den Rest raus und sagte, schönen Gruß an deine Mutter. Sie guckte dabei, als wünschte sie Mama in Wirklichkeit einen qualvollen Tod. Nachdem wir in die Dieffe gezogen sind, ist Mama nämlich mal bei ihr gewesen, um ihr freundlich zu erklären, dass ich nicht rechnen kann und dass sie schon mal einem beide Arme gebrochen hat, der mich betuppen wollte.

Ich ging aus dem Laden raus. Leichter Wind bewegte die Bäume – ich hab vergessen, wie sie heißen, oder ich hab es nie gewusst, aber sie sehen toll aus. Von ihren Stämmen blättert die Rinde ab wie Lack von einer alten Tür, und darunter kommt hellere Rinde zum Vorschein, die auch wieder abblättert, und so weiter. Man fragt sich, wann so ein Baum nach innen rein mal aufhört. [...]

Mama mag es nicht, wenn ich nachbohre, und ich mag es nicht, wenn sie so redet, dass ich sie nicht verstehe. Manche Sachen haben ziemlich bescheuerte Namen, da wird man ja wohl mal fragen dürfen, warum sie so heißen, wie sie heißen. Ich frage mich zum Beispiel, warum Erdbeeren Erdbeeren heißen, obwohl man sie nicht aus der Erde buddeln muss. [...]

Manchmal wacht man morgens auf, öffnet die Augen und es fällt einem sofort etwas Schönes ein. Es ist, als ginge im Bauch eine kleine Sonne auf, die einen drinnen ganz warm und hell macht. [...]

Wenn ich auf etwas warte oder sonst nicht weiß, was ich gerade machen soll, setze ich mich im Wohnzimmer in den Nachdenksessel. Ich weiß nicht mehr, wann Mama und ich ihn Nachdenksessel getauft haben, aber wir lieben ihn sehr. Er ist dick und gemütlich. Manchmal brauche ich ihn bloß, um die Bingomaschine zu beruhigen. Aber man kann darin auch prima sitzen und Comics lesen oder man guckt zum Fenster raus in die Blätter der Bäume, die vom Wind bewegt werden. [...]

Ricos Orientierung im Alltag

Aber mich alleine in Berlin zurechtzufinden, ist eine ganz andere Sache. Schon die Vorstellung, nach Tempelhof aufzubrechen, ohne die genaue Richtung zu kennen, ließ mich wie versteinert auf dem Gehweg stehen. Mamas dicken Stadtplan traute ich mich nicht aufzuschlagen. All die Linien und Farben, dazu das winzige Geschreibsel und die vielen komischen kleinen Zeichen: Nichts für Rico! Der Stadtplan und die Bingotrommel waren wie füreinander geschaffen.

Das fing wirklich gut an.

Ich drehte mich um, als hinter mir die Haustür aufging. [...]

Manchmal, wenn man eine gute Idee hat, kriegt man für einen Moment fast keine Luft mehr. Unglücklicherweise bemerkt das dann jeder gleich an der Gesichtsfarbe. Der Kiesling sah es sogar durch seine dunkle Sonnenbrille.

„Alles in Ordnung, Rico?", sagte er. [...]

„Ich hab auf Sie gewartet", antwortete ich. [...] „Ich muss in Ihre Richtung" [...]. Ich hielt dem Kiesling den Stadtplan unter die Nase.

„Können Sie mal für mich nachgucken? Ich finde mich nicht zurecht", gestand ich widerwillig.

„Wegen deiner Behinderung, oder?"

Wie der das so locker sagte, und wie er schon wieder dabei grinste! Ich musste mir auf die Zähne beißen, um ruhig zu bleiben. Wenn ich den Kiesling jetzt anbrüllte, würde er mich nie bis Tempelhof mitnehmen. Es nervt, wenn manche Leute einen für total bescheuert halten, nur weil man manchmal ein bisschen langsamer ist als sie. Als würde mein Gehirn versuchen, mit einem Auto ohne Lenkrad zu fahren. Ich beschwere mich ja auch nicht darüber, dass die anderen zu schnell denken oder weil irgendjemand alle möglichen Himmelsrichtungen und rechts und links erfunden hat oder Backöfen mit siebenundzwanzig verschiedenen Einstellungen, um ein einziges popeliges Brötchen aufzubacken.

„Ich bin nicht absichtlich tiefbegabt und außerdem nur ein bisschen", sagte ich sauer und zeigte auf den Stadtplan. „Manchmal weiß ich bloß nicht, wo vorn und hinten ist und dergleichen."

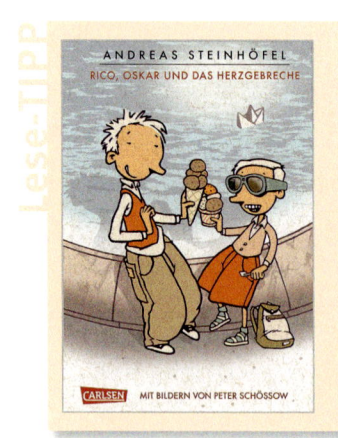

Wenn du wissen möchtest, welche spannenden und lustigen Abenteuer Rico gemeinsam mit seinem Freund Oskar erlebt, kannst du das ganze Buch „Rico, Oskar und die Tieferschatten" lesen und die beiden Fortsetzungsbücher.

Eine Buchvorstellung

Du hast sicher schon mal ein Buch gelesen, das dir gut gefällt und das deine Mitschüler noch nicht kennen. Um sie anzuregen, das Buch auch zu lesen, kannst du es in deiner Klasse vorstellen. Geh dabei so vor:

1. Plane deine Buchvorstellung

▶ Wähle ein Buch aus, das du vorstellen möchtest. Überlege dir, warum auch deine Mitschüler das Buch interessant finden könnten und lesen sollten.
▶ Erstelle einen Steckbrief zu deinem Buch als Grundlage für deinen Vortrag. Du kannst den Steckbrief später in deiner Klasse aushängen. So kann man sich auch nach deinem Vortrag über das Buch informieren.

Büchersteckbrief

Autor: _____

Titel: _____

Darum geht es in dem Buch: _____
_____

So bin ich auf das Buch aufmerksam geworden: _____
_____

Das gefällt mir am besten an dem Buch: _____
_____

Wer soll das Buch lesen? Ich empfehle dieses Buch besonders _____
_____

▶ Fasse in Stichworten den Inhalt des Buches zusammen.
Überlege, wie viel von der Handlung deine Mitschüler erfahren müssen, um zu verstehen, worum es in dem Buch geht. Diese Fragen helfen dir bei deiner Zusammenfassung:
– Was ist die wesentliche Handlung?
– Wer sind die Hauptpersonen?
▶ Suche eine besonders spannende oder wichtige Textstelle heraus, die du in deiner Klasse vorlesen möchtest. Sie sollte nicht länger als ein bis zwei Seiten sein.

2. Bereite deine Buchvorstellung vor

Übe deinen Vortrag zu Hause vor deinen Eltern, Geschwistern oder Freunden. Beachte dabei Folgendes:

▸ Stehe aufrecht vor deinen Zuhörerinnen und Zuhörern und halte Blickkontakt mit deinem Publikum. Du schenkst ihnen so mehr Beachtung und sie werden auch dich beachten. Auf den folgenden Fotos siehst du, wie man sich vor eine Klasse stellen kann und wie man sich nicht hinstellen sollte.

▸ Überlege und übe, was du sagen willst, damit du möglichst frei sprechen kannst und deinen Text nicht ablesen musst. Benutze deinen Steckbrief und deine Notizen beim Vortrag als Gedächtnisstütze. Die folgenden Formulierungen können dir beim Üben helfen:
Guten Morgen,
Ich stelle euch folgendes Buch vor …
Der Titel des Buchs lautet … geschrieben hat das Buch …
So bin ich zu diesem Buch gekommen …
Das Buch handelt von …
Mir gefällt besonders diese Stelle, ich werde sie euch mal vorlesen …
Wenn ihr also etwas Spannendes lesen wollt, dann …
Ich empfehle das Buch besonders Lesern, die ….

▸ Achte darauf, wie du sprichst. Denke daran, dass dich alle verstehen müssen und dass du mit deiner Stimme deinen Vortrag gestalten kannst. Es hängt auch von der Art und Weise ab, wie du sprichst, ob deine Buchvorstellung langweilig, interessant, spannend, sachlich oder lebendig ist.

- Überlege dir einige Fragen zu deinem Buch, die die Zuhörer nach deinem Vortrag beantworten sollen. Du kannst auch ein Quiz entwerfen.
- Trainiere das Vorlesen der ausgewählten Seite(n). Mache dir vorher eine Kopie der Seite(n), damit du Markierungen vornehmen kannst.
  1. Erkläre deinen Zuhörern, warum du diese Textstelle ausgewählt hast.
  2. Markiere, wo dein Textauszug beginnt und endet.
  3. Unterstreiche Wörter, die du besonders betonen willst.
  4. Kennzeichne durch einen senkrechten Strich **Pausen** |.
  5. Kennzeichne, wo du **laut** < oder **leise** >, **schnell** → oder **langsam** ← vorlesen willst.
  6. Bringe bei wörtlicher Rede die Gefühle der Figur zum Ausdruck: Ist sie ängstlich, gelangweilt, fröhlich, wütend …?

3. Nach deiner Buchvorstellung

- Gib deinem Publikum Gelegenheit, Fragen zu dem Buch zu stellen.
- Lass dir eine Rückmeldung, beispielsweise durch einen Beobachtungsbogen, zu deinem Vortrag geben. Dann erfährst du, was dir gut gelungen ist und worauf du bei deinem nächsten Vortrag achten solltest.

		Beobachtungsbogen		
Buchvorstellung von:				
	○	★	★★	★★★
Vollständigkeit der Informationen zum Buch				
Verständlichkeit des Inhalts				
Körperhaltung				
Blickkontakt mit dem Publikum				
Aussprache				
Sprechgeschwindigkeit, Pausen beim Sprechen				
Vorlesen des Textausschnitts				
Das hat mir gut gefallen _____				
Das kannst du beim nächsten Vortrag besser machen _____				

Mein Buchplakat

Ihr könnt Bücher, die euch gut gefallen haben, kurz schriftlich vorstellen und euch so gegenseitig Anregungen und Empfehlungen zum Lesen geben.

Wer war das? „Forscher und Erfinder"   Christine Schulz-Reiss

Ich lese immer wieder gerne in dem Buch „Forscher und Erfinder", da ich mich sehr für Geschichte und Erfindungen interessiere. Ich finde es toll, wie das Buch geschrieben ist. Es wird nämlich zuerst nicht verraten, welcher Forscher vorgestellt wird, sondern man muss rätseln. Erst später erfährt man, ob das Kapitel etwa von Albert Einstein oder Isaac Newton handelt.   *Florian D.*

Tintenblut   Cornelia Funke

Mein Lieblingsbuch ist „Tintenblut". Dort wird Meggie mit ihrem Vater Mo und Farid sowie Resa in die Tintenwelt gelesen, wo sie vielen bösen und auch guten Leuten begegnen. Das Buch ist auch sehr spannend und echt super, weil dort viel Fantasie eingebracht wird. Außerdem gibt es zwei Burgen, die im Buch beschrieben werden, die ich sehr toll und interessant finde.   *Hannah B.*

Honky Tonk Pirates. Das verheißene Land   Joachim Masannek

Ich liebe Piratenbücher und Piratenfilme über alles. Diese Geschichte spielt in Berlin im Jahr 1760, wo der Junge Will als Dieb lebt und unbedingt Pirat zur See werden möchte. Mit seinen Freunden Regentropfen-fallen-auf-dich-Jo, Moses Kahiki, Chevalier du Soleil und Honky Tonk Hannah muss Höllenhund Will, so nennt sich der Junge, ein Amulett suchen und viele gefährliche Abenteuer bestehen. Nachdem ich einmal mit dem Lesen angefangen hatte, konnte ich nicht mehr aufhören. Diese Piraten rocken die Karibik. Absolut lesenswert!   *Aylin T.*

1. Sprecht über die Empfehlungen. Wie hilfreich sind sie für euch? Welches Buch würdet ihr nun lesen wollen?
2. Schreibe eine Empfehlung für eines deiner Lieblingsbücher. Geh dabei kurz auf den Inhalt des Buches ein und erkläre, warum dir das Buch so gut gefallen hat.
3. Gestalte eine Buchempfehlung als Plakat. Plane dazu zuerst dein Plakat und überlege, welche Informationen du aufschreiben und wie du dein Plakat gestalten willst. Schreibe dann deinen Text gut lesbar auf und illustriere das Plakat. Hängt eure Plakate in der Klasse aus.

M Ein Plakat gestalten
→ S. 305

K Kompetenzen

Bücher und andere Medien in einer Bibliothek finden

1. Damit du Bücher in einer Bibliothek finden kannst, werden Bücher nach Themen geordnet in Regalen aufgestellt. Wenn du weißt, zu welchem Bereich du Bücher suchst, kannst du in den entsprechenden Regalen nachsehen.
2. Gezielter ist die Suche mit dem Bibliothekscomputer. Dort kannst du zu verschiedenen Bereichen Suchbegriffe eingeben:
   - **Verfasser:** Wenn du Bücher von einem bestimmten Autor suchst, gib seinen Namen ein („Cornelia Funke").
   - **Titel:** Kennst du den Titel eines Buches, gib ihn ein („Tintenherz").
   - **Schlagwort:** Wenn du zu einem bestimmten Thema Bücher suchst, gib das Thema als Begriff bei „Schlagwort" ein („Tischtennis", „Tiger").
   - **Stichwort:** Ein Stichwort nimmt ein wichtiges Wort aus dem Buchtitel auf. Titel: „Die Fußballweltmeisterschaft 2010 in Bildern", Stichwort: „Fußballweltmeisterschaft".
   - Du kannst die Eingaben kombinieren und auf bestimmte Medien (nur Bücher oder DVDs) beschränken, um die Suche einzugrenzen.
   - Als Suchergebnis werden die vollständigen Angaben der gefundenen Bücher genannt. Du erfährst außerdem die **Signatur,** die dir sagt, in welchem Regal das Buch steht. Die Signatur ist eine Kombination aus Buchstaben und Zahlen.

Eine Buchvorstellung planen und als Vortrag halten

- **Plane deine Buchvorstellung,** indem du dich über den Inhalt des Buches und seinen Autor informierst und einen Steckbrief über das Buch erstellst.

- **Geh bei deiner Buchvorstellung so vor:**
  1. Nenne den Titel des Buches und den Namen des Autors. Du kannst hier auch etwas über das Leben des Schriftstellers berichten.
  2. Stelle in einer Zusammenfassung die Handlung des Buches und die wesentlichen Personen vor.
  3. Lies eine wichtige Textstelle vor.
  4. Gib am Ende eine persönliche Beurteilung des Buches ab.

- **Beachte beim Vortrag:**
  1. Stell dich aufrecht und nicht zu steif und nicht zu locker vor deine Klasse.
  2. Halte Blickkontakt mit deinem Publikum und schau es freundlich an.
  3. Sprich möglichst frei und nutze deine Notizen nur, um nachzusehen.
  4. Sprich deutlich, lebendig und nicht zu leise.

Erfindungen und Phänomene
Rechtschreibung und Zeichensetzung

NINA Professor Mechanikus, woher *kriegen* Sie denn all *Ihre interessanten* Ideen?
PROFESSOR *Viele* Einfälle *kamen* einfach spontan – mal *morgens*, mal *abends*.
BERT Haben *Sie* manchmal *Angst, dass* etwas nicht klappt?
PROFESSOR Na ja, manchmal bin ich *vielleicht* wirklich *ein bisschen ängstlich*, besonders wenn jemand meiner Idee *widerspricht*! Dann frage ich mich: „*Lässt* sich das wirklich machen?"
NINA Wir *interessieren* uns für große Erfindungen, denn wir wollen in der Schule über ein Thema ein Referat halten. Können *Sie* uns helfen?

1. Berichte, von welchen großen Erfindern und Erfindungen du schon einmal gehört hast.
2. Im Interview sind einige Wörter kursiv gedruckt, deren Schreibweise manchmal Probleme bereitet. Könnt ihr erklären warum?

Rechtschreibstrategien

So viele Erfindungen!

Professor Mechanikus hat Bert Besserwisser und Nina Neugier jede Menge Informationen gegeben, die die beiden auf einem Zettel notiert haben. Viele der Wörter haben sie aber noch nie gehört und erst recht nicht gesprochen. Daher untersuchen sie erst einmal alle Wörter ganz genau.

Brillengestell   Fahrradreifenpumpe   Handkurbelantrieb   Zahnradübersetzung

Brennspiegel   Windrose   Kinderlaufrad   Vorderradantrieb

Fußtrommelantrieb   Magnetnadel   Dampflokomotive   Mützenbrille

Massentransporttechnik   Stirnreifenbrille   Dampfsammelkasten

3. Kennt ihr die genannten Erfindungen? Sucht Informationen zu den euch unbekannten Wörtern.
4. Sprich die Wörter langsam und deutlich aus. Mache beim Sprechen zu jeder Silbe eine schwungvolle Handbewegung mit deiner Schreibhand.
5. Schreibe die Wörter in dein Heft und setze dann mit dem Stift Schwungbögen.
   Beispiel: Bril len ge stell
6. Erfinde fünf eigene Schlangenwörter und diktiere sie deinem Sitznachbarn. Er schreibt die Wörter auf und setzt die Schwungbögen. Danach tauscht ihr die Rollen.
7. Finde für folgende Schwungbögen passende Wörter:

In diesem Kapitel lernst du,

▶ wie du verschiedene Rechtschreibstrategien anwenden kannst,
▶ wie du Verben und Adjektive nominalisierst,
▶ wie du s-Laute unterscheidest und schreibst,
▶ wie du Anredepronomen schreibst,
▶ wie du die Zeichen in der wörtlichen Rede setzt,
▶ wie du Kommas bei Aufzählungen setzt,
▶ wie du mit einem Wörterbuch arbeiten kannst.

Rechtschreibstrategie 1:
Silben mitschwingen

Zwei passen nicht!

Professor Mechanikus hat Nina und Bert zwar schon einige Erfindungen genannt, aber ein passendes Thema für ihr Referat haben sie trotzdem noch nicht gefunden. „Also ‚Zahnradübersetzung' finde ich viel zu kompliziert", meint Bert. Und Nina ergänzt: „Ja, es müsste etwas Einfacheres sein, etwas, das heute jeder kennt." „Ach, das ist doch nicht schwer!", ruft der Professor aus. „Da kann ich euch ganz viele interessante Dinge nennen."

A Hammer – Name – Trommel – Gummi – Zement – Klammer
B spinnen – Kanal – Plane – Pfanne – Brunnen – Linnen
C Bagger – Flagge – Wagen – Kugel – joggen – Egge
D Hupe – Pappe – Lupe – Kappe – Treppe – Wappen
E Brille – Wolle – Silo – Kilo – Jolle – Schnalle
F Watte – Motor – Matte – Butter – Datum – Sattel
G Kasse – Messer – Vase – Hose – Tasse – Sessel

1. Lest die Wortreihen laut und deutlich vor. Könnt ihr an der Betonung der Vokale hören, welche zwei Wörter in jeder Reihe nicht passen?
2. Schreibe die Wortreihen ab und setze die Schwungbögen.
3. Beobachte, wo im Schwungbogen die langen und die kurzen Vokale stehen.

Kleine Änderung – große Wirkung

1. Der Professor kann viele Tipps *geben*. – Kann er sie auch *gerben*?
2. Mit einer bestimmten Erfindung kann man *weben*. – Kann man mit ihr auch *werben*?
3. Eine *Nabe* ist die Mittelhülse eines Rades. – Was ist passiert, wenn man eine *Narbe* hat?
4. Die *Schere* wurde von den Römern entwickelt und war damals sehr teuer. – Und wie ist es mit der *Scherbe*?

4. Schreibe die kursiv gedruckten Wörter ab und setze die Schwungbögen. Markiere dann die langen und kurzen Vokale in unterschiedlichen Farben.
5. Sucht weitere Wörter mit langen und kurzen Vokalen und diktiert sie euch gegenseitig. Setzt auch hier die Schwungbögen.
6. Wann wird der Vokal lang und wann wird er kurz gesprochen? Formuliert eine passende Regel.

Vier Erfindungen

Kompass:
- Ma■et
- Na■el
- No■en
- Ka■e
- Windro■e
- wa■ern

Fallschirm:
- Wo■en
- Hi■el
- schwe■en
- spri■en
- re■en
- fa■en

Spinnrad:
- Fa■en
- Spi■el
- Sto■e
- we■en
- Wo■e
- Spu■e

Brille:
- le■en
- Sehhi■e
- Fa■ung
- Li■en
- Na■e
- Pa■ier

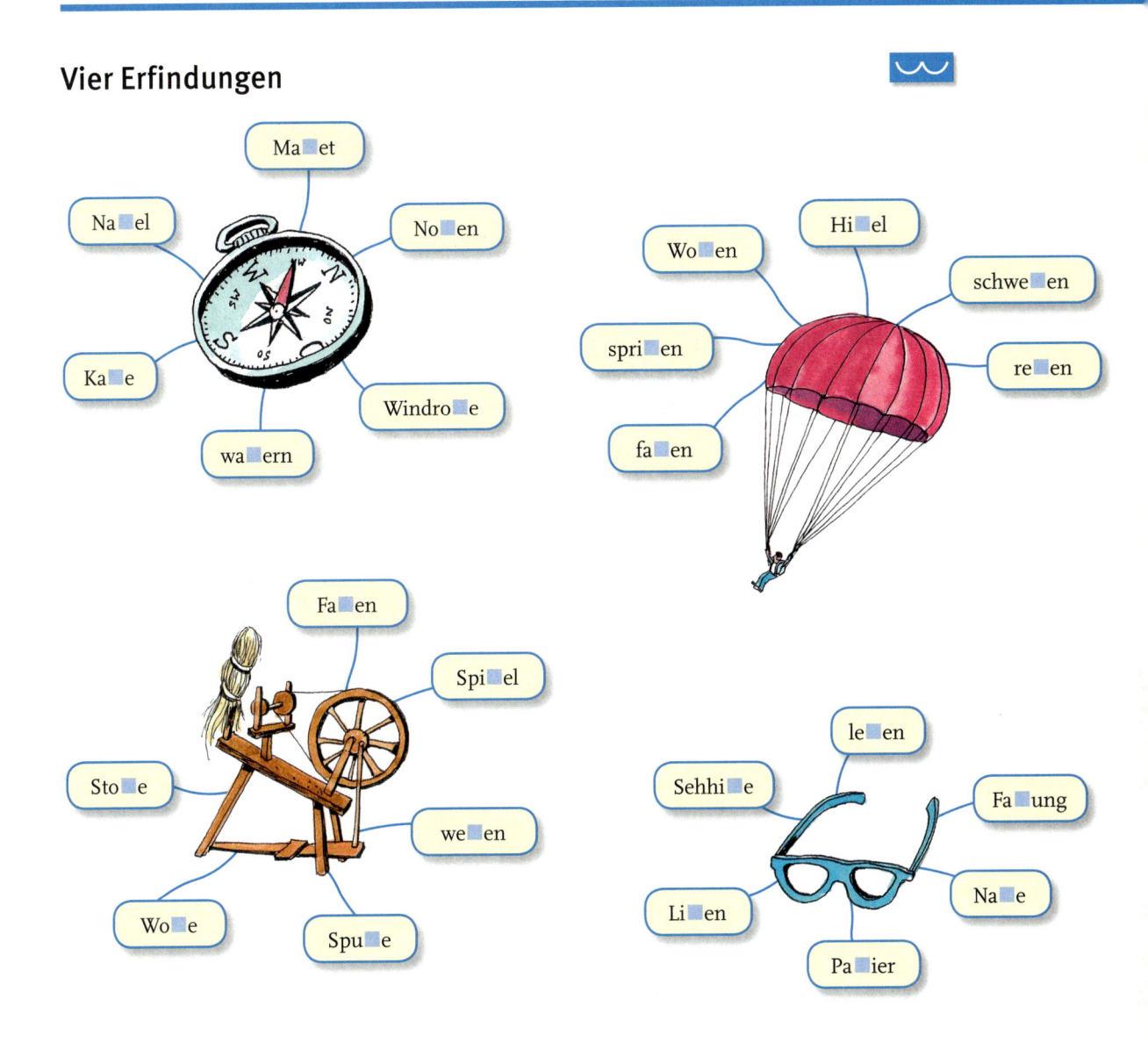

7. Nina und Bert haben sich über vier Erfindungen genauer informiert und ihre Notizen dazu in Form von Ideennetzen angelegt.
Um welche Erfindungen handelt es sich? Notiere die Namen der vier abgebildeten Gegenstände und setze die Schwungbögen.

8. Setze die Wortbausteine aus dem folgenden Kasten in die passenden Lücken der Ideennetze ein.

> b ■ b ■ d ■ d ■ ff ■ gn ■ l ■ lf ■ lk ■ ll ■ ll ■ mm ■ nd ■ nd ■ ng ■ ns ■ p ■ rd ■ rt ■ s ■ s ■ s ■ ss ■ tt

9. Schreibe die Wörter in dein Heft und setze die Schwungbögen.
10. Markiere die langen und die kurzen Vokale mit unterschiedlichen Farben.

Tintenflecke auf den Notizen

Hoppla, bei Nina sind einige Tintenflecke auf dem Notizzettel gelandet. Um welche Erfindungen handelt es sich wohl?

> ▸ Gutenberg, Erfindung des Buchdru▪es, 15. Jahrhundert
> ▸ A▪erbau und Ha▪en, Steinzeit
> ▸ Brü▪enbau
> ▸ 900 v. Chr. Erfindung der Pflugschar mit Eisenspi▪en
> ▸ 1717 Taucherglo▪e

Achtung:
Beim Schreiben trennst du ck am Zeilenende so: *stri-cken*.

1. Notiere die Erfindungen und vergleiche die Rechtschreibung auf Ninas Notizzettel mit deiner formulierten Regel (S. 198, Aufgabe 6). Schwinge die Wörter beim Sprechen mit.
2. Notiere die Wörter in deinem Heft und male die Schwungbögen. Wie trennt man ck und tz beim Silbensprechen?

Stolperfallen

> quaken ▪ Palazzo ▪ Fackel ▪ Akkord ▪ Spatz ▪ Haken ▪ salzen ▪ Sakko ▪ lackieren ▪ Schätze ▪ Pizza ▪ dunkel ▪ Scherze ▪ Mokka ▪ Hocke ▪ motzen ▪ Jazz ▪ Schinken ▪ kratzen ▪ Akkordeon ▪ schwitzen

z	zz	tz	k	kk	ck

3. Übertrage die Tabelle in dein Heft und ordne die Wörter in die passenden Spalten ein. Vergleiche die Schreibweise:
   – Lies die Wörter langsam und laut und setze die Schwungbögen unter die Silben. Achte dabei auf die Betonung des Vokals und auf Doppellaute.
   – Sucht zusammen weitere Wörter und fügt sie in eure Tabelle ein.
   – In einigen Wörtern findet man die Doppelkonsonanten zz und kk. Was haben diese Wörter gemeinsam?

Wer sucht, der findet …?

Bert Besserwisser sucht noch ein besonderes Thema, mit dem er seine Mitschüler und den Lehrer beeindrucken kann. Dazu blättert er in einem Bildband mit unterschiedlichen Erfindungen.

1. Auch vertraute Gegenstände wurden irgendwann einmal erfunden. Welche der abgebildeten Erfindungen ist wohl die älteste?
2. Ordne aus folgender Liste die richtigen Wörter den Bildern oben zu und schreibe die passenden Wörter in dein Heft.
Setze anschließend die Schwungbögen.

> fernsehen ▪ drehen ▪ nähen ▪ spähen ▪ weggehen ▪ verleihen ▪ glühen ▪ umdrehen ▪ mähen ▪ Nähe ▪ ausleihen ▪ ziehen ▪ geschehen ▪ Krähe ▪ hochgehen ▪ ruhen ▪ Mühe

Silben mitschwingen
→ S. 226 **K**

3. Schreibe zu jedem Bild einen Satz.
4. Setze in die folgenden Sätze das jeweils richtige Wort aus der Klammer ein.
   A Die Schüler geben sich ▬▬. (Müe/Mühe)
   B Morgen ▬▬ wir uns ein Museum an. (seen/sehen)
   C Der Sonntag ist ein ▬▬. (Ruhetag/Ruetag)
5. Überlege, welche Aufgabe das h in den Wörtern übernimmt.

Laufdiktate

Bei Berts Suche nach einem Thema findet er auch Informationen über die ersten Werkzeugmacher.

Lies den ersten der Sätze laut vor. Zerlege dabei die Wörter durch Sprechen in Silben und male mit dem Finger in der Luft die Schwungbögen mit. Wiederhole dies so lange, bis du den Satz auswendig kannst.

Geh dann zu Blatt und Stift, die du in einiger Entfernung abgelegt hast, und schreibe den Satz aus dem Gedächtnis auf. Als Gedächtnisstütze können dir die Schwungbögen dienen, die du mit dem Finger wiederholst. Wenn du Wörter vergessen hast, musst du noch einmal zurücklaufen.

Verfahre so mit allen Sätzen und überprüfe am Ende dein Ergebnis.

Die ersten Werkzeugmacher

1. Die ersten Erfindungen gelangen dem Menschen wahrscheinlich rein zufällig.
2. Diese ersten Erfindungen waren einfache Werkzeuge, mit denen er besser schneiden, hämmern oder graben konnte.
3. Später lernte er, mehrere Werkzeuge zu wirksameren Geräten zusammenzusetzen.
4. Auch Tiere benutzen Hilfsmittel, die sie in der Natur finden.
5. So legen sich auf dem Rücken schwimmende Seeotter einen Stein auf den Bauch, um ihre Muscheln darauf aufzuschlagen.
6. Es gibt auch Affen, die Stöcke und Steine als Wurfgeschosse benutzen.
7. Die ersten bedeutenden Erfindungen der Menschen waren einfache Werkzeuge und Waffen.
8. Der Mensch hat sich jedoch nie mit dem zufrieden gegeben, was ihm die Umwelt bot.
9. Auch heute noch sucht er sie ständig zu verändern und zu beherrschen.
10. Dieser Drang macht ihn zum Erfinder.

1. Wende die Strategie des Silbenschwingens bei dem Laufdiktat an.
2. Du kannst daraus auch ein Partnerdiktat oder Dosendiktat machen.

METHODE

Beim **Partnerdiktat** arbeiten jeweils zwei Schüler zusammen. Einer diktiert, der andere schreibt. Derjenige, der diktiert, prüft, ob der Schreiber noch Fehler hat, und gibt ihm die Chance, diese zu verbessern. Tauscht nach dem 5. Satz die Rollen.

METHODE

Beim **Dosendiktat** schreibst du die Sätze auf Papierstreifen und legst sie in eine Dose. Ziehe einen Streifen heraus und lies ihn genau durch. Drehe den Streifen um und schreibe den Satz auswendig auf. Anschließend vergleichst du deinen geschriebenen Satz mit dem Satzstreifen und verbesserst falsch geschriebene Wörter. Mache es mit den anderen Streifen ebenso.

M Diktate schreiben
→ S. 304

Rechtschreibstrategie 2:
Wörter verlängern

Ninas Thema: Fluggeräte

Nina Neugier ist erleichtert, denn während Bert noch in seinen Büchern blättert, hat sie sich für ein Referatsthema entschieden. Eine Erfindung hat es ihr besonders angetan. Sie schreibt das Thema ihres Referats auf einen Zettel und fragt Professor Mechanikus nach seiner Meinung:

> Der Flu**k** der Montgolfiere

Montgolfiere
Heißluftballon, benannt nach seinen Erfindern

Der Professor ist von Ninas Idee begeistert. Er unterstreicht jedoch einen Buchstaben mit einem dicken roten Stift.

1. Erkläre, wie das unterstrichene Wort wirklich geschrieben wird.
2. Kannst du Nina einen Tipp geben, wie sie die Schreibweise dieses Wortes herausbekommen kann?

Der Professor gibt Nina einen Übungszettel, damit ihr so ein Fehler nicht noch einmal passiert.

> Die Charliere, ein Flu_g_gerät – Flü**g**e
> Joseph Montgolfier war muti_g_ – der muti**g**e Joseph Montgolfier
> Er überle_g_t den Flug – wir überle**b**en

Die **Charliere** ist ebenfalls ein Luftschiff, benannt nach seinem Erfinder

3. Bei Wörtern, deren Schreibung unklar ist, hilft es, sie zu verlängern. Erkläre, warum.
4. Übertrage die Tabelle in dein Heft. Setze bei den Wörtern die Schwungbögen.

Problem	Wort	Beweis	Lösung
p oder b?	gel_	gelber	gelb
	der Lum_	?	?
t oder d?	Gel_	Gelder	Geld
	Win_	?	?
k oder g?	die Bur_	die Burgen	die Burg
	eili_	?	?

TIPP

Um Wörter zu verlängern, bilde bei Nomen den Plural (*Flug – die Flüge*), setze Verben in die 3. Person Plural (*er fliegt – sie fliegen*) und verwende Adjektive mit einem Nomen (*listig – der listige Professor*) oder steigere sie (*listig – listiger*).

Wörter verlängern
→ S. 226 **K**

5. Vervollständige die Tabelle, indem du weitere „Problemwörter" einträgst. Verlängere auch hier die Wörter.

Die Menschen erheben sich in die Luft

METHODE

Richtig abschreiben

1. Lies dir zunächst den gesamten Text durch und achte dabei auf schwierige Wörter.

2. Gliedere die Sätze in passende Abschreib-Einheiten. Entscheide selbst, wie viele Wörter zusammengehören. Präge dir den Abschnitt eines Satzes ein und schreibe ihn dann auswendig auf.

3. Vergleiche nun deine Abschrift mit dem Originaltext und berichtige deine Fehler, indem du ein fehlerhaftes Wort durchstreichst und es noch einmal richtig an den Rand schreibst.

M Richtig abschreiben
→ S. 305

Schon immer war es ein uralter Traum der Menschheit, wie ein Vogel durch die Luf■ fliegen zu können. Aber erst im Jahre 1783 gelan■ es in Frankreich den Brüdern Joseph und Etienne Montgolfier zu fliegen. Sie füllten eine Leinenhülle mit Rauch und nach elf Minuten stie■ der Ballon in die Höhe. Unter ihm baumelte ein Kor■, in dem ein Schaf, ein Huhn und eine Ente saßen. Nach einem achtminütigen Flu■ landeten die drei Tiere wohlbehalten in einem nahe gelegenen Wal■. Am 21. November 1783 fan■ dann der erste freie Flug mit Menschen statt. Der Ballon der Brüder Montgolfier, die „Montgolfiere", stieg mit zwei Passagieren in die Luft und schwebte 25 Minuten über Paris. Nur zehn Tage später gelan■ dem Professor Jacques Charles ebenfalls eine Ballonfahr■. Sein mit Wasserstoff gefüllter Ballon, die „Charliere", stieg sehr viel schneller und höher und landete dann in 45 km Entfernun■. Das Prinzi■ „leichter als Luft" lebte bis ins Zeitalter der Zeppeline hunder■ Jahre später fort.

6. Schreibe die unvollständigen Wörter in dein Heft.
   Notiere dann das Verlängerungswort und setze die Schwungbögen.

7. Vergleiche deine Lösungen mit denen deines Sitznachbarn.
   Schreibe dann den vollständigen Text ab.

Der Zeppelin

Nina hat auch noch einen Text über die Erfindung des Zeppelins geschrieben und Wörter markiert, die ihr bei der Schreibung Probleme bereitet haben.

Als Vater der Luftschifffahrt gilt Ferdinand Graf von Zeppelin (1838–1917). Er baute in einer auf dem Bodensee schwimmenden Halle das erste **Luftschiff**, das nach ihm benannt wurde. Es gab zwar zu dieser Zeit schon Heißluftballons, doch diese waren schlecht zu steuern, sie waren nur höhen- und tiefenlenkbar. Am 2. Juli 1900 stieg der erste Zeppelin mit fünf **Mann** Besatzung auf und machte einige Kehren über dem See. Nach achtzehn Minuten musste das **Luftschiff** wegen eines technischen Defektes notwassern.

Auch heute noch **kann** man ab und zu Zeppeline am Himmel entdecken. Da sie sich nicht sehr **schnell** fortbewegen, **kann** man sie gut beobachten. Wer dort mitfliegen **will**, **muss** schon etwas Zeit mitbringen.

1. Untersuche die markierten Wörter: Was haben sie alle gemeinsam?
2. Verlängere die Wörter mit der Verlängerungsstrategie und erkläre, wie dir diese Strategie hilft, die richtige Schreibung herauszufinden.

(Flug-)Wettbewerb

Bildet mit den Wörtern oder Wortgruppen aus den Ballons Sätze. Achtung: Es dürfen nur solche Ballons zusammen einen Satz bilden, in die du den gleichen Buchstaben setzen kannst (g, k oder ch). Ihr dürft auch Nonsens-Sätze bilden.
Gültig ist z. B. *In den Käfig fliegt ein Teig.*
Ungültig ist z. B. *Der Käfig schwankt mit aller Macht.*

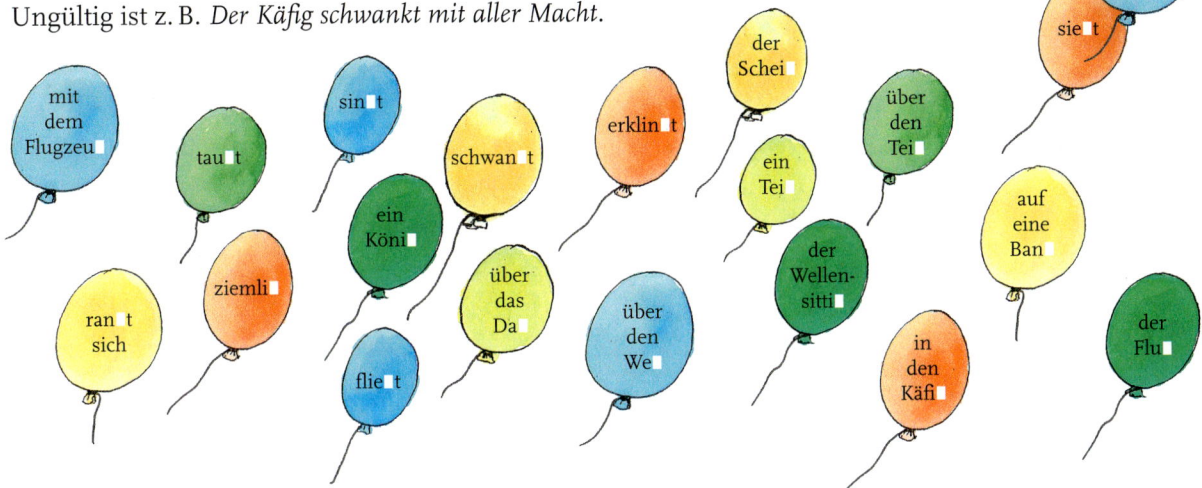

Ballons:
- mit dem Flugzeu_
- tau_t
- sin_t
- schwan_t
- erklin_t
- der Schei_
- über den Tei_
- stei_t in die Luft
- sie_t
- ein Köni_
- ein Tei_
- auf eine Ban_
- ran_t sich
- ziemli_
- über das Da_
- flie_t
- über den We_
- der Wellensitti_
- in den Käfi_
- der Flu_

3. Tretet in diesem Wettkampf zu zweit gegeneinander an. Wer kann in einer festgelegten Zeit die meisten Sätze bilden?
4. Überprüft die Schreibung der Wörter mit der Verlängerungsstrategie.

Wörter verlängern
→ S. 226

Rechtschreibstrategie 3:
Wörter ableiten

Rund ums Fliegen

Nina hat nun einige Rechtschreibstrategien kennengelernt und eingeübt. Außerdem ist ihr wieder eingefallen, dass bei den meisten Wörtern die Schreibung innerhalb der Wortfamilie gleich bleibt.

fliegen — Flug, Fluggerät, einfliegen, er flog, zufliegen

> Der **Wortstamm** ist der bedeutendste Baustein der Wörter. Alle Wörter einer Wortfamilie haben nämlich den gleichen Wortstamm. Vor und hinter dem Wortstamm können auch Präfixe (Vorsilben), z. B. un-, er-, ver-, vor-, ge-, ein-, oder Suffixe (Nachsilben), z. B. -ung, -heit, -keit, -ig, -lich, stehen.

1. Formuliere eine Regel, die erklärt, warum alle Wörter in den Kästchen mit g geschrieben werden.
   Welche Wörter fallen dir noch ein, die dazugehören?
2. Suche weitere Wörter, die zu einem bestimmten Wortstamm gehören bzw. von diesem abgeleitet sind, z. B. erfinden, Fund …

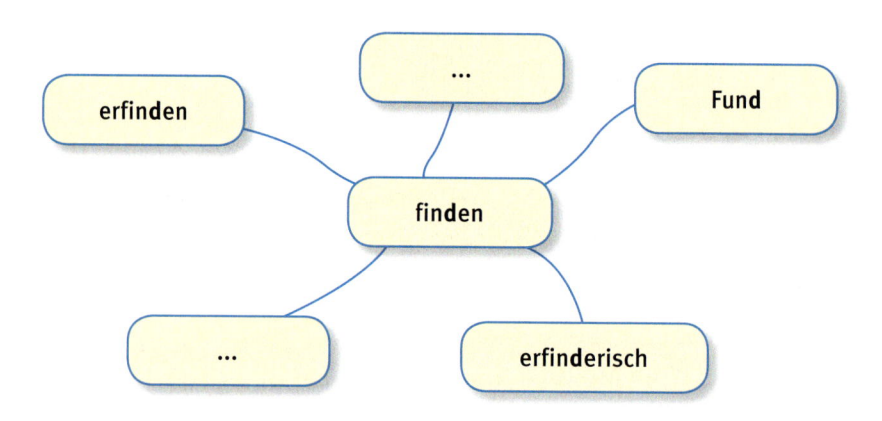

finden — erfinden, …, Fund, …, erfinderisch

Wörter bilden → S. 300 f.
Wortfamilien bilden → S. 299

K Wörter ableiten
→ S. 227

Erfindungen und Phänomene

Terzett – drei gehören zusammen

Bei diesem Spiel gehören immer drei Kärtchen zusammen.

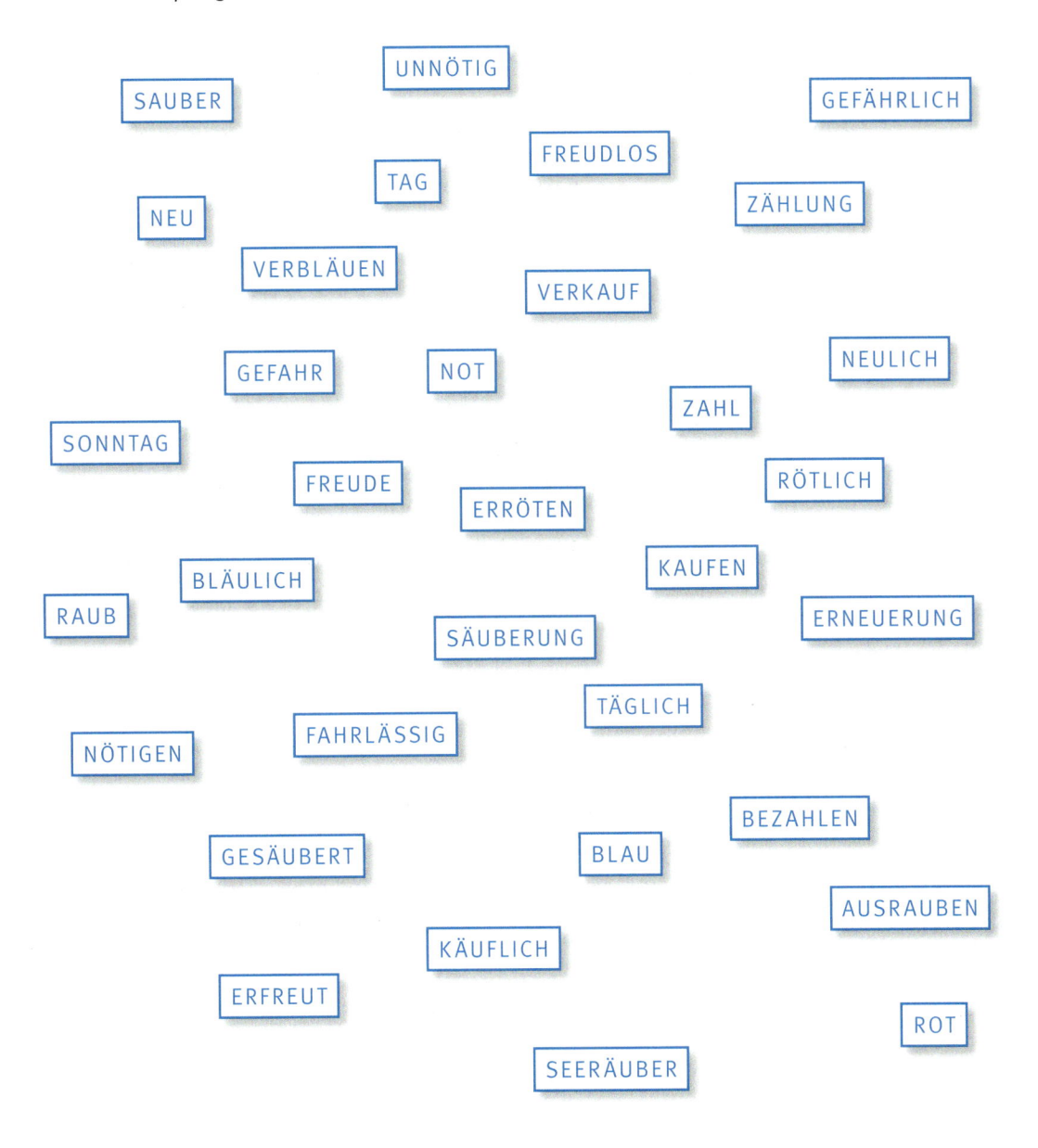

SAUBER, UNNÖTIG, GEFÄHRLICH, TAG, FREUDLOS, NEU, ZÄHLUNG, VERBLÄUEN, VERKAUF, GEFAHR, NOT, NEULICH, ZAHL, SONNTAG, FREUDE, RÖTLICH, ERRÖTEN, BLÄULICH, KAUFEN, RAUB, SÄUBERUNG, ERNEUERUNG, TÄGLICH, FAHRLÄSSIG, NÖTIGEN, BEZAHLEN, GESÄUBERT, BLAU, AUSRAUBEN, KÄUFLICH, ERFREUT, ROT, SEERÄUBER

3. Finde die Kärtchen, die zusammengehören, und schreibe sie heraus.
4. Mache aus den Terzetten Quartette, indem du zu jedem Wortstamm noch ein weiteres abgeleitetes Wort ergänzt.

Rechtschreibstrategie 4:
Mit Merkwörtern arbeiten

Berts Entscheidung

Bert hat mittlerweile unzählige Bücher gewälzt. Ninas Thema findet er super, doch jetzt möchte er selbst etwas genauso Spannendes finden. Dazu startet er einen letzten Versuch und schlägt noch einmal ein Buch auf … und sieht DAS THEMA!

Raumfa▢rt

Umlaufba▢n

Mondlandefä▢re

Luftverke▢r

berü▢mt

gefä▢rlich

Erfa▢rung

Raumfa▢rzeug

Fe▢lfunktion

amerikanische Fa▢ne

Ja▢r 1969

Übertragung im Fernse▢en

Kindersuchmaschinen im Internet:
www.kindernetz.de
www.blinde-kuh.de
www.helles-koepfchen.de

1. Für welches Ereignis interessiert sich Bert? Schreibe die Wörter richtig in dein Heft und recherchiere im Internet nach weiteren Informationen zu Berts Thema. Stelle diese deiner Klasse vor.
2. Welches der Wörter passt nicht zu den anderen? Begründe.
3. Übertrage die folgende Tabelle in dein Heft und finde für jede Spalte drei weitere Wörter, in denen ein Dehnungs-h vorkommt.

Nomen	Verben	Adjektive
Landebahn	fahren	wahr

4. Wörter mit Dehnungs-h musst du dir gut merken. Notiere Wörter, deren Schreibung dir schwerfällt, in einer Merkwörterkartei.

K Mit Merkwörtern arbeiten → S. 227

Merkwörterkartei → S. 213
M | K

Erfindungen und Phänomene

Zu zweit läuft's besser

Nina und Bert wollen morgen gemeinsam ihr Referat halten. Ihr Thema sind ältere und neuere Fluggeräte. Nina will den Flug der Montgolfiere und Bert den ersten Flug zum Mond vorstellen. Vorher treffen sie sich, um sich gemeinsam vorzubereiten.

BERT Wir können ja nach Gemeinsamkeiten suchen.
NINA Gute ▭! Also ... auf jeden Fall war es für die Erfinder ein ▭ mit ▭ Geduld. Und sowohl die Brüder Montgolfier als auch die Erfinder der Raumfahrt hatten bestimmt Angst, dass ihnen jemand die Show ▭.
BERT Und bestimmt hatten auch alle Techniker ähnliche Sorgen, z. B. das Problem des ▭. Wie schafft man es, dass ein großes Ding ▭? Bringt eine steife ▭ den Ballon zum Absturz? Wie können wir bis zum Mond ▭? Etwa mit ▭ oder ▭?
NINA Nicht nur das! Man braucht doch eigentlich auch ein ▭, wenn etwas ▭, eine Art ▭ oder so ...
BERT Tja, über die Probleme und ▭ bei der Erfindung wissen wir leider nichts ... aber darüber kann ja auch jemand anderes ein Referat machen.

> Spiel ▪ stiehlt ▪ Antriebs ▪ fliegt ▪ Brise ▪ Kerosin ▪ Sirene ▪ fliegen ▪ Benzin ▪ Signal ▪ Krisen ▪ Idee ▪ viel ▪ schiefgeht

1. Schreibe den Text ab und ordne die Wörter aus dem Kasten den Lücken zu.
2. Überlegt, wie Nina und Bert am besten ihre Referatteile kombinieren können.
3. Ordne die Wörter in folgende Tabelle ein.

Einfaches i	ie	ih	ieh

4. Finde für jede Spalte weitere Wörter und ergänze die Tabelle.
5. Wie wird der lange i-Laut am häufigsten geschrieben?
6. Wähle aus der folgenden Wortliste Wörter für deine Merkwörterkartei aus.

Merkwörterkartei → S. 213

> Apfelsine ▪ Besenstiel ▪ Biber ▪ dir ▪ Familie ▪ Gardine ▪ geschieht ▪ Kamin ▪ Kugelschreibermine ▪ ihn/ihm/ihr ▪ Lidschatten ▪ Lokomotive ▪ Margarine ▪ Maschine ▪ Mimik ▪ mir ▪ Musik ▪ prima ▪ Ruine ▪ Schikane ▪ Schreibstil ▪ Tiger ▪ Vieh ▪ Violine ▪ wir

Auf zu den Sternen!

Bert ist mit den Gedanken immer noch bei seinem Referatsthema. Er wäre auch gerne ein Astronaut. Dieses Wort kommt aus dem Griechischen und bedeutet so viel wie „Sternfahrer". Schon als kleiner Junge war er völlig fasziniert, wenn sein Großvater ihm verschiedene Sternbilder am Nachthimmel gezeigt hat. Er erinnert sich noch gut daran und malt einen großen Stern in sein Heft. Nach kurzer Überlegung schreibt er das Wort „Waage" hinein.

Bert weiß, dass es für die Doppelvokale keine Regel gibt. Man muss sich die wichtigsten Wörter mit „aa", „ee" oder „oo" einfach merken.

1. Übertrage die Sterne in dein Heft und schreibe die richtigen Wörter hinein.

Schnee   Boot   See   Allee   Saal   Tee   Moos
Haar   Seele   Idee   paar   Zoo   Aal
Waage   leer   Moor   Kaffee   Staat   Speer

aa   ee   oo

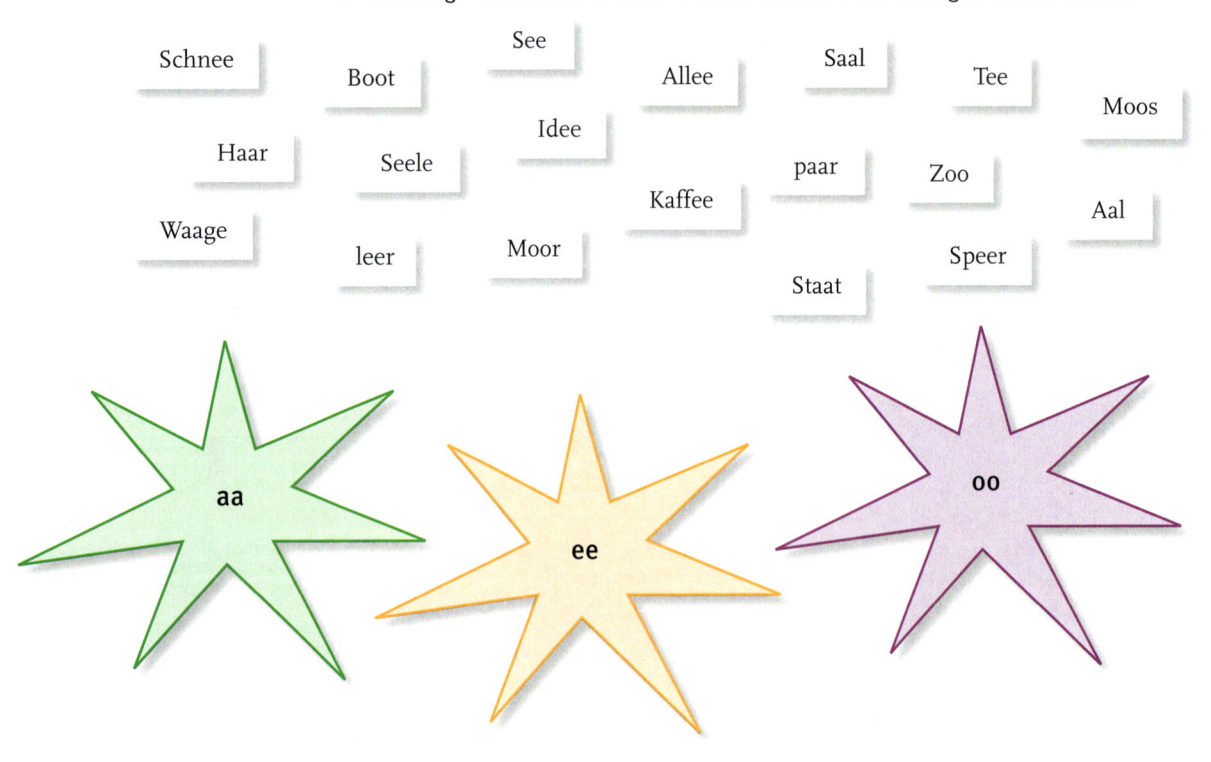

2. Finde weitere Wörter mit einem Doppelvokal.
3. Wähle aus jedem Stern drei Wörter aus und bilde mit ihnen jeweils einen Satz.
4. Finde abgeleitete oder zusammengesetzte Wörter zu jedem Doppelvokal, z.B. „ee" → Idee → ideenlos, Ideenreichtum.
5. Übertrage die Wörter, deren Schreibung du noch nicht sicher beherrschst, in deine Merkwörterkartei.

K Mit Merkwörtern arbeiten → S. 227

Raumfahrt und Atmosphäre

Fußabdruck von Edwin Aldrin
auf dem Mond

Die alten Chinesen haben schon früher mit Hilfe eines explosiven Gemischs Raketen in die Luft geschossen. Doch erst gegen Mitte des 20. Jahrhunderts waren sie so weit entwickelt, dass sie die Atmosphäre verlassen und in den Weltraum fliegen konnten, um die Phänomene anderer Planeten zu erforschen. Am
⁵ 21. Juli 1969 ging ein großer Traum der Menschheit in Erfüllung. Der amerikanische Astronaut Neil Armstrong betrat als erster Mensch den Mond. Gemeinsam mit seinem Kollegen Edwin Aldrin erkundete er vorsichtbewusst die Mondlandschaft und filmte die vielen Fußspuren, die sie dabei hinterließen. Die berühmten Fußabdrücke sind heute noch sichtbar, denn es gibt nichts, was sie
¹⁰ verwischen könnte.

1. Lege eine Tabelle an und ordne die Wörter aus dem Text nach ihrer Schreibung den Spalten f, v, ph oder pf zu.
   Was fällt dir bei der Aussprache und Schreibung der Wörter auf?
2. Suche dir einige Mitschüler und spielt das Merkwortspiel:
   - Schreibt jedes Wort aus eurer Tabelle auf einen extra Zettel und legt alle Zettel in einen Behälter.
   - Nun zieht jeder von euch der Reihe nach einen Zettel und liest das Wort leise für sich.
   - Stellt nun den Begriff pantomimisch dar oder umschreibt ihn mit Worten, ohne den Begriff zu nennen.
   - Wer den Begriff errät, bekommt einen Punkt. Anschließend schreiben alle das Wort auf. Für die richtige Schreibweise gibt es einen Zusatzpunkt.

Mit Merkwörtern arbeiten → S. 227

Wie lerne ich bloß? Tipps und Tricks

1 Schwierige Wörter richtig ordnen

Um dir die vielen erlernten Regeln und Wörter besser einprägen zu können, solltest du zuerst alle Wörter, die dir Schwierigkeiten bereiten, systematisch ordnen.

f-Laute
Vogel, fortfliegen
(Der Vogel fliegt fort auf den nächsten Baum.)

Dehnungs-h
mehr
(Du willst immer mehr!)

langes i
Maschine
(Die Maschine rattert und knattert.)

Wörter mit Doppelvokal
aa ee oo
Moor
(Im Moor sinkt man ein.)

1. Lege mithilfe der Beispiele Karteikarten für eine Merkwörterkartei an.
2. Ergänze deine Merkwörterkartei:
   – Suche weitere schwierige Wörter für die vorgegebenen Karteikarten.
   – Lege Karteikarten für weitere Wörter an, die dir schwerfallen.

2 Merkwörterkartei

Die Wörterkartei kann dir beim Üben von Merkwörtern helfen.

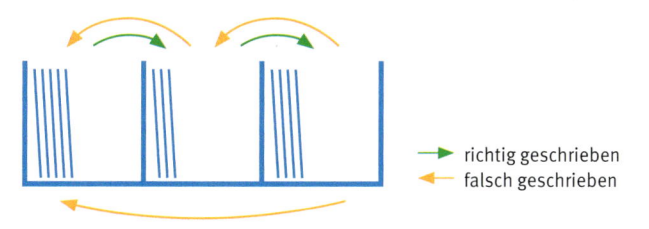

→ richtig geschrieben
← falsch geschrieben

3. Besorge oder baue dir einen Karteikasten und unterteile ihn in drei Fächer:
   - Das erste Fach wird einmal in der Woche bearbeitet,
   - das zweite einmal alle zwei Wochen,
   - das dritte einmal im Monat.
   - Wenn ein Wort im letzten Fach ist und du es richtig schreibst, bist du in der Schreibung sicherer und kannst die Karteikarte entfernen.
4. Du kannst auch zwei weitere Fächer für die Rechtschreibstrategien anlegen.

3 Mit Wortlisten trainieren

Merkwörter	1. Versuch	Verbesserung	2. Versuch	Verbesserung

5. Lege wie oben ein Blatt mit 5 Spalten an.
   - Trage in die erste Spalte 5–10 Merkwörter ein, deren Schreibung du dir einprägst.
   - Klappe dann die erste Spalte nach hinten und schreibe die Wörter in die zweite Spalte (1. Versuch).
   - Kontrolliere deinen ersten Versuch.
   - Toll, wenn du gleich beim ersten Versuch alles richtig geschrieben hast. Ansonsten verbessere deine Fehler in der 3. Spalte.
   - Klappe anschließend die 3. Spalte nach hinten und schreibe die Fehlerwörter noch einmal auf (2. Versuch).
   - Kontrolliere und verbessere falsch geschriebene Wörter in der 5. und letzten Spalte.

TIPP
Anstatt mit einem Karteikasten kannst du auch ein Merkwörterheft anlegen. Dabei klebst du an den Heftrand kleine Zettel mit den Überschriften, wie z. B. f-Laute, langes i usw. Du schreibst die Merkwörter dann an die entsprechende Stelle im Heft.

Rechtschreibregeln

Ein Mitmachmuseum

Nach dem Referat von Nina und Bert beschließt die Klasse, einen Ausflug in ein Mitmachmuseum zu unternehmen.

Was ist ein Mitmachmuseum?

Das Mitmachmuseum zeigt viele Experimente aus dem Bereich der Physik und der Technik. Mit seiner interaktiven Ausstellung will es nicht nur Technikfans ansprechen, sondern auch ausgesprochene „Physikmuffel" überzeugen. An verschiedenen Stationen darf man spannende und interessante Experimente zu Akustik, Elektrizität, Mechanik, Optik, Magnetismus und anderen physikalischen Phänomenen selbst ausprobieren. Was von Wissenschaftlern bereits erforscht wurde, kann im Museum noch einmal praktisch nachvollzogen werden. Auch wer bisher noch keinen Zugang zur Welt der Physik gefunden hat, erhält hier leicht einen Einblick in die Naturwissenschaften und ist bei den Experimenten und verblüffenden Versuchen bestimmt bald begeistert bei der Sache!

Nomen erkennen
→ S. 234

Nomen werden großgeschrieben. Man kann sie häufig an folgenden Begleitern erkennen: bestimmte und unbestimmte Artikel (*das Haus*, *ein Hund*), Präpositionen, Pronomen (*mein Buch*) und Adjektive (*schöne Ferien*).
Signalwörter für Nomen können auch Mengenwörter sein, z. B. *alle(s)*, *viel(e/es)*, *nichts*.
Fehlt ein Begleiter, so kannst du ihn zur Probe in Gedanken ergänzen: *Die Besucher verfolgen das Experiment mit Spannung.* = *Die Besucher verfolgen das Experiment mit großer Spannung.*

1. Unterstreiche alle Nomen, die du im Text finden kannst. Benutze eine Folie.
2. Erkläre, woran du die Großschreibung erkennst.

Wenn lehrerinnen und lehrer mit ihren klassen ein Mitmachmuseum besuchen wollen, ist eine rechtzeitige anmeldung wichtig. Neben einer großen anzahl von schulklassen kommen nämlich auch andere gruppen ins museum, darunter zum beispiel viele senioren, kindergartenkinder oder touristen.
   Die lehrer können den museumsbesuch im unterricht vorbereiten, indem sich die klasse mithilfe des Internetauftritts über die experimente informiert. Da im museum der mitmachaspekt im vordergrund steht, gibt es dort keine gruppenführungen, sondern die besucher können allein oder in kleingruppen auf erkundungstour gehen und selbst entscheiden, mit welchen stationen und experimenten sie sich näher beschäftigen wollen. Für einen gelingenden aufenthalt ist es deswegen wichtig, dass jede besuchergruppe weiß, wie man sich in einem museum verhalten soll.

3. Schreibe den Text in richtiger Großschreibung in dein Heft.

Auf ins Museum

Damit die Schüler wissen, wie sie sich im Museum verhalten sollen, hat ihr Lehrer Plakate im Klassenraum aufgehängt:

- Viel Rennen in den Räumen stört die anderen Besucher.
- Ein freundliches Grüßen erfreut auch die Museumspädagogen!
- Zum Öffnen der Fluchtausgänge den roten Hebel nach unten drücken.
- Probier alles aus – hol dein Bestes aus dir heraus!
- Mit dem Betreten des Museums treten die Museumsregeln in Kraft.
- Wir wollen im Mitmach-Bereich keine verschüchterten Schweigsamen – fragt nach, wenn ihr etwas nicht versteht.
- Das Berühren von Bildern in der Sonderausstellung ist verboten.
- Das Anfassen von Gegenständen ist an allen Mitmach-Stationen erlaubt.
- Lasst nichts Wertvolles in der Garderobe.
- Im Kleinen zeigst du, ob du ein Großer bist.
- Das Ballspielen im Eingangsbereich ist verboten.

1. Untersuche die Plakate:
   - Welche Wortarten stehen vor den Verben, die großgeschrieben werden?
   - Welche Wortarten stehen vor den Adjektiven, die großgeschrieben werden?
2. Formuliere daraus eine Regel für die Großschreibung von Verben und Adjektiven.
3. Schreibe die Plakate so um, dass keine großgeschriebenen Verben oder Adjektive enthalten sind. Wie wirken die Aussagen ohne Nominalisierungen?

> Wenn ein Verb oder ein Adjektiv großgeschrieben wird, spricht man von **Nominalisierung** oder Substantivierung.

Verben und Adjektive nominalisieren
→ S. 228 K

Knobelaufgaben

Die Klasse ist auf dem Weg ins Mitmachmuseum. Doch leider steht ihr Bus seit geraumer Zeit im Stau. Für solche Fälle hat der Lehrer immer einige Spiele parat, damit keine Langeweile aufkommt. Die Schüler auf der linken Busseite müssen möglichst viele stimmlose s-Laute finden, die auf der rechten Busseite möglichst viele stimmhafte s-Laute.

Wilde Zungenbrecher

1
Ich sehe Susi schmausend leise lesen und Hasen über Wiesen rasen.

2
Der Cottbusser Postkutscher putzt den Cottbusser Postkutschenkasten.

3
Fischer, die als Floßfahrer auf Flussflößen auf Floßflüssen fahren, heißen Floßflussflussfloßfahrer.

4
Sieben Riesen niesen mit ihren Riesennasen ein Riesenniesen.

5
Ich hasse heißes Essen und weiß, dass du heißes Essen nur in einer weißen Tasse genießen kannst.

6
Auf dem Rasen grasen Hasen, in den Häusern sausen Mäuse, in den Wiesen singen Riesen leise ihre Weise.

> Ein s-Laut kann **stimmlos** sein. Du kannst ihn feststellen, wenn du mit deiner flachen Hand am Hals beim Sprechen keine Vibration spürst, sondern ein Zischen wie von einer Schlange hörst.

> Ein s-Laut kann **stimmhaft** sein. Du kannst ihn erkennen, wenn du beim Sprechen mit deiner flachen Hand am Hals eine Vibration wie das Summen einer Biene spürst.

1. Lies die Zungenbrecher laut vor und mache dabei mit der Hand den Stimmhaft-/stimmlos-Test. Ordne die Zungenbrecher der linken oder der rechten Busseite zu.
2. Erfinde selbst Zungenbrechersätze, in denen nur stimmhafte oder stimmlose s-Laute vorkommen.
   Beispiele:
   – Klasse, das Essen schmeckt uns aus der Tasse.
   – Susi, sag mal saure Sahne.

Ein Forschungsprojekt

Nachdem die Klasse von Nina und Bert das Zungenbrecherspiel durchgeführt hat, erinnert sich Bert an das „s-Laut-Forschungsprojekt", das sich ihr Lehrer in der letzten Woche für sie ausgedacht hat.

Kolben 1: Gras, Fass, scheußlich, Gefäß, reisen, Hase, blass, Strauß, böse, Mais, grüßen, wissen, genießbar, heiß, preiswert

Kolben 2: groß, Streusel, Fuß, schießen, Glas

Kolben 3: heißen, riesig, größer, Kreis, Fluss, Soße

Kolben 4: Losverkauf, Gleis, Käse, Maus, Biss, Tasse

Kolben 5: fleißig, Zeugnis, Erlebnis, Straße, er weiß, Genuss

Forschungsauftrag 1

▶ Mit welchen Buchstaben wird der stimmhafte s-Laut geschrieben?
▶ Mit welchen Buchstaben wird der stimmlose s-Laut geschrieben?

– Schreibe die Wörter aus den Glaskolben, deren Schreibung du eindeutig nach der Stimmhaft-/stimmlos-Probe erklären kannst, rot in dein Heft.

Forschungsauftrag 2

▶ Bei welchen s-Lauten hilft es, Silben mitzuschwingen, zu verlängern oder abzuleiten?

– Schreibe die Wörter, deren Schreibung du eindeutig mithilfe der Strategien erklären kannst, grün in dein Heft. Setze die Strategiezeichen ⌣, → oder ↯.

Forschungsauftrag 3

▶ Wann schreibt man ss?
▶ Wann schreibt man ß?

– Untersuche die Wörter. Lässt sich eine Regel ableiten, wann man ss und ß schreibt? Achte besonders darauf, wie die Silbe vor dem s-Laut ausgesprochen wird.

1. Notiere die eindeutigen Regeln für die Schreibung der s-Laute in dein Heft. In welchen Fällen musst du besondere Strategien anwenden?
2. Trage die übrigen Wörter in deine Merkwörterkartei ein.

M|K

das und dass unterscheiden

Die Klasse verzweifelt: *das* oder *dass*?

Bis jetzt hat sich Ninas und Berts Klasse prima durch alle Rätsel durchgekämpft. Der Lehrer nutzt die Gelegenheit und überprüft auch noch einmal die Schreibung von *das* und *dass*.

Zwei gehören zusammen: *das* oder *dass*?

1 Gestern sagte das Mädchen,
2 Da drüben steht das Mädchen,
3 Das ist das Glas,
4 Peinlich war an der Sache mit dem Glas,
5 Ich erinnere mich bei dem Spiel,
6 Ich erinnere mich an ein Spiel,

a das du fast zerbrochen hättest.
b dass es uns großen Spaß gemacht hat.
c das neben meiner Tante wohnt.
d das uns großen Spaß gemacht hat.
e dass du es fast zerbrochen hättest.
f dass es nicht mehr neben meiner Tante wohnt.

1. Hilf der Klasse. Schreibe die Sätze, die zusammengehören, in dein Heft. Welche Rechtschreibschwierigkeit erkennst du?

Der Sprachersetzer

Es war einmal ein Mann, der rühmte sich, alle Wörter der Sprache ersetzen zu können. „Ich bin der größte Sprachersetzer der Welt", prahlte er, „wem es gelingt, mir ein Wort zu nennen, das ich nicht ersetzen kann, dem schenke ich einen Sack voll Gold."

Eine Gruppe Kinder wollte sich gerne etwas dazuverdienen. Sie dachte sich knifflige Sätze aus, mit denen sie den Sprachersetzer überlisten wollte:

„*Das* Mädchen ging in den Wald."

Darüber konnte der Sprachersetzer nur lachen: Aus *das* machte er ▬.

„*Das* Schloss, *das* die alte Hexe bewohnte, lag tief im Wald verborgen."

Wieder lachte der Sprachersetzer lauthals über die Kinder und ersetzte schnell *das* durch ▬. Er war sich wirklich seiner Sache sehr sicher.

„*Das* Mädchen bemerkte *das* Schloss erst, als es davor stand."

Der Sprachersetzer hörte nicht mehr auf zu lachen und über die Kinder zu spotten. Er freute sich, dass er sein Gold behalten würde. Rasch ersetzte er *das* durch ▬. Nur noch ein Kind war übrig geblieben und durfte seinen Satz nennen. Es trat vor den grinsenden Sprachersetzer und sagte:

„*Das* Mädchen wusste nicht, *dass* dort die alte Hexe wohnte."

Nun begann der Sprachersetzer zu grübeln …

2. Nenne die Wörter, mit denen der Sprachersetzer *das* ersetzt hat.
3. Versuche, die Aufgabe des letzten Kindes zu lösen.
4. Formuliere eine Regel: Wann schreibt man *das*, wann *dass*?

K s-Laute richtig schreiben → S. 227

Erfindungen und Phänomene

Dankesbrief an das Museum

Ninas und Berts Klasse ist begeistert von ihrem Ausflug. Sie haben eine tolle Begrüßung und Einführung erlebt und durften ganz viele Dinge ausprobieren. Es gab spannende Versuche, die die Schüler im Bereich der Naturwissenschaften machen konnten: Blutdruck messen, mit einem Fahrrad ein Hochseil befahren, einen Flaschenzug ausprobieren, Hörrohre testen, die Lichtgeschwindigkeit bestimmen und ... und ... und ... Die Museumspädagogen haben sich viel Mühe gegeben und als Abschied jedem Schüler sogar eine Kleinigkeit geschenkt.

Nun beschließt die Klasse, sich für den Ausflug nicht nur beim Lehrer, sondern auch beim Museum zu bedanken. Sie möchten daher einen Brief an den Museumsleiter schreiben. Dafür sammeln sie erst einmal geeignete Stichpunkte an der Tafel.

- Experimente haben uns sehr viel Spaß gemacht
- besser als trockener Unterricht
- sehr nette Pädagogen
- haben sehr viel über Naturwissenschaft und Technik gelernt
- möchten ein Schulprojekt daraus entwickeln
- werden die Ausstellung anderen Klassen weiterempfehlen
- ...

1. Recherchiert im Internet unter www.phaenomenta.com, was die Klasse im Mitmachmuseum noch alles erleben konnte.
   Macht euch Stichpunkte mithilfe eines Notizzettels.
2. Verfasst einen Brief an das Museum. Beachtet dabei
   – den Info-Kasten,
   – die höfliche Anrede am Anfang und eine höfliche Grußformel am Ende des Briefes.
   Ihr könnt so beginnen:
   Liebe Mitarbeiter des Mitmachmuseums,
   wir möchten uns bei Ihnen für die freundliche Hilfe
   bedanken. Jede Frage, die wir an Sie gerichtet haben,
   haben Sie uns beantwortet ...

> Das besitzanzeigende Pronomen *Ihr* und das Personalpronomen *Sie* werden bei höflichen Anreden im Brief großgeschrieben.

Einen persönlichen Brief schreiben → S. 21 **K**

Anredepronomen richtig schreiben → S. 228 **K**

Zeichensetzung

Faszination Mitmachmuseum

Am nächsten Tag liest der Klassenlehrer den Schülern einen Artikel vor, den er am Wochenende in der Zeitung entdeckt hat.

Das Mitmachmuseum feiert nun schon seit geraumer Zeit große Erfolge.
Die Ausstellung bietet die Möglichkeit, die Faszination wissenschaftlicher Phänomene für alle Altersgruppen auf unterhaltsame Weise lebendig und live erlebbar zu machen. Museumsdirektor Rainer Schmitte lädt die kleinen und großen Besucher zum Mitmachen ein: „Solche Museen sollen es gerade Kindern ermöglichen, selbst Erfahrungen zu machen, zu experimentieren, Phänomene zu begreifen." An 32 Experimentierstationen können die Besucher Naturwissenschaft und Technik hautnah erleben und vielen Phänomenen auf den Grund gehen. „Ob es nun mechanische Vorgänge sind", ergänzt Stellvertreter Marcel Schramm, „die Erforschung meteorologischer Phänomene oder das Experimentieren mit Elektrizität – für Kinder sind all dies hoch spannende Erlebnisse und sie lernen eine Menge dabei." „Vielleicht bekommt so der eine oder andere Museumsbesucher einen ganz neuen Zugang zu so ‚trockenen' Schulfächern wie Physik", bekräftigt Schmitte.

1. Was erfährst du in dem Text über das Mitmachmuseum?
2. Achte im oberen Teil des Textes auf die Zeichensetzung bei der wörtlichen Rede.
3. Formuliere Regeln: Wie werden Zeichen bei der wörtlichen Rede gesetzt?
4. Schreibe den unteren Teil des Textes ab und setze die Zeichen bei der wörtlichen Rede. Achte darauf, wo der Begleitsatz steht. Vergleiche anschließend deine Ergebnisse mit denen deines Nachbarn.

K Satzzeichen bei der wörtlichen Rede setzen → S. 228

Unter professioneller Begleitung sind die Besucher vom 13. bis 15. Mai dazu eingeladen, einen Eindruck von der faszinierenden Ausstellung zu erleben informiert Rainer Schmitte. Die Experimentierwerkstatt hat im Aktionszeitraum von 11 bis 17 Uhr geöffnet. Während der Aktionstage heißt es entdecken, erleben, verstehen, erläutert Doris Müller, denn vieles kann in Gang gesetzt werden, ausprobiert und in seinen Wirkungen erfahren bzw. beobachtet werden. Marcel Schramm ergänzt Es gibt natürlich auch ein Gewinnspiel, bei dem die Besucher tolle Preise rund um das Thema Wissenschaft gewinnen können.
Der Besuch einer so vielversprechenden Ausstellung kann für Interessierte nur in guter Erinnerung bleiben.

TIPP

Es gibt drei Stellungen des Redebegleitsatzes:

1. vor der wörtlichen Rede
2. inmitten der wörtlichen Rede
3. nach der wörtlichen Rede

Gestalte drei Karteikarten mit Beispielsätzen.

Die eigene Erfindung

Nina und Bert sind immer noch ganz begeistert vom Mitmachmuseum. An vielen Stationen konnten sie tolle Experimente selbst ausprobieren. Bert hat besonders die Essigbatterie gefallen, mit der man Strom erzeugen kann.

1. Recherchiert im Internet unter www.zzzebra.de, wie mit einer Essigbatterie Strom erzeugt werden kann.

Bert möchte nun das Experiment zu Hause nachbauen. Zum Glück hat er sich die Materialien auf einem Zettel notiert.

Die Essigbatterie

Schale   zwei Stück isolierter Schaltdraht
Essig   ein Glühlämpchen mit Fassung
ein Kupferplättchen   eine Zange
ein Zinkplättchen   Tesafilm

Nachdem Bert alle Gegenstände zusammengesucht hat und das Experiment geglückt ist, schreibt er für seinen Freund noch einmal alles ganz genau auf.

> Für das Experiment benötigst du eine Schale ■ Essig ■ Tesafilm ■ eine Zange ■ ein Glühlämpchen mit Fassung ■ zwei Stück isolierten Schaltdraht ■ ein Kupferplättchen und ein Zinkplättchen. Fülle zuerst den Essig in eine Schale ■ trenne mit der Zange an den Enden der Schaltdrähte die Isolierung ab ▲ und befestige zwei Schaltdrähte mit Tesafilm an den beiden Metallklemmen. Nimm die beiden Schaltdrähte ■ lege sie in die Schale mit Essig ▲ und verbinde sie mit der Fassung des Glühlämpchens. Dann fließt der Strom ■ das Lämpchen leuchtet.

2. Schreibe die Vorgangsbeschreibung ab und setze die Kommas an der richtigen Stelle. Die Vierecke und Dreiecke helfen dir dabei.
3. Formuliere Regeln: Wie wird das Komma bei Aufzählungen gesetzt?
4. Schreibe ein eigenes Experiment auf. Benutze dabei Aufzählungen. Du kannst für deine Recherche auch die oben genannte Internetadresse oder die Suchmaschinen, die auf S. 208 genannt werden, zu Hilfe nehmen.

Das Komma bei Aufzählungen setzen
→ S. 228 K

50-Wörter-Diktate

Mit diesen Texten könnt ihr eure Rechtschreibung trainieren. Arbeitet zu zweit.

1 s-Laute schreiben

A Nichts ist einfacher als das Kaffeekochen! Ein paar Löffelchen gemahlenen Kaffee in den passenden Filter geben, darüber heißes Wasser schütten und dann in die Tasse gießen – fertig ist der Kaffeegenuss! Man muss wohl der Dresdner Hausfrau Melitta Bentz danken, dass dies so einfach ist. Diese schlaue Frau entwickelte 1908 den Kaffeefilter.

B Sie nahm Löschpapier aus dem Schulheft ihres Sohnes, das sie in eine Blechdose legte, deren Boden sie durchlöchert hatte. Auf das Löschblatt gab sie gemahlenen Kaffee und goss schließlich kochend heißes Wasser darüber, das nun langsam in die Kanne darunter tröpfelte. So gelangte nur der gefilterte Kaffee in die Tassen.

1. Diktiert euch gegenseitig die Texte und erklärt die Schreibung der s-Laute.

2 Auf die Großschreibung achten

A Bestimmt kannst du nach kurzem Überlegen einige große Erfinder und Entdecker aus der Geschichte aufzählen. Dagegen bereitet das Nennen von Erfinderinnen oder Entdeckerinnen eher Schwierigkeiten. Dennoch hat es seit der Antike zahlreiche Frauen gegeben, die mit viel Geschicklichkeit und Fantasie auf allen wissenschaftlichen Gebieten etwas Wichtiges entdeckt oder erfunden haben.

B Die meisten von diesen Frauen sind heute jedoch vergessen. Viele praktische Erfindungen und etliche wichtige Entdeckungen, die Frauen als Forscherinnen gemacht haben, fanden zu ihrem Bedauern wenig oder keine Beachtung. In der Vergangenheit glaubten viele Menschen, das Hervorbringen von etwas Neuem durch ernsthaftes Erforschen und Nachdenken wäre nur Männern zuzutrauen.

2. Diktiert euch die Texte und achtet besonders auf die Großschreibung.

3 Zeichen setzen

A Der engagierte, begeisterte Physiklehrer Philipp Reis entwickelte 1861 einen elektrischen Fernsprecher. „Das Gerät soll Telefon heißen", meinte Reis. Das erste Telefonat führte er mit seinem Kollegen. Dieser soll den folgenden Satz durch die Leitung gesprochen haben: „Das Pferd frisst keinen Gurkensalat." Allerdings konnte Reis nur die ersten drei Worte verstehen.

B Auch Alexander Graham Bell gilt als einer der Erfinder des Telefons. „Ich werde meine Erfindung bei der Weltausstellung im Juni 1876 zeigen", verkündete er. Allerdings fand sein kleiner, unscheinbarer Stand zunächst keine große Beachtung. Schließlich entdeckte der Kaiser von Brasilien Bells Apparat. Während der Vorführung rief er laut: „Es spricht!"

3. Diktiert euch die Texte und nennt nur die Punkte am Satzende. Fügt die restlichen Satzzeichen ein.

Fehlerkurve

Um zu sehen, wie sich deine Rechtschreibung entwickelt, kann die Erstellung einer Fehlerkurve hilfreich sein. In eine Fehlerkurve trägst du ein, wie viel Prozent fehlerhafte Wörter sich in deine Minidiktate eingeschlichen haben.

So gehst du vor:

Da alle Minidiktate 50 Wörter umfassen, musst du nur für jedes dieser Diktate deine Fehlerzahl mit 2 multiplizieren. Die errechnete Zahl ist nun als Prozentangabe in die Fehlerkurve einzutragen. Nach mehreren Diktaten kannst du so ablesen, wie dein Trainingsstand im Rechtschreiben ist.

Das nachfolgende Beispiel hilft dir, deine eigene Fehlerkurve anzulegen:

Hier weist z. B. das erste Diktat sieben Fehler auf, der Text enthält also 14 % (7 · 2 = 14) fehlerhafte Wörter; im zweiten Diktat sind vier Fehler (4 · 2 = 8 → 8 %) und im dritten sind fünf Fehler (5 · 2 = 10 → 10 %). Du kannst deine Fehlerkurve auch für längere oder kürzere Diktate fortführen. Dazu musst du zunächst wissen, wie viele Wörter dein Diktattext umfasst und wie viele Fehler darin enthalten sind. Nun kannst du nach folgender Formel die Fehler-Prozente errechnen:

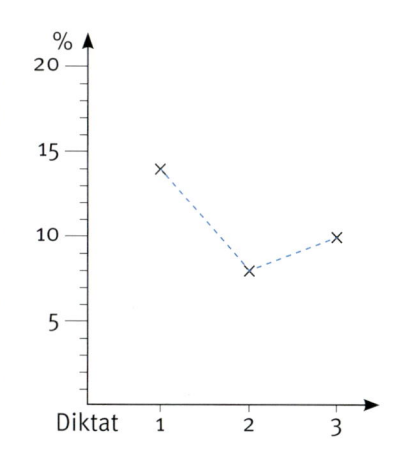

> **TIPP**
> Übertrage die Fehlerkurve auf ein DIN-A4-Blatt und nutze sie als Vorlage für weitere Fehlerkurven. Du kannst beispielsweise zu den Diktaten auf der vorangegangenen Seite Fehlerkurven anlegen.

$$\boxed{\text{Fehlerzahl}} \cdot \boxed{100} : \boxed{\text{Anzahl der Wörter im Diktat}} = \boxed{\text{Fehlerprozent}}$$

4 Weiter trainieren

A Auch der erste Reißverschluss wurde 1905 auf der Weltausstellung vorgestellt. Es ist allerdings nicht eindeutig feststellbar, wer sein Erfinder war. Auf alle Fälle sollte er die Schnürsenkel von Schuhen ersetzen. Eine deutliche Verbesserung dieser Erfindung erfolgte, als man seine bis dahin aus Metall gefertigten Zähne und Schieber aus Kunststoff herstellte.

B Unverbesserliche glauben, dass Frauen und Technik nicht zusammenpassen. Mary Anderson bewies das Gegenteil, denn sie erfand den Scheibenwischer. 1903 meldete sie dafür das Patent an. Anfangs wurde sie von der Öffentlichkeit belächelt, doch schon bald wurden Automobile mit dieser Erfindung ausgestattet. Heute können wir uns kein Auto ohne Scheibenwischer vorstellen.

4. Lass dir das Diktat diktieren oder schreibe es als Dosendiktat.
5. Erstelle eine Fehlerkurve und übe gezielt noch einmal die Bereiche, in denen du die meisten Fehler gemacht hast.

Diktate schreiben
→ S. 304 M

Erfindungen und Phänomene

Nachschlagen

A B C D E F G H I J K L M N O P Q R S T U V W X Y Z

Zahnbürste, Aprilscherz, Brailleschrift, Waschmaschine, Rad, Toilette, Einkaufswagen, Teebeutel, Glühbirne, Streichhölzer, Jeans, Skateboard, Monopoly, Schreibmaschine, Reißverschluss, Papiertaschentuch, Nobelpreis

1. Notiere alle Erfindungen in der richtigen alphabetischen Reihenfolge.
2. Schreibe auch die folgenden Wörter in der richtigen alphabetischen Reihenfolge auf: *Radar, Radarschirm, Radarastronomie, Radargerät, Radarkontrolle, Radarpeilung, Radarwagen, Radartechniker, Radarstation.* Worauf musst du achten?
3. Findet selbst möglichst viele Wörter zum Stichwort „Erfindungen" und stellt sie in alphabetischer Reihenfolge zusammen.

Stichwörter nachschlagen

Seite	Stichwort davor	Stichwort	Stichwort danach
		Technologie	
		Atmosphäre	

4. Übertrage die Tabelle ins Heft und vervollständige sie, indem du die Stichwörter in einem Wörterbuch nachschlägst.
5. Suche auch folgende Stichwörter: *Entdeckerin, erfinderisch, Modelle, Glühbirne, fragst, ideenreich, Fertigstellung, denkst.* Was stellst du fest?
6. Formuliere Hilfestellungen für die Stichwortsuche bei Verbformen, Adjektiven und ihren Steigerungsformen, zusammengesetzten Nomen und Pluralformen.

Wettspiele mit dem Wörterbuch

1 Anfang und Ende: Einer nennt einen Buchstaben. Die anderen suchen so schnell wie möglich das erste und das letzte Stichwort dieses Buchstabens.

2 Stichwörter ergänzen: Einer nennt ein Stichwort, die anderen überlegen sich möglichst viele Ableitungen dieses Stichworts. Überprüft im Wörterbuch, welche Ableitungen dort stehen. Wer die meisten richtigen Ableitungen aufschreibt, hat gewonnen.

7. Führt die Wettspiele durch.

Wo steht was? – Informationen im Wörterbuch

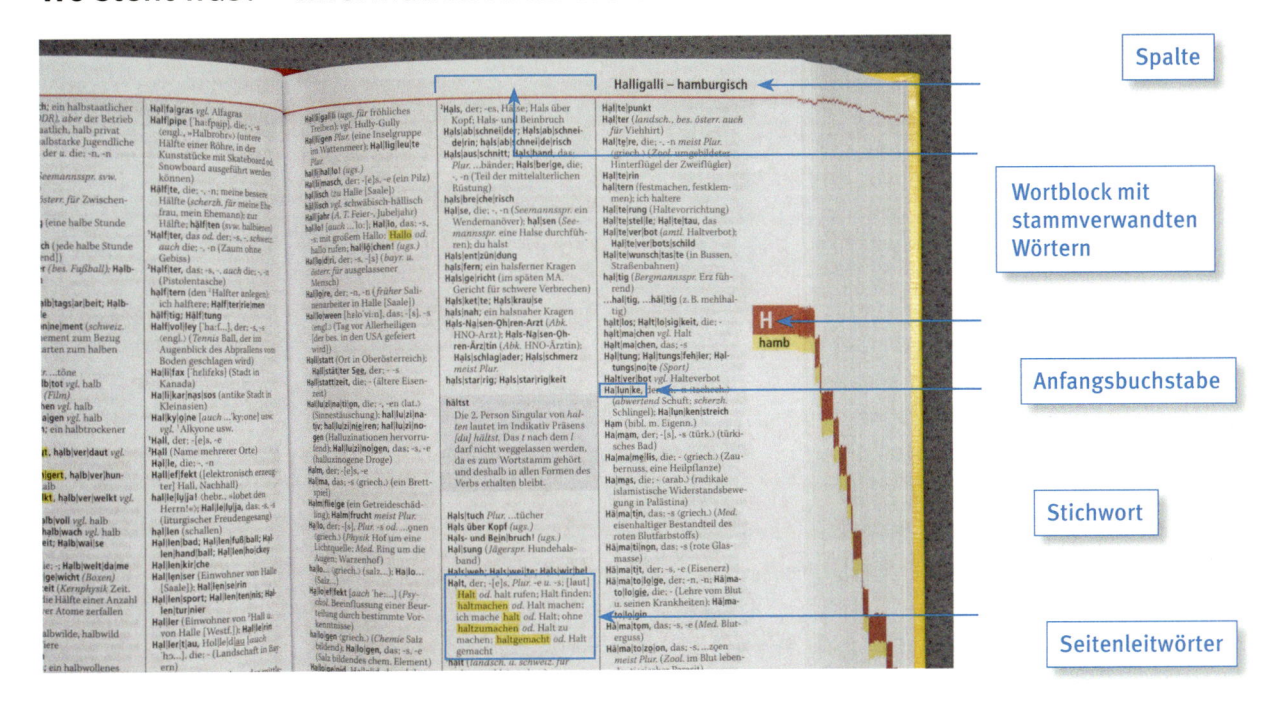

Labels on the dictionary image: **Spalte**, **Wortblock mit stammverwandten Wörtern**, **Anfangsbuchstabe**, **Stichwort**, **Seitenleitwörter**

8. Ordne die Begriffe rechts den Pfeilen im Wörterbuch zu.
9. Suche Seitenleitwörter, Spalte und Stichwort zu den Wörtern *Leuchtstofflampe* und *Satellitenfernseher*.

Allerlei Abkürzungen

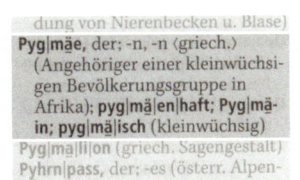

▶ Pluralform(en)
▶ grammatisches Geschlecht (Artikel im Nominativ Singular)
▶ Betonung
▶ Herkunft
▶ Bedeutung
▶ Silbentrennung
▶ Aussprache
▶ Verweis auf eine Regel
▶ alternative Schreibung

10. Ordne den hervorgehobenen Stichwörtern die Abkürzungen und Informationen aus dem Rechtschreibwörterbuch zu.
11. Schlage die Wörter *April, Bowle, Abbau, Shirt, äffen, anzwitschern, Frisbee* nach. Welche Informationen entdeckst du noch?

Mit dem Wörterbuch arbeiten → S. 228 **K**

K Kompetenzen

Rechtschreibstrategien anwenden

Die meisten Rechtschreibfehler können durch verschiedene Rechtschreibstrategien vermieden werden.

1. **Silben mitschwingen** ist eine Strategie, bei der die Wörter in Silben zerlegt und langsam und deutlich gesprochen werden. Unterstützend dazu kannst du die Sprechsilben als Schwungbögen unter das geschriebene Wort zeichnen.

   ▶ **Die Silbentrennung am Zeilenende** kannst du durch diese Strategie klären. Die meisten Wörter werden beim Schreiben nach Sprechsilben getrennt (*Bei-spiel, Bü-cher*). Die Buchstaben *ck* bilden jedoch eine Ausnahme: Hier trennst du beim Schreiben *pa-cken* und sprichst beim Silbenschwingen *pak-ken*.
   ▶ **Die Schreibung nach kurzen Vokalen** kannst du ebenfalls durch Silbenschwingen klären. Wird ein Vokal in einer betonten Silbe kurz gesprochen, folgen mehrere Konsonanten (*Narbe, Karte*).
   ▶ **Nach kurzem Vokal kann auch ein Doppelkonsonant folgen** (*Hammer, Wette*). Dabei ist zu beachten, dass das *k* als Doppelkonsonant zu *ck* (*stricken*) und das *z* zu *tz* (*blitzen*) wird. Die Doppelkonsonanten *zz* und *kk* gibt es nur in Wörtern aus anderen Sprachen (*Pizza, Mokka*).
   ▶ **Ein sogenanntes silbentrennendes h wird meistens dazwischengesetzt,** wenn beim Zerlegen eines Wortes die erste Silbe mit einem Vokal endet und die zweite mit einem Vokal beginnt (*Fern-se-her, nä-hen*). Durch deutliches Sprechen und Silbenschwingen kannst du es hörbar machen.

2. **Wörter verlängern** ist eine Strategie, die dir insbesondere bei der Schreibung von gleich und ähnlich klingenden Konsonanten hilft.
   ▶ **Der k-Laut** kann mit *g* (*Burg*) oder *k* (*krank*), der *t*-Laut als *d* (*Held*) oder *t* (*Zelt*), der *p*-Laut als *b* (*erlebt*) oder *p* (*Lump*) geschrieben werden. Die Verlängerung der Wörter hilft dir bei der richtigen Schreibung. Die Wörter kannst du nach folgendem Prinzip verlängern: Zu den Nomen bildest du den Plural (*der Held – die Helden*), zu Verben bildest du die wir-Form (*klebt – wir kleben*) und zu den Adjektiven suchst du ein passendes Nomen (*krank – das kranke Kind*) oder du steigerst es (*mutig – mutiger*).
   ▶ **Auch die Schreibung von Doppelkonsonanten am Wortende** kannst du durch die Verlängerung des Wortes klären (*ka■ – können*, also *kann*).

3. **Wörter ableiten** ist eine weitere Strategie, die dir hilft, Rechtschreibprobleme zu lösen. Wenn du weißt, zu welcher Wortfamilie mit welchem Wortstamm ein Wort gehört, kannst du seine Schreibweise ableiten. So begründet etwa der Wortstamm *flieg-*, dass die verwandten Wörter *du fliegst, zufliegen, geflogen* oder *Flugobjekt* alle mit *g* geschrieben werden.

4. **Mit Merkwörtern zu arbeiten** ist eine Strategie, die bei Wörtern hilft, deren Schreibung nur sehr schwer zu erklären ist. Diese Wörter musst du dir besonders einprägen und einüben. Zu den Merkwörtern gehören Wörter mit langem Vokal (Dehnung), die auf ganz unterschiedliche Weise geschrieben werden können:
    ▶ **Das Dehnungs-h** hebt einen langen betonten Vokal hervor und steht meistens vor den Konsonanten *l, m, n, r* (*Bahn, wahr*).
    ▶ **Das lange i** wird in der betonten Silbe meistens mit *ie* geschrieben (*Brief*). Durch die Verlängerung von einsilbigen Wörtern kannst du ihre Schreibung ermitteln (*Tier – Tiere*). Bei Wörtern aus anderen Sprachen schreibt man das lange *i* in der Regel ohne Dehnungszeichen (*Maschine*).
    ▶ **Einige wenige Wörter werden mit doppeltem Vokal geschrieben** (*Waage, Meer*). Diese musst du dir gut einprägen.
    ▶ **Merkwörter sind auch Wörter mit gleich und ähnlich klingenden Konsonanten.** So kann der f-Laut mit *f* (*Freitag*), *v* (*Vater*) und *ph* (*Pharao*) oder *pf* (*Pferd*) geschrieben werden. Wenn das *v* als *w* gesprochen wird, dann handelt es sich meistens um Fremdwörter (*Vase, aktivieren*). Die Schreibung der Merkwörter lässt sich vor allem durch Üben mit der Merkwortkartei einprägen.

Rechtschreibregeln kennen

1. s-Laute richtig schreiben

▶ Am Wortanfang wird der s-Laut nur mit einfachem *s* geschrieben (*Sand*).
▶ Im Wortinneren wird der stimmhafte s-Laut wird immer *s* geschrieben (*Hose, Blase*).
▶ Der stimmlose s-Laut kann mit *s, ss* oder *ß* geschrieben werden (*Mais, Schluss, Gruß*). Nach kurzem Vokal steht *ss* (*blass, fressen*), nach langem Vokal oder Diphthong steht *ß* (*Fuß, draußen*). In Ausnahmefällen kann auch *s* stehen (*Bus, Glas*).
▶ Das Wort *das* kannst du mit einem *s* oder mit *ss* (*dass*) schreiben. Mit einem *s* wird es geschrieben, wenn es sich um einen Artikel (*das Mädchen*) handelt. Bezieht sich das *das* auf ein vorangegangenes Nomen, dann handelt es sich um ein Relativpronomen (*Ich meine das Fahrrad, das (welches) du geschenkt bekommen hast.*).
Die Konjunktion *dass* leitet einen Nebensatz ein und steht häufig nach Verben des Denkens, Fühlens, Wünschens, Sagens (*Das Kind sagt, dass es bei seinen Großeltern wohnt.*). Du kannst es nicht durch *dieser, diese, dieses* oder *welcher, welche, welches* ersetzen.

2. Verben und Adjektive nominalisieren

Verben und Adjektive, die als Nomen gebraucht werden, schreibt man groß. Wann dies der Fall ist, kannst du an folgenden Merkmalen erkennen:

- Vor dem Verb oder Adjektiv steht ein Artikel, dabei kann der Artikel auch mit einer Präposition verschmolzen sein (*Im Klassenraum ist das Rennen verboten.*).
- Steht kein Artikel davor, kannst du die Artikelprobe machen (*Rennen und Springen ist im Gebäude verboten – Das Rennen und das Springen …*).
- Ein weiteres Kennzeichen für die Großschreibung sind bei Adjektiven vor allem die Mengenwörter wie *viel, nichts, etwas, allerlei* (*Ich kaufe mir etwas Schönes.*).

3. Anredepronomen richtig schreiben

Bei offizieller und höflicher Anrede wird das Possessivpronomen *Ihr* und das Personalpronomen *Sie* großgeschrieben. Die besitzanzeigenden Pronomen *dein* und *euer* sowie die Personalpronomen *du* und *ihr* werden kleingeschrieben. In Briefen kannst du diese Formen im Sinne der höflichen Anrede auch großschreiben.

Zeichen setzen

1. Satzzeichen bei der wörtlichen Rede setzen

Was eine Person wörtlich gesagt hat, steht in Anführungszeichen. Bei der wörtlichen Rede steht oft ein Begleitsatz.

- **Bei einem vorangestellten Begleitsatz** steht nach der Redeeinleitung ein Doppelpunkt (*Der Lehrer sagte: „Heute habt ihr sehr gut mitgearbeitet."*).
- **Von einem nachgestellten Begleitsatz** spricht man, wenn die Redeeinleitung der direkten Rede folgt. Hier wird die wörtliche Rede durch ein Komma abgetrennt (*„Das Thema hat uns auch sehr interessiert", antworteten die Schüler.*).
- **Bei einem eingeschobenen Begleitsatz** wird die Redeeinleitung ebenfalls durch Kommata abgetrennt (*„Das freut mich", bemerkte der Lehrer, „dann gebe ich heute mal keine Hausaufgaben auf."*).

2. Das Komma bei Aufzählungen setzen

- **Bei Aufzählungen von Wörtern oder Wortgruppen** wird ein Komma gesetzt. Sind diese Wörter oder Wortgruppen durch *und, oder, sowie* verbunden, wird kein Komma gesetzt (*Die Schüler rennen, spielen, lernen und unterhalten sich*).

Mit dem Wörterbuch arbeiten

Wörterbucheinträge können dir zahlreiche Informationen zu den einzelnen Wörtern geben. Dazu musst du wissen, wie Wörterbücher aufgebaut sind:

- **Alle Wörter sind alphabetisch geordnet.** Innerhalb einer Wortgruppe mit gleichem Anfangsbuchstaben orientiert man sich am zweiten oder dritten Buchstaben.
- **Die Leitwörter stehen oben links und rechts auf einer Seite.**
- **Alle Wörter sind in ihrer Grundform eingetragen** (Verben im Infinitiv, Nomen/Substantive im Nominativ Singular und Adjektive in der Grundstufe)

S Selbsteinschätzung → www

Geh noch einmal deine Aufzeichnungen durch und schätze dann ehrlich deine Fähigkeiten ein.

★★★ = sehr sicher
★★ = größtenteils sicher
★ = manchmal unsicher
○ = oft unsicher

1. Ich kann vier Rechtschreibstrategien nennen und diese bei bestimmten Rechtschreibproblemen anwenden:
   ▨▨▨▨, ▨▨▨▨, ▨▨▨▨, ▨▨▨▨
2. Ich kann feststellen, wie die s-Laute in einem Wort geschrieben werden.
3. Ich kenne die Regeln für die Schreibung von *das* und *dass*.
4. Ich weiß, wie Verben und Adjektive nominalisiert werden, und erkenne sie an bestimmten Merkmalen im Text.
5. Ich kann Anredepronomen richtig schreiben.
6. Ich kann die Zeichen bei der wörtlichen Rede setzen und folgende Begleitsätze voneinander unterscheiden:
   ▨▨▨▨, ▨▨▨▨, ▨▨▨▨
7. Ich weiß, dass bei Aufzählungen von Wörtern oder Wortgruppen ein Komma gesetzt wird, und kenne die Ausnahme.
8. Ich kann zügig mit dem Wörterbuch arbeiten und erklären, wie es aufgebaut ist.

Auswertung und Anregungen

▶ **Prima, wenn du dir bei den meisten Aussagen sicher oder größtenteils sicher warst!** Auf den nächsten beiden Seiten kannst du einzelne Rechtschreibphänomene noch einmal trainieren.

▶ **Wenn du dir bei Aussage 1 noch unsicher warst,** dann präge dir die Kompetenz „Rechtschreibstrategien anwenden" auf Seite 226/227 gut ein.

▶ **Wenn du bei den Aussagen 2 und 3 noch Schwierigkeiten hattest,** dann präge dir die Kompetenz „s-Laute richtig schreiben" auf Seite 227 gut ein. Suche dir einen Lernpartner und diktiert euch gegenseitig ein Übungsdiktat von Seite 222. Erklärt, nach welchen Regeln ihr euch gerichtet habt.

▶ **Wenn du dir bei Aufgabe 4 noch unsicher warst,** dann überlege, woran du Nominalisierungen erkennst und wie du sie bildest. Die Kompetenz „Verben und Adjektive nominalisieren" auf Seite 228 hilft dir dabei. Erfinde anschließend einige Sätze, die Nominalisierungen enthalten.

▶ **Wenn du die Aussagen 6 und 7 noch nicht sicher beantworten konntest,** dann wiederhole die Seiten 220 und 221 und vergleiche sie mit der Kompetenz „Zeichen setzen" auf Seite 228.

▶ **Wenn du mit Aussage 8 noch Schwierigkeiten hattest,** dann wiederhole noch einmal die Seiten 224/225. Überlege mit einem Partner ein neues Wettspiel mit dem Wörterbuch.

T Trainingsideen → www

Rechtschreibstrategien anwenden

1 A Eine Fledermaus lässt sich vor allem abends beobachten. Sie flattert dann zwischen Berg und Tal oder im Park oder gar in ein offenes Fenster hinein. Am Tag schläft sie an einer Zimmerdecke oder hängt auf einem Dachboden.

1 B Der schwerste flugfähige Vogel ist der Höckerschwan. Er wiegt bis zu 18 Kilogramm und ist dennoch erstaunlich wendig. Im Sommer verteidigt ein Schwanenmännchen wie ein Held seine Nachkommen.

2 A Hunde, die laut bellen, wollen nicht immer beißen. Wenn sie jemanden um die Ecke kommen hören, können sie so ihre Freude oder ihren Kummer zeigen. Hunde wittern schon von Weitem, ob man Futter in der Jackentasche hat.

2 B Eine Katze schwimmt nicht gern. Wenn das Fell nass wird, schüttelt und leckt sie sich, bis alles trocken ist. In der Mittagshitze liegt sie gern in der Sonne und träumt von leckeren Mäusen.

3 A Viele Vögel haben ein gutes Gehör. Ein Uhu kann hören, wo gerade eine Maus rennt. Eine Amsel hört, wo Regenwürmer unter der Erde graben. Ein Greifvogel sieht sehr gut. Er kann Käfer aus einer Höhe von über zehn Metern wahrnehmen und zielt dann im Sturzflug auf die Beute. Nicht alle Vogelarten können fliegen. Manche Vögel, zum Beispiel Pinguine und Strauße, können ihre Flügel nicht zum Fliegen nutzen.

3 B Tiere fühlen sich im Zoo oft nicht sehr wohl. In freier Wildbahn oder im Meer sind sie viel besser aufgehoben. So die Riesenkrake, die die größten Augen der Welt hat. Sie braucht diese riesigen Augenpaare, damit sie in der dunklen Tiefe des Meeres etwas wahrnehmen kann. Es gibt auch fliegende Fische, die mithilfe ihrer Flossen durch die Luft gleiten. Auch bei Delfinen sieht man häufig phänomenale Flugsprünge durch die Luft.

1. Schreibe die Minidiktate als Laufdiktat. Du kannst auch mit einem Lernpartner arbeiten: einer diktiert (Diktat A), der andere schreibt und korrigiert anschließend. Danach werden die Rollen getauscht (Diktat B). Beachte die Rechtschreibstrategien *Silben mitschwingen*, *Wörter verlängern* und *Wörter ableiten* sowie *mit Merkwörtern arbeiten*, um Fehler zu vermeiden.

M Diktate schreiben
→ S. 304

s-Laute richtig schreiben

A Der afrikanische Igel fri■t am liebsten Skorpione, denen er den Stachel abbei■t, bevor er sie auffri■t. Nur wenn sich zwei Igel kü■en, mü■en sie besonders vor■ichtig sein, da■ sie sich nicht aufspie■en …

B Eine ■andra■elschlange ist äu■erst giftig. Ihr Bi■ kann sogar Menschen gefährlich werden und mu■ schnell behandelt werden. Gut, da■ da■ Tier mei■t Mäuse, Eidechsen oder kleine Ha■en fri■t …

2. Schreibe die Texte ab und trage die richtigen s-Laute (s, ss oder ß) in die Lücken ein.

Verben und Adjektive nominalisieren

A Wale sind Säugetiere und müssen zum Atmen auftauchen. Es ist nichts Ungewöhnliches, dass verletzte oder in Netzen gefangene Tiere ertrinken, weil sie nicht mehr atmen können. Zum Schwimmen benutzen sie ihre Schwanzflosse.

B Eulen benutzen beim Jagen nicht nur ihre Augen, sondern ihr gutes Gehör. Sie folgen der Beute unbemerkt durch lautloses Fliegen. Das Beutetier sieht dann nur noch etwas Großes auf sich herabstürzen.

3. Erkläre, warum die unterstrichenen Verben und Adjektive großgeschrieben werden.

Zeichen setzen

A Ein Pferd sitzt in einer Milchbar. Da kommt eine Kuh herein. Das Pferd lehnt sich zurück trinkt seine Milch aus und wiehert dann: Seit wann dürfen Lieferanten zum Haupteingang rein?

B Vogelspinnen haben große ungewöhnlich scharfe Augen. Damit beobachten sie ihre Beutetiere klappen dann den Deckel ihrer Bodenhöhle auf schießen schnell heraus packen die Beute und zerren sie in ihren Bau.

4. Schreibe die Texte ab und setze die fehlenden Zeichen.

Im Wörterbuch nachschlagen

Wenn Haie sich im Wasser nicht bewegen, sinken sie auf den Meeresgrund ab. Sie haben nämlich keine Schwimmblase. Haie sind aber keineswegs die Kannibalen und Ungeheuer, als die man sie oft darstellt, sondern durch brutale Jagdmethoden mit der Harpune vom Aussterben bedroht.

5. Schlage die unterstrichenen Wörter im Wörterbuch nach und notiere die Informationen, die du dort bekommst.

Erfindungen und Phänomene

Bühne frei für Stars und Sternchen

Wortarten

Wie bitte: Stars? Nichts ist alltäglicher als Wörter, wir benutzen sie ständig. Wie lange kannst du es am Tage aushalten, ohne ein Wort zu sagen oder zu hören? Wörter sind so wichtig für uns, dass wir uns hier und jetzt Zeit nehmen, sie wie Stars auf der Bühne zu betrachten und ihr Können zu bewundern.

1. Sieh dir das Bild oben an und überlege dir mithilfe der Wörter eine Handlung für das Stück, das hier aufgeführt wird.
2. Wie könnte man die Wörter sortieren?
3. Kennst du die Wortarten, zu denen die Wörter gehören?

Die Wortarten

Die Wort-Stars müssen schnell in die Garderobe, um sich für ihren Auftritt fertig zu machen. Noch stehen sie in unübersichtlichen Gruppen zusammen.

1. der schön mann romeo lieben das mädchen julia jung

2. familien sein feindeliebespaar heiraten heimlich

3. romeo töten in zwei kampf verwandten von julia er muss fliehen

4. medizin julia scheint tot dem ausweg abgeben

5. eltern zwingen julia zu ehe mit ein graf ein mönch fin romeo kommen denken julia tot er nehmen gift

6. arm julia erwachen schlüpften sie stürzen in schwert

Garderoben: PRONOMEN, NOMEN, ARTIKEL, VERBEN, ADJEKTIVE, PRÄPOSITIONEN

4. Erzähle, was in diesem Stück passiert.
5. Trenne die Wörter voneinander und schicke sie in die richtigen Garderoben.
   Lege dazu eine Tabelle in deinem Heft an.
   Notiere die Wörter, die du nicht eindeutig zuordnen kannst, in einer extra Spalte.
6. Welche Wörter musst du großschreiben?

In diesem Kapitel lernst du,

- welche Aufgaben die Wortarten haben,
- woran du die wichtigsten Wortarten erkennst,
- wie du Nomen deklinierst,
- was Personalpronomen und Possessivpronomen leisten,
- wie Präpositionen Ordnung schaffen,
- welche Formen des Verbs es gibt und wie du Verben konjugierst,
- wie du mit Verben verschiedene Tempusformen bildest,
- wie du mit Adjektiven beschreiben und vergleichen kannst.

Nomen und Artikel

Pseudonym angenommener, nicht der wirkliche Name

„Darf ich mich vorstellen? Ich bin ein berühmter Hauptdarsteller. Darum werde ich auch immer großgeschrieben. Ihr kennt mich vielleicht auch unter dem Namen Hauptwort. Ein weiteres Pseudonym von mir ist Substantiv. Weil ich so wichtig bin, habe ich meistens einen Begleiter als Bodyguard dabei: einen bestimmten Artikel oder einen unbestimmten Artikel. Wo ich auch auftauche – es gibt immer ein Gedränge: Adjektive, Präpositionen, Pronomen – alle wollen in meiner Nähe sein. Eines Tages werde ich noch zerdrückt! Das Leben eines Stars ist ganz schön gefährlich …"

1. Suche im Text alle bestimmten und unbestimmten Artikel.
2. Schreibe sie zusammen mit den Nomen, die sie begleiten, heraus.
   Achtung: Manchmal drängelt sich noch ein anderes Wort zwischen den Artikel und sein Nomen.

Im Theater

Gestern war ich im Theater. Vor der Aufführung sah ich ▬ Schauspieler Arno Rampe. Ich hatte ihn schon in ▬ Film im Fernsehen gesehen. Er gab mir ▬ Autogramm. ▬ Autogramm habe ich über mein Bett gehängt. Er spielte in ▬ Stück „▬ Mann ohne Gedächtnis". ▬ Gedächtnis hatte er bei ▬ Unfall verloren. Er wurde von ▬ falschen Freund ausgenutzt. Doch am Ende kam ▬ Erinnerung zurück und er konnte ▬ Mann entlarven. Es war ▬ spannende Geschichte und ▬ Publikum applaudierte lange. Ich nahm danach ▬ Taxi und war erst um Mitternacht zu Hause.

3. Entscheide, ob das Nomen einen bestimmten oder unbestimmten Artikel braucht. Schreibe den Text mit Artikeln in dein Heft.
4. Schaue dir die Sätze genau an und überlege, was der Unterschied zwischen beiden Arten von Artikeln ist.
   Schreibe für jeden einen kurzen Text, in dem sie sich so vorstellen wie oben das Nomen.

UNBESTIMMTER ARTIKEL: „Ich bin …"

BESTIMMTER ARTIKEL: „Ich bin …"

Stars zum Anfassen?

Das Nomen „Zwerg" spielt heute Abend in einem sehr erfolgreichen Märchenstück mit. Jede Vorstellung ist ausverkauft. Hier sind ein paar der anderen Mitspieler:

> Eifersucht ▪ Apfel ▪ Schönheit ▪ Teller ▪ Kamm ▪ Gürtel ▪ Fensterbrett ▪ Schnee ▪ Spiegel ▪ Liebe ▪ Stiefmutter ▪ Strafe ▪ Wunsch ▪ Jäger ▪ Zwerge

Abstrakta (Sg. Abstraktum) bezeichnen nicht gegenständliche Erscheinungen wie Gefühle, Gedanken und Vorstellungen. Man kann sie nicht mit den Sinnen wahrnehmen.

1. Wie lautet der Titel des Stückes?
2. Welche Nomen wird man auf der Bühne sehen und anfassen können, welche nicht? Begründe und beschreibe die Aufgabe von Nomen.
3. Lege eine Tabelle in deinem Heft an und ordne die Nomen ein.

Konkreta	Abstrakta
Apfel	Eifersucht
...	...

4. Notiere zu einem Märchen oder Film deiner Wahl eine Liste mit 12 Nomen. Achte darauf, dass sowohl Abstrakta als auch Konkreta dabei sind. Tauscht eure Nomen untereinander aus und ordnet sie wie oben.

Konkreta (Sg. Konkretum) bezeichnen Gegenständliches. Man kann sie sehen, riechen oder anfassen, z. B. Dinge oder Lebewesen.

Dornröschens Traum

5. Manchmal werden Abstrakta mithilfe von Bildzeichen dargestellt. Erkläre, welche Nomen sich hinter den Symbolen im Bild verbergen.
6. Sprecht darüber, warum diese Bildsymbole verständlich sind.

Symbole sind Zeichen, die irgendwann vereinbart wurden oder sich durchgesetzt haben, oft um abstrakte Begriffe darzustellen.

Nomen erkennen und deklinieren → S. 258 **K**

> Das grammatische Geschlecht nennt man **Genus**. Es wird im Deutschen durch den Artikel angegeben.
>
> Man unterscheidet zwischen **Maskulinum** (männlich): *der Mann,* **Femininum** (weiblich): *die Frau* und **Neutrum** (sächlich): *das Kind.*

Leyla Gökdal lernt Deutsch

Die türkische Schauspielerin Leyla Gökdal muss für eine Theaterrolle Deutsch lernen. Bei manchen Wörtern fällt es ihr schwer, das richtige grammatische Geschlecht zu verwenden. Sie stöhnt: „Ich weiß nie, ob es der Theater, die Theater oder das Theater heißt. In meiner Sprache gibt es keinen Artikel."

| Auto – Bus – Lokomotive – Straßenbahn |

| Herz – Leber – Magen |

| Versuch – Versuchung – Schrei – Geschrei |

| Apfel – Birne – Obst |

| Hund – Katze – Ozelot – Känguru |

1. Ordne den Nomen die richtigen Artikel zu.
2. Erkläre, warum Leyla Gökdal hierbei häufig Schwierigkeiten hat.
3. Einige Wörter werden auch mit zwei Artikeln gebraucht. Manchmal ändern sie dabei ihre Bedeutung.
   Schlage die Wörter aus dem Kasten in einem Wörterbuch nach und schreibe sie mit ihren Artikeln auf.

| Band ▪ See ▪ Tau ▪ Leiter ▪ Tor ▪ Steuer ▪ Moment ▪ Verdienst ▪ Laster ▪ Virus ▪ Kunde ▪ Joghurt ▪ Kiefer |

4. Untersucht den Gebrauch der Artikel im Englischen, Französischen und Polnischen. Was fällt euch dabei auf?

Deutsch	Englisch	Französisch	Polnisch
der Mond	the moon	la lune (f.)	ksiezyc (m.)
die Sonne	the sun	le soleil (m.)	slonce (n.)
das Haus	the house	la maison (f.)	dom (m.)
der Affe	the monkey	le singe (m.)	malpa (f.)

> **TIPP**
>
> Vielleicht kennt ihr Leute, die Türkisch, Kurdisch, Russisch oder eine andere Sprache sprechen. Informiert euch, wie es sich in diesen Sprachen mit den Artikeln und dem grammatischen Geschlecht verhält.

Vervielfältigungskünstler

Leyla Gökdal weiß, dass man im Deutschen Nomen im Singular und Plural benutzen kann. Trotzdem fragt sie sich, warum es die Kuh – die Kühe heißt, aber nicht der Schuh – die Schühe.

> **Numerus** bedeutet Zahl und bezeichnet die Eigenschaft des Nomens im **Singular** (Einzahl) oder im **Plural** (Mehrzahl) aufzutreten.

1. Schreibe die Wörter aus dem Kasten mit ihrer dazugehörigen Pluralform in dein Heft. Was fällt dir auf?
2. Teile die Wörter in Gruppen ein und formuliere eine Regel, wie der Plural jeweils gebildet wird.

> die Wolke ▪ der Nagel ▪ das Mädchen ▪ der Hof ▪ die Tür ▪
> der Sitz ▪ der Name ▪ das Wrack ▪ der Ofen ▪ das Ohr ▪
> das Rad ▪ der Löffel ▪ das Kino ▪ der Baum ▪ der Mann ▪
> das Kind ▪ das Lied ▪ der Berg

3. Schreibe aus einem Wörterbuch die Pluralformen, die Bedeutung und die Herkunft der folgenden Fremdwörter heraus.
   Achtung: Manchmal gibt es sogar zwei Pluralformen. Du findest dann vielleicht einen Verweis auf eine Regel in deinem Wörterbuch.

Mit dem Wörterbuch arbeiten → S. 224 f.

> Genus ▪ Atlas ▪ Globus ▪ Album ▪ Drama ▪ Konto ▪
> Kaktus ▪ Komma ▪ Epos ▪ Standard ▪ Kasus ▪ die Firma

4. Setze die Nomen aus dem folgenden Kasten in den Singular oder Plural. Was fällt dir auf?

Nomen erkennen und deklinieren → S. 258 **K**

> die Hitze ▪ die Liebe ▪ die Eltern ▪ die Geschwister ▪
> die Ruhe ▪ die Leute ▪ die Ferien ▪ das Alter ▪ der Lärm ▪
> die Masern ▪ das Glück ▪ das Obst ▪ die Butter ▪ der Regen

Nomen deklinieren

> Die Beugung der Nomen nennt man **Deklination**. Die Endung des Nomens verändert sich je nach
> – Kasus (Fall)
> – Genus (Geschlecht) und
> – Numerus (Singular oder Plural).
> Auch der Artikel verändert sich.

Für alle Fälle

Heute spielen die Nomen „Kreide", „Schwamm" und „Klassenbuch" als Hauptdarsteller in einem Klassenzimmertrauerspiel mit.

1. Szene

Die Kreide liegt wieder einmal hilflos auf dem Boden.
Gong. Die letzte Stunde **der Kreide** hat geschlagen.
Ein ahnungsloser Schüler nähert sich **der Kreide.**
Er hebt den Fuß und – zertritt **die Kreide.** Ende.

2. Szene

Der Schwamm stinkt mal wieder.
Es war das Schicksal **des Schwammes** zu stinken.
Dem Schwamm war das sehr peinlich.
Keiner mag **den Schwamm.** Oh je!

3. Szene

Das Klassenbuch fehlt.
Der Aufenthaltsort **des Klassenbuches** ist unbekannt.
Hoffentlich ist **dem Klassenbuch** nichts zugestoßen.
Alle vermissen **das Klassenbuch.**

1. Wie fragst du in jedem der Sätze nach den Hauptdarstellern?
   Beispiel: *Wer oder was liegt hilflos auf dem Boden?* die Kreide
2. Setze die Szenen oben in den Plural.

Kasus	Nominativ	Genitiv	Dativ	Akkusativ
Fragewörter	wer oder was?	wessen?		... oder was?
Singular				
Femininum	die Kreide	der Kreide		
Maskulinum				
Neutrum				
Plural				
Femininum		der Kreiden		
Maskulinum			den Schwämmen	
Neutrum				die Klassenbücher

> Die vier Kasus (Fälle) heißen **Nominativ, Genitiv, Dativ** und **Akkusativ**.

3. Übertrage die Tabelle in dein Heft. Fülle sie aus, indem du die fehlenden Fragewörter und Nomen einträgst.

Bühne frei für Stars und Sternchen

Theatervergnügen

Hier kannst du deine Kenntnisse rund um die Wortart Nomen trainieren.

1 Nomen bestimmen und deklinieren

Wieder einmal begeisterte das Hagener Jugendtheater mit einem neuen Theaterstück unter Leitung des Regisseurs Paul Neumann. Das Publikum war hellauf begeistert und die Stimmung war prächtig. Wie bereits in den vergangenen Jahren gelang es den Schauspielern Mareike Fröhlich und Thomas Schröder, die Zuschauer in den Bann zu ziehen. Die Darsteller schlüpften meisterhaft von einer Rolle in die nächste und zeigten mit viel Können und Geschick beeindruckende Verwandlungsmöglichkeiten.

Das Stück besticht durch seine spannende Geschichte, das ausgefallene Bühnenbild und besondere Lichteffekte. Ein Huhn, das nach jeder Szene über die Bühne rannte, sorgte für viele Lacher.

Der Applaus nach 90 Minuten Spielzeit wollte nicht enden.

1. Schreibe aus dem Text jeweils zwei Konkreta und Abstrakta heraus.
2. Dekliniere die folgenden Nomen im Singular und im Plural:
   der Schauspieler – die Schauspieler,
   die Geschichte – die Geschichten, das Stück – die Stücke.
3. Bestimme Kasus, Numerus und Genus folgender Nomen mit bestimmtem und unbestimmtem Artikel aus dem Text: *einem Theaterstück, des Regisseurs, die Stimmung, die Zuschauer, ein Huhn.*

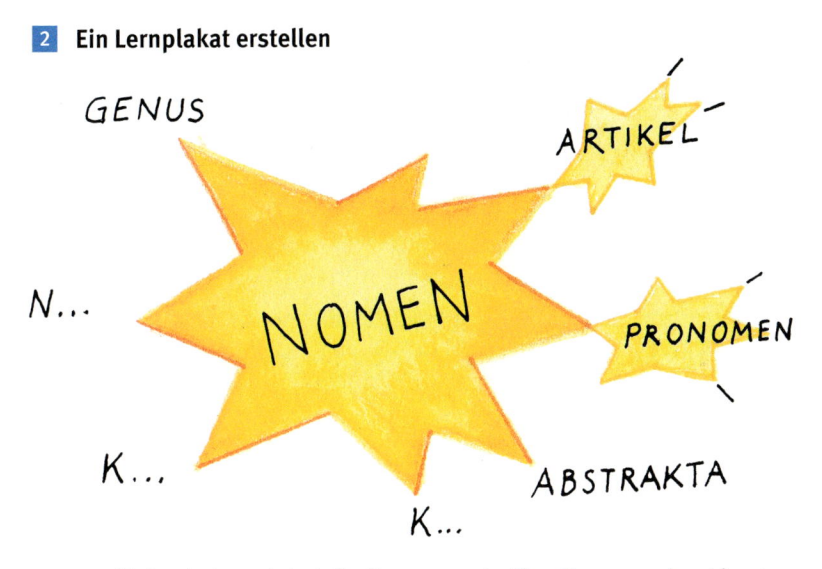

2 Ein Lernplakat erstellen

4. Male ein Lernplakat. Ergänze, was du über Nomen gelernt hast.
   Die Pronomen folgen auf der nächsten Seite. Du kannst sie später hinzufügen.

Nomen erkennen und deklinieren → S. 258

Personal- und Possessivpronomen

„Jeder richtige Star hat ein Double, einen Ersatzspieler. Das Double wird eingesetzt, wenn man den echten Schauspieler nicht braucht, zum Beispiel wenn man das Licht einstellt und die Kamera in Position bringt. Manchmal braucht man es auch für gefährliche Actionszenen. Man sieht den Star dann nur von Weitem und nicht so genau. Das Double für das Nomen bin ich."

> Das **Personalpronomen** nennt man auch persönliches Fürwort (ich, du, er/sie/es …)
> Du kennst diese Wortart auch schon aus dem Englischen. Dort heißt sie ganz ähnlich, nämlich **Personal Pronoun** (I, you, he/she/it …).

Im freien Fall nach Hollywood

Köln – Klappe, die erste. Der Stuntman radelt auf die Treppe zu. An der obersten Stufe reißt der Stuntman den Lenker herum. Der Stuntman verliert das Gleichgewicht, kippt seitlich um und schlägt mit dem Rücken auf dem Betonboden auf. Der Stuntman bleibt einen Moment lang liegen, rappelt sich auf, rückt die verdeckten Kunststoffprotektoren unter der Jacke zurecht. Dem Stuntman ist nichts passiert. Dann alles auf Anfang. Der Stuntman wirft sich ein zweites und ein drittes Mal die Stufen hinab. Für den Stuntman ist der halsbrecherische Unfall eine der leichteren Übungen. Schließlich nickt der Regisseur dem Stuntman zu, die Szene ist im Kasten. Während der Stuntman immer wieder auf dem Asphalt landet, hat sich Arno Rampe, der Hauptdarsteller des Films, in den Schatten der Plattenbauten zurückgezogen. Jetzt sitzt er abseits auf einem Mauervorsprung und hat sich die Ohrstöpsel seines Smartphones aufgesetzt.

1. Lest den Text laut. Wie könnte man ihn verbessern? Macht Vorschläge.
2. Schreibe den Text in verbesserter Form in dein Heft.
3. Erkläre, wozu man Personalpronomen im Text braucht.
4. Schreibe eine kleine Geschichte über eine Verwechslung von Zwillingen. Achte dabei auf den sinnvollen Gebrauch von Pronomen.

Er hat Pause. Aus der Ferne ist er von ihm kaum zu unterscheiden. Sie tragen beide braune Cordjacken, er hat sich eine Perücke mit Arnos Frisur über die kurz geschorenen Haare gestülpt, der Dreitagebart ist aufgemalt. Im Film soll es später so aussehen, als stürze er mit dem Fahrrad die Treppe hinab. Doch für ihn ist die Szene zu riskant. Er nimmt das Verletzungsrisiko auf sich, für ihn ist dieser Job reine Routine.

5. Lest die Fortsetzung des Textes. Beschreibt, was euch auffällt.
6. Ersetzt, wo es nötig ist, die Personalpronomen.

Wie wird man Stuntman?

In Deutschland gibt es keine staatlich geregelte Ausbildung zum Stuntman. Man muss eine Privatschule besuchen. Beim Eignungstest begrüßt der Leiter die Bewerber und nennt *ihnen* die wichtigsten Berufsvoraussetzungen: „Als Stuntman muss man Ruhe bewahren. Nichts darf *uns* Angst einjagen." „Kein Problem", antwortet einer der Kandidaten, „Ich liebe die Gefahr." „Diese Antwort gefällt *mir* nicht. Wenn *dich* nur der Nervenkitzel interessiert, bist du hier falsch. Wir müssen Respekt vor der Gefahr haben. Es ist ein Vorteil, wenn *ihr* Kampfsportarten beherrscht, turnen und reiten könnt. Auch Schauspielerei gehört dazu. Wir müssen die Eigenarten der Schauspieler genau beobachten, damit wir *sie* ersetzen können. Meine Kollegin bringt *euch* in die Trainingshalle. *Uns* interessiert, wie beweglich *ihr* seid. *Sie* macht *euch* jetzt verschiedene Übungen vor. Macht *ihr* bitte alles nach."

1. Bestimme bei den kursiv gedruckten Personalpronomen Kasus und Numerus. Stelle die richtige Frage nach dem Kasus.
   Beispiel:
   Wem erklärt der Leiter die Berufsvoraussetzungen?
   ihnen (Dativ Plural)

2. Übertrage die Tabelle in dein Heft und füge die fehlenden Personalpronomen ein.

Singular					
Kasus	**1. Person**	**2. Person**	**3. Person**		
			m.	f.	n.
Nominativ	ich			sie	es
Dativ		dir	ihm		ihm
Akkusativ	mich	dich	ihn	sie	

Plural					
Kasus	**1. Person**	**2. Person**	**3. Person**		
			m.	f.	n.
Nominativ		ihr	sie		
Dativ	uns		ihnen		
Akkusativ		euch			

> Vermisst du das Personalpronomen im Genitiv?
>
> Er kommt nur noch ganz selten im Zusammenhang mit bestimmten Verben vor: *Er gedenkt meiner. Ich erinnere mich deiner. Ich werde ihrer habhaft.*

Bühne frei für Stars und Sternchen

Possessivpronomen erkennen

> Das **Possessivpronomen** (lat. possedere = besitzen) nennt man auch besitzanzeigendes Fürwort (mein, dein, sein …).
>
> Du kennst es auch aus dem Englischen. Es heißt dort: **Possessive Pronoun** (my, your, his/her/its …)

Streit vor dem Casting

Bevor eine Filmrolle besetzt wird, macht man ein Casting. Man lädt viele Bewerber ein, macht Probeaufnahmen und entscheidet sich dann.

Zwei Schauspielerinnen treffen sich vor dem Filmstudio zum Casting. Sie wollen beide die Hauptrolle im neuen Film der berühmten Regisseurin Sonja Klappe. „Glaubst du wirklich, dass du eine Chance hast?", fragt die eine. „Natürlich, ich finde, es ist ▬▬▬ Rolle. Sie ist wie für mich geschrieben", antwortet die andere. „▬▬▬ Beine sind viel zu kurz." „Ich glaube nicht, dass es hier auf die Länge ▬▬▬ Beine ankommt. Sonja interessiert nur die Ausstrahlung. ▬▬▬ Filme sind wunderbar, nicht wahr? Und ich habe gehört, dass Arno Rampe die Hauptrolle spielt, ▬▬▬ Traummann!" „▬▬▬ auch! Ich möchte unbedingt ▬▬▬ Filmpartnerin werden." In diesem Moment kommt Sonja Klappe aus dem Studio, sie sagt: „Soeben haben wir ▬▬▬ Idealbesetzung gefunden. Ich bedanke mich für ▬▬▬ Interesse. Vielleicht klappt es beim nächsten Mal. Auf Wiedersehen."

> meine ▪ unserer ▪ seine ▪ deine ▪ mein ▪ ihre ▪ meiner ▪ euer ▪ unsere

1. Schreibe den Text in dein Heft und setze dabei die passenden Pronomen aus der Wörterliste ein.
2. Überlege, wann du Possessivpronomen benutzt.

Filmtitel: Um wen geht es?

Goal! – Lebe deinen Traum

Unsere kleine Farm

Deine, meine, unsere Kinder

Mein linker Fuß

Sein Name war Niemand

3. Dekliniere das Nomen *Fuß* zusammen mit dem Possessivpronomen und beobachte, wie sich das Possessivpronomen verhält.
4. Überlege, für welche Filmfiguren die Possessivpronomen stehen könnten. Beispiel: *Wessen linker Fuß ist das und was ist mit diesem Fuß los?* Schreibe zu einem der Filmtitel eine kleine Geschichte.
5. Tausche mit deinem Partner die Geschichten aus. Markiert die Personalpronomen und Possessivpronomen in zwei verschiedenen Farben.

K Personal- und Possessivpronomen gebrauchen → S. 259

Präpositionen

PRÄPOSITION: „Ohne mich wäre das Chaos groß! Ich sorge für Ordnung und stelle Beziehungen zwischen den Nomen her."

> **Präpositionen** nennt man auch Verhältniswörter.

Die Zuschauer ...

Die Zuschauer sitzen schon, aber die Bühne ist noch leer:

Steffen sitzt hinter Charlotte und neben Marilen. Ines sitzt hinter Magdalena, Justin sitzt vor Charlotte. Magdalena sitzt neben Justin. Marilen sitzt zwischen Steffen und Nathalie. Ines sitzt zwischen Charlotte und Evelyn. Magdalena sitzt zwischen Justin und Chiara. Evelyn sitzt vor Nathalie und hinter Chiara.

1. Zeichne auf, wer neben/hinter wem sitzt.
2. Welche Wörter haben dir dabei geholfen? Begründe.
3. Überlegt gemeinsam, welche Aufgabe Präpositionen erfüllen.

... vor der leeren Bühne

in · neben · mit · von · zwischen · um · auf · an · zu · bei · hinter · vor · aus · durch · gegen · über

4. Die Bühne ist leer. Außen stehen unsere Hauptdarsteller, alles Nomen. Doch wo sollen sie hin? Überlege dir, wie du die Bühne mit den Möbeln einrichten möchtest. Wo sollen sich die Personen befinden? Wo gehen sie hin?
5. Beschreibe den fertigen Zustand deiner Bühne möglichst genau in ganzen Sätzen. Wer schafft es, alle Präpositionen aus der Randspalte in seiner Beschreibung sinnvoll unterzubringen?

Präpositionen unterscheiden

Die meisten Präpositionen lassen sich danach sortieren, was sie jeweils angeben:
- **lokal** (Ort): Wo? *auf, unter, neben ...*
- **temporal** (Zeit): Wann? *nach, bis, vor ...*
- **kausal** (Grund): Warum? *wegen, aufgrund, aus*
- **modal** (Art und Weise): Womit? Wie? *mit, durch, aus*

Manche Präpositionen passen in keine dieser Schubladen: *für, entsprechend, gemäß ...*

Im Kino – Wie hängt das zusammen?

1 Werbung – Filmbeginn
2 Eisverkäufer – Sitzreihen
12 Rachefeldzug – Piraten
6 Piraten – Seile
9 Qualen – Durst
13 Begegnung – Piratenkönigin
15 Happy-End – Held und Piratin
3 Piratenschiff – Horizont
4 Arno Rampe – schwarze Augenklappe
10 Zuflucht – Insel
5 Überfall – Segelschiff
7 Messer – Zähne
8 Held – Rettungsboot
14 Liebe – Piratenkönigin
15 Rückkehr – Heimathafen
11 Rettung – sechs Monate

1. Bilde aus den Wortpaaren mithilfe einer Präposition einen sinnvollen Satz. Unterstreiche die Präposition: *Vor dem Filmbeginn lief Werbung.*
2. Entscheide, ob du mit der Präposition einen lokalen, temporalen, kausalen oder modalen Zusammenhang hergestellt hast,
   z. B. *vor = temporal (Zeit), Wann?*
3. Einige Präpositionen können sowohl temporal als auch lokal gebraucht werden. Welche findest du?
4. Prüfe, welcher Kasus des Nomens auf die jeweilige Präposition folgt.

Wortart verschwunden!

Auf den ersten Blick sehen Präpositionen ganz harmlos aus. Aber sie führen uns hinters Licht. Sie lauern nämlich hinterm Schrank oder unterm Teppich und im Handumdrehen huschen sie hervor, schnappen zu und verschlucken andere kleine Wörter. Am Ende ist vom Opfer nur noch der letzte Buchstabe zu sehen. Zum Glück entsteht dabei kein großer Schaden. Allerdings merkt man oft beim Schreiben nicht, dass ausnahmsweise ein Verb großgeschrieben werden muss, weil man das entscheidende Wörtchen nicht deutlich sehen kann.

K Präpositionen gebrauchen → S. 259

Verben nominalisieren → S. 215

5. Suche die Präpositionen im Text und finde heraus, welche andere Wortart sie fast zum Verschwinden bringen.
6. Bilde Sätze mit Verben, die großgeschrieben werden, weil davor eine Präposition steht, die eine andere Wortart verschluckt hat.

Verben

VERB: „Ich bin auch ein Star! Ohne mich könnten die Nomen gar nichts. Sie könnten noch nicht einmal dumm in der Ecke herumliegen. Und ich kann noch viel mehr als das Nomen. Ihr werdet schon sehen!"

Am Drehort

1. Beschreibe, was auf dem Bild geschieht. Welche Wörter drücken das aus?
2. In den folgenden Kästen sind weitere Verben versteckt, die eine Tätigkeit, einen Zustand oder einen Vorgang am Drehort ausdrücken. Finde die Verben heraus und bilde damit Sätze, die zu dem Bild am Filmset passen.

TÄTIGKEIT

```
S A R M A R F I L M E N
R A O R U F E N S A R N
S P U K E N R N E T A I
S T O L P E R N V G I P
O K L Ä P S I N G E N U
```

VORGANG

```
A Ö B L Ü H E N G E N H
E E R S C H E I N E N I
Z G O S C H W I T Z E N
P O I K R U A T M E N W
E F D E A W A C H S E N
```

ZUSTAND

```
E R P L I E G E N E T V
E T S T E H E N N P G E
V J S I T Z E N R B N V
R U H E N B R U N G H I
S E I N I T G U N A L G
```

Bühne frei für Stars und Sternchen

Verben konjugieren

> **Verben** drücken aus, was jemand tut (*filmen*) oder was geschieht (*flattern*). In Sätzen wird das Verb **konjugiert** (gebeugt): *Der Kameramann filmt. Die Gardine flattert.* Die konjugierte Form nennt man auch **Personalform** des Verbs.

Das Verb als Akrobat

Ein Nomen ratlos in der Ecke und sich. Allein es gar nichts. Nomen Verben, damit etwas. „Bitte mir!", das Nomen zu den Verben hinüber. „Das doch kein Leben für einen Hauptdarsteller."

> sitzen ▪ langweilen ▪ helfen ▪ können ▪ rufen ▪ geschehen ▪ sein ▪ brauchen

1. Schreibe den Text ab und setze die Verben aus dem Kasten in konjugierter Form an den richtigen Stellen ein.

Das Verb ▬▬▬ im Satz und nimmt dabei immer eine andere Form an. Diese Art der Akrobatik heißt Konjugation. Wir Menschen ▬▬▬ auf dem Boden oder in der Luft. Ich ▬▬▬ gerne. Ein Turner ▬▬▬ auf den Schultern eines anderen. Beide Männer ▬▬▬ auf einem Seil. Eine Frau ▬▬▬ am Trapez, auch ihr kleines Kind ▬▬▬ schon auf dem Boden herum. ▬▬▬ du auch? Wenn ihr regelmäßig ▬▬▬, bleibt ihr beweglich.

2. Schreibe den Text ab und setze die passenden Formen des Verbs „turnen" ein. Unterstreiche die Verbformen zusammen mit dem dazugehörigen Nomen, das anzeigt, wer oder was etwas tut.
3. Ersetze die Handelnden durch passende Personalpronomen:
   Das Verb turnt: es turnt.
4. Konjugiere das Verb „turnen" im Singular und im Plural schriftlich in deinem Heft: *ich turne, du ..., er/sie/es ...*

> Als **Infinitiv** wird die unkonjugierte Grundform des Verbs bezeichnet, die im Wörterbuch steht. Der Infinitiv eines Verbs endet auf -en oder -n.
> Im Satz erscheint der Infinitiv zusammen mit konjugierten Verben. Oft steht auch die Präposition „zu" davor: *Ich turne regelmäßig, um fit zu bleiben.*

Jeder kann turnen lernen. Man muss ja nicht gleich Kopf und Kragen riskieren. Man kann auch ganz vorsichtig turnen. Es macht Spaß zu turnen. Wir werden alle zusammen turnen.

5. Das Verb „turnen" wird hier im Infinitiv gebraucht. Aber in jedem Satz gibt es auch ein konjugiertes Verb. Suche es heraus.

Turnübung I

Stell dich gerade hin und *schau* geradeaus! *Öffne* deine Beine etwa schulterbreit. *Lass* deine Arme neben dem Körper gerade herunterhängen. Die Hände sind an der „Hosennaht". *Spreize* nun die Hände annähernd im rechten Winkel zum Arm ab. *Hebe* jetzt langsam die gestreckten Arme zur Seite etwa bis auf Schulter-
5 höhe. *Achte* darauf, dass du die Schultern nicht zu den Ohren hochziehst. *Halte* die Schultern bewusst unten. *Versuche* deine Finger noch steiler Richtung Decke aufzurichten. Die Muskeln auf der Unterseite deiner Arme dehnen sich jetzt. Das spürst du, wenn du alles richtig machst, oder?

> Die Befehlsform des Verbs nennt man **Imperativ** (lat. imperare = herrschen, befehlen).

1. Achte auf die kursiv gesetzten Verben: Was drücken sie aus?
2. Setze die Übungsanleitung in den Plural.

Turnübung II

3. Formuliere eine Anleitung zu dieser Übung. Entscheide, ob du den Singular oder den Plural des Imperativs verwenden willst.
4. Wenn du deine Lehrerin oder deinen Lehrer anleitest, musst du die Höflichkeitsform des Imperativs verwenden. Versuche es einmal! Vielleicht hört sie/er sogar auf dich. So kannst du beginnen: Stehen Sie bitte auf!
5. Wie wird die Höflichkeitsform gebildet?

Eine Frage des Benehmens

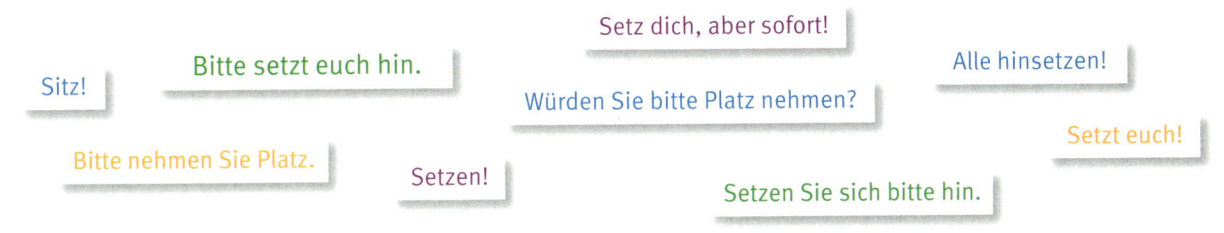

Sitz!

Bitte setzt euch hin.

Setz dich, aber sofort!

Würden Sie bitte Platz nehmen?

Alle hinsetzen!

Bitte nehmen Sie Platz.

Setzen!

Setzt euch!

Setzen Sie sich bitte hin.

6. Sprich die Aufforderungen laut aus.
7. Welche der Formulierungen sind höflich, welche unhöflich? Sortiere.
8. Nicht alle Verben sind Imperative. Finde die echten Imperativformen heraus.

Verben erkennen und konjugieren → S. 259 K

Klein, aber oho! Die Hilfsverben demonstrieren

> Die Verben, die zur Bildung zusammengesetzter Verbformen gebraucht werden, nennt man **Hilfsverben**.

Sprechblasen auf Transparenten:
- Wir haben euch beim ... geholfen
- Ihr werdet uns unter Tränen zurückholen – das wird ein Fest!
- Wenn ihr uns gebraucht habt, sind wir gekommen
- Wir haben genug!
- Wir haben ein Recht auf Anerkennung!
- Die Vollverben sind gemein – sie schauen auf uns herunter.

K Hilfsverben gebrauchen → S. 260

1. Nenne die Hilfsverben im Infinitiv und konjugiere sie in deinem Heft.
2. Erkläre, wobei die Hilfsverben den Vollverben helfen.
3. Finde aus der Abbildung die Sätze, in denen das Hilfsverb allein steht.

Noch ein Helfer: das Partizip II

> Das **Partizip II** wird zur Bildung der zusammengesetzten Zeitformen Perfekt und Plusquamperfekt gebraucht.

VERB: „Um in die Vergangenheit zu reisen, verwandle ich mich oft in das Partizip II. Leider gibt es für diese Verwandlung keine eindeutige Regel."

springen: ich bin *gesprungen;* helfen: du hast *geholfen*
brauchen: sie hat *gebraucht;* vergessen: wir haben *vergessen*
aufbrechen: ihr seid *aufgebrochen;* leiden: sie haben *gelitten*

K Das Partizip II (Partizip Perfekt) bilden → S. 260

4. Suche zu zehn weiteren Verben das Partizip II und nenne besondere Kennzeichen, die für viele dieser Partizipien zutreffen.

Verben messen ihre Kräfte: starke und schwache Verben

K Starke und schwache Verben unterscheiden → S. 260

schießen ▪ schoss ▪ geschossen ▪ lesen ▪ las ▪ gelesen ▪ lachen ▪ lachte ▪ gelacht ▪ spielen ▪ spielte ▪ gespielt ▪ springen ▪ sprang ▪ gesprungen ▪ überraschen ▪ überraschte ▪ überrascht ▪ singen ▪ sang ▪ gesungen ▪ schminken ▪ schminkte ▪ geschminkt

5. Ordne die Verben in zwei Gruppen. Wie kannst du dabei vorgehen?
6. Schreibe mit den Verben eine Geschichte über eine Situation am Filmset.

Bühne frei für Stars und Sternchen

Zeitreisende

Die Schüler der Klasse 5 b diskutieren darüber, welches Jugendbuch sie gemeinsam im Unterricht lesen wollen:

JULIA „Ich *habe* vor kurzem ein Buch *gelesen*. Das *spielt* im alten Ägypten. Total spannend, wie die damals *gelebt haben*. Vor 3000 Jahren.
NIKLAS Ich *bin* für Science-Fiction. Zu Hause *habe* ich alle Star-Wars-Raumschiff-Modelle von Lego und ein Laser-Schwert.
5 PAULA Ich *finde* das uninteressant, ich *lese* Bücher, die jetzt *spielen*.
NIKLAS Ich *stelle* mir gerne *vor,* wie es in hundert Jahren mal *aussehen wird*.
PAULA Da *wirst* du nicht mehr *leben*.
NIKLAS Woher *weißt* du das denn? Vielleicht *werden* wir länger *leben,* weil die Ärzte alle Krankheiten *bekämpfen*.
10 MICHEL Ich *bin* für Harry Potter.
SILAN Wann *spielt* denn das eigentlich?
NIKLAS *Weiß* ich nicht so genau. Im Film *sah* das ja alles ziemlich alt *aus*.
MICHEL Das *spielt* jetzt und gleichzeitig in einer Parallelwelt.
SILAN Und die *sieht* ziemlich nach Vergangenheit *aus*.
15 JENNY Gestern *ist* auch schon Vergangenheit.
PAULINE Was *ist* denn dann eigentlich „jetzt"?
JONAS „Jetzt" *geht* schnell *vorbei,* ist aber immer da!

> Das **Tempus** (Plural: Tempora, lat. tempus = die Zeit) ist der Oberbegriff für alle Zeitformen, die das Verb bilden kann: Präsens, Präteritum, Perfekt, Plusquamperfekt und Futur.

1. Was meint Jonas mit diesem Satz?
2. Schau dir die kursiv gesetzten Verben gut an und überlege, wie sie in die Spalten der Tabelle passen. Übernimm die Tabelle in dein Heft und fülle sie mit Bleistift weiter aus. Vergleicht eure Ergebnisse in der Gruppe.

Vergangenes (früher)	Gegenwärtiges (jetzt)	Zukünftiges (später)
ich habe gelesen	das spielt	es wird aussehen

Wozu braucht man das Präsens – ein Brief

Liebe Schülerin, lieber Schüler,

pass jetzt mal genau auf! Sonst bekommst du wieder nichts von mir mit! Jetzt in diesem Moment scheint die Sonne auf dein Heft, draußen singt ein Rotkehlchen, dein Nachbar kippelt auf seinem Stuhl, du riechst das Leberwurstbrot unter deinem Tisch und spielst mit der Zunge an deinem wackelnden Zahn herum. Jetzt kippt dein Nachbar mit seinem Stuhl um, du erschrickst, alle lachen, das Rotkehlchen fliegt zu einem anderen Baum.

Es passiert so viel gleichzeitig in einem Moment! Und das alles entgeht dir, weil du mit deinen Gedanken oft schon in die Zukunft reist. Bleib doch mal da: hier und jetzt.

Herzliche Grüße!

Dein Präsens

1. Schreibe im Präsens auf, was gerade jetzt, während du schreibst, in deinem Klassenraum und draußen passiert.
   Was siehst, hörst, riechst, denkst du?

PS Abkürzung für „Postskriptum" (lat. postscribere = nachträglich dazuschreiben). Es leitet einen Nachtrag zu einem schon unterschriebenen Brief ein.

PS Ich kenne euch Menschen genau! Jetzt denkst du gerade daran, dass du nachher in der Pause mit deinen Freunden Fußball spielst. Hoffentlich ist gleich noch ein Tor zum Spielen frei. Deine Nachbarin hofft gerade, dass ihr Briefchen bald sicher in der letzten Reihe ankommt, und deine Lehrerin wünscht sich, dass es morgen am Wandertag nicht regnet.

2. Alle Verben in diesem Brief stehen in der Zeitform Präsens, aber manche beziehen sich auf eine Handlung in der Zukunft. Finde sie heraus.
3. Welche kleinen Wörter weisen darauf hin, dass es um ein Geschehen in der Zukunft geht? Schreibe sie zusammen mit den Verben in dein Heft.

PPS So geht mir das immer. Die Menschen planen seit eh und je die Zukunft und vergessen darüber in der Regel mich. Jeden Tag gehst du in diese Schule und es fällt dir manchmal nicht leicht, bei der Sache zu bleiben. Aber Geistesgegenwart ist sehr wichtig. Das Fremdwort dafür heißt übrigens „Präsenz" mit „z" hinten.

4. Auch in diesem Nachtrag zum Brief wird die Zeitform Präsens verwendet. Was beschreibt das Präsens hier?
5. Schreibe die drei Aufgaben, die die Zeitform Präsens hat, in dein Heft.

K Tempusformen bilden und verwenden → S. 259

Futur I: Wer wird gewinnen?

„Sehr verehrtes Publikum! Auch in diesem Jahr begrüßen wir Sie wieder zum Wettbewerb um den begehrten goldenen Grammatikus, den bedeutendsten Preis für Wortkünstler: Freuen Sie sich mit mir auf den Zauberer Pluralis Majestatis. Er hat aus drei Nomen ein „Grammatik-Regel-Lernelixier" gebraut; er wird daraus drei echte Tiere und ein schönes Fabelwesen hervorzaubern und anschließend deklinieren. Eine Sensation! Dann werden Sie den Weltmeister der Wortverdreher erleben: Mirotz Leichenzehrer. Er wird vor Ihren Ohren im Wortumdrehen aus Heerscharen Haarscheren machen. Aber zuerst sehen Sie Konny Jugatio mit ihrer gefährlichen Tierdressur. Schon vorhin bei der Probe waren die Bestien kaum zu bändigen. Konny wird das unglaublich riskante Experiment wagen, auf offener Bühne Nomen zu konjugieren. Wir werden es gleich erleben. Ich bitte um Applaus!"

Auf die Bühne tritt eine Frau mit einer dicken Hornbrille. Vor sich her trägt sie einen Band von „Brehms Tierleben", den sie mit großem Kraftaufwand zwischen ihren Händen zusammenpresst, damit die gefährlichen Tiere nicht herauskönnen. Sie stellt sich an den Rand der Bühne und spricht unter großer Anstrengung: „Tunfisch: ich tue Fisch, du tust Fisch, er tut Fisch. Waran: ich war an, du warst an, ihr wart an. Sägefisch: ich säge Fisch, du sägst Fisch, er sägt Fisch. Blindschleiche: ich blindschleiche, du blindschleichst, er blindschleicht." Sie verbeugt sich und verlässt die Bühne.

Brehms Tierleben bekanntes zoologisches Nachschlagewerk

1. Schreibe alle Verben, die die Futurform haben, heraus.
   Beispiel: *er wird gewinnen*
2. Konjugiere das Verb „gewinnen" im Futur I.
3. Schafft ihr es, die vier Wesen aus dem „Grammatikregellernelixier" herauszufiltern? Ihr könnt sie aus den Buchstaben dieses Wortes bilden, dürft jeden Buchstaben aber nur einmal benutzen. Die Anfangsbuchstaben lauten M, I, T und N.

Lösung → S. 318

Die Zukunft der Stars

Die vier Lebewesen sind aus dem Elixier des Zauberers Pluralis Majestatis entwischt. Er konnte sie nicht mehr einfangen. Was werden sie machen? Im Zuschauerraum, mit den Zuschauern, draußen? Wird man sie wieder einfangen können ... ?

4. Eines der Lebewesen ist ein Raubtier. Schreibe auf, was das Tier nach seiner Flucht machen wird. Verwende das Futur I.

> Das **Futur I** drückt Zukünftiges aus. Es wird gebildet aus einer Personalform des Hilfsverbs *werden* und einem Infinitiv: *Ich werde zaubern.*

Tempusformen bilden und verwenden → S. 259 **K**

Das Präteritum und das Perfekt gebrauchen

> Das **Präteritum** wird gebraucht, wenn man schriftlich über Vergangenes berichten oder erzählen will. Man nennt das Präteritum auch einfache Vergangenheitsform, weil sie mit nur einem Verb gebildet wird:
> *lesen – ich las.*

Als die Bilder laufen lernten

Vor gut hundert Jahren (beginnen) die Geschichte des Films. Mehrere Erfinder (sein) daran beteiligt, eine wichtige Rolle (spielen) Thomas Edison aus Amerika und die Gebrüder Lumière aus Frankreich. Die neue Form der Unterhaltung (haben) Erfolg. Vor den Kinos (bilden) sich Schlangen. Die Zuschauer (sehen) mehrere kurze Filme auf einmal. Man (messen) die Länge der Filme nicht in Minuten, sondern in Metern. Zuerst (geben) es nur Stummfilme, die ein echter Musiker meistens am Klavier live (begleiten). „Filmerklärer" (stellen) sich ab und zu vor die Leinwand und (erklären) die Handlung. Die Schauspieler (müssen) alle Gefühle über Mimik und Gestik ausdrücken. Sie (werden) oft stark geschminkt, (rollen) die Augen und (fuchteln) mit den Händen.

> Das **Perfekt** wird häufig gebraucht, wenn man mündlich über Vergangenes berichtet oder erzählt. Das Perfekt ist eine zusammengesetzte Zeitform. Man braucht zwei Verben, um sie zu bilden: *lesen – ich habe gelesen.*

1. Überlegt gemeinsam, welche Zeitform der Verben zu diesem Text passt.
2. Schreibe den Text in dein Heft und füge dabei die Verben in der passenden Zeitform ein.

Charlie Chaplin – ein Stummfilmstar

Ein großer Star in Amerika war Charlie Chaplin. Das Bild zeigt Chaplin in dem Film „Goldrausch" als Vagabund. Er erzählt, was er schon alles erlebt hat:

„Ich bin mit einer Gruppe Goldgräber nach Alaska gekommen. Ein Schneesturm hat uns überrascht und ich bin in eine Hütte gelaufen, dort habe ich noch andere Männer getroffen. Vor Hunger habe ich sogar einen meiner Schuhe gekocht und aufgegessen. Dann ist einer der Männer aufgewacht und hat mich in seiner Hungerfantasie für ein Huhn gehalten. Er hat sich auf mich gestürzt. Ich bin ihm nur knapp entkommen. Schließlich ist es mir tatsächlich gelungen, einen Bären zu schießen. Den haben wir verspeist."

3. Der Text in der Sprechblase steht in der Vergangenheitsform Perfekt. Schreibe alle Verben im Perfekt mit dem dazugehörigen Personalpronomen heraus. Beispiel: *ich bin gekommen*
4. Setze Charlies Text schriftlich ins Präteritum. Sprich dann beide Texte laut. Wie wirken die verschiedenen Zeitformen auf dich?
5. Versetzt euch in Charlie Chaplin hinein und erzählt weitere Geschichten, die er erlebt haben könnte, im Perfekt und in der Ich-Form.

K Tempusformen bilden und verwenden → S. 259/260

Momo – von der Romanfigur zum Filmstar

1 Bevor das Waisenmädchen Momo sich in das alte Amphitheater einquartierte, war sie von Ort zu Ort gezogen.

2 Momo behauptete einfach, sie wäre hundert Jahre alt. Sie konnte sich nämlich unter Zahlen nichts vorstellen, weil sie niemals das Rechnen gelernt hatte.

3 Nachdem die Nachbarn Momo besser kennengelernt hatten, stellten sie fest, dass das Kind eine besondere Gabe besaß: Es konnte zuhören.

4 Sogar ein stummer Kanarienvogel begann wieder zu singen, nachdem Momo lange genug seinem Schweigen zugehört hatte.

5 Auch die Kinder hatten nie so fantastische Spiele gespielt, bevor Momo kam.

6 Doch eines Tages merkte Momo, dass sich etwas verändert hatte. Die Menschen hatten begonnen, ihre Zeit zu sparen und sich zu beeilen.

7 Geheimnisvolle graue Herren waren in die Stadt gekommen, die den Menschen die Zeit stehlen wollten. Momo erkannte die Gefahr.

8 Als sie kamen, um Momo zu holen, war diese zum Glück schon geflüchtet. Ihr großes Abenteuer begann.

Amphitheater offenes Theater mit stufenweise aufsteigenden Sitzreihen

Der berühmte Märchenroman **Momo** von Michael Ende erschien 1977. Er handelt von einem Mädchen, das gegen eine Bande von grauen Männern kämpft, die den Menschen die Lebenszeit stehlen wollen. 1986 wurde der gleichnamige Film gedreht.

1. In den Abschnitten findest du neben dem Präteritum eine weitere Vergangenheitsform, das Plusquamperfekt.
   Schreibe diese Verbformen heraus. Beispiel: *Sie war gezogen.*
2. Überprüfe in jedem Satz die zeitliche Reihenfolge.
   Lege eine Folie auf den Text und markiere farbig, was sich früher und was sich später ereignet hat.
   Erkläre anschließend, wozu man das Plusquamperfekt braucht.

> Das **Plusquamperfekt** nennt man auch Vorvergangenheit.

Kaum erkannte Momo die Gefahr, die von den grauen Herren ausging, bemerkte auch der Verwalter der Zeit, Meister Hora, die gefährliche Situation. Bevor ihr etwas passieren konnte, brachte er sie in Sicherheit. Nachdem er das Mädchen für seinen Plan gewann, die Menschen von den grauen Herren zu befreien, weihte er sie in die Geheimnisse der Zeit ein. Obwohl die grauen Herren alles daransetzten, Momo zu vernichten, verloren sie am Ende den Kampf.

3. Welche Zeitformen sind falsch gewählt? Begründe und schreibe den Text korrigiert in dein Heft.

Tempusformen bilden und verwenden
→ S. 259/260 **K**

Zeitsprünge

Auf dieser Seite findest du Anregungen, mit denen du deine Kenntnisse rund um das Verb vertiefen und festigen kannst.

1 Die Baupläne der Zeiten

Präsens	einfach	ich gehe	ich lese
Präteritum			
Perfekt	zusammengesetzt	ich bin gegangen	
Man nehme: Personalform von „haben" oder „sein" im Präsens + Partizip II			
Plusquamperfekt	zusammengesetzt		
Man nehme:			
Futur I			
Man nehme:			

1. Notiere für alle zusammengesetzten Zeiten eine Bauanleitung. Übertrage dazu die Übersicht in dein Heft und ergänze sie.

2 In der Maske

Arno Rampe *sitzt* in der Maske und lässt sich von der Maskenbildnerin schminken. Er ist gespannt, wie sie ihn dieses Mal *verwandeln wird*. In seinem neuen Film *spielt* er nämlich einen einäugigen Piraten. Dieser Pirat *lebte* vor 200 Jahren und machte die Weltmeere unsicher. Sofort nachdem Arno Rampe das Drehbuch *gelesen hatte, nahm* er die Rolle an. Lachend sagte sein Produzent zu ihm: „Ich *habe gewusst,* dass dies deine Rolle ist!" Die Dreharbeiten *werden* noch zwei Monate *dauern*. Das ganze Team *hofft,* dass der Film ein Erfolg wird.

2. Bestimme die Zeitformen der kursiv markierten Verben und schreibe sie mit Personalpronomen in dein Heft.
3. Wandle die Sätze in die angegebene Tempusform um:
   – Arno Rampe lernt seine neue Rolle auswendig. → Perfekt
   – Das fällt ihm nicht schwer. → Präteritum
   – Er ist der neue Filmpiratenstar. → Futur
   – Der Produzent glaubt an den Erfolg. → Plusquamperfekt
4. Schreibe aus dem Text ein Beispiel für ein starkes Verb, ein schwaches Verb, ein Partizip II und eine Verbform, die mit Hilfsverb gebildet wird, heraus.

Funktionen und Formen von Adjektiven kennenlernen 255

Das Adjektiv

ADJEKTIV: „Was ist schon ein Hauptdarsteller ohne Eigenschaften? Jedes Nomen wäre ohne mich ein farbloser, belangloser, geruchloser, geräuschloser, langweiliger Niemand! Auch Verben schmücken sich manchmal mit mir. Ich bin der Filmausstatter und Kostümbildner unter den Stars."

> **Adjektive** nennt man auch Eigenschaftswörter. Sie werden dekliniert.

1. Erkläre, was das Adjektiv damit meint. Finde Adjektive zu dem Nomen „Film" und dem Verb „laufen". Beispiel: Der gruselige Film macht mir Angst. Der alte Mann läuft mühsam.

Höher, schneller, älter

> Die Steigerungsstufen der Adjektive heißen **Positiv** (Grundstufe), **Komparativ** (Vergleichsstufe) und **Superlativ** (Höchststufe).

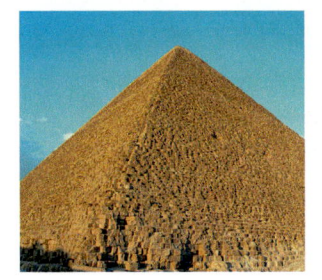

Cheopspyramide Errichtung: 3. Jahrtausend v. Chr.; Höhe: 137 m; Bauzeit: 23 Jahre

Kölner Dom Errichtung: ab Mitte des 13. Jahrhunderts; Höhe: 157 m; Bauzeit: über 600 Jahre

Eiffelturm Errichtung: 1889; Höhe: 300 m; Bauzeit: 2 Jahre

ICE Passagierzahl: ca. 500 Sitzplätze; Höchstgeschwindigkeit: 300 km/h; Länge: über 100 m

Airbus A 380 Passagierzahl: bis zu 850; Höchstgeschwindigkeit: ca. 1140 km/h; Länge: 72 m

M/V Corsica Victoria Passagierzahl: 1760 Personen, 400 Autos; Höchstgeschwindigkeit: 35,188 km/h; Länge: 146 m

2. Stell dir vor, du könntest einen Film drehen.
   Welchen der abgebildeten Schauplätze würdest du wählen?
   Welche Handlung würde gut zu dem Schauplatz passen?
3. Schreibe Sätze, die die Schauplätze vergleichen.
   Benutze dazu die Steigerungsformen der Adjektive, z. B. höher, älter, am schnellsten ...
4. Leite eine Regel für die Steigerung von Adjektiven ab.

Bühne frei für Stars und Sternchen

Auf den richtigen Schauplatz kommt es an

TIPP
Wenn du nicht sicher bist, ob es sich bei einem Wort um ein Adjektiv handelt, dann mache die Steigerungsprobe, z. B.: *schön, schöner, am schönsten.*

1. Beschreibe in deinem Heft diesen Filmschauplatz und verwende viele treffende Adjektive.
2. Unterstreiche anschließend alle Adjektive, die du verwendet hast.

Verschiedene Schauplätze

Ich ging durch einen ▬▬ und ▬▬ Gang. Links und rechts befanden sich ▬▬ Figuren aus ▬▬ Stein mit ▬▬ Gewändern. Sie schienen die ▬▬ Decke zu tragen. Am Ende des Ganges befand sich eine ▬▬ Tür. Ich drückte die ▬▬ Klinke und die Tür öffnete sich mit einem ▬▬ Geräusch. Ich stand in einem ▬▬ und ▬▬ Raum. Das Licht war ▬▬ und es roch ▬▬. In der 5 Mitte des Raumes stand ein ▬▬ Sessel. An den Seitenwänden hingen ▬▬ Vorhänge. An der Rückwand führte eine ▬▬ Treppe zu einer weiteren Tür.

3. Schaffst du es, mithilfe von Adjektiven aus diesem Lückentext einen Schauplatz zu machen für
   a) einen schaurigen Gruselfilm
   b) einen prächtigen Märchenfilm
   c) einen lustigen Film?
   ACHTUNG: Verboten sind folgende Adjektive: *groß, klein, toll, langweilig, blöd, doof, lustig, gruselig.* Kannst du dir vorstellen, warum du auf diese Wörter verzichten solltest?

K Adjektive erkennen und verwenden → S. 260

Personenbeschreibung

Auf dieser Seite findest du Anregungen, mit denen du deine Kenntnisse rund um das Adjektiv vertiefen und festigen kannst.

1 Eine Romanfigur beschreiben

Joanne K. Rowling gibt am Anfang ihres Romans „Harry Potter und der Stein der Weisen" eine sehr genaue Beschreibung von Harry Potter, die der Regisseur im Film aufgegriffen hat.

Man sah es Harry zwar nicht an, aber er konnte sehr schnell rennen.
    Vielleicht hatte es damit zu tun, dass er in einem ▂▂ 1 Schrank lebte, jedenfalls war Harry für sein Alter immer recht ▂▂ 2 und dürr gewesen. Er sah sogar noch kleiner und ▂▂ 3 aus, als er in Wirklichkeit war, denn alles, was
5 er zum Anziehen hatte, waren die abgelegten Klamotten Dudleys, und der war etwa viermal so dick wie Harry. Harry hatte ein ▂▂ 4 Gesicht, ▂▂ 5 Knie, ▂▂ 6 Haar und ▂▂ 7 Augen. Er trug eine Brille mit ▂▂ 8 Gläsern, die, weil Dudley ihn auf die Nase geschlagen hatte, mit viel Klebeband zusammengehalten wurde. Das Einzige, das Harry an seinem Aussehen mochte, war eine
10 sehr ▂▂ 9 Narbe auf seiner Stirn, die an einen Blitz erinnerte. So weit er zurückdenken konnte, war sie da gewesen, und seine allererste Frage an Tante Petunia war gewesen, wie er zu dieser Narbe gekommen war.
    „Durch den Autounfall, bei dem deine Eltern starben", hatte sie gesagt. „Und jetzt hör auf zu fragen."
15   Hör auf zu fragen – das war die erste Regel, wenn man bei den Dursleys ein ▂▂ 10 Leben fristen wollte.

A hellgrüne
B dunklen
C runden
D klein
E knubblige
F schmales
G schwarzes
H ruhiges
I dürrer
J feine

1. In diesem Text fehlen einige Adjektive. Wie wirkt er dadurch auf dich?
2. Setze die Adjektive A bis J, die dem Text entnommen sind, in die passenden Leerstellen ein. Benutze eine Folie.

2 Filmfiguren beschreiben

3. Beschreibe eine Filmfigur deiner Wahl, indem du auf ihr Aussehen, ihre Handlungen oder Verhaltensweisen eingehst.
4. Verwende in deiner Beschreibung zwei Adjektive in deklinierter Form, zwei Adjektive in nicht-deklinierter Form sowie zwei gesteigerte Adjektive, und zwar eines im Komparativ und eines im Superlativ.

K Kompetenzen

Nomen erkennen und deklinieren

- **Nomen werden großgeschrieben.**
- **Sie werden in Konkreta und Abstrakta eingeteilt.** Konkreta bezeichnen Gegenständliches. Man kann sie sehen, hören oder anfassen. Dazu gehören Dinge (*der Stuhl*) und Lebewesen (*der Mann, der Hund*). Abstrakta bezeichnen Gefühle (*die Angst*) und Gedankliches (*die Hoffnung*), also alles, was man nicht mit den Sinnen wahrnehmen kann.
- **Nomen haben einen Numerus (Zahl).** Sie kommen im Singular (Einzahl) und Plural (Mehrzahl) vor. Manche Nomen können keinen Plural bilden (*Hitze*), manche gibt es nur im Plural (*Eltern*).
- **Vor Nomen kann ein Artikel (Geschlechtswort) stehen.** Man unterscheidet zwischen unbestimmten (*ein, eine*) und bestimmten Artikeln (*der, die, das*).
- **Jedes Nomen hat ein grammatisches Geschlecht (Genus):** Maskulinum (männlich), Femininum (weiblich) oder Neutrum (sächlich). Das Genus wird durch den bestimmten Artikel angezeigt (*der, die, das*). Manchmal stimmt das grammatische mit dem natürlichen Geschlecht überein (*der Junge, der Stier, die Dame, die Kuh*). Dies ist aber nur selten der Fall. Wie der Vergleich mit anderen Sprachen zeigt, ist es ein Zufall, welches grammatische Geschlecht Nomen haben. So ist im Deutschen *Sonne* weiblich (*die Sonne*), im Französischen männlich (*le soleil*).

- **Nomen stehen im Satz in einem bestimmten Kasus (Fall):** Nominativ (1. Fall), Genitiv (2. Fall), Dativ (3. Fall), Akkusativ (4. Fall). Man kann sie durch „wer oder was?", „wessen?", „wem?", „wen oder was?" erfragen.

	Singular	Plural
Nominativ 1. Fall oder „Wer- oder Was-Fall"	der Vater die Mutter das Kind	die Väter die Mütter die Kinder
Genitiv 2. Fall oder „Wessen-Fall"	des Vaters der Mutter des Kindes	der Väter der Mütter der Kinder
Dativ 3. Fall oder „Wem-Fall"	dem Vater der Mutter dem Kind	den Vätern den Müttern den Kindern
Akkusativ 4. Fall oder „Wen- oder Was-Fall"	den Vater die Mutter das Kind	die Väter die Mütter die Kinder

- **Nomen werden dekliniert (gebeugt).** Drei Größen sind daran beteiligt: Numerus (Zahl), Genus (Geschlecht) und Kasus (Fall).

Kompetenzen Selbsteinschätzung Trainingsideen

Verben erkennen und konjugieren

▶ Verben bezeichnen **Tätigkeiten** (*ich gehe*), **Vorgänge** (*er schwitzt*) oder **Zustände** (*die Sonne scheint*).
▶ Die **Grundform** des Verbs ist der **Infinitiv**: *lernen, singen, tanzen*. In dieser Form ist das Verb im Wörterbuch zu finden.
▶ **Im Satz geben Verben an,** wer oder was etwas tut oder was geschieht.
▶ Wenn du das Verb in die **Personalformen** setzt, **konjugierst** du es:

1. Person Sg.:	ich lerne, ich bin, ich habe
2. Person Sg.:	du lernst, du bist, du hast
3. Person Sg.:	er/sie/es lernt, er ist, er hat
1. Person Pl.:	wir lernen, wir sind, wir haben
2. Person Pl.:	ihr lernt, ihr seid, ihr habt
3. Person Pl.:	sie lernen, sie sind, sie haben

▶ Der **Imperativ** (Befehlsform) dient der Aufforderung: *Lerne! Lernt! Lernen Sie!*

Personal- und Possessivpronomen gebrauchen

▶ Pronomen können Nomen ersetzen oder begleiten.
▶ Das **Personalpronomen** (persönliches Fürwort: *ich, du, er/sie/es, wir, ihr, sie*) tritt als Stellvertreter des Nomens auf.
▶ Das **Possessivpronomen** (besitzanzeigendes Fürwort: *mein, dein, sein/ihr, unser, euer, ihr*) zeigt ein Besitzverhältnis (*mein Hund*) oder eine Zugehörigkeit (*mein Verein*) an.
▶ Pronomen werden **dekliniert**.

Präpositionen gebrauchen

▶ **Präpositionen** (Verhältniswörter: *vor, in, hinter, seit, wegen …*) bezeichnen Beziehungen oder Verhältnisse zwischen Gegenständen, Lebewesen oder Sachverhalten (*hinter Charlotte*).
▶ Sie lassen sich in vier Gruppen unterteilen: Ort (lokal): wo?, Zeit (temporal): wann?, Grund (kausal): warum?, Art und Weise (modal): wie?
▶ Präpositionen sind unveränderlich. Oft verschmelzen sie aber mit dem Artikel (*zum = zu dem*).

Tempusformen bilden und verwenden

Im Deutschen gibt es sechs Tempusformen (Zeitformen). Du kennst bereits alle bis auf das Futur II.

1. **Das Präsens:** *ich lerne*
   ▶ Das Präsens drückt Handlungen aus, die gerade jetzt stattfinden (*ich lese*), oder Handlungen, die sich regelmäßig wiederholen (*jeden Tag isst du etwas*), oder Tätigkeiten, die allgemein zutreffen (*Menschen lernen ihr Leben lang*).
   ▶ Das Präsens kann das Futur ersetzen, oft in Zusammenhang mit einer Zeitangabe: *Morgen gehe ich schwimmen.*

2. **Das Futur I:** *du wirst lernen*
   ▶ Das Futur drückt Zukünftiges aus und wird gebildet aus einer Personalform des Hilfsverbs *werden* und einem Infinitiv (*wir werden lernen*).

Bühne frei für Stars und Sternchen

Weiter gibt es drei Formen der Vergangenheit:

3. **Das Präteritum:** *er lernte*
   ▶ Das Präteritum wird in der Regel in der geschriebenen Sprache verwendet, z. B. im Bericht, in vielen Romanen und Geschichten.

4. **Das Perfekt:** *wir haben gelernt/wir sind gelaufen*
   ▶ Das Perfekt wird häufig in der gesprochenen Sprache verwendet. Es wird gebildet aus einer Personalform der Hilfsverben *haben* oder *sein* im Präsens und dem Partizip II.

5. **Das Plusquamperfekt:** *wir hatten gelernt/wir waren gelaufen*
   ▶ Das Plusquamperfekt wird gebraucht, wenn ein Ereignis erwähnt wird, das weiter zurückliegt als das Geschehene, von dem im Präteritum erzählt oder berichtet wird. Das Plusquamperfekt wird gebildet aus einer Personalform der Hilfsverben *haben* oder *sein* im Präteritum und dem Partizip II.

Hilfsverben gebrauchen

▶ **Die Hilfsverben *sein*, *haben* und *werden* brauchst du,** um das Perfekt, Plusquamperfekt und Futur zu bilden. Sie können auch als Vollverben gebraucht werden: *Ich habe Hunger.*

Das Partizip II (Partizip Perfekt) gebrauchen

▶ **Partizipien brauchst du, um das Perfekt und Plusquamperfekt zu bilden**: *Ich habe/hatte die Tür geöffnet.* Viele Partizipien haben die Vorsilbe ge- und enden mit einem -t oder -en.

Starke und schwache Verben unterscheiden

▶ **Bei starken Verben** ändert sich bei den Stammformen (Infinitiv, Präteritum, Partizip II) der Stammvokal: *singen – sang – gesungen.*
▶ **Bei schwachen Verben** bleibt er gleich: *lachen – lachte – gelacht.*

Adjektive erkennen und verwenden

▶ Adjektive werden auch Eigenschaftswörter genannt.
▶ Sie bezeichnen Merkmale eines Nomens näher: *der große Baum, Der Baum ist groß.*
▶ Adjektive werden dekliniert: *Auf dem großen Baum saß ein bunter Vogel.*

	Singular	Plural
Nominativ	die schöne Königstochter	die schönen Königstöchter
Genitiv	der schönen Königstochter	der schönen Königstöchter
Dativ	der schönen Königstochter	den schönen Königstöchtern
Akkusativ	die schöne Königstochter	die schönen Königstöchter

▶ Adjektive können auch ein Verb näher bestimmen: *Sie läuft schnell.*
▶ Fast alle Adjektive kannst du steigern:

1. **Positiv** (Grundstufe)	schön (die schöne Königstochter)
2. **Komparativ** (Höherstufe)	schöner (die schönere Königstochter)
3. **Superlativ** (Höchststufe)	am schönsten (die schönste Königstochter)

▶ Mit Adjektiven kannst du anschaulich erzählen oder treffend beschreiben.

S Selbsteinschätzung → www

Geh noch einmal deine Aufzeichnungen durch und schätze dann ehrlich deine Fähigkeiten ein.

★★★ = sehr sicher
★★ = größtenteils sicher
★ = manchmal unsicher
○ = oft unsicher

1. Ich kann die drei Größen nennen und erklären, die an der Deklination eines Nomens beteiligt sind.

2. Ich kann in folgenden Sätzen durch Fragen den Kasus von Nomen ermitteln.
   Die Schauspielerin des Theaters lernt ihren Text. Der Hut gehört dem Regisseur.

3. Ich kann in eigenen Texten Personalpronomen sinnvoll verwenden, um Wiederholungen zu vermeiden.

4. Ich kenne die drei Hilfsverben und weiß, wozu man sie benötigt.

5. Ich kann erklären, welche Aufgaben die fünf Tempora haben.

6. Ich kann in folgenden Sätzen die Zeitformen bestimmen.
   Der Piratenfilm mit Arno Rampe war ein Erfolg. Im nächsten Film wird er einen Bankräuber spielen. Er freut sich sehr auf diese Rolle. Noch bevor er in den Urlaub fuhr, hatte er den Filmvertrag unterschrieben.

7. Ich kenne das Hauptmerkmal eines Adjektivs und kann mit Adjektiven einem Ort eine besondere Stimmung verleihen oder eine Person treffend beschreiben.

Auswertung und Anregungen

▶ **Prima, wenn du dir bei den meisten Aussagen sicher oder größtenteils sicher warst!** Auf den nächsten beiden Seiten kannst du deine Wortartenkenntnisse noch einmal trainieren.

▶ **Wenn du dir bei Aussage 1 unsicher warst,** dann schaue dir die Seiten 236–238 noch einmal gründlich an und übe an einem weiteren Wort.

▶ **Wenn du bei Aussage 2 noch Schwierigkeiten hattest,** präge dir die Kompetenz „Nomen erkennen und deklinieren" auf Seite 258 gut ein und bearbeite in den Selbstlernideen auf Seite 239 die Aufgabe 3.

▶ **Wenn du häufig in eigenen Texten Wiederholungen hast,** dann achte in den nächsten zwei Wochen besonders darauf, Nomen durch Pronomen zu ersetzen.

▶ **Wenn du bei den Aussagen 4 bis 6 unsicher warst,** dann wiederhole die Kompetenz „Tempusformen bilden und verwenden" und „Hilfsverben gebrauchen" auf Seite 259/260. Weitere Übungen findest du in den Selbstlernideen auf Seite 254.

▶ **Deine Kenntnisse rund um das Adjektiv** kannst du mit den Selbstlernideen auf Seite 257 trainieren. Wiederhole auch noch einmal die Kompetenz „Adjektive erkennen und verwenden" auf Seite 260.

T Trainingsideen → www

Nomen erkennen und deklinieren

Die Mühle im Koselbruch Otfried Preußler

Krabat tappte ein Stück durch den Wald wie ein Blinder im Nebel, dann stieß er auf eine Lichtung. Als er sich anschickte unter den Bäumen hervorzutreten, riss das Gewölk auf, der
5 Mond kam zum Vorschein, alles war plötzlich in ▭ **1** Licht getaucht. Jetzt sah Krabat die Mühle. Da lag sie vor ihm, in den Schnee geduckt, dunkel, bedrohlich, ein mächtiges, ▭ **2** Tier, das auf Beute lauert. „Niemand
10 zwingt mich dazu, dass ich hingehe", dachte Krabat. Dann schalt er sich einen Hasenfuß, nahm seinen Mut zusammen und trat aus dem Waldesschatten ins Freie. Beherzt schritt er auf die Mühle zu, fand die Haustür verschlossen
15 und klopfte. Er klopfte einmal, er klopfte zweimal: Nichts rührte sich drinnen. Kein Hund schlug an, keine Treppe knarrte, kein Schlüsselbund rasselte – nichts. Krabat klopfte ein drittes Mal, dass ihn die Knöchel schmerzten. Wie-
20 der blieb alles ▭ **3** in der Mühle. Da drückte er probehalber die Klinke nieder: die Tür ließ sich öffnen, sie war nicht verriegelt, er trat in den Hausflur ein.

Grabesstille empfing ihn und ▭ **4** Fins-
25 ternis. Hinten jedoch, am Ende des Ganges, etwas wie ▭ **5** Lichtschein. Der Schimmer von einem Schimmer bloß. [...]

Sein Blick fiel in eine schwarze, vom Schein einer einzigen Kerze erhellte Kammer. Die
30 Kerze war ▭ **6**. Sie klebte auf einem Totenschädel, der lag auf dem Tisch, der die Mitte des Raumes einnahm. Hinter dem Tisch saß ein ▭ **7**, dunkel gekleideter Mann, sehr ▭ **8** im Gesicht, wie mit Kalk bestrichen;
35 ein ▭ **9** Pflaster bedeckte sein linkes Auge. Vor ihm auf dem Tisch lag ein ▭ **10**, in Leder eingebundenes Buch, das an einer Kette hing: darin las er.

1. Schreibe aus dem Textausschnitt von Otfried Preußlers Jugendbuch *Krabat* jeweils zwei Konkreta und Abstrakta heraus.
2. Dekliniere folgende Nomen des Textes: *der Hund – die Hunde, die Kerze – die Kerzen, der Mann – die Männer*.
3. Bestimme Kasus, Numerus und Genus folgender Nomen des Textes: *die Haustür, die Tür, einem Schimmer, die Kerze, des Raumes*.

Adjektive erkennen und verwenden

A böses **B** still **C** dickes **D** tiefe
E schwarzes **F** schwacher **G** rot
H massiger **I** kaltes **J** bleich

4. Setze die Adjektive A bis J, die dem Text entnommen sind, in die passenden Leerstellen 1–10 ein.
5. Beschreibe die Stimmung, die auf dem Bild deutlich wird. Verwende zwei Adjektive in deklinierter Form, zwei Adjektive in nicht-deklinierter Form und steigere zwei Adjektive.

Tempusformen bilden und verwenden

Krabat ist ein Betteljunge. Bevor er zur Mühle im Koselbruch kommt, zieht er mit zwei anderen Jungen als Dreikönige verkleidet in der Gegend von Hoyerswerda von Dorf zu Dorf.

- Viele Bauern *hatten* auf Neujahr ein Schwein *geschlachtet*, sie *beschenkten* die Herren Könige aus dem Morgenland reichlich mit Wurst und Speck.
- „Das Jahr *fängt* gut an", meinte Lobosch am Abend des dritten Tages, „so dürfte es bis Silvester weitergehen!"
- Die folgende Nacht *verbrachten* sie in der Schmiede von Petershain auf dem Heuboden; dort geschah es, dass Krabat zum ersten Mal jenen seltsamen Traum hatte.
- „Komm nach Schwarzkollm in die Mühle, es *wird* nicht zu deinem Schaden *sein*!"

6. Lege eine Tabelle in deinem Heft an und trage die kursiv markierten Verben ein.

Präsens	Perfekt	Präteritum	Plusquamperfekt	Futur

7. Für welche Tempusform findest du im Text kein Beispiel? Bilde diese aus den Infinitiven *fegen* und *torkeln*.

8. Wandle die Sätze in die angegebenen Tempusformen um:
- Krabat übernachtet in einer Scheune. → Perfekt
- Er konnte seinen seltsamen Traum zunächst nicht verstehen. → Präsens
- Ein Bauer hilft Krabat. → Futur
- Krabat fand den Weg zur Mühle. → Plusquamperfekt

Personal- und Possessivpronomen gebrauchen

Ein einziger Schlafplatz war unberührt, der Meister deutete auf das Kleiderbündel am Fußende. „▬ 1 Sachen!" Dann machte ▬ 2 kehrt und entfernte sich mit dem Licht. Nun stand Krabat allein in der Finsternis. Langsam begann er sich auszuziehen. Als er die Mütze vom Kopf nahm, berührte er mit den Fingerspitzen den Strohkranz: Ach richtig, noch gestern war ▬ 3 ja ein Dreikönig gewesen – wie weit lag das hinter ▬ 4. Auch der Dachboden hallte vom Poltern und Stampfen der Mühle wider. Ein Glück für den Jungen, dass er zum Umfallen müde war. Kaum lag er auf ▬ 5 Strohsack, da schlief er schon.

Wie ein Klotz schlief er, schlief und schlief – bis ein Lichtstrahl ▬ 6 weckte.

9. Füge in die Lücken die passenden Pronomen ein.

A ihn **B** deine **C** ihm **D** er
E seinem **F** er

Präpositionen gebrauchen

10. Beschreibe dieses Bild aus einer Krabat-Theateraufführung in sechs Sätzen. Verwende folgende Präpositionen: *in, neben, vor, hinter, unter, auf*.

Auf in den Zoo
Sätze

Tierische Referate

KATHRIN Wie weit seid ihr eigentlich mit den Vorbereitungen für eure Tierreferate

MARKUS Das habe ich total vergessen ist der Ausflug in den Zoo wirklich schon am Mittwoch da bleibt ja gar nicht mehr viel Zeit für die Ausarbeitung so ein Mist

KATHRIN Suche doch heute Nachmittag ein paar Informationen zusammen dann schaffst du das doch noch ganz locker

PATRICK Eigentlich ist dein Thema ganz spannend ich helfe dir ich bin mit meinem Referat schon fertig

MARKUS Prima

1. Hast du schon etwas Besonderes im Zoo erlebt? Berichte.
2. Lest das Gespräch mit verteilten Rollen.
3. Tauscht euch darüber aus, welche Schwierigkeiten ihr beim Vorlesen hattet.
4. Schreibe den Text ab und setze dabei die fehlenden Satzzeichen.
5. Lest nun noch einmal das Gespräch mit verteilten Rollen.
   Was hat sich durch das Einfügen der Satzzeichen geändert?

Zoosätze – zwei passen zusammen

Wann ist heute die Raubtierfütterung?

Hast du das Schild denn nicht gesehen?

Der Abenteuerspielplatz ist ganz schön anspruchsvoll.

Geht nicht zu nahe an die Gehege heran!

Das Gehege sieht aus wie ein Dschungel!

Habt ihr schon den Weg zum Streichelzoo gefunden?

Achtet auf die Informationsschilder an den Gehegen!

Das ist spannend!

So ein Pech!

Kannst du überhaupt ein Tier im Gehege entdecken?

Passt also beim Klettern auf dem Abenteuerspielplatz auf!

Die Fütterung ist wie jeden Tag um zehn Uhr.

Wir haben die Eisbären nicht mehr gesehen.

Das Füttern der Tiere ist doch streng verboten!

Der Tierarzt untersucht gerade die Affen.

Ich würde so gerne die Ziegen streicheln.

Tiere können spucken!

Auf den Schildern stehen spannende Geschichten zu den Tieren.

6. Ordne die grünen Sätze den violetten Sätzen zu.
7. Lege in deinem Heft eine Tabelle an und fülle die leeren Zeilen aus.

	Aussagesatz	Fragesatz	Aufforderungssatz	Ausrufesatz
Satzschlusszeichen	Punkt			
Sätze	Die Fütterung ist wie jeden Tag um zehn Uhr.			

8. Verfasse einen Text über einen Zoobesuch und verwende dabei alle Satzarten.
9. Lies anschließend den Text deines Partners und bestimme die Satzarten.

> **In diesem Kapitel lernst du,**
> ▶ wie du die Satzarten verwendest,
> ▶ wie du Haupt- und Nebensätze voneinander unterscheiden kannst,
> ▶ wie du eine Satzreihe und ein Satzgefüge bestimmst,
> ▶ wann du eine Satzreihe und wann ein Satzgefüge verwendest,
> ▶ wie du Zeichen zwischen den Sätzen setzt.

Der einfache Satz

Zoobesuch

Meike kommt nach dem Zoobesuch nach Hause und schreibt ihrer Cousine noch ganz aufgeregt einen Brief.
Caroline beschreibt den Tag am Abend in ihrem Tagebuch.

Meike

Das war toll! Ein Ausflug in den Zoo mitten in der Schulwoche! Endlich eine Abwechslung! Hurra! Wie lange habe ich mich schon auf diesen Tag gefreut! Dann war er da! ...

Caroline

Das war ein schönes Erlebnis. Wir haben mitten in der Schulwoche einen Ausflug in den Zoo gemacht. Es gab endlich einmal eine Abwechslung. Darüber habe ich gejubelt. Ich habe mich schon lange auf diesen Tag gefreut ...

K Satzarten erkennen und verwenden
→ S. 273

1. Schreibe Meikes Brief und Carolines Tagebucheintrag in der gewählten Satzart weiter.
2. Vergleiche die beiden Texte miteinander. Wie wirken sie auf dich?

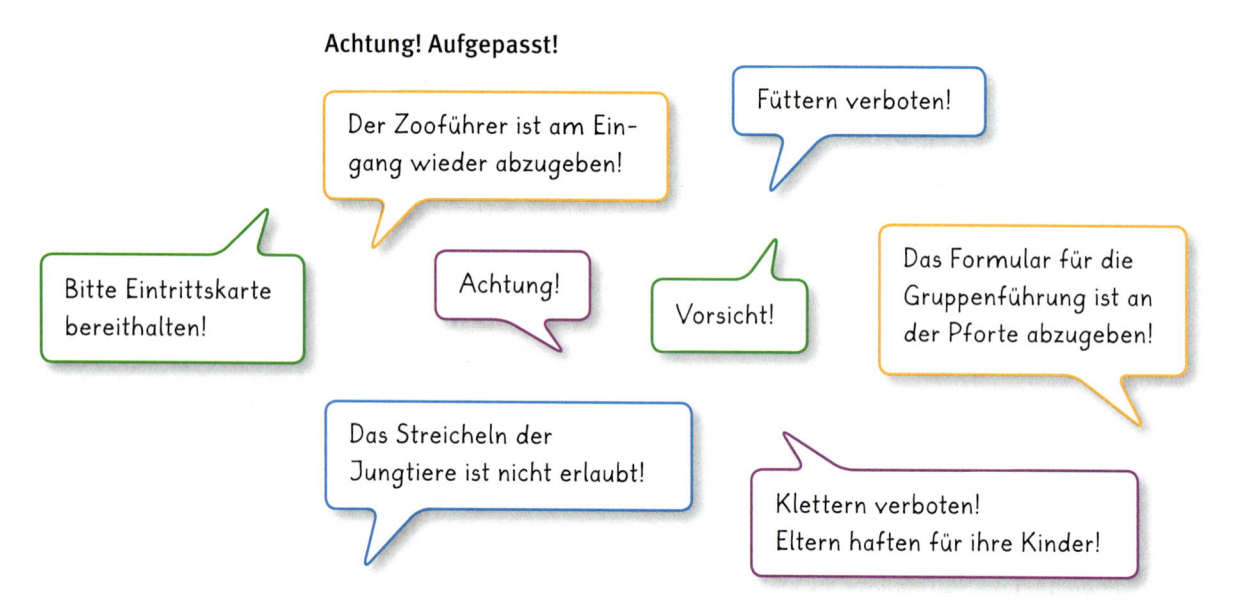

Achtung! Aufgepasst!

- Der Zooführer ist am Eingang wieder abzugeben!
- Füttern verboten!
- Bitte Eintrittskarte bereithalten!
- Achtung!
- Vorsicht!
- Das Formular für die Gruppenführung ist an der Pforte abzugeben!
- Das Streicheln der Jungtiere ist nicht erlaubt!
- Klettern verboten! Eltern haften für ihre Kinder!

3. Tauscht euch darüber aus, warum diese Sätze so formuliert wurden. Wie könnte man sie noch formulieren?
4. Suche dir drei Sätze aus und schreibe zu ihnen eine kleine Geschichte, in der die Sätze vorkommen.

Satzreihe und Satzgefüge

Zoonachrichten

Zoos und Wildparks von Aachen bis Zwickau

Zahlreiche Zoos und Wildparks von Aachen bis Zwickau laden Kinder und Erwachsene zum Besuch ein. Im Sommer sind viele Tiere in den Außengehegen zu beobachten. Im Winter dagegen lohnt sich ein Besuch der Tierhäuser und Innengehege. Bei spannenden Führungen kann man jedes Mal etwas Neues entdecken.

Internet informiert über zahlreiche Zoos

Ein Blick in das Internet kann sich lohnen, weil hier auf den Internetseiten zahlreicher Zoos interessante Informationen zu finden sind. Falls man vor dem Besuch schon neugierig ist, kann man sich so gut auf den Zoobesuch vorbereiten.

Ein Zoo zum Anfassen – Streichelzoos immer beliebter

Besonders beliebt sind mittlerweile auch die vielen Streichelzoos. Die Tiere können hier angefasst werden. Manchmal darf man die Tiere sogar füttern oder bei Arbeiten im Gehege mithelfen.

Gepard und Schildkröte – schnelle Katze trifft langsamen Gefährten

Der Gepard kann als das schnellste Tier der Welt auf etwa 120 Kilometer in der Stunde beschleunigen. In artgerechten Gehegen kann man diese Geschwindigkeiten manchmal beobachten. Die Riesenschildkröte schafft hingegen gerade einmal 10 Meter in der Stunde. Man braucht beim Beobachten ihrer Wanderungen viel Geduld.

Forschungseinrichtung Zoo

Während früher in einem Zoo einfach exotische Tiere ausgestellt wurden, dient der Zoo heute auch der Erforschung von Tierarten sowie der Erhaltungszucht. In Deutschland haben sich deshalb viele Zoos in der Stiftung Artenschutz zusammengeschlossen, weil so gemeinsam leichter Artenschutz-Projekte durchführbar sind.

1. Arbeite mit einem Partner zusammen und bestimme in den Zoonachrichten die Haupt- und Nebensätze. Achte dabei besonders auf die Stellung des Verbs im Satz.
2. Erklärt gemeinsam in einer Regel, wie sich Haupt- und Nebensätze unterscheiden. Vergleicht eure Erklärung mit der einer anderen Partnergruppe.
3. Schreibe zwei eigene Zoonachrichten. Benutze in einer Nachricht nur Hauptsätze, in der anderen Haupt- und Nebensätze. Dein Partner bestimmt in deinen Nachrichten die Haupt- und Nebensätze.

Haupt- und Nebensätze erkennen → S. 273 **K**

Beobachtungen aus dem Zoo

A Satzverknüpfungswörter
denn ▪ doch ▪ aber ▪ und

B Satzverknüpfungswörter
weil ▪ obwohl ▪ da ▪ sodass ▪ während

Miteinander verbundene Hauptsätze bilden eine **Satzreihe**.
Eine Verknüpfung von Haupt- und Nebensatz nennt man **Satzgefüge**.

K Satzreihen und Satzgefüge unterscheiden und die Zeichen setzen → S. 273

▸ Der Eisbär Knut ist die Hauptattraktion im Zoo.
  Manchmal verschläft er seinen Auftritt.
▸ Max ist ein pfiffiger Pinguin. Er stibitzt sich aus dem Futtereimer Fische.
▸ Für eine Schulklasse nehmen sich die Zoolotsen viel Zeit.
  Sie erzählen zu jeder Tierart eine spannende Geschichte.
▸ Der Abenteuerspielplatz gehört zum Zoobesuch einfach dazu.
  Für den Streichelzoo muss man auch Zeit einplanen.
▸ Der Affe verzieht sich in eine schattige Ecke. Ihm ist die Sonne zu heiß.

1. Verbinde immer zwei Sätze miteinander. Benutze dazu nur Satzverknüpfungswörter aus dem Wörterkasten A. Achte dabei auf die Zeichensetzung.
2. Schreibe nun die Sätze noch einmal ab. Verwende diesmal die Wörter aus dem Wörterkasten B.
3. Überprüfe zusammen mit einem Partner, worin sich die Sätze unterscheiden. Unterstreiche dazu die Haupt- und Nebensätze in zwei verschiedenen Farben und achte besonders auf die Stellung des Verbs innerhalb des Satzes.
4. Bestimme mithilfe der Erklärung, welche Satzkombinationen ein Satzgefüge und welche eine Satzreihe bilden.
5. Formuliere eigene Sätze aus dem Zooalltag mit Satzreihen und Satzgefügen. Lasse von einem Partner die Satzreihen und die Satzgefüge bestimmen.

Zooartikel für die Schülerzeitung

Die Klasse 5a hat gemeinsam mit ihrem Biologie- und Deutschlehrer einen Ausflug in den Zoo gemacht. Nach dem Zoobesuch am Vormittag war die Klasse am Nachmittag noch im Naturkundemuseum. Nun möchten einige Schülerinnen und Schüler aus der Klasse einen Artikel für die Schülerzeitung schreiben. Da der erste Artikel nicht so recht gelungen erscheint, überarbeitet die Gruppe den Text.

Hier Auszüge aus beiden Artikeln:

> Der Zoobesuch der Klasse 5a war schon lange geplant. Der Zoobesuch ist an der Schule für die fünften Klassen bereits Tradition. Im Biologieunterricht haben wir deshalb einige Tierklassen besprochen. Im Zoo sollten zu den wichtigsten Tieren kurze Referate gehalten werden. Am Ausflugstag hat es leider geregnet. Wir hatten aber trotzdem viel Spaß. Der Lehrer wusste zu vielen Tieren noch interessante Geschichten. Die Pause haben wir auf dem Abenteuerspielplatz verbracht. Hier gab es ein tolles Klettergerüst und eine lange Rutsche. Im Zoo gibt es leider kein Aquarium. Am Nachmittag sind wir deshalb in das Naturkundemuseum gefahren. Hier haben wir eine Fisch-Rallye durch die Sammlung gemacht …

> Der Zoobesuch der Klasse 5a war schon lange geplant, denn er ist an der Schule für die fünften Klassen bereits Tradition. Im Biologieunterricht haben wir deshalb einige Tierklassen besprochen, da im Zoo zu den wichtigsten Tieren kurze Referate gehalten werden sollten. Obwohl es am Ausflugstag …

1. Vergleiche jeweils den Anfang der Artikel miteinander. Was fällt dir auf?
2. Schreibe den zweiten Artikel zu Ende. Orientiere dich dazu am Inhalt des ersten Artikels. Benutze Satzgefüge.
3. Welcher Artikel gefällt euch besser? Diskutiert in der Klasse darüber.
4. Schreibe einen eigenen Artikel über einen Klassenausflug. Achte darauf, dass du Satzreihen und Satzgefüge verwendest, damit dein Text interessant zu lesen ist.

Auf in den Zoo

Zeichensetzung

Löwenalltag

Erst läuft er nach rechts, dann läuft er nach links, dann bleibt er in der Mitte. Dann läuft er nach links und wieder nach rechts, so hat er seine Schritte. Dann hebt er das Haupt, dann senkt er das Haupt, so langweilig ist es hier oben. Dann senkt er das Haupt, dann hebt er das Haupt und denkt an seine Tropen. Dann geht er zurück und dann geht er vor, nicht schön ist dieses Gehege. Dann geht er vor und dann geht er zurück und träumt von einer Säge. So lebt er den Tag, so lebt er die Nacht – der König der Tiere, er hat keine Macht.

1. Schreibe die Hauptsätze ab und bringe sie in die Form eines Gedichtes.

> Erst läuft er nach rechts,
> dann läuft er nach links,
> dann bleibt er in der Mitte.

2. Achte dabei auf die Kommas.
   Wann steht zwischen den Hauptsätzen ein Komma? Wann nicht?

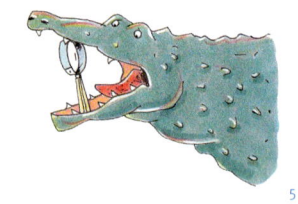

Wie fängt man ein Krokodil?

Willst du ein Krokodil für deinen Lieblingszoo fangen? Das ist ganz einfach. Zuerst fährst du nach Ägypten an den Nil denn dort gibt es die meisten Krokodile. Eine Taschenlampe muss dabei sein und auch ein bisschen Mut sollte nicht fehlen und Angst darfst du schon gar nicht haben. Am besten fängst du ein Krokodil nachts doch sollte es nicht ganz dunkel sein denn sonst findest du den Nil nicht. Mit der Taschenlampe leuchtest du den Nil ab und irgendwann wirst du zwei helle Punkte entdecken. Das sind die Augen eines Krokodils. Du musst aber weiter leuchten und irgendwann wirst du wieder zwei helle Punkte entdecken. Das sind die Augen eines zweiten Krokodils. Jetzt ist alles ganz einfach: Du fängst die beiden Krokodile dann lässt du eines wieder laufen.

3. Lies beim Vortragen des Textes die fehlenden Kommas laut mit.
4. Welche Satzarten werden hier durch das Komma abgetrennt?
5. Entwirf eine fantasievolle Zoogeschichte, indem du möglichst viele Hauptsätze miteinander durch ein Komma verbindest. Verwende dazu Wörter wie *denn, doch, aber, dort, sondern, und, oder, trotzdem.*
   So kannst du anfangen:

> Am Wochenende besuchten wir den Zoo, denn
> wir wollten uns das neue Gorillagehege ansehen.
> Wir fuhren ganz früh morgens los, trotzdem …

Tiernachrichten – kaum zu glauben, aber wahr!

Gazellen schlagen Haken
Gazellen sind Meister im Hakenschlagen, weil sie spontan im Laufen die Richtung wechseln können. Sie sind auch bis zu 60 km/h schnell, damit sie einem viel schnelleren Gepard entkommen können.

Meerschweinchen im Turbogang
Meerschweinchenjunge sind schon sehr weit entwickelt, wenn sie geboren werden. Sie haben sogar schon ihr zweites, bleibendes Gebiss, weil sie die Milchzähne bereits im Mutterbauch verloren haben.

Strauß auf Zickzackkurs
Wenn ein Strauß verfolgt wird, läuft der bis zu 2,75 Meter hohe Vogel im Zickzackkurs und lässt einen Flügel hängen. Mit diesem Trick gaukelt er dem Verfolger vor, dass er eigentlich leicht zu erbeuten sei.

Schlecht gelaunte Gorillas
Ein erwachsener Gorilla sieht immer etwas schlecht gelaunt aus, weil er starke Wülste über den kleinen Augen und einen hohen Buckel auf dem Kopf hat. Obwohl der größte aller Menschenaffen etwas grummelig blickt, ist er aber ein sehr freundliches und sanftes Geschöpf.

Braunbären brauchen keinen Schuster
Während die Fußsohlen eines Eisbären behaart sind, muss der Braunbär auf nackten Sohlen durchs Leben gehen. Damit sich der Braunbär nicht die Sohle bei seinen Streifzügen durchläuft, wird die Sohlenhaut einfach während der Winterruhe gewechselt.

1. Welche Tiere gefallen dir am besten?
2. Schreibe das Porträt deines Lieblingstiers ab. Unterstreiche die Nebensätze und kreise die Satzverknüpfungswörter ein. Überlege noch einmal: Woran erkennst du einen Nebensatz? Formuliere eine Regel, wo bei Satzgefügen ein Komma steht.
3. Schreibe weitere Tierporträts und verknüpfe hierbei Haupt- und Nebensätze.

Die Zooattraktion – das Eisbärengehege

A In jedem Zoo ist das Eisbärengehege der Höhepunkt des Zoobesuches weil die größten Landraubtiere der Erde hier gut zu beobachten sind. Woher kommen Eisbären aber ursprünglich? Eisbären leben rund um den Nordpol in der kalten Arktis denn hier finden sie für ihre Ernährung ausreichend Robben oder Lemminge. Die gefährlichen Eisbären unternehmen für die Nahrungssuche lange Wanderungen. Obwohl sie nicht sehr gut sehen finden sie immer ausreichend Beute da sie einen guten Geruchssinn besitzen.

B Im kalten Schnee können sie ihre Schneehöhlen bauen deshalb sind sie gut vor Kälte geschützt. Eisbären sind hervorragende Schwimmer jedoch müssen sie sich natürlich vor der Kälte des Wassers schützen. Ihr sehr dichtes und öliges Fell ist wasserdicht und auch die starke Fettschicht unter der Haut wirkt wärmend. Ebenso dient das gelblich-weiße Fell als Tarnung im Eis. Die Fußsohlen sind dicht behaart sodass diese auch als Kälteschutz wirken und das Ausrutschen auf dem Eis verhindern. Mit Wintereinbruch wandern die Eisbären immer weiter südwärts damit sie für die Nahrungssuche noch offene Stellen finden.

C Im Zoo bekommen Eisbären oftmals von den Tierpflegern ihr Futter in großen gefrorenen Eisklumpen damit sie sich ihr Futter richtig erarbeiten müssen. Eisbären kann man im Zoo sehr gut beobachten weil sie zu den tagaktiven Tieren gehören. Falls ein Eisbär ein Jungtier hat sollte man um die Mittagszeit in den Zoo gehen denn dies ist die bevorzugte Zeit des Eisbären zum Säugen der Jungtiere. Trotzdem kann es sein dass der Eisbär nur schlafend anzutreffen ist. Fast zwei Drittel des Tages ruhen sich Eisbären nämlich aus. Dennoch ist das Eisbärengehege immer einen Besuch wert wenn man einen Blick auf die fast fünfhundert Kilo schweren Tiere werfen will. Sie sind vielleicht gerade als hervorragende Schwimmer im Becken unterwegs oder sie vertreiben sich mit Kinderspielzeug den langen Tag.

1. Bildet eine Dreiergruppe und lest euch die Texte vor.
   – Nennt dabei die Satzzeichen und lest auch die fehlenden Kommas mit.
   – Erklärt eurer Gruppe, wo und warum Kommas gesetzt werden.
   – Ermittelt, ob es sich bei dem jeweiligen Satz um ein Satzgefüge oder eine Satzreihe handelt.
2. Lege eine Tabelle an und trage die passenden Satzverknüpfungswörter ein.

Satzverknüpfungswörter bei Satzreihen	Satzverknüpfungswörter bei Satzgefügen

3. Verfasse einen eigenen Text über dein Lieblingszootier. Verwende hierzu möglichst viele Satzverknüpfungswörter aus deiner Tabelle.

K Kompetenzen

Satzarten erkennen und verwenden

- **Aussagesätze** benutzt du für Mitteilungen, Darstellungen, Feststellungen und Beschreibungen. Beim Sprechen senkt sich deine Stimme zum Ende des Satzes. Beim Schreiben benutzt du als Satzschlusszeichen einen Punkt. Die Personalform des Verbs steht an zweiter Stelle: *Wir fahren mit der Klasse in den Zoo.*
- **Mit Aufforderungssätzen** willst du andere zu einem bestimmten Verhalten bewegen, sie zu etwas auffordern oder um etwas bitten. Deine Stimme wird zum Ende des Satzes lauter. Beim Schreiben verwendest du als Satzschlusszeichen ein Ausrufezeichen, aber auch ein Punkt ist möglich. Die Befehlsform des Verbs steht meist an erster Stelle: *Achtet auf die Informationsschilder an den Gehegen!*
- **Mit einem Ausrufesatz** drückst du deine Gefühle und Wünsche aus. Am Satzende steht ein Ausrufezeichen. Das Verb kann sogar fehlen: *Was für ein schöner Ausflug! Achtung!*
- **Mit Fragesätzen** versuchst du an Informationen zu gelangen. Deine Stimme steigt zum Ende des Satzes. Du beginnst den Satz mit einem Fragewort oder einem Verb. Am Satzende steht ein Fragezeichen: *Wann werden die Löwen gefüttert? Kommst du mit zu den Pinguinen?*

Haupt- und Nebensätze erkennen

- **Hauptsätze können allein stehen.** Handelt es sich beim Hauptsatz um einen Aussagesatz, steht die Personalform des Verbs an zweiter Stelle: *Der Zoo öffnet um neun Uhr.*
- **Der Nebensatz ist grammatisch vom Hauptsatz (oder einem anderen Nebensatz) abhängig.** Du erkennst den Nebensatz an den Satzverknüpfungswörtern (*bis, dass, wenn, weil, falls* …) und an der Endstellung des Verbs: *Wenn die Raubtierfütterung zu Ende ist, …*

Satzreihe und Satzgefüge unterscheiden und die Zeichen setzen

- **Sind zwei oder mehrere Hauptsätze miteinander verbunden, bilden sie eine Satzreihe.** Oft werden die Hauptsätze durch bestimmte Wörtern (*und, oder, aber* …) miteinander verknüpft. Sie werden durch ein Komma getrennt: *Der Affe möchte sich ausruhen, aber sein Schlafplatz ist belegt.* Nur wenn die Hauptsätze mit *und* bzw. *oder* verbunden werden, darf das Komma fehlen.
- **Die Verknüpfung von Haupt- und Nebensatz wird Satzgefüge genannt.** Zwischen Haupt- und Nebensatz steht immer ein Komma: *Der Affe legt sich in die Hängematte, weil er sich ausruhen möchte.*

Satzreihen und Satzgefüge gebrauchen

- **Hauptsätze oder Satzreihen allein wirken oft eintönig.** Wenn du in deinen Texten zusätzlich noch Nebensätze verwendest, ist dein Text abwechslungsreicher und interessanter. Mit Nebensätzen kannst du oft Zusammenhänge besser und genauer darstellen. Vorsicht: Zu viele Nebensätze können umständlich und unübersichtlich wirken. Manchmal ist es auch sinnvoll, nur Hauptsätze zu verwenden, wenn etwa Geschehnisse geschildert werden.

S Selbsteinschätzung → www

Geh noch einmal deine Aufzeichnungen durch und schätze dann deine Fähigkeiten im Umgang mit Sätzen, Satzreihen und Satzgefügen ehrlich ein.

★★★ = sehr sicher
★★ = größtenteils sicher
★ = manchmal unsicher
○ = oft unsicher

1. Ich kann die verschiedenen Satzarten benennen und zu jeder Satzart ein Beispiel notieren.

2. Ich kann in den folgenden Beispielen die Haupt- und Nebensätze voneinander unterscheiden:
Weil ich Tieren gerne helfe, möchte ich später Tierarzt werden. Ich habe eine Jahreskarte für den Zoo, damit ich mir die Tiere in Ruhe ansehen kann.

3. Ich kann in den folgenden Beispielen die Satzreihe und das Satzgefüge bestimmen:
Ich gehe oft ins Elefantenhaus, weil ich Dickhäuter sehr mag. Ich gehe oft ins Elefantenhaus, denn ich mag Dickhäuter sehr.

4. Ich kann in den folgenden Sätzen die richtigen Satzzeichen zwischen den Satzreihen und Satzgefügen setzen:
Im Zoo gehe ich zuerst zu den Erdmännchen weil sie immer so gut gelaunt sind. Wenn ich in ihre unterirdischen Gänge gucke entdecke ich immer etwas Neues. Aber nach 15 Minuten gehe ich weiter denn ich will ja möglichst alle Tier im Zoo sehen.

5. Ich kann mit Satzreihen und Satzgefügen meine Texte abwechslungsreich gestalten.

Auswertung und Anregungen

▶ **Klasse, wenn du dir bei den meisten Aussagen sehr sicher oder größtenteils sicher warst!** Auf der nächsten Seite kannst du dein Wissen über Sätze noch einmal trainieren.

▶ **Wenn du noch Schwierigkeiten mit den Aussagen 1–3 hast,** dann wiederhole die Kompetenzen „Satzarten erkennen und verwenden", „Haupt- und Nebensätze erkennen" und „Satzreihe und Satzgefüge unterscheiden und die Zeichen setzen" auf der vorherigen Seite und bearbeite auf Seite 275 die Aufgabe 1.

▶ **Wenn du manchmal noch unsicher im Setzen der Zeichen zwischen Satzreihen und Satzgefügen bist,** dann wiederhole die Kompetenz „Satzreihe und Satzgefüge unterscheiden und die Zeichen setzen" und bearbeite auf Seite 275 die Aufgabe 2.

▶ **Wenn du Aussage 5 noch nicht ganz zustimmen konntest,** dann achte in den nächsten zwei Wochen bewusst darauf, deine selbst geschriebenen Texte durch Satzreihen und Satzgefüge abwechslungsreicher zu gestalten. Zur Übung kannst du die Aufgabe 3 auf Seite 275 bearbeiten.

Auf in den Zoo

T Trainingsideen → www

Sätze erkennen

Ach du liebe Zeit! In zwei Wochen wollen wir den Zoo in der nahegelegenen Großstadt besuchen. Jetzt gibt es noch eine ganze Menge zu planen, damit unser Ausflug ein voller Erfolg wird. Unser Lehrer hat extra gesagt: „Helft bei der Vorbereitung mit!" Eine Gruppe informiert sich über die Eintrittspreise und einige andere Schüler erkundigen sich nach günstigen Gruppentarifen für Bus und Bahn. Hoffentlich wird es nicht allzu teuer!

Aber auch der Aufenthalt im Zoo muss geplant werden. Haben wir schon die Eltern informiert? Bekommen wir eine Führung? Machen wir ein Picknick? Viele Dinge müssen bedacht werden, bevor es dann endlich losgeht. Wir werden bestimmt viel Spaß haben und die meisten von uns können es kaum noch erwarten.

Wenn die Sonne scheint, gehen wir mit unserem Lehrer vielleicht auch noch ein Eis essen. Das wird ein toller Tag!

1. Finde im Text jeweils ein Beispiel für:
   – Aussagesätze,
   – Ausrufesätze,
   – Aufforderungssätze,
   – Fragesätze,
   – Satzreihen (verbundene Hauptsätze),
   – Satzgefüge (Haupt- und Nebensatz).

Satzzeichen setzen

Hurra Endlich sind wir im Zoo angekommen Als Erstes wollen wir zum neugeborenen Elefantenbaby denn von ihm haben schon viele in der Zeitung gelesen Doch was ist hier los So einen riesen Andrang habe ich ja noch nie erlebt wenn ich in den Zoo gegangen bin „Bitte in Vierergruppen vor das Gehege treten" So steht es auf dem Schild geschrieben aber scheinbar können nicht alle Zoobesucher lesen Während sich einige wenige an die Aufschrift auf dem Schild halten drängeln andere einfach nach vorn Welch ein Gequetsche vor dem kleinen Elefanten

2. In diesem Text fehlen die Satzzeichen. Die Satzanfänge sind aber großgeschrieben. Schreibe den Text ab und setze die fehlenden Satzzeichen.
3. Verfasse einen Text über einen Ausflug aus deiner Grundschulzeit. Verwende möglichst viele Satzarten, Satzgefüge und Satzreihen. Achte auf die richtige Kommasetzung.

Auf in den Zoo

Den Geheimnissen der Pharaonen auf der Spur

Satzglieder

Lisa, Hannah, Dimitri und Manuel besuchen eine Ausstellung zur ägyptischen Geschichte. Dabei werden einer großen Öffentlichkeit zahlreiche Funde aus Gräbern und Höhlen, Pyramiden und Palästen präsentiert. Doch die Kinder möchten sich nicht nur die Ausstellung ansehen, sie wollen auch Museumsdetektive werden. Aber dazu müssen sie einige Rätsel lösen …

1. Hast du schon mal eine Ausstellung über das alte Ägypten besucht? Berichte, was du dort sehen konntest und wie dir die Ausstellung gefallen hat.
2. Tauscht euch darüber aus, was ihr über Museumsrallyes oder Museumsdetektive wisst.

Geordnete Sätze

Die Pharaonin, die Pharao wurde

Die Kinder betreten die Ausstellungsräume zu der Pharaonin Hatschepsut. Dort stoßen sie auf das erste Rätsel. Sie sehen die Büste eines Pharaos und ein Stück Mauer, auf welcher Hieroglyphen eingemeißelt sind. Die Übersetzung der einzelnen Wörter ergibt keinen Sinn. Sie müssen zunächst in eine sinnvolle Reihenfolge gebracht werden. Sofort machen sich Lisa, Hannah, Manuel und Dimitri daran, den Text zu entschlüsseln.

Tod nach Frau übernimmt Thutmosis die dem von seine Herrschaft

Ägypten Frau regiert erste in Hatschepsut als

Zeichen Pharaos Hatschepsut alle besitzt männlichen eines

Bart Bilder falschem die Hatschepsut zeigen mit sogar

Nil Jahre lang herrscht sie zwanzig am erfolgreich

3. Hilf den Kindern, die übersetzten Steinreihen zu entschlüsseln.
   Bilde aus jeder Reihe einen sinnvollen Satz und schreibe ihn in dein Heft.
4. Vergleicht eure Sätze. Was fällt euch dabei auf?
5. Schreibe für jede Reihe noch einen weiteren möglichen Satz auf.
   Stelle dazu die Wörter um.
6. Stelle fest, welche Wörter zusammengehören und ein Satzglied bilden.
   Manchmal besteht ein Satzglied auch nur aus einem Wort.
   Trenne in deinen Sätzen die Satzglieder durch Schrägstriche voneinander ab und unterstreiche sie farbig.

   Nach dem Tod von Thutmosis / übernimmt / seine Frau / die Herrschaft.

> Wörter oder Wortgruppen, die sich im Satz gemeinsam verschieben lassen, nennt man **Satzglieder**.

> Das Verfahren, mit dem man Satzglieder in einem Satz verschiebt, nennt man **Umstellprobe**.

In diesem Kapitel lernst du,

▶ woran du Satzglieder erkennst,
▶ wofür du die Frage-, Ersatz- und Umstellprobe verwendest,
▶ wie du die adverbialen Bestimmungen des Ortes, der Zeit, des Grundes und der Art und Weise erkennst und bestimmst,
▶ wie du das Subjekt und das Prädikat erkennst,
▶ wie du das Akkusativ-, das Dativ- und das Genitivobjekt ermittelst,
▶ wie du Texte mithilfe der Umstell- und Ersatzprobe überarbeitest.

Die Gliederung eines Satzes

Eine merkwürdige Mitteilung

Tempel der Hatschepsut in Deir el-Bahari

Hannah sagt: „Ich habe mir schon die nächste Aufgabe vorgenommen und einen weiteren Teil der Inschrift entziffert. Hier, lies mal." Stolz übergibt sie Dimitri ihre Ergebnisse auf einem Zettel:

> Dann verteidigte Hatschepsut sie und führte sie durch. Vielen gilt er als der. Die Pharonin ließ sie zu ihnen wieder aufleben.

Dimitri blickt sie nur fragend an: „Ich verstehe gar nichts."
Lisa: „Ich auch nicht."
Manuel: „Passt mal auf. Ich habe mir in meinem Notizbuch einige Wörter notiert, die auf einem Steinhaufen neben der Mauer geschrieben standen. Vielleicht können wir die in Hannahs Text einsetzen."

> die Grenzen Ägyptens – die Handelsbeziehungen – während ihrer Herrschaft – viele Bauvorhaben – der schönste am Westufer des Nils – den Einwohnern des Landes Punt – ihr Tempel

> Das Verfahren, mit dem man Satzglieder in einem Satz ersetzt, nennt man **Ersatzprobe**.
>
> Pronomen → S. 240 ff.

1. Erkläre, warum Dimitri mit Hannahs Notiz nichts anfangen kann.
2. Mache Hannahs Botschaft verständlich und schreibe sie in dein Heft. Setze dazu die Wörter ein, die in Manuels Notizbuch stehen.
3. Vergleiche deine Botschaft mit deinem Nachbarn. Könnt ihr Unterschiede feststellen?
4. Schreibe für deinen Nachbarn ebenfalls eine geheimnisvolle Nachricht, in der du Satzglieder durch andere Wörter (z. B. Pronomen) ersetzt. Lass ihn diese durch andere Satzglieder ersetzen, sodass die Nachricht wieder verständlich wird.

Eine gestörte Telefonverbindung

Dimitri ist so begeistert von dem Museum und der Pharaonin Hatschepsut, dass er seinen älteren Bruder Christoph anruft. Leider wird die Handyverbindung durch ein elektrisches Feld im Museum gestört. Christoph versteht daher nicht alles und muss oft nachfragen, als er sich Dimitris Mitteilungen notieren will:

„Christoph! Wir lösen *brumm*. Eine Lösung ist: Die Pharaonin Hatschepsut herrschte *brumm*. Auf den Bildern trägt sie *brumm*. Am Westufer des Nils ließ sie *brumm* bauen. Sie schenkte *brumm* Frieden. Mit dem Land Punt unterhielt sie *brumm*. Christoph, *brumm* bleiben noch länger im Museum. Gleich *brumm* wir uns noch die Grabkammern und die Mumien an. Später kaufen wir *brumm* im Museumsshop ein Andenken."

1. Was hat Dimitri gesagt, als Christoph nur ein Brummen in der Leitung hörte? Notiere die Rückfragen, die Christoph stellt, um zu erfahren, welche Wörter hinter den Brumm-Geräuschen stecken.
2. Übertrage folgende Tabelle in dein Heft und vervollständige sie. Bei manchen Sätzen musst du die Umstellprobe anwenden, damit sie in das Schema der Tabelle passen.

Wer/Was?	Was tut?	Wem?	Wen/Was?	andere Satzglieder
Wir	lösen		Rätsel	
Die Pharaonin Hatschepsut	herrschte			über Ägypten.

3. Wie kannst du mit dieser Tabelle Satzglieder herausfinden und unterscheiden?
4. Was wird Christoph Dimitri antworten? Schreibe vier weitere Aussagesätze mit Störgeräuschen auf.
5. Lass von deinem Nachbarn die Brumm-Wörter erfragen. Frage nach den Brumm-Wörtern in den Sätzen deines Nachbarn.
6. Tragt die vollständigen Sätze in die Tabelle ein.

Satzglieder erkennen und unterscheiden
→ S. 289 K

Um Satzglieder zu unterscheiden, wendet man die **Frageprobe** an, bei der die Satzglieder mithilfe verschiedener Fragewörter erfragt werden.

Adverbiale Bestimmungen

Manuel verschwindet

Nach der Lösung der Aufgaben zu der Pharaonin Hatschepsut beschließen die Kinder, sich zu trennen. Manuel sagt zu Dimitri, Lisa und Hannah: „Ich gehe dorthin. Wir treffen uns später, oder?" Dimitri: „Selbstverständlich, ich bin da. Tschüss, viel Erfolg bei der Suche." Manuel geht nach links in den Pharaonensaal. Dimitri will gerade Manuel hinterherrufen, als ihm einfällt, dass man in einem Museum nicht laut sprechen darf.

1. Erkläre, warum Dimitri Manuel hinterherrufen will.
2. Erfrage und notiere in der Tabelle die Zeit- und Ortsangaben, die Manuel und Dimitri machen.

Zeit (Wann?)	Ort (Wo? Wohin?)

„Wir finden ihn schon wieder", meint Lisa. „Aber wir müssen uns aufteilen, wenn wir uns nachher noch den Rest anschauen wollen. Ich schlage vor, ich gehe in die Grabkammer und in zehn Minuten in die Mumiensammlung. Dort warte ich bis 15 Uhr auf Hannah." „In Ordnung", antwortet Hannah, „ich gehe jetzt in den Raum mit den Statuen und dann um 15 Uhr in den Raum zu Lisa. Und was machst du, Dimitri?" „Ich suche Manuel. Er ist seit 15 Minuten verschwunden", brummelt er. „Ihr findet mich im Pharaonensaal und in einer Viertelstunde bei den Mumien."

> **Adverbiale Bestimmungen** des **Ortes** und der **Zeit** sind Satzglieder, die genauere Angaben über den Ort und die Zeit eines Geschehens machen. Du fragst nach den adverbialen Bestimmungen des Ortes mit „Wo?", „Woher?", „Wohin?" und nach denen der Zeit mit „Wann?", „Seit wann?", „Wie lange?".

3. Erfragt alle Zeit- und Ortsangaben und tragt sie in die Tabelle ein.
4. Erstellt einen kurzen Rundgang durch das Museum, der eine halbe Stunde dauert. Achtet darauf, genaue Zeit- und Ortsangaben zu machen.
   Du kannst den folgenden Anfang übernehmen:

   Der Rundgang durch die Pharaonenausstellung beginnt in fünf Minuten. Punkt 16 Uhr treffen wir uns an der Kasse. Wir gehen dann ...

5. Tausche deinen Text mit deinem Nachbarn aus und trage alle Zeit- und Ortsangaben in die Tabelle ein.

Das Rätsel der Sphinx

Lisa gelangt in einen Saal, wo sie ein Rätsel über die Sphinx lösen soll.

Die große Sphinx von Gizeh

Die Sphinx ist ein Fabeltier, welches meist mit einem Löwenleib und einem Menschenkopf dargestellt wird. Die Sphinx in Gizeh ist besonders bekannt. Sie wurde aus einem Felsblock gehauen. Viele halten die Sphinx für geheimnisvoll. Einige Forscher vermuten, dass sich in ihr noch geheime Gänge befinden. Doch man hat noch nicht weiter gegraben. Denn die Sphinx droht zu verfallen. Das Rätsel der Sphinx bleibt somit vorerst ungelöst.

Adverbiale Bestimmungen erkennen und unterscheiden → S. 290 **K**

- aus Sicherheitsgründen
- sehr schnell
- wegen des steigenden Grundwassers und der Erosion
- in mühevoller und langer Arbeit
- wegen ihrer Größe und ihrer Nähe zu den Pyramiden
- wegen ihres Lächelns

Adverbiale Bestimmungen des Grundes und der Art und Weise sind Satzglieder, die nähere Angaben über den Grund bzw. die Ursache und die Beschaffenheit eines Geschehens machen. Du fragst nach den adverbialen Bestimmungen des Grundes mit „Warum?", „Weshalb?" und nach denen der Art und Weise mit „Wie?".

1. Schreibe den Text auf und setze an die passenden Stellen die adverbialen Bestimmungen ein.
2. Ermittle, ob es sich bei den Satzgliedern jeweils um eine adverbiale Bestimmung des Grundes oder der Art und Weise handelt. Unterstreiche sie jeweils in verschiedenen Farben. Vergleiche deine Lösung mit deinem Nachbarn.

Das Prädikat

Die Schrift der Ägypter

Manuel gelangt in einen Saal, der die „Hieroglyphen" zum Thema hat.
Dort findet er eine Infotafel und einen Rätselbogen zu der Schrift der Ägypter:

Die Grundlage der „Hieroglyphen" sind Bildzeichen, die vielfältig miteinander kombiniert wurden. Erst im 19. Jahrhundert konnte ein junger Franzose diese Zeichen entschlüsseln.

1799 wurde in Rosette, einer Stadt im Nildelta, ein Stein gefunden, auf dem ein Text in einer griechischen Inschrift und in Hieroglyphen eingemeißelt war. Ganz offensichtlich handelte es sich bei dem griechischen Text, einem Erlass des ägyptischen Pharaos Ptolemäus V., um eine Übersetzung der ägyptischen Schriftzeichen. War das vielleicht der Schlüssel zur Entzifferung der geheimnisvollen Hieroglyphen? Voller Tatendrang machte sich der junge Ägyptologe Jean-François Champollion an die Arbeit.

Erlass Anordnung, Befehl

Jean-François Champollion lebte von 1790 bis 1832. Er war der Sohn eines Buchhändlers und sprach acht Sprachen.

P T O L   M ÄU S   K L EO P A T R A

Wie ist Champollion die Entschlüsselung gelungen?
Champollion die Entsprechung der griechischen Schreibweise des Pharaonennamens im hieroglyphischen Text. Üblicherweise der Name des Pharaos immer einen Rahmen. Es Champollion, die Zeichen zu entziffern. Wenig später er auf einem anderen Steinpfeiler erneut den Namen Ptolemäus. Der Name seiner Frau, Kleopatra, daneben. Im Laufe der Zeit Champollion immer mehr Namen und Zeichen. Schließlich er die Bedeutung vieler Zeichen. So er das Geheimnis um die Schrift der Ägypter.

trug ▪ gelang ▪ entzifferte ▪ lüftete ▪ suchte ▪ stand ▪ kannte ▪ entdeckte

Das **Prädikat** nennt man auch Satzaussage. Man kann es erfragen mit „Was tut?" oder „Was geschieht?".

1. Entschlüssle den Text. Setze das Wortmaterial an die passenden Stellen ein.
2. Überlege, mit welcher Wortart die Prädikate gebildet werden. Welche Aufgabe übernehmen sie im Satz?
3. Zusatzpunkte für die Museumsdetektive gibt es, wenn sie eine neue Informationstafel über die Entschlüsselung der Hieroglyphen verfassen. Schreibe den Text und unterstreiche alle Prädikate.

Wiedersehensfreude

Endlich treffen Hannah, Lisa und Dimitri Manuel wieder. Manuel hat noch gar nicht bemerkt, dass er vermisst wurde. Um ihn ein bisschen zu ärgern, reden die drei anderen in einer Geheimsprache.

Ich pharaone einen großen Teller Pommes.

Ich pharaone am liebsten ein Schnitzel pharaonen.

Pharaonen wir doch ins Restaurant!

Wer pharaont noch mit ins Restaurant?

Manuel pharaont immer noch die Hieroglyphen.

Wenn ich Zeit pharaone, pharaone ich auch Hieroglyphen.

Pharaonst du, wo das Restaurant pharaont?

4. Entschlüssele die Geheimsprache der Kinder, indem du *pharaonen* durch passende Verben ersetzt. Schreibe jeweils alle Sätze untereinander und unterstreiche die eingesetzten Prädikate farbig.
5. Erkläre, inwiefern sich die Prädikate in den Sätzen unterscheiden.
   - Bestimme dazu die Satzart.
   - Stelle fest, wo die Prädikate im Satz stehen.
   - Ermittle, aus wie vielen Wörtern ein Prädikat bestehen kann.
6. Worüber werden die Kinder beim Essen im Restaurant sprechen? Bilde mit den folgenden Verben Sätze im Präsens und unterstreiche jeweils das Prädikat.

Das Prädikat erkennen → S. 289 K

Präsens → S. 250

> forschen ▪ aufpassen ▪ nachlesen ▪ entschlüsseln ▪ telefonieren ▪ ausgraben ▪ ansehen ▪ schmecken

Den Geheimnissen der Pharaonen auf der Spur

Das Subjekt

Vorsicht, Grabräuber! Freya Stephan-Kühn

In einem Raum über den Pharao Tutanchamun lösen Lisa und Hannah eine Aufgabe über Grabräuber. Sie beginnt so:

Sennedjem ist zur Zeit des Pharaos Ramses II. (ca. 1303–1213 v. Chr.) Maler und Baumeister im Tal der Könige. Als er eines Abends noch einmal von seiner Unterkunft ins Tal herabsteigt, wird er Zeuge eines seltsamen Geschehens …

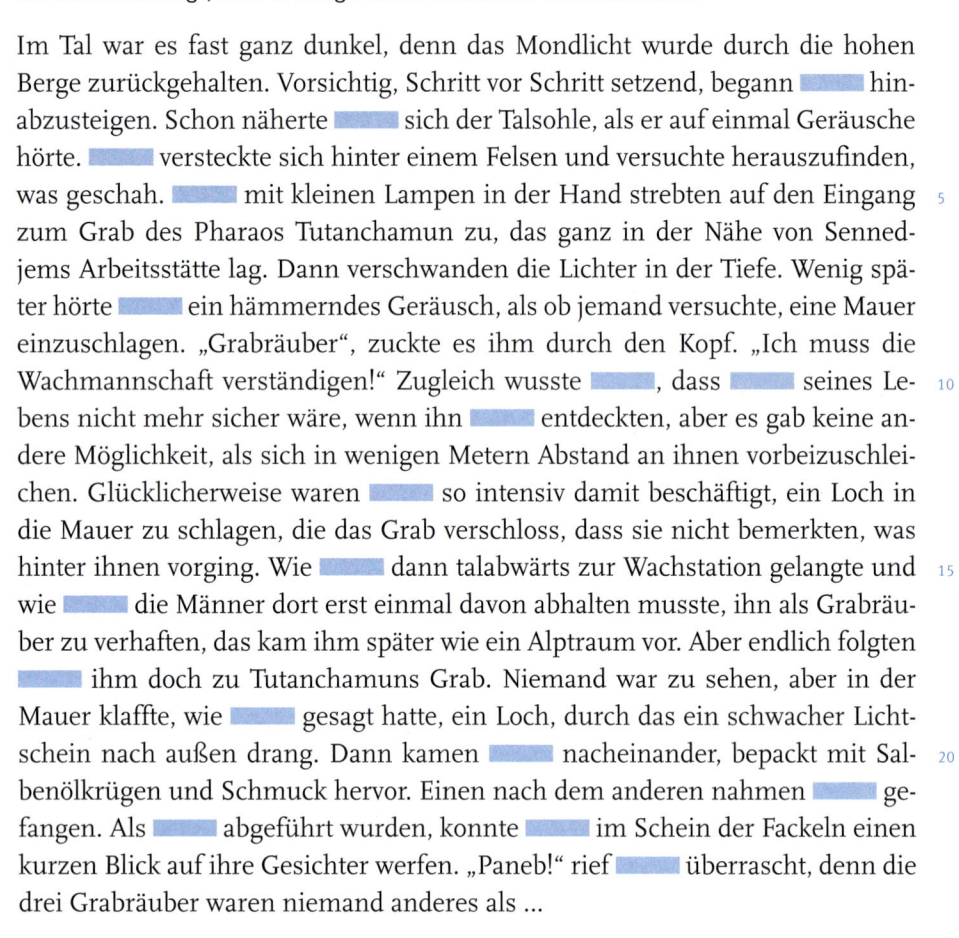

Im Tal war es fast ganz dunkel, denn das Mondlicht wurde durch die hohen Berge zurückgehalten. Vorsichtig, Schritt vor Schritt setzend, begann ▬▬ hinabzusteigen. Schon näherte ▬▬ sich der Talsohle, als er auf einmal Geräusche hörte. ▬▬ versteckte sich hinter einem Felsen und versuchte herauszufinden, was geschah. ▬▬ mit kleinen Lampen in der Hand strebten auf den Eingang zum Grab des Pharaos Tutanchamun zu, das ganz in der Nähe von Sennedjems Arbeitsstätte lag. Dann verschwanden die Lichter in der Tiefe. Wenig später hörte ▬▬ ein hämmerndes Geräusch, als ob jemand versuchte, eine Mauer einzuschlagen. „Grabräuber", zuckte es ihm durch den Kopf. „Ich muss die Wachmannschaft verständigen!" Zugleich wusste ▬▬, dass ▬▬ seines Lebens nicht mehr sicher wäre, wenn ihn ▬▬ entdeckten, aber es gab keine andere Möglichkeit, als sich in wenigen Metern Abstand an ihnen vorbeizuschleichen. Glücklicherweise waren ▬▬ so intensiv damit beschäftigt, ein Loch in die Mauer zu schlagen, die das Grab verschloss, dass sie nicht bemerkten, was hinter ihnen vorging. Wie ▬▬ dann talabwärts zur Wachstation gelangte und wie ▬▬ die Männer dort erst einmal davon abhalten musste, ihn als Grabräuber zu verhaften, das kam ihm später wie ein Alptraum vor. Aber endlich folgten ▬▬ ihm doch zu Tutanchamuns Grab. Niemand war zu sehen, aber in der Mauer klaffte, wie ▬▬ gesagt hatte, ein Loch, durch das ein schwacher Lichtschein nach außen drang. Dann kamen ▬▬ nacheinander, bepackt mit Salbenölkrügen und Schmuck hervor. Einen nach dem anderen nahmen ▬▬ gefangen. Als ▬▬ abgeführt wurden, konnte ▬▬ im Schein der Fackeln einen kurzen Blick auf ihre Gesichter werfen. „Paneb!" rief ▬▬ überrascht, denn die drei Grabräuber waren niemand anderes als …

Tutanchamun war ein ägyptischer Pharao, der etwa von 1333 bis 1323 v. Chr. regierte.

> Das **Subjekt** nennt man auch Satzgegenstand.

K Das Subjekt erkennen
→ S. 289

1. Die Hauptfiguren der Geschichte sind Sennedjem, die drei Grabräuber und die Wächter der Wachstation. Setze gemeinsam mit deinem Nachbarn die richtigen Personen in die Lücken ein.
2. Die Lücken im Text kennzeichnen das fehlende Subjekt. Wofür steht dieses Satzglied und wie kannst du es erfragen?
3. Schreibe ein mögliches Ende der Geschichte und unterstreiche die Subjekte. Tausche deinen Text mit dem deines Nachbarn aus und kontrolliert euch gegenseitig.

Howard Carter oder die Entdeckung des verschollenen Grabes   Jean Vercoutter

Über ihre nächste Aufgabe lesen Lisa und Hannah:

Wahrscheinlich wurde das Grab des Pharaos Tutanchamun nach der Verhaftung der Grabräuber wieder verschlossen. Es geriet in Vergessenheit. Erst 1922 machte der englische Archäologe Howard Carter zusammen mit Lord Carnarvon, der die Ausgrabung finanzierte, eine sensationelle Entdeckung: Carters Arbeiter hatten eine Steintreppe gefunden, die unter die Erde führte. Hinter einer Tür stießen sie auf einen schrägen Gang, der mit Schutt angefüllt war, und auf eine weitere Tür.

Am 26. November 1922 ist der absteigende Gang freigelegt. Mit zitternden Händen nimmt Carter einige Steine aus der zweiten Tür und steckt eine Kerze durch die Öffnung.
5 Die heiße Luft, die dem Grab entweicht, lässt die Flamme zuerst unruhig flackern. Dann zeichnen sich seltsame Formen ab: Tiere, Statuen. Überall funkelt Gold. Ängstlich fragt Carnarvon: „Sehen Sie etwas?" Carter ist völ-
10 lig sprachlos und stammelt schließlich: „Ja, herrliche Dinge." Das Grab Tutanchamuns, das kleinste im Tal der Könige, ist überladen mit Schätzen: Statuen, Liegen, Stühlen, Barken, Wagen, Waffen, Schalen, Truhen und di-
15 versen Kästchen, alles in einem unbeschreiblichen Chaos. Vorsichtig entfernen die Ausgräber einen Gegenstand nach dem anderen, bevor sie nach vier Monaten Arbeit bis zur eigentlichen Grabkammer vordringen. [...] In dem Quarzitsarkophag finden sie drei ineinandergesteckte, mumienförmige Särge. Die beiden äußeren bestehen aus vergoldetem Holz [...],
20 der innere ist aus massivem Gold [...]. Darin ruht die Mumie, deren Kopf und ein Teil des Oberkörpers von einer massiv goldenen Maske [...] bedeckt sind.

Totenmaske des ägyptischen Pharaos Tutanchamun, entstanden um 1323 v. Chr.

Barke Boot

Quarzit harter Stein, der viel Quarz enthält

1. Die Aufgabe für die Museumsdetektive lautet:
   Schreibe die unterstrichenen Sätze aus der Sicht Carters um.
   Du kannst so beginnen:
   Am 26. November ist der absteigende Gang endlich freigelegt.
   Mit zitternden Händen nehme ich einige Steine ...

2. Vergleiche deinen Text mit dem Bericht von Carters Entdeckung.
   Was hat sich verändert? Wie hängen Subjekt und Prädikat zusammen?
   Besprich deine Ergebnisse mit deinem Nachbarn.

Subjekt und Prädikat bilden den **Satzkern**, die kleinste Einheit eines Satzes.

Objekte

Nofretete

Manuel und Dimitri betreten einen Raum über Nofretete. Dort finden sie diese Informationstafel über die Ägypterin und die nächste Aufgabe für die Museumsdetektive:

Ich bin Nofretete

Meine Schönheit fasziniert _____. Ich trage gerne _____ und ich gefalle _____. Im Unterschied zu anderen Frauen besitze ich _____. Ich erfreue mich _____ beim Volk.

- meinem Mann Echnaton
- einen großen politischen Einfluss
- großer Beliebtheit
- schöne Gewänder
- viele Menschen

Büste der Nofretete

1. Ordne den Lücken die passenden Wörter zu und schreibe die Sätze vollständig in dein Heft.
2. Erfrage die Wörter, die du in die Lücken eingetragen hast, und bestimme so das Objekt. Schreibe die Fragen auf:
   Wen fasziniert meine Schönheit? Antwort: viele Menschen

Der Name Nofretete bedeutet „Die Schöne, die da kommt". Sie heiratet mit etwa 15 Jahren <u>Amenophis IV.</u> Der Pharao Amenophis schafft <u>alle anderen Götter</u> ab und er ersetzt <u>sie</u> durch den Sonnengott Aton. Amenophis ändert sogar <u>seinen Namen</u> in Echnaton. Außerdem verehrt er <u>seine Frau</u>, die <u>ihm</u> bei seiner Herrschaft hilft. Gemeinsam erfreuen sie sich <u>ihrer sechs Töchter</u>.

Nofretete ist stolz auf ihre Schönheit. Sie pflegt <u>ihren Körper</u> mit Bädern und Salben. Auf dem Kopf trägt sie <u>schwere Perücken</u>. Darunter besitzt Nofretete <u>einen kahl geschorenen Kopf</u>. Weder Läuse noch das heiße Wetter können <u>der Königin</u> so etwas anhaben.

3. Erfrage aus dem Text alle unterstrichenen Objekte und bestimme sie. Schreibe sie zusammen mit der Frage auf.
   Kontrolliere gemeinsam mit deinem Nachbarn, ob ihr alle Objekte richtig bestimmt habt.

Objekte ergänzen die Satzaussage. Ohne sie ist ein Satz oft unvollständig und unverständlich.

Das Objekt, das im Akkusativ steht, heißt Akkusativobjekt. Du ermittelst es mit der Frage „Wen?" oder „Was?".

Das Objekt, das im Dativ steht, heißt Dativobjekt. Du ermittelst es mit der Frage „Wem?".

Das Objekt, das im Genitiv steht, heißt Genitivobjekt. Du ermittelst es mit der Frage „Wessen?".

Den Geheimnissen der Pharaonen auf der Spur

Tutanchamun

Dimitri und Manuel betreten nun die Grabkammer des Pharaos Tutanchamun.
Auch in diesem Raum müssen sie eine Aufgabe lösen. Diese besteht darin,
dass sie zu dem Bild von der Entdeckung der Grabkammer Sätze formulieren sollen.
In den Sätzen dürfen nur die Verben „bringen" – „schenken" – „stehlen" –
„tragen" – „überreichen" – „vorlesen" vorkommen.

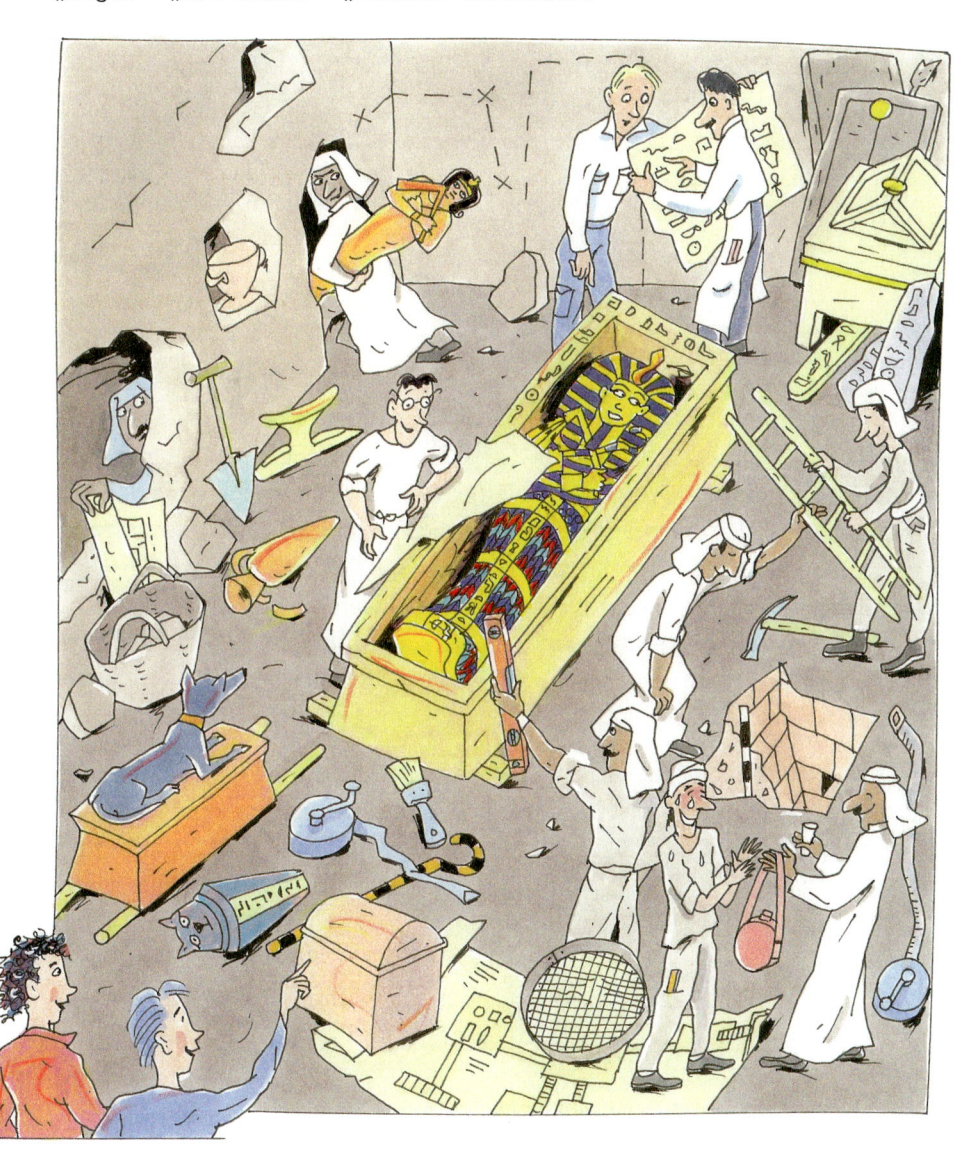

4. Formuliere zu jedem Verb einen Satz und unterstreiche die Objekte.
5. Lass von deinem Nachbarn die unterstrichenen Objekte erfragen
   und bestimmen.
   Kontrolliert gemeinsam, ob ihr alle Objekte richtig bestimmt habt.

Objekte erkennen
und unterscheiden
→ S. 290 K

Die Wirkung der Satzglieder

Mumien

Als letzte Aufgabe sollen Lisa, Hannah, Dimitri und Manuel einen Text über Mumien so verändern, dass der Text besser zu lesen ist.

Die Mumien liegen seit Jahrtausenden in den ägyptischen Gräbern.

Schon der erste Satz gefällt ihnen gar nicht. Sie fangen an, ihn umzustellen:

„Seit Jahrtausenden …"

1. Schreibe den Anfangssatz ab und stelle ihn dreimal um. Mit welchem Satz würdest du den Text über die Herstellung von Mumien beginnen?

Herstellung von Mumien

Die Mumien liegen seit Jahrtausenden in den ägyptischen Gräbern. Eine Mumie herzustellen dauert lange. Die Spezialisten entfernen dem Toten das Gehirn. Die Spezialisten entfernen alle Organe dem Toten bis auf das Herz. Die Spezialisten wickeln in Leinen den Toten ein. Mit Schmuck aus Gold wird oft der Tote verziert. Der Mumie werden außerdem Amulette, Halsbänder, Figuren, Ringe, Ohrringe und Skarabäen beigegeben. Einige Mumien liegen in Sarkophagen oder in Särgen. Die äußere Form der Mumie haben oft die Sarkophage oder Särge.

Skarabäen Amulett in Form eines Käfers

2. Versuche durch das Umstellen und Ersetzen der Satzglieder den Text so zu verändern, dass er abwechslungsreicher wird und interessanter zu lesen ist.
3. Vergleiche deinen Text mit dem deines Nachbarn.

Texte kannst du mithilfe folgender Proben überarbeiten:
Bei der **Ersatzprobe** überprüfst du, ob du bestimmte Wörter und Satzglieder ersetzen kannst. So kannst du Wiederholungen vermeiden oder interessanter und verständlicher schreiben.

Bei der **Umstellprobe** überprüfst du, ob du die Reihenfolge der Wörter oder Satzglieder ändern solltest. Du kannst so wichtige Wörter und Inhalte betonen oder einen sich wiederholenden Satzbau vermeiden.

TIPP

www Aufgabe 2 kannst du auch am Computer mit einem Textverarbeitungsprogramm bearbeiten. Die Datei findest du im Internet unter www.schroedel.de/di-he5 (Downloads → ergänzende Materialien).

K Texte mithilfe von Ersatz- und Umstellprobe verbessern
→ S. 290

K Kompetenzen

Satzglieder erkennen und unterscheiden

▶ **Die Bausteine, aus denen sich ein Satz zusammensetzt, nennt man Satzglieder.**
Kleopatra / lebte / in Ägypten.
Ein Satzglied kann aus einem einzelnen Wort (*Kleopatra*) oder aus mehreren Wörtern (*in Ägypten*) bestehen.

▶ **Durch die Umstellprobe kannst du herausfinden, welche Wörter zusammengehören und somit ein Satzglied bilden.**
Die Ägypter / verehrten / vor vielen tausend Jahren / im Tempel / den Pharao.
Den Pharao / verehrten / vor vielen tausend Jahren / die Ägypter / im Tempel.
Im Tempel / verehrten / die Ägypter / den Pharao / vor vielen tausend Jahren.
Vor vielen tausend Jahren / verehrten / im Tempel / die Ägypter / den Pharao.
Verehrten / vor vielen tausend Jahren / die Ägypter / den Pharao / im Tempel?

Das Prädikat erkennen

▶ **Das Prädikat zeigt an, was ist oder geschieht, was jemand tut oder denkt.** Man nennt es deshalb auch die Satzaussage. Das Prädikat kannst du mit der Frage „Was tut?" oder „Was geschieht?" ermitteln. Die Wortart, aus der die Prädikate bestehen, ist das Verb. Das Verb wird dabei konjugiert.

▶ **Prädikate können ein- oder mehrteilig gebaut sein.**

1. Einteiliges Prädikat
Kleopatra lebte in Ägypten.
Das einteilige Prädikat steht im Aussagesatz immer an der zweiten Satzgliedstelle.

2. Mehrteilige Prädikate
Der Forscher gräbt einen Schatz aus.
Infinitiv: *ausgraben* (Verb und Verbzusatz bei trennbaren Verben)
Er hat den Schatz des Pharaos gefunden.
(zusammengesetzte Zeit)

Das Subjekt erkennen

▶ **Das Subjekt bezeichnet jemanden oder etwas, der oder das etwas tut oder in einem bestimmten Zustand ist.** Du kannst das Subjekt mit „Wer?" oder „Was?" erfragen.

▶ **Das Subjekt steht im Nominativ, und es stimmt in der Person (1., 2., 3. Person) und im Numerus (Singular, Plural) mit dem Prädikat überein.**
Das Kind überreicht dem Pharao ein Bild.
Die Kinder überreichen dem Pharao ein Bild.

Den Geheimnissen der Pharaonen auf der Spur

Adverbiale Bestimmungen erkennen und unterscheiden

Durch die adverbialen Bestimmungen erklärst du die Umstände eines Geschehens näher. Du kannst mit den adverbialen Bestimmungen aussagen, wo, wann, wie und warum etwas passiert ist. Die adverbialen Bestimmungen kannst du durch die Frageprobe ermitteln:

Adverbiale Bestimmung	Beispielsätze	Fragen
Adverbiale Bestimmung der Zeit	Manuel besucht morgen die Ägypten-Ausstellung. Er bleibt dort bis zum späten Nachmittag.	Wann?/Seit wann?/Wie lange?
Adverbiale Bestimmung des Ortes	Lisa geht ins Museum. Sie versteckt sich in der Pyramide.	Wo?/Wohin?/Woher?
Adverbiale Bestimmung des Grundes	Dimitri gräbt aus Neugier in der Erde. Wegen seiner Vergesslichkeit schreibt er sich vieles auf.	Warum?/Weshalb?
Adverbiale Bestimmung der Art und Weise	Hannah findet die Ausstellung langweilig.	Wie?

Objekte erkennen und unterscheiden

Viele Sätze bestehen nicht nur aus Subjekt und Prädikat, sondern haben auch noch ein oder mehrere Objekte. Die Objekte ergänzen die Satzaussage und sind dabei eng mit dem Verb verbunden. Denn das Verb bestimmt, in welchem Fall das Objekt steht. Du kannst die Objekte durch die Frageprobe ermitteln:

Objekt	Beispielsätze	Frage
Akkusativobjekt	Lisa entziffert eine Inschrift. Manuel fragt einen Museumsmitarbeiter.	Wen?/Was?
Dativobjekt	Der Armreif gehört Hannah. Lisa hilft Dimitri.	Wem?
Genitivobjekt	Dimitri war sich der Probleme bewusst. Lisa war sich ihrer Sache sicher.	Wessen?

Texte mithilfe von Ersatz- und Umstellprobe verbessern

▶ Durch die Ersatzprobe ermittelst du, welche Wörter im Satz du durch ein anderes Wort (oder mehrere Wörter) ersetzen kannst. So erkennst du auch, was alles zu einem Satzglied gehört.

Die großzügige Lisa bringt dem hungrigen Manuel ein großes Eis. Sie bringt ihm es.

Du kannst abwechslungsreicher schreiben, wenn du Wörter ersetzt: *Lisa = das Mädchen = die Forscherin = die Freundin = sie*

▶ Durch die Umstellprobe kannst du Satzanfänge variieren und deine Texte dadurch ebenfalls abwechslungsreicher und interessanter gestalten:

Der Pharao ließ eine Pyramide in Ägypten bauen. Der Pharao herrschte gemeinsam mit seinen Beratern und Beamten über sein Volk.

In Ägypten ließ der Pharao eine Pyramide bauen. Gemeinsam mit seinen Beratern und Beamten herrschte der Pharao über sein Volk.

S Selbsteinschätzung →www

Geh noch einmal deine Aufzeichnungen durch und prüfe dann dein Wissen zu den Satzgliedern.

★★★ = sehr sicher
★★ = größtenteils sicher
★ = manchmal unsicher
O = oft unsicher

1. Ich kann in diesem Satz die Satzglieder durch die Umstellprobe ermitteln.
   In den Gräbern der Pharaonen fanden Forscher manchmal Schätze.
2. Ich kann in diesem Satz drei Satzglieder durch die Ersatzprobe austauschen.
   Der Forscher schenkt dem Museum einen Sarkophag.
3. Ich kann in diesem Satz die adverbialen Bestimmungen der Zeit, des Ortes, der Art und Weise sowie des Grundes erfragen und bestimmen.
   Wegen ihrer Religion beteten die Ägypter früher ihre Götter untertänig in den Tempeln an.
4. Ich kann das Subjekt und das Prädikat in diesem Satz erfragen und bestimmen.
   Leider besuchte ich noch nie ein Museum.
5. Ich kann in diesem Satz das Akkusativobjekt und das Dativobjekt erfragen und bestimmen.
   Das Volk überreicht dem Pharao wertvolle Geschenke.
6. Ich kann in diesem Satz das Genitivobjekt erfragen und bestimmen.
   Der Forscher erinnert sich dieses besonderen Moments in der Pyramide.
7. Ich kann mithilfe der Umstellprobe und der Ersatzprobe meine Texte überarbeiten und verbessern.

Auswertung und Anregungen

▶ **Prima, wenn du dir bei den meisten Aussagen und Aufgaben sicher oder größtenteils sicher warst!** Auf der nächsten Seite kannst du deine Kenntnisse über Satzglieder noch einmal trainieren.

▶ **Wenn du dir bei den Aussagen und Aufgaben 1 und 2 unsicher warst,** dann schau dir die Beispiele auf Seite 277 und 278 und die Kompetenz „Satzglieder erkennen und unterscheiden" noch einmal gründlich an und übe an weiteren Sätzen.

▶ **Wenn du beim Erfragen der adverbialen Bestimmungen noch Schwierigkeiten hattest,** wiederhole die Aufgaben auf Seite 280 und 281 und präge dir die Kompetenz „Adverbiale Bestimmungen erkennen und unterscheiden" auf Seite 290 gut ein. Bearbeite dann in den Trainingsideen auf Seite 292 die Aufgabe 4.

▶ **Wenn du dir bei der Bestimmung des Subjekts und des Prädikats noch unsicher warst,** dann wiederhole die Kompetenzen zum Prädikat und Subjekt auf Seite 289. Weitere Übungen findest du in den Trainingsideen auf Seite 292/293.

▶ **Wenn du bei der Ermittlung der Objekte Probleme hattest,** dann wiederhole die Kompetenz „Objekte erkennen und unterscheiden" und bearbeite die Aufgaben zu den Objekten auf den Seiten 286/287 und in den Trainingsideen auf Seite 292/293.

▶ **Wenn du bei der Anwendung der Umstell- und Ersatzprobe noch unsicher bist,** dann wiederhole die Kompetenz „Texte mithilfe von Ersatz- und Umstellprobe verbessern" und wende die Proben bei deinen Texten an.

Den Geheimnissen der Pharaonen auf der Spur

T Trainingsideen →www

Sätze gliedern

Durch die Entschlüsselung der Hieroglyphen haben die Wissenschaftler viel über das Leben im Alten Ägypten erfahren. Die Kinder können daher im Museum lesen, wie die Übersetzung zu folgender Inschrift auf einem Mauerrest lautet:

Die Untertanen schenkten dem Pharao einen goldenen Wagen.

1. Trenne die einzelnen Satzglieder durch Schrägstriche voneinander ab.
2. Schreibe in dein Heft noch einen weiteren möglichen Satz auf. Wende dazu die Umstellprobe an.

Sätze bilden und Satzglieder bestimmen I

Manuel möchte am nächsten Tag seinen Mitschülern über Howard Carter und die Entdeckung des Grabes von Tutanchamun berichten. Dazu hat er sich folgende Stichworte auf Karteikarten notiert:

- der britische Archäologe Howard Carter
- den Eingang zur Grabkammer
- in Ägypten
- die Ausgrabungen
- durch mühevolle Suche
- den Entdeckern
- nach fünf Jahren
- weltweiter Ruhm
- im Jahre 1922
- das Ausgrabungsteam
- finanzieren
- entdecken
- wegen dieses sensationellen Fundes
- finden
- im Tal der Könige
- zuteilwerden
- das reich ausgestattete Grab des Pharaos Tutanchamun
- der englische Lord Carnarvon

3. Bilde aus diesen Satzgliedern vier Sätze. Beachte dabei, dass die Verben noch konjugiert und in eine passende Zeitform gesetzt werden müssen!
4. Bestimme in deinen Sätze folgende Satzglieder:
Subjekt, Prädikat, Akkusativobjekt, Dativobjekt, adverbiale Bestimmung des Ortes, der Zeit, der Art und Weise sowie des Grundes.

Sätze bilden und Satzglieder bestimmen II

Die drei Pyramiden von Gizeh gehören zu den ältesten Bauwerken der Menschheit. Bis heute geben sie den Forschern viele Rätsel auf. Seit einigen Jahren nimmt sich ein französischer Architekt dieser Rätsel an. Der Architekt hat 2007 in Paris eine neue Theorie vorgestellt,
5 die tatsächlich das Geheimnis um den Bau der Cheopspyramide vor 4500 Jahren lüften könnte. Er nimmt an, dass die alten Ägypter zunächst eine Außenrampe für die ersten 43 Meter der Pyramide errichtet haben. Für den
10 weiteren Bau sei dann eine Innenrampe konstruiert worden, die sich korkenzieherartig entlang der Außenwände nach oben schraubte. Der Franzose will nun die Pyramide gezielt untersuchen, um seine Theorie zu belegen.
15 Auch er wartet noch auf einen letzten Beweis. Dafür bedarf es aber weiterer Forschungen.

5. Benenne die unterstrichenen Satzglieder und notiere auch die Frage, mit der du sie ermittelt hast.

	Frage	Satzglied
Die drei Pyramiden von Gizeh	Wer oder was gehört zu den ältesten Bauwerken der Menschheit?	Subjekt

6. Finde im Text je ein weiteres Beispiel für ein Subjekt, ein Akkusativobjekt und eine adverbiale Bestimmung.

> In der Wüste ▪ Schätze ▪ finden ▪ ausgraben ▪ bekommen ▪ nachts ▪ Pyramiden ▪ Forscher ▪ im Nil ▪ Ägypter ▪ Mumien ▪ in der Hitze ▪ klettern ▪ schwimmen

7. Bilde aus diesen Satzgliedern fünf Sätze.
   Beachte, dass du die Verben noch konjugieren musst.
8. Bestimme in deinen Sätzen die Satzglieder.

Zum Bild: Karsten Bott, *Hosentaschensammlung*, 1900–2010 (Ausstellungsansicht)

Rund ums Wort
Wortkunde

Vor ein paar Jahren gab es eine Umfrage, welches für die Menschen das schönste Wort der deutschen Sprache sei. Gewählt wurde schließlich das Wort „Habseligkeiten".

1. Könnt ihr euch unter dem Wort „Habseligkeiten" etwas vorstellen? Überlegt, welche anderen Wörter in dem Wort stecken.
2. Was wären deine Habseligkeiten? Wo bewahrst du sie auf?
3. Notiere die drei deutschen Wörter, die du am schönsten findest, und begründe deine Wahl. Vergleicht eure Auswahl untereinander.

Die wichtige Aufgabe der Wörter

Pippi findet einen Spunk Astrid Lindgren

Eines Morgens kamen Thomas und Annika wie gewöhnlich in Pippis Küche gerannt und riefen: „Guten Morgen!" Aber sie bekamen keine Antwort. Pippi saß mitten auf dem Küchentisch mit Herrn Nilsson, dem kleinen Affen, im Arm und einem glücklichen Lächeln auf den Lippen. „Guten Morgen", sagten Thomas und Annika noch einmal.

„Stellt euch vor", sagte Pippi verträumt, „stellt euch bloß mal vor, dass ich es gefunden habe. Gerade ich und niemand anders!" „Was hast du gefunden?", fragten Thomas und Annika. [...]

„Ein neues Wort", sagte Pippi und sie schaute Thomas und Annika glücklich an. „Ein funkelnagelneues Wort!"

„Was für ein Wort?", fragte Thomas.

„Ein wunderschönes Wort", sagte Pippi. „Eins der besten, die ich je gehört habe."

„Dann sag es doch", sagte Annika.

„Spunk!", sagte Pippi triumphierend.

„Spunk?", fragte Thomas. „Was bedeutet das?"

„Wenn ich das bloß wüsste", sagte Pippi. „Das Einzige, was ich weiß, ist, dass es nicht Staubsauger bedeutet."

Thomas und Annika überlegten eine Weile. Schließlich sagte Annika: „Aber wenn du nicht weißt, was es bedeutet, dann nützt es ja nichts!"

4. Überlegt, was Annika mit ihrem letzten Satz meint.
5. Was könnte Pippi tun, damit ihr neues Wort Chancen hat, in die Sprache aufgenommen zu werden?

Sich mit Wörtern verständigen → S. 302 **K**

In diesem Kapitel lernst du,
- unter welchen Voraussetzungen du ein Wort benutzen kannst,
- wie du Wortfelder bildest und verwendest,
- wie dir Wortfelder beim Formulieren deiner Texte helfen,
- wie du Wortfamilien bildest,
- wie Wörter gebildet werden.

Für alles gibt es ein Wort: Wortfeld

Von fröhlich bis traurig – Stimmungen

> Ein **Wortfeld** wird aus Wörtern gebildet, die ähnliche oder gemeinsame Bedeutungsmerkmale haben. Sie lassen sich einem gemeinsamen **Oberbegriff** zuordnen.

Ein Wortfeld kannst du dir vorstellen wie eine Patchworkdecke. Die einzelnen Wörter gehören eng zusammen und bilden eine lückenlose Decke, die alles abdeckt, was wir benennen wollen.

(Patchworkdecke mit den Wörtern: fröhlich, freudestrahlend, zornig, verärgert, traurig, bedrückt)

heiter ▪ betrübt ▪ freudestrahlend ▪ hochbeglückt ▪ wehklagend ▪ grimmig ▪ wütend ▪ wohlgemut ▪ misslaunig ▪ bekümmert ▪ schmerzbewegt ▪ jammervoll ▪ verärgert ▪ aufgeräumt ▪ bedrückt ▪ ausgelassen ▪ aufgekratzt ▪ fuchsteufelswild ▪ erzürnt ▪ trübselig ▪ wehmütig ▪ zufrieden ▪ tränenerstickt ▪ schelmisch

> **TIPP**
> Vielleicht hilft es bei der Klärung, wenn ihr versucht die Stimmungen pantomimisch darzustellen.

1. Besprich mit deinem Nachbarn, welche der Wörter im Kasten näher zu den Begriffen *traurig*, *fröhlich* und *zornig* gehören.
2. Stricke in deinem Heft die Patchworkdecke zum Oberbegriff *Stimmungen* mithilfe der Wörter im Kasten weiter.
3. Diskutiert darüber, ob sich die Wörter *wütend/grimmig*, *traurig/bedrückt* und *glücklich/zufrieden* in ihrer Bedeutung unterscheiden.

Rufen, jubeln, schreien

sprechen loben murmeln
gewogen spotten maulen
SCHIMPFEN WIDERSPRECHEN PROTESTIEREN
Überzeugen
klagen tratschen
BESTÄTIGEN
ARGUMENTIEREN säuseln
antworten fragen jubeln
schmeicheln reden lügen
RUFEN
flüstern schreien

4. Suche einen Oberbegriff für das abgebildete Wortfeld.
   Ergänze es um weitere passende Verben.
5. Schreibe fünf Wortpaare heraus, die ähnliche Bedeutung haben.
6. Es gibt auch Wörter, die eine gegensätzliche Bedeutung haben, aber trotzdem zu einem Wortfeld gehören.
   Suche möglichst viele Gegensatzpaare heraus. Beispiel:
   bestätigen – widersprechen

Das sprechende Klassenzimmer

„Ding Dong!", sagt der Lautsprecher. „Alle aufwachen. Bald werden die Schüler wiederkommen und dann geht es los."

„Oh je", sagt der Schwamm, „was werden sie heute wieder mit mir anstellen?"

Die Tafel sagt: „Was für ein wunderschöner Morgen! Tafellappen, wo steckst du?"

„Wie immer zwischen Heizung und Fensterbank. Ich habe kein Auge zugetan", sagt der Lappen. „Eines dieser schrecklichen Kinder hat mich wieder hier hingestopft und jetzt bin ich ganz zerknautscht."

„Mach ein paar gymnastische Übungen! Dann bist du wieder fit für den Tag. Klapp auf, klapp zu und hoch und runter", sagt die Tafel.

Der Lappen dehnt sich mühsam unter Stöhnen und sagt hustend: „Oh, ich bin ganz faltig! Dabei bin ich noch gar nicht so alt."

Das Waschbecken gurgelt besorgniserregend. „Ich bin schon wieder verstopft", sagt es. „Diese schrecklichen Kinder verwechseln mich immer mit dem ekligen Mülleimer."

Der Mülleimer sagt: „Ich bin überhaupt nicht eklig. Ich trage zu meinem Schutz eine sehr hübsche, hygienische, blaue Mülltüte, die regelmäßig gewechselt wird."

„Ob ich diesen Schultag wohl überlebe?", sagt die Kreide. „Ich bin so vergänglich."

„Ich halte ewig, denn ich halte mich fit. Klapp auf, klapp zu. Hoch, runter", sagt die Tafel.

Der Schwamm sagt: „Du hast wohl noch nie etwas von elektronischen Whiteboards gehört, die wie Computer funktionieren."

„Wenn die kommen, dann sind wir alle überflüssig", sagt der Schwamm.

K Mit Wortfeldern arbeiten → S. 302

Satzzeichen bei wörtlicher Rede setzen → S. 220

1. Schreibe den Text in dein Heft und ersetze das Verb *sagt* durch andere passende Ausdrücke aus dem Wortfeld.
2. Was würden Tische, Stühle oder andere Einrichtungsgegenstände in deinem Klassenzimmer wohl erzählen?
   Schreibe den Text noch ein bisschen weiter. Achte dabei auch auf passende und abwechslungsreiche Verben in den Redeeinleitungen.

Wortfamilie

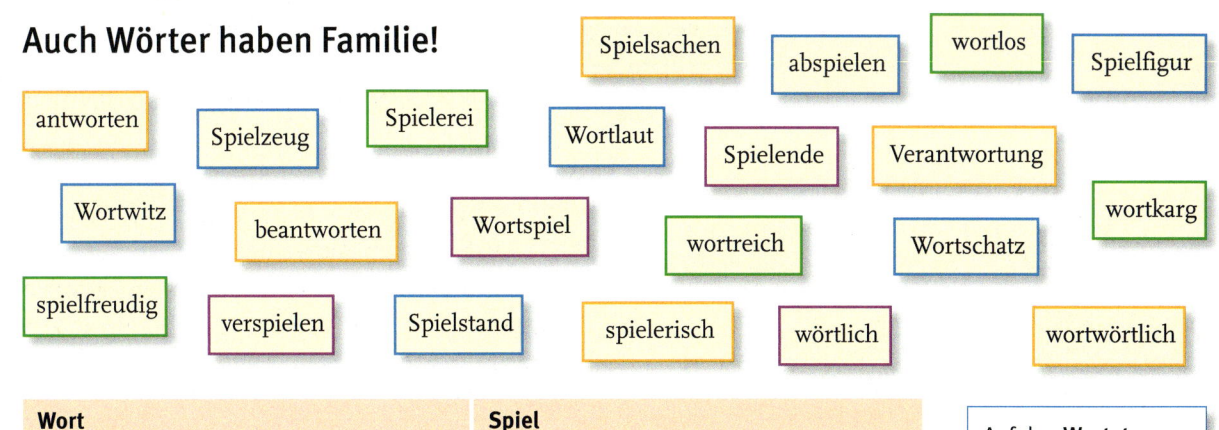

Auch Wörter haben Familie!

antworten · Spielsachen · abspielen · wortlos · Spielfigur · Spielzeug · Spielerei · Wortlaut · Spielende · Verantwortung · Wortwitz · beantworten · Wortspiel · wortreich · Wortschatz · wortkarg · spielfreudig · verspielen · Spielstand · spielerisch · wörtlich · wortwörtlich

Wort	Spiel

1. Ordne die einzelnen Wörter in die Tabelle ein. Woran erkennst du, in welche Spalte ein bestimmtes Wort gehört?
2. Welches Wort gehört zu beiden Wortfamilien?
3. Sortiere die Mitglieder der beiden Wortfamilien nach Wortarten.
4. Überlegt, warum andere Wortarten, z. B. Präpositionen oder Artikel, in den Wortfamilien nicht auftauchen.

> Auf den **Wortstamm** lassen sich alle Mitglieder einer Wortfamilie zurückführen. Er ist der wichtigste Baustein der Wörter.
>
> Achtung: Manchmal wird der Stammvokal zu einem Umlaut (W**o**rt/w**ö**rtlich), manchmal verändert er sich auch ganz (fl**ie**hen – fl**oh**).

Das Spiel

In meiner Familie wird seit Generationen ein wunderbares Schachspiel vererbt. Zieht man die Figuren, so scheint es, als würde man mit jedem Zug immer weiter in die Vergangenheit versetzt, weil es wie eine mittelalterliche Turnierstätte gestaltet ist. Der erste Besitzer des Spiels aus unserer Familie hieß Johannes. Er
5 war verwaist und war der Zögling eines Goldschmiedes. Die Figuren sind aus Silber gegossen und mit kunstvollen Gewändern angezogen. Der Springer ist ein Ritter mit Pferd, er hat sogar Zügel aus Silberdraht. Das kleine Gesicht der Dame hat besonders feine Züge. Eine Sanduhr soll die Spieler dazu erziehen, ihre Entscheidungen zügig zu treffen, damit sich das Spiel nicht ewig hinzieht. Hat ein
10 Spieler gewonnen, kann man die Figur des Königs auf dem Spielfeld drehen. So wird eine Spieluhr aufgezogen, die zur Belohnung erklingt.

5. Schreibe alle Wörter heraus, die zur Wortfamilie *ziehen* gehören und unterstreiche den Wortstamm. Was fällt dir auf?
6. Finde weitere Wörter, die zu dieser Wortfamilie gehören.
7. Spiele Sprachforscher und erkläre den Zusammenhang zwischen *Zug (Fahrzeug)* und *(Gesichts)züge*.

Wörter ableiten: Wortstamm → S. 206

Wortbildung

1. Erkläre anhand des Bildes, wie die Mitglieder einer Wortfamilie gebaut werden.

Wortstamm gesucht

> Mit dem Wortstamm lassen sich durch das Anfügen von **Präfixen** (Vorsilben) und **Suffixen** (Nachsilben) verschiedene Wörter bilden.

Entscheidung – gefährlich – Gedanken – bedanken – verunzieren – Verehrung – Freundlichkeit – zerkleinern – entkommen – absagen – verstellen

2. Finde die Stammsilben dieser Wörter. Schreibe die Wörter farbig in dein Heft. Nimm Rot für die Stammsilbe und wähle unterschiedliche Farben für Präfix und Suffix.

Präfix-Suffix-Spiel

Das Spiel funktioniert so:

▶ Bildet Teams und baut Wortfamilien zu folgenden Wortstämmen um die Wette. Arbeitet mit einer Zeitvorgabe, z. B. zwei Minuten.

scheid ■ heim ■ dank ■ zier ■ ehr ■ freu ■ komm ■ sag ■ stell

▶ Achtung: Jedes Wort muss ein Präfix oder Suffix aus dem unteren Kasten enthalten (ver-<u>dank</u>-en, Un-<u>dank</u>). Wörter, die zu zwei Wortfamilien gehören, gelten nicht (Haus-halt).

Präfixe: ver-, vor-, ent-, er-, be-, zer-, un-, ge-, ab-, ur-, miss-, aus-, an-
Suffixe: -ig, -ung, -er, -ling, -nis, -heit, -keit, -lich, -sal, -e, -tum, -schaft, -isch, -en, -bar, -sam

3. Häufig werden an einen Wortstamm Präfixe und Suffixe angefügt. Was bewirken die Präfixe und die Suffixe?

4. Bestimme die Wortart der gebildeten Wörter und erkläre ihre Bedeutung.

Wortpuzzle

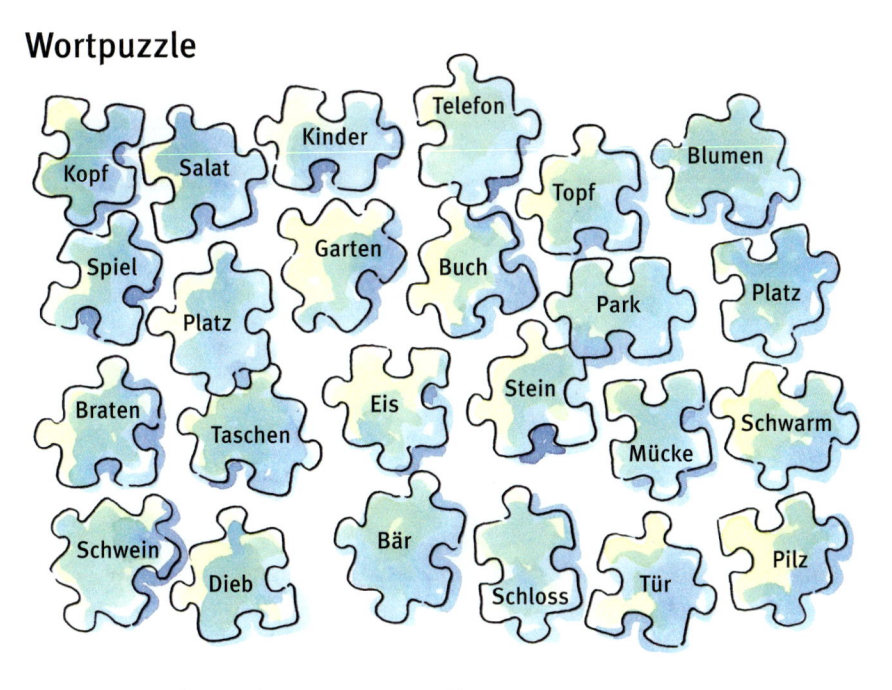

Puzzleteile: Kopf, Salat, Kinder, Telefon, Blumen, Spiel, Garten, Topf, Buch, Platz, Platz, Park, Braten, Taschen, Eis, Stein, Schwarm, Mücke, Schwein, Dieb, Bär, Schloss, Tür, Pilz

> **Komposita** (Singular: Kompositum) nennt man zusammengesetzte Wörter. Sie bestehen aus einem Grund- und einem Bestimmungswort. Das vorangestellte **Bestimmungswort** erläutert das nachfolgende Grundwort näher. Das **Grundwort** bestimmt die Wortart und den Artikel: *das Haus + die Tür = die Haustür* (Wortart: Nomen). Bei zusammengesetzten Nomen ist manchmal ein zusätzlicher Laut nötig: *Lebenszeichen*.

5. Setze die Puzzlesteine zu sinnvollen Wörtern zusammen und schreibe sie mit Artikel in dein Heft.
6. Unterstreiche das Grund- und das Bestimmungswort in unterschiedlichen Farben.

Die Wortkomponisten   Marlene Skala

Es lebten einst im märchenland raubgierige gesellen,
sie lauerten am wegesrand, um wörtern nachzustellen.
Der eine war nur fingerdick, doch dafür riesengroß.
Wortklauber wurde er genannt und konnte ganz famos
5 dir wörter aus der nase ziehen: kurze und ellenlange.
Das schaffte er ganz kinderleicht mit einer klempnerzange.
Der zweite, kugelrunde kerl drehte die wörterbeute
mit spinnenfingern ringsherum, klebt' sie auf zwiebelhäute.
Mit silbergrauem faden näht' der dritte räubersmann
10 zu wörterungetümen sie neu zusammen dann.
Da finden sich gut aufgerollt in himmelblauen flaschen
der hühneraugenbrauenkamm und die laubfroschmaultaschen.

7. Suche alle zusammengesetzten Nomen und Adjektive aus dem Text heraus und schreibe sie in dein Heft. Achte auf die Groß- und Kleinschreibung.
   Tipp: Es sind insgesamt elf Nomen und acht Adjektive.
8. Erfinde eigene witzige Bandwurm-Komposita.

K Kompetenzen

Sich mit Wörtern verständigen

▶ **Die Wörter unserer Sprache haben festgelegte Bedeutungen,** die man mit dem Wort zusammen lernt. Du verbindest mit Wörtern z. B. einen bestimmten Gegenstand (*Stuhl: man kann darauf sitzen*), eine Vorstellung (*Freundschaft: man vertraut einander*), eine Tätigkeit (*lachen*) oder Eigenschaft (*klein*).

▶ **Wenn du ein Wort erfindest, musst du erreichen, dass sehr viele Menschen glauben, dieses Wort habe bisher gefehlt und wird dringend gebraucht.** Es muss also etwas Neues bedeuten und benennen. Beispielsweise gab es den Versuch, ein Wort zu finden, das dem Adjektiv *satt* beim Trinken entspricht: *Hunger – satt / Durst – ?* Es hat sich aber keines durchsetzen können, da niemand solch ein Wort benötigte.

Mit Wortfeldern arbeiten

▶ **Wörter derselben Wortart mit einer ähnlichen Bedeutung ergeben ein Wortfeld.**

▶ **Wortfelder helfen dir, dich präzise und abwechslungsreich auszudrücken.** Lege dir Wortfelder zu Wörtern an, die du häufig benötigst, aber nicht dauernd wiederholen möchtest, z. B. *sagen, gehen …*

Wortfamilien bilden

▶ **Zu einer Wortfamilie gehören alle Wörter, die sich auf den gleichen Wortstamm zurückführen lassen.** Wörter bleiben Familienmitglieder, auch wenn sich ihr Stamm manchmal verändert (Stamm = *zieh: ziehen, Zug, unverzüglich*). In einer Wortfamilie lassen sich Nomen, Adjektive und Verben finden.

Wörter bilden

▶ **Viele Wörter sind Zusammensetzungen.** Sie können aus einem Stamm, einer Vorsilbe (Präfix) und einer Nachsilbe (Suffix) bestehen: *un-glaub-lich*.

▶ **Ein Sonderfall der Zusammensetzung sind Komposita** (Singular: Kompositum). Sie werden aus Wörtern zusammengesetzt, die aus verschiedenen Wortfamilien kommen: *Spielraum, Blumenkasten*. In seltenen Fällen stammen beide Wörter aus einer Wortfamilie: *wortwörtlich*.

▶ **Meistens werden bei Komposita zwei Nomen oder ein Nomen und ein Adjektiv zusammengefügt,** z. B.: *Busfahrt, fingerdick*. Das letzte Wort ist immer das Grundwort. Seine Bedeutung ist wichtiger und es bestimmt nicht nur, welcher Artikel benutzt wird, sondern auch, ob es als Adjektiv oder Nomen gebraucht wird. Das Wort vor dem Grundwort bestimmt dieses näher (*wie dick? – fingerdick*) und heißt deshalb Bestimmungswort.

S Selbsteinschätzung → www

Geh noch einmal deine Aufzeichnungen durch und schätze dann ehrlich deine Fähigkeiten ein.

★★★ = sehr sicher
★★ = größtenteils sicher
★ = manchmal unsicher
○ = oft unsicher

1. Ich weiß, warum ein erfundenes Wort sich nicht immer durchsetzt.

2. Ich kann an folgendem Beispiel erklären, was ein Wortfeld ist, und einen passenden Oberbegriff finden: *tänzeln, stöckeln, flanieren, spazieren*.

3. Ich kann Wortfelder erstellen, um mich in eigenen Texten genauer und abwechslungsreicher auszudrücken.

4. Ich kann an folgendem Beispiel erklären, was eine Wortfamilie ist: *unterhalten, Halterung, erhältlich, hielt*.

5. Ich kenne die Bausteine, die zur Wortbildung gebraucht werden, und kann sie an folgendem Wort benennen: *Einschätzung*. Ich finde weitere Beispiele auf dieser Seite.

6. Ich kann erklären, was Komposita sind, und finde Beispiele dafür auf dieser Seite.

Auswertung und Anregungen

▶ **Prima, wenn du dir bei den meisten Aussagen sicher oder größtenteils sicher warst!**

▶ **Wenn du dir noch unsicher bei den Aussagen 2 und 3 bist,** dann wiederhole die Seiten 296 bis 298 und lege zu weiteren Begriffen Wortfelder an, z. B. zum Wort *sehen*.

▶ **Auf Seite 302 kannst du noch einmal nachlesen,** was eine Wortfamile ist.

▶ **Wenn du noch Schwierigkeiten bei der Bildung von Wörtern hast,** dann wiederhole die Seiten 300/301. Dieses Wissen hilft dir, Rechtschreibfehler zu vermeiden.

Rund ums Wort

M Methoden und Arbeitstechniken

Diktate schreiben Seite **202**

1. Dosendiktat
- Schreibe die Sätze auf Papierstreifen und lege sie in eine Dose.
- Ziehe einen Streifen heraus und lies ihn genau.
- Drehe den Streifen um und schreibe den Satz auswendig auf.
- Vergleiche anschließend deinen geschriebenen Satz mit dem Satzstreifen und verbessere falsch geschriebene Wörter.
- Mache es mit den anderen Streifen ebenso.

2. Partnerdiktat
- Arbeitet zu zweit. Einer diktiert, der andere schreibt.
- Derjenige, der diktiert, prüft, ob der Schreiber noch Fehler hat, und gibt ihm die Chance, diese zu verbessern.

Erzählfaden Seite **57**
- Wenn du eine Geschichte erzählst, hilft dir der Erzählfaden, die einzelnen Erzählschritte in Stichworten festzuhalten und Nebensächliches wegzulassen.
- Notiere jeden neuen Erzählschritt in einer Schlaufe des Fadens. Die Reihenfolge ergibt sich aus dem zeitlichen und logischen Ablauf der Ereignisse.

Erzählinsel Seite **55**
- Setzt euch in Kleingruppen um einen Tisch herum.
- Erzählt euch reihum von einem Erlebnis. Jeder hat zwei Minuten Zeit.
- Achtet darauf, dass ihr einander aussprechen lasst und euch gegenseitig zuhört.

Ein Gedicht auswendig lernen Seite **111**
- Lies das Gedicht langsam Strophe für Strophe. Kläre den Inhalt des Gedichts. Es ist hilfreich, sich den Inhalt bildlich vorzustellen.
- Lerne eine Strophe nach der anderen, indem du die übrigen Strophen abdeckst.
- Unterstreiche Textstellen, die dir noch Schwierigkeiten bereiten, und lies sie noch einmal aufmerksam.
- Trage dein Gedicht zum Schluss dreimal jemandem vor. Lege dazwischen Pausen von 1 bis 2 Stunden ein, in denen du dich mit etwas ganz anderem beschäftigst.

Ideennetz (Cluster) Seite **56, 112, 146**
- Mit einem Ideennetz lassen sich Einfälle zu einem bestimmten Begriff oder Thema sammeln.
- Schreibe den Ausgangsbegriff in die Mitte und notiere alle weiteren Einfälle um den Ausgangsbegriff herum.
- Verbinde jeden Einfall mit dem Begriff in der Mitte.
- Die Einfälle können Ausgangspunkte für weitere Ideen werden.

Lesetechniken Seite **88**

1. Überfliegend lesen:
- Verschaffe dir einen Überblick, indem du die Überschrift und nur einzelne Sätze oder Wörter (z. B. Nomen) des Textes liest.
- Lenke deinen Blick von oben nach unten und von links nach rechts.
- Frage dich:
  – Wie lautet die Überschrift? Welche Informationen kann ich erwarten?
  – Ist der Text gegliedert? Sind Wörter hervorgehoben? Gibt es Zwischenüberschriften?

2. Slalomlesen:
- Lasse deinen Blick an den wichtigen Wörtern entlang von links nach rechts und wieder nach links usw. gleiten (wie beim Slalomfahren).
- Achte auf Überschriften und Hervorhebungen.

3. Weitwinkel-Lesen:
- Suche dir ein wichtiges Wort und nimm dabei gleich die zusammenhängende Wortgruppe um das Wort herum wahr.
- Achte auf Überschriften und Hervorhebungen.

Mindmap Seite **45, 89**
- In einer Mindmap kannst du Ideen zu einem Thema sammeln und ordnen.
- Schreibe den Ausgangsbegriff in die Mitte.
- Notiere auf den Ästen Oberbegriffe.
- Von den Ästen gehen Zweige für Unterbegriffe ab.

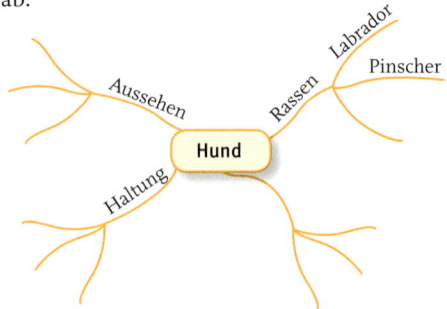

Nachschlagen: Methoden und Arbeitstechniken

Ein Plakat gestalten Seite **25, 175, 183, 194, 239**
- Auf einen Plakat notierst du nur die wichtigsten Informationen zu einem Thema, z. B. Gesprächsregeln, Regeln für das Ausleihen von Büchern oder Ankündigungen für Schulveranstaltungen. Du kannst auch mit Lernplakaten arbeiten, auf denen du Unterrichtsergebnisse festhältst.
- Formuliere kurze Sätze und schreibe groß genug und gut lesbar.
- Nutze bei der Gestaltung das ganze Plakat.
- Achte auf eine ausgewogene Verteilung der einzelnen Elemente.

Richtig abschreiben Seite **204**
- Lies dir zunächst den gesamten Text durch und achte dabei auf schwierige Wörter.
- Gliedere die Sätze in passende Abschreib-Einheiten. Entscheide selbst, wie viele Wörter zusammengehören.
- Präge dir den Abschnitt eines Satzes ein und schreibe ihn dann auswendig auf.
- Vergleiche nun deine Abschrift mit dem Originaltext und berichtige deine Fehler, indem du ein fehlerhaftes Wort durchstreichst und es noch einmal richtig an den Rand schreibst.

Rollenspiel Seite **80**
- Arbeitet in Kleingruppen.
- Versetzt euch in die Personen einer Geschichte hinein. Stellt euch dabei die Situation genau vor, in der die Personen sich befinden. Eure Ergebnisse könnt ihr stichwortartig als Notizen festhalten.
- Überlegt euch, was die Personen denken und fühlen und wie sie reden und handeln könnten. Legt euch Rollenkarten an, auf denen ihr die wichtigsten Merkmale, Eigenschaften und Verhaltensweisen der Personen notiert.
- Spielt die Situation.
- Am Ende eines Rollenspiels äußern sich zuerst die Spieler, dann beschreiben die Zuschauer, was sie beobachtet haben. Was ist gut gelungen? Was hätte anders dargestellt werden können?

Schreibkonferenz Seite **66, 97, 147**
- Setzt euch in Dreier- bis Fünfergruppen zusammen und überarbeitet den Text nach bestimmten Gesichtspunkten, z. B. Inhalt, Aufbau, sprachliche Gestaltung und Rechtschreibung.
- Lest zuerst den Text gemeinsam.
- Äußert euch dann zum Inhalt und fragt bei Verständnisschwierigkeiten nach.
- Schreibt anschließend Verbesserungsvorschläge an den Rand. Notiert auch, was gut gelungen ist.
- Der Autor kann dann den Text überarbeiten.

Stichwortzettel (Notizzettel) Seite **15, 36, 45**
- Einen Stichwortzettel kannst du z. B. als Merkhilfe für das mündliche Berichten oder als Vorbereitung für das schriftliche Berichten nutzen.
- Richtig gut sind deine Stichworte für einen Bericht erst, wenn sie die wichtigsten Informationen (W-Fragen) enthalten und in einer geeigneten Reihenfolge stehen.

Textlupe Seite **148**
- Arbeitet in Vierer- bis Sechsergruppen. Jeder von euch hat einen selbst geschriebenen Text vor sich, den er an seinen rechten Nachbarn weitergibt.
- Nehmt beim Lesen des Textes jeweils einen bestimmten Bereich unter die Lupe, z. B. den Aufbau, die Wortwahl, die Tempusformen der Verben.
- Schreibt Lob, Kritik und Verbesserungsvorschläge an den Rand und gebt den Text nach einer bestimmten Zeit an den nächsten Nachbarn weiter.
- Am Ende erhält jeder Autor seinen Text mit Anmerkungen zurück.
- Prüft die Anmerkungen und überarbeitet euren Text.

Venn-Diagramm (Mengendiagramm) Seite **98**
- In einem Venn-Diagramm kannst du verschiedene Informationen übersichtlich darstellen und vergleichen.
- Trage zuerst die unterschiedlichen Informationen in die großen Kreise ein. Notiere dann die Gemeinsamkeiten in dem sich überschneidenden Kreisbereich in der Mitte.

Zeitstrahl Seite **37**
- Ein Zeitstrahl hilft dir, einen besseren Überblick über den Ablauf verschiedener Ereignisse zu erhalten und in der richtigen Reihenfolge zu berichten.
- Lege dir einen Zeitstrahl an. Überlege, welche Zeitspanne du darstellen möchtest (*zwei Stunden, mehrere Tage ...*).
- Trage die Ereignisse dann in der Reihenfolge ein, in der sie geschehen sind.

B Basiswissen

Adjektiv Seite **46, 255–257, 260**
Wortart. Adjektive nennt man auch Eigenschaftswörter. Sie bezeichnen Merkmale eines Nomens näher und werden dekliniert: *Auf dem großen Baum saß ein bunter Vogel.* Die meisten Adjektive kannst du steigern: *hoch – höher – am höchsten, gut – besser – am besten.*

Adverbiale Bestimmung Seite **280/281, 290**
Satzglied. Adverbiale Bestimmungen des Ortes und der Zeit liefern genauere Angaben über den Ort und die Zeit eines Geschehens. Du fragst nach den adverbialen Bestimmungen des Ortes mit „Wo?", „Woher?", „Wohin?" (*Wir gehen heute ins Museum.*) und nach denen der Zeit mit „Wann?", „Seit wann?", „Wie lange?" (*Wir gehen heute in den Zoo.*).
   Adverbiale Bestimmungen des Grundes und der Art und Weise machen nähere Angaben über den Grund bzw. die Ursache und die Beschaffenheit eines Geschehens. Du fragst nach den adverbialen Bestimmungen des Grundes mit „Warum?", „Weshalb?" (*Wegen einer Baustelle standen wir zwei Stunden im Stau.*) und nach denen der Art und Weise mit „Wie?" (*Hanna findet die Ausstellung langweilig.*).

Akkusativ Seite **238, 258**
4. Fall des Nomens. Du ermittelst ihn mit der Frage „Wen oder was?": *den Hund.*

Akkusativobjekt Seite **286, 290**
Satzglied. Du ermittelst es mit der Frage „Wen oder was?": *Lisa entziffert eine Inschrift. Was entziffert Lisa?*

Anredepronomen Seite **21, 30, 32, 219, 228**
Wortart. Anredepronomen können Personal- und Possessivpronomen sein. Fremde Erwachsene sprichst du in einem Brief mit *Sie* an. Die Anredepronomen werden dann großgeschrieben: *Sie, Ihr, Ihnen, Ihre, Ihren, Ihrem.* Ansonsten kannst du dich entscheiden, ob du die Anredepronomen *du/Du, dein/Dein, euch/Euch, eure/Eure* klein- oder großschreiben möchtest. Du solltest dich aber für eine Schreibung entscheiden.

Artikel Seite **214, 234, 258**
Wortart. Der Artikel begleitet Nomen. Man unterscheidet zwischen bestimmten (*der, die, das*) und unbestimmten Artikeln (*ein, eine*). Der Artikel gibt das grammatische Geschlecht des Nomens an.

Bericht Seite **35–41, 50**
Ein Bericht ist ein sachlicher Text, in dem du Ereignisse oder Vorgänge schilderst. Er gibt Antwort auf die wichtigsten W-Fragen: *Was? Wer? Wann? Wo? Wie? Warum? Welche Folgen?* Du solltest darauf achten, dass du die richtige zeitliche Reihenfolge einhältst. Die Tempusform des Berichts ist das Präteritum.

Beschreibung Seite **42–49, 50**
Eine Beschreibung ist ein sachlicher Text, in dem du Tiere, Wege, Gegenstände, Personen oder Vorgänge anschaulich darstellst, damit andere sie sich genau vorstellen können. Achte auf eine sinnvolle Reihenfolge der Informationen und verwende als Zeitform das Präsens.

Dativ Seite **238, 258**
3. Fall des Nomens. Du ermittelst ihn mit der Frage „Wem?": *dem Hund.*

Dativobjekt Seite **286, 290**
Satzglied. Du ermittelst es mit der Frage „Wem?": *Hannah hilft ihrem Vater. Wem hilft Hannah?*

Deklination Seite **238, 258**
Die Beugung der Nomen nennt man Deklination. Die Endung des Nomens verändert sich je nach Kasus (Fall), Genus (Geschlecht) und Numerus (Singular oder Plural). Auch Artikel und Adjektive werden dekliniert: *der bekannte Filmstar, des bekannten Filmstars …*

Dehnungs-h Seite **208, 227**
Das Dehnungs-h hebt einen langen betonten Vokal hervor und steht meistens vor den Konsonanten l, m, n, r: *Fehler, berühmt, gähnen, wahr.*

Ersatzprobe Seite **278, 288, 290**
Das Verfahren, mit dem man Satzglieder in einem Satz austauscht, nennt man Ersatzprobe. Du wendest sie bei der Überarbeitung deiner Texte an: *Die Mumien liegen seit Jahrtausenden in den ägyptischen Gräbern. Sie liegen seit Jahrtausenden dort.*

Erzählformen Seite **61, 68**
Es gibt zwei grundlegende Erzählformen: die Ich-Form (*Ich schaute entsetzt in den Brunnen. Meine Knie fingen an zu zittern.*) und die Er-/Sie-Form, bei der die Geschichte in der 3. Person Singular erzählt wird (*Der Feuerwehrmann hielt das Seil fest. Vorsichtig ließ er Nora in den Brunnen hinab.*).

Erzählung Seite 54–67, 68/69
In einer Erzählung gibst du mündlich oder schriftlich Geschehnisse wieder. Diese können tatsächlich passiert oder auch erdacht sein. Beim Erzählen kannst du dich an den W-Fragen orientieren: *Wo ist das Ereignis passiert? Wann geschah es? Wer war beteiligt? Was genau ist passiert? Wie und warum kam es dazu? Welche Folgen hatte das Ereignis?* Achte dabei auf eine sinnvolle Reihenfolge der einzelnen Erzählschritte und baue bis zum Höhepunkt Spannung auf. Als Tempusform verwendest du für das mündliche Erzählen meistens das Perfekt. Schriftliche Erzählungen stehen im Präteritum.

Femininum Seite 236, 258
Grammatisches Geschlecht (weiblich) des Nomens: *die Katze, eine Blume, die Freude*.

Frageprobe Seite 279, 289/290
Um Satzglieder zu unterscheiden, wendet man die Frageprobe an, bei der die Satzglieder mithilfe verschiedener Fragewörter erfragt werden.

Futur I Seite 249, 251, 259
Tempusform des Verbs. Es drückt Zukünftiges aus. Es wird gebildet aus einer Personalform des Hilfsverbs *werden* und einem Infinitiv: *Wir werden tanzen*.

Gedichte Seite 102–121, 122/123
Gedichte sind nicht in Form eines fortlaufenden Textes abgefasst, sondern sie sind in bewusst festgelegten Zeilen und Abschnitten angeordnet. Eine Zeile im Gedicht nennt man Vers, einen Abschnitt im Gedicht Strophe. Die Enden der Verse reimen sich bei Gedichten häufig. Besondere Gedichtformen sind Elfchen, Haiku und Akrostichon.

Genitiv Seite 238, 258, 286, 290
2. Fall des Nomens. Du ermittelst ihn mit der Frage „Wessen?": *des Hundes*.

Genus (Geschlecht) Seite 236, 238, 258
Das grammatische Geschlecht nennt man Genus. Es wird im Deutschen durch den Artikel angegeben.
  Man unterscheidet zwischen Maskulinum (männlich): *der Mann*, Femininum (weiblich): *die Frau* und Neutrum (sächlich): *das Kind*.

Gestik Seite 162, 176
Gestik bezeichnet Hand- und Fußbewegungen, die die gesprochenen Worte unterstützen oder ohne Worte etwas ausdrücken.

Großschreibung Seite 214/215, 228
Nomen, Namen, das erste Wort in einem Satz und Anredepronomen in einem Brief schreibst du groß. Du kannst sie an Signalwörtern erkennen: Artikel oder versteckte Artikel (*die* Bühne, *zum* Eingang = *zu dem* Eingang), Präpositionen (*mit* Spannung), Adjektive (*berühmte* Schauspielerin), Pronomen (*mein* Kostüm), Mengenwörter (*alles* Gute) sowie an bestimmten Suffixen (Aufführ*ung*, Heiter*keit*, Alter*tum* ...).

Handlungsabschnitt, Sinnabschnitt Seite 76, 83, 92, 143
Ein Handlungsabschnitt umfasst Sätze, die inhaltlich eng zusammengehören. Er endet, wenn etwas Neues passiert, z. B. eine andere Person auftritt, Zeit oder Ort sich ändern.

Hauptsatz Seite 267, 273
Hauptsätze können allein stehen: *Ich gehe in den Zoo*.

Hilfsverben Seite 248, 260
Die Verben, die zur Bildung zusammengesetzter Verbformen gebraucht werden, nennt man Hilfsverben: *Ich habe verschlafen. Er war aus dem Bett gefallen.*

Imperativ Seite 247, 259
Die Befehlsform des Verbs nennt man Imperativ. Der Imperativ wird gebraucht, wenn jemand zu einer Handlung aufgefordert werden soll: *Gib mir das Buch!*

Infinitiv Seite 246, 259
Als Infinitiv wird die unkonjugierte Grundform des Verbs bezeichnet, die im Wörterbuch steht. Der Infinitiv eines Verbs endet auf -en oder -n: *rennen, wandeln*.
  Im Satz erscheint der Infinitiv zusammen mit konjugierten Verben. Oft steht auch die Präposition *zu* davor: *Ich turne, um fit zu bleiben*.

Kasus (Fall) Seite 238, 258
Die vier Kasus im Deutschen heißen Nominativ, Genitiv, Dativ und Akkusativ.

Kernsätze Seite 93, 99
Sätze, die zentrale Aussagen des Textes beinhalten, nennt man Kernsätze.

Komposita Seite 301, 302
Komposita (Singular: Kompositum) nennt man Wortzusammensetzungen. Sie bestehen aus einem Grund- und einem Bestimmungswort. Das vorangestellte Bestimmungswort erläutert das Grundwort näher. Das Grundwort bestimmt die Wortart (hier: Nomen) und

den Artikel: *das Haus + die Tür = die Haustür*. Bei zusammengesetzten Nomen ist manchmal ein zusätzlicher Laut nötig: *Lebenszeichen*.

Konjugation (Beugung) Seite 246, 259
In Sätzen wird das Verb konjugiert: *Der Kameramann filmt. Die Gardinen flattern.* Die konjugierte Form nennt man auch Personalform des Verbs.

Lautmalerei Seite 109, 122
Die Lautmalerei ist ein sprachliches Gestaltungsmittel. Bei einer Lautmalerei wird versucht, einen bestimmten Klang durch Wörter wiederzugeben (z. B. *quietschen, summen ...*), die so ähnlich wie das Geräusch selbst klingen.

Maskulinum Seite 236, 258
Grammatisches Geschlecht (männlich) des Nomens: *der Hund, ein Tag, der Geist*.

Märchen Seite 138–155, 156/157
In Märchen werden fantastische Ereignisse erzählt. Es gibt keine bestimmten Orts- und Zeitangaben. Am Anfang steht oft ein Ereignis, das die Märchenhelden in eine außergewöhnliche Situation bringt. Sie müssen losziehen und Gefahren und Prüfungen meistern. Am Ende werden sie für ihre Mühen belohnt. Das Gute siegt über das Böse. Typische Märchenelemente sind Zauberwesen, -dinge, -sprüche. Häufig spielen magische Zahlen eine Rolle. Typisch sind auch formelhafte Wendungen: *Es war einmal ...*

Meinung Seite 27, 32
Wenn du deine Meinung begründest, kannst du besser überzeugen. Gründe (Argumente) kannst du z. B. mit *weil* oder *denn* anfügen: *Mir gefallen die langen Pausen besser, weil ich mich dann gut erholen kann.*

Mimik Seite 162, 176
Mimik bezeichnet die Veränderung des Gesichtsausdrucks, um Gefühle, Stimmungen und Wünsche zu zeigen.

Nebensatz Seite 267, 273
Der Nebensatz ist grammatisch von einem Hauptsatz oder einem anderen Nebensatz abhängig: *Ich gehe ins Schwimmbad, wenn die Sonne scheint.*

Neutrum Seite 236, 258
Grammatisches Geschlecht (sächlich) des Nomens: *das Tier, ein Bad, das Entsetzen*.

Nomen Seite 234–239, 258
Wortart. Nomen bezeichnen Lebewesen, Gegenstände, Erdachtes und Gefühle. Sie kommen im Singular und im Plural vor und können von Artikeln (*der Hund*), von Adjektiven (*das schöne Bühnenbild*) oder von Pronomen (*dein Glück*) begleitet werden. Jedes Nomen hat ein grammatisches Geschlecht. Nomen werden großgeschrieben und im Satz dekliniert.

Nominalisierung Seite 215, 228
Wenn ein Verb oder ein Adjektiv großgeschrieben wird, spricht man von Nominalisierung oder Substantivierung: *das Schwimmen, etwas Schönes*.

Nominativ Seite 238, 258
1. Fall des Nomens. Du ermittelst ihn mit der Frage „Wer oder was?": *der Schauspieler, die Kamera*.

Numerus (Zahl) Seite 237/238, 258
Der Numerus bezeichnet die Eigenschaft des Nomens, im Singular (Einzahl) oder im Plural (Mehrzahl) aufzutreten.

Objekt Seite 286/287, 290
Satzglied. Objekte ergänzen die Satzaussage. Ohne sie ist ein Satz oft unvollständig und unverständlich. Objekte können aus mehreren Wörtern bestehen. Man unterscheidet Akkusativ-, Dativ- und Genitivobjekte.

Partizip II Seite 248, 260
Das Partizip II wird zur Bildung der zusammengesetzten Zeiten Perfekt und Plusquamperfekt gebraucht: *ich bin gelaufen, er hatte gesucht*.

Perfekt Seite 252, 260
Zeitform des Verbs. Das Perfekt wird häufig gebraucht, wenn man mündlich über Vergangenes berichtet oder erzählt. Das Perfekt ist eine zusammengesetzte Zeitform: *lesen – ich habe gelesen, gehen – ich bin gegangen*.

Personalpronomen Seite 240, 259
Persönliches Fürwort (*ich, du, er/sie/es ...*).

Plural Seite 237, 258
Mehrzahl: *die Mäuse, wir spielen*

Plusquamperfekt Seite 253, 260
Zeitform des Verbs. Das Plusquamperfekt (Vorvergangenheit) braucht man, wenn man im Präteritum erzählt und ausdrücken möchte, dass ein Ereignis

noch weiter zurückliegt: *Er hatte das Buch gelesen, bevor er es verlieh.*

Possessivpronomen Seite 242, 259
Das Possessivpronomen nennt man auch besitzanzeigendes Fürwort: *mein Bruder, dein Ball.*

Prädikat Seite 282/283, 289
Satzglied. Das Prädikat nennt man auch Satzaussage. Es ist der Kern eines Satzes und wird immer durch ein Verb gebildet. Das Prädikat kann ein- oder mehrteilig sein: *Manuel besucht ein Museum. Lisa bereitet sich auf ihre Theaterrolle vor (vorbereiten). Tom hat ein Fahrrad bekommen.* Das Prädikat kannst du mit „Was tut?" oder „Was geschieht?" erfragen.

Präfix (Vorsilbe) Seite 206, 300, 302
Das Präfix bestimmt die Bedeutung des Wortes: *an-kommen, ent-kommen.*

Präpositionen Seite 243/244, 259
Präpositionen nennt man auch Verhältniswörter. Sie geben Verhältnisse oder Beziehungen an, die Nomen untereinander oder zu anderen Wortarten haben.

Die meisten Präpositionen lassen sich nach ihrer Angabe sortieren: lokal (Ort): Wo? → *auf, unter, neben ...*; temporal (Zeit): Wann? → *nach, bis, vor ...*; kausal (Grund): Warum? → *wegen, aufgrund, aus ...*; modal (Art und Weise): Womit? Wie? → *mit, durch, aus ...*

Präsens Seite 249/250, 259
Zeitform des Verbs. Das Präsens drückt Handlungen aus, die gerade jetzt stattfinden (*ich lese*), sich regelmäßig wiederholen (*ich lese jeden Tag*) oder allgemein zutreffen (*Menschen lernen ein Leben lang*). Das Präsens kann auch Zukünftiges ausdrücken: *Ich gebe morgen mein ausgeliehenes Buch zurück.*

Präteritum Seite 252, 260
Zeitform des Verbs. Das Präteritum wird gebraucht, wenn man schriftlich über Vergangenes berichten oder erzählen will. Man nennt es auch einfache Vergangenheitsform, weil es mit nur einem Verb gebildet wird: *lesen – ich las.*

Rechtschreibstrategien Seite 197–213, 226/227
Folgende Rechtschreibstrategien helfen dir, Fehler in deinen Text zu vermeiden und aufzuspüren:
1. Silben mitschwingen (*Bril-len-ge-stell*)
2. Wörter verlängern (*Flug – Flüge*)
3. Wörter ableiten (*Flug – fliegen*)
4. Mit Merkwörtern arbeiten (*Maschine*)

Reim Seite 105–107, 122
Von einem Reim spricht man beim Gleichklang zweier oder mehrerer Silben, z. B. *Turm – Wurm.* Bei einem unreinen Reim hören sich die Laute nur fast gleich an, z. B. *küssen – Gewissen.*

Die Reime eines Gedichtes kann man am Ende eines jeden Verses alphabetisch durch Kleinbuchstaben kennzeichnen. Jeder gleichklingende Reim bekommt denselben Buchstaben. Dies hilft dir zu erkennen, nach welchem Reimschema das Gedicht aufgebaut ist: Paarreim (aabb ...), Kreuzreim (abab ...) oder umarmender Reim (abba ...).

Satzarten Seite 265/266, 273
Vier verschiedene Satzarten werden unterschieden: Aussagesätze (*Ich gehe in den Zoo.*), Fragesätze (*Kommst du mit zu den Pinguinen?*), Aufforderungssätze (*Bring mir bitte ein Eis mit!*), Ausrufesätze (*Könnte ich doch noch ein bisschen länger im Zoo bleiben!*).

Satzgefüge Seite 267–269, 271/272, 273
Eine Verknüpfung von Haupt- und Nebensatz nennt man Satzgefüge.

Satzglieder Seite 276–288, 289
Wörter oder Wortgruppen, die sich im Satz gemeinsam verschieben lassen, nennt man Satzglieder.

Satzreihe Seite 267–270, 272, 273
Miteinander verbundene Hauptsätze bilden eine Satzreihe.

Schlüsselbegriffe Seite 93, 99
Schlüsselbegriffe enthalten zentrale Aussagen zu einem Thema. Ihnen lassen sich mehrere andere Aussagen zuordnen.

Signatur Seite 184, 195
Die Signatur ist eine Buchstaben-Ziffern-Kombination, die den Standort eines Buches in den Regalen einer Bibliothek angibt. Sie steht üblicherweise auf dem Buchrücken.

Singular Seite 237, 258
Einzahl: *der Hund, ein Knochen, ich laufe*

Sinnabschnitt Seite 76, 83, 92, 143
(s. Handlungsabschnitt)

s-Laute Seite 216/217, 227
Einen stimmhaften s-Laut erkennst du daran, wenn du beim Sprechen mit deiner flachen Hand am Hals eine Vibration wie das Summen einer Biene spürst. Einen stimmlosen s-Laut stellst du fest, wenn du mit deiner flachen Hand am Hals beim Sprechen keine Vibration spürst, sondern ein Zischen wie von einer Schlange hörst. Nach kurzen Vokalen schreibst du den stimmlosen s-Laut als ss: *Klas-se, Tas-se*. Nach langen Vokalen oder nach Diphthong schreibst du ß, wenn du einen gezischten s-Laut hörst: *gie-ßen, Klö-ße*. Hörst du aber einen weichen s-Laut, den du summen kannst, dann schreibst du s: *Rie-se, lei-se*.

Sprachliche Bilder Seite 108, 122
Viele Dichter „malen" häufig mit der Sprache, sodass Bilder und Vorstellungen in unserem Kopf entstehen, die bestimmte Bereiche veranschaulichen, hervorheben oder spannender machen. Zu sprachlichen Bildern gehören auch Redewendungen, die durch das Bild, welches sie uns vor Augen führen, eine bestimmte Aussage vermitteln: *Schmetterlinge im Bauch*.

Starke und schwache Verben Seite 248, 260
Schwache Verben werden regelmäßig gebildet: *lachen – lachte – gelacht*. Starke Verben verändern ihren Stammvokal: *gehen – ging – gegangen*.

Strophe Seite 104, 122
Als Strophe werden die einzelnen Absätze eines Gedichts bezeichnet. Mindestens zwei Verse bilden eine Strophe.

Subjekt Seite 284/285, 289
Satzglied. Das Subjekt nennt man auch Satzgegenstand. Du kannst es mit „Wer oder was?" erfragen: *Hanna und Michael* warten am Eingang. Wer wartet am Eingang?

Suffix (Nachsilbe) Seite 206, 300, 302
Das Suffix bestimmt die Wortart eines Wortes: *Vorstellung* (Substantiv), *vorstellen* (Verb), *vorstellbar* (Adjektiv).

Symbole Seite 235
Symbole sind Zeichen, die irgendwann vereinbart wurden oder sich durchgesetzt haben, um abstrakte Begriffe darzustellen, z. B. *Herz* für Liebe.

Tempus (Zeit) Seite 248–253, 259/260
Das Tempus (Plural: Tempora) ist der Oberbegriff für alle Zeitformen, die das Verb bilden kann: Präsens, Präteritum, Perfekt, Plusquamperfekt und Futur.

Umstellprobe Seite 277, 288, 290
Das Verfahren, mit dem man Satzglieder in einem Satz verschiebt, nennt man Umstellprobe. Mit ihr kannst du eigene Text abwechslungsreicher gestalten und Wiederholungen im Satzbau vermeiden: *Hatschepsut / regierte / als erste Frau / in Ägypten. In Ägypten / regierte / als erste Frau / Hatschepsut.*

Verb Seite 47, 245–254, 259/260
Wortart. Verben bezeichnen Tätigkeiten (*rufen*), Zustände (*sein, werden*) oder Vorgänge (*wachsen*). Im Wörterbuch steht das Verb im Infinitiv. Im Satz bildet es das Prädikat. Verben werden konjugiert: *Ich gehe, du gehst, er/sie/es geht …*

Vers Seite 104, 122
Die Zeilen eines Gedichts nennt man Verse.

Wortfamilie Seite 299, 302
Wörter, die einen gemeinsamen Wortstamm haben, gehören zu einer Wortfamilie.

Wortfeld Seite 296–298, 302
Ein Wortfeld wird aus Wörtern gebildet, die ähnliche oder gemeinsame Bedeutungsmerkmale haben. Sie lassen sich einem gemeinsamen Oberbegriff zuordnen. Beispiel: Wortfeld *sagen: reden, sprechen, berichten, schildern, erzählen, mitteilen …*

Wörtliche Rede Seite 63, 220, 228
Die wörtliche Rede zeigt in einem Text, wenn jemand spricht. Sie steht in Anführungszeichen und hat häufig einen Redebegleitsatz: *Lisa sagt: „Ich gehe morgen ins Kino."* (vorangestellter Begleitsatz); *„Welchen Film willst du sehen?", fragt Anja.* (nachgestellter Begleitsatz); *„Tierfilme", meint Sven, „sind langweilig."* (eingeschobener Begleitsatz).

Wortstamm Seite 206, 299, 302
Der Wortstamm ist der bedeutendste Baustein der Wörter. Durch Anhängen von Präfixen und Suffixen können neue Wörter gebildet werden. Auf den Wortstamm lassen sich alle Mitglieder einer Wortfamilie zurückführen. Achtung: Manchmal wird der Stammvokal zu einem Umlaut (*Wort/wörtlich*), manchmal verändert er sich auch ganz (*fliehen – floh*).

K Kompetenzübersicht

Das Lernen lernen
Einen Zeitplan anlegen 21
Ein Heft gestalten 21

Sprechen und Zuhören
Sich in Gesprächen richtig verhalten 32
Die eigene Meinung formulieren 32
Mündlich erzählen 68
Gedichte vortragen 123
Märchen nacherzählen 156
Mimik, Gestik und Körpersprache trainieren 176
Die eigene Stimme bewusst einsetzen 176
Eine Choreografie zu einem Text entwickeln 177
Einen szenischen Text gestaltend sprechen 177
Einen szenischen Text spielen 177
Eine Buchvorstellung planen und als Vortrag halten 195
Sich mit Wörtern verständigen 302

Schreiben
Einen Brief schreiben 21
E-Mails und SMS verfassen 21
In einem Brief überzeugen 32
Einen Bericht schreiben 50
Einen Bericht überarbeiten 50
Einen Weg beschreiben 50
Ein Tier beschreiben 50
Eine Beschreibung überarbeiten 50
Schriftlich erzählen 68
Eine Erzählung überarbeiten 69
Den Inhalt eines Textes wiedergeben 83
Eine Geschichte aus veränderter Sicht erzählen 83
Gedichte schreiben 123
Einen Schwank oder eine Lügengeschichte (nach)erzählen 135
Märchen nacherzählen 156
Märchen erzählen 157
Märchen überarbeiten 157

Lesen – Umgang mit Texten und Medien
Leseeindrücke formulieren 83
Einen Text in Handlungsabschnitte einteilen 83
Den Aufbau einer Erzählung erkennen 83
Das Verhalten einer Person beurteilen 83
Lesetechniken anwenden 99
Sachtexten Informationen entnehmen 99
Schaubilder, Tabellen und Abbildungen untersuchen 99
Informationen vergleichen und daraus Schlüsse ziehen 99
Gedichte von anderen Textsorten unterscheiden 122
Gedichte beschreiben 122
Unterschiedliche Gedichtformen erkennen 123
Einen Schwank und eine Lügengeschichte erkennen 135
Einen Schwank oder eine Lügengeschichte gliedern und zusammenfassen 135
Märchen erkennen 156
Märchen lesen 156
Einen szenischen Text erkennen 176
Bücher und andere Medien in einer Bibliothek finden 195

Richtig schreiben
Rechtschreibstrategien anwenden 226
Rechtschreibregeln kennen 227
Zeichen setzen 228
Mit dem Wörterbuch arbeiten 228

Sprache betrachten
Nomen erkennen und deklinieren 258
Personal- und Possessivpronomen gebrauchen 259
Präpositionen gebrauchen 259
Verben erkennen und konjugieren 259
Tempusformen bilden und verwenden 259
Hilfsverben gebrauchen 260
Das Partizip II (Partizip Perfekt) gebrauchen 260
Starke und schwache Verben unterscheiden 260
Adjektive erkennen und verwenden 260
Satzarten erkennen und verwenden 273
Haupt- und Nebensätze erkennen 273
Satzreihe und Satzgefüge unterscheiden und die Zeichen setzen 273
Satzreihen und Satzgefüge gebrauchen 273
Satzglieder erkennen und unterscheiden 289
Das Prädikat erkennen 289
Das Subjekt erkennen 289
Adverbiale Bestimmungen erkennen und unterscheiden 290
Objekte erkennen und unterscheiden 290
Texte mithilfe von Ersatz- und Umstellprobe verbessern 290
Mit Wortfeldern arbeiten 302
Wortfamilien bilden 302
Wörter bilden 302

Sachregister

A
Abschreiben 204, 305
Abstrakta 235, 258, 262
Adjektiv 46, 255 ff.
Adressatenorientierung 31
Adverbiale Bestimmungen 280 f., 290
Akkusativ, Akkusativobjekt 238, 258, 286 f., 290
Akrostichon 113, 123
Anredepronomen 21, 30, 32, 219, 228
Arbeitsplatz 18
Argumente 31
Artikel 214, 234, 258
Aufforderungssätze 265 f., 273
Aufzählungen 221, 228
Ausrufesätze 265 f., 273
Aussagesätze 265 f., 273
Auswendig lernen 110 f., 304

B
Begleitsatz 220, 228
Beobachtungsbogen 26
Berichten 35 ff., 50, 52
Beschreiben
– Tierbeschreibung 44 ff., 50, 53
– Wegbeschreibung 42 f., 50
Bestimmungswort 301 f.
Bibliothek 179 ff., 195
Bildergeschichte 60 ff.
Bildhafte Ausdrücke s. *Sprachliche Bilder*
Bitten 28
Briefe 14 f., 21, 30, 32 f., 219
Buchvorstellung 191 ff.
Bühnenbild 174

C
Choreografie 165 ff., 177
Comic 159

D
das-/dass-Schreibung 218, 227
Dativ, Dativobjekt 238, 258, 286 f., 290
Dehnungs-h 208, 227
Deklination 238 f., 258, 262
Diktate 202, 222 f., 230, 304
Doppelkonsonanten 198 f., 205, 226
Doppelvokale 210, 227
Dosendiktat 202, 304

E
Elfchen 113, 123, 125
E-Mail 16, 21
Erlebnisse/Erfahrungen 17, 23, 71
Ersatzprobe 278, 288, 290
Erzählen/Erzählung 39 f., 54 ff., 72 ff.
– Mündlich erzählen 55 ff., 68
– Schriftlich erzählen 63 ff., 68, 71
– Erzählfaden 57, 64, 68, 71, 304
– Erzählformen 61, 68
– Erzählinsel 55, 304
– Erzählkern 56, 64 f., 68, 71
– Erzählungen überarbeiten 66, 69
– Erzählungen untersuchen 58 ff., 72 ff., 83, 85

F
Fehlerkurve 223
Femininum 236, 258
Figuren (einer Erzählung) 79 f., 83
f-Laute 211, 227
Frageprobe 279, 289 f.
Fragesätze 265 f., 273
Futur I 249, 251, 259

G
Gedichte 102 ff.
– Gedichte vortragen und auswendig lernen 110 f., 123
– Gedichte schreiben 112 f., 123
– Gedichte vergleichen 114 f.
Genitiv, Genitivobjekt 238, 258, 286 f., 290
Genus 236, 238, 258, 262
Geschichtenbasar 67
Geschichten untersuchen 72 ff., 85
Gespräche, Gesprächsregeln 24 ff., 28, 32
Gestik 112, 162 ff., 176
Großschreibung 214 ff., 228, 258
Grundwort 301 f.

H
Haiku 113, 123
Handlungsabschnitt (Sinnabschnitt) 76, 78, 83, 85, 92, 131, 135, 137, 143, 156 f.
Hauptsätze 267 ff.
Hausaufgaben 20
Heftgestaltung 20 f.
Hilfsverben 248, 260

I
i (langes) 209, 227
Ideennetz 56 f., 64, 68, 71, 112, 123, 135, 146, 304
Imperativ 247, 259
Infinitiv 246, 259
Inhaltsangabe 74 ff.

J
Jugendbuch 178 ff.

K
Kasus (Fälle) 238, 258, 262
Kernsätze 93, 99
Klassenbibliothek 182 f.
Komma
– bei Aufzählungen 221, 228
– bei wörtlicher Rede 220, 228
Komposita 301 f.
Konjugation 246, 259
Konkreta 235, 258, 262
Konsonanten (gleich und ähnlich klingende) 203 ff.
Konsonanten (Doppel-) 198 f., 205, 226
Körpersprache 162 ff., 176
Kurze Geschichten 72 ff.

L
Laufdiktat 202, 230
Lautmalerei 109, 122
Lernen, Lernwege 18 ff.
Leseeindruck 74 f., 80, 83
Lesetechniken 88, 99, 304
Lexikon s. *Wörterbuch*
Lügengeschichten 126 ff., 135 ff.
Lyrik 102 ff.
Lyrikabend 120 f.

M
Märchen 138 ff.
– Märchen erkennen und untersuchen 139 ff., 156

- Märchen (nach)erzählen 141, 144, 146, 156 f., 159
- Märchen überarbeiten 147 f., 157
- Märchen verfremden 151, 159

Markierungen 89
Maskulinum 236, 258
Meinung formulieren 27, 32
Mengendiagramm 98, 305
Merkwörter 208 ff., 227
Merkwörterkartei 208 ff., 213
Mimik 112, 162, 176
Mindmap 45, 53, 89, 304

N
Nebensätze 267 ff., 273
Neutrum 236, 258
Nomen 214, 234 ff., 258, 262
Nominalisierung 215, 228, 231
Nominativ 238, 258
Numerus 237 f., 258, 262

O
Objekte 286 ff.
Online-Katalog 184

P
Partizip II 248, 260
Partnerdiktat 202, 230, 304
Perfekt 252, 260
Personalpronomen 240 f., 259, 263
Personenbeschreibung 257
Plakat 25, 175, 183, 194, 239
Plural 237, 258
Plusquamperfekt 253, 260
Pointe 128, 132, 134 f., 137

Possessivpronomen 240, 242, 259, 263
Prädikat 282 ff., 289
Präfix 206, 300, 302
Präpositionen 243 f., 259, 263
Präsens 249 f., 259
Präteritum 141, 252, 260
Programmheft 175

R
Randbemerkungen 89
Rap 171 f.
Rechtschreibregeln 197 ff., 214 ff.
Rechtschreibstrategien 197 ff.
Regieanweisungen 168 f.
Regisseur 165
Reim, Reimschema 105 ff., 122, 125
Rollenspiel 80, 305

S
Sachtexte 86 ff.
Satzarten 264 ff., 273
Satzgefüge 264 ff., 273
Satzglieder 276 ff.
Satzkern 285
Satzreihe 264 ff., 273
Satzverknüpfungswörter 268, 273
Schärfung 200
Schaubilder 94 f., 99
Schlagwort 195
Schlüsselbegriffe 93, 99
Schreibkonferenz 66, 97, 147, 305
Schwankgeschichten 126 ff., 135 ff.
Schwungbögen 197 ff.
Signatur 184, 195
Silben mitschwingen 197 ff., 226
Silbentrennendes h 201, 226
Silbentrennung (Zeilenende) 226

Singular 237, 258
Sinnabschnitte 76, 92, 96, 99
s-Laute 216 ff., 227, 231
SMS 16, 21
Spezialeffekte 173
Sprachliche Bilder 108, 122
Steigerung (Adjektiv) 255 ff.
Stichpunkte 29, 31, 33
Stichwort (Bibliothek) 195
Stichwortzettel 15, 36 f., 45, 52 f., 305
Stimme 163 ff., 176
Strophe 104 ff., 122, 125
Subjekt 284 f., 289
Substantiv s. Nomen
Suffix 206, 300, 302
Symbole 235
Szenen, szenische Texte 166 ff.

T
Tabellen 94 f., 99
Tempus 248 ff.
Textlupe 148, 305
Theater, Theaterstücke 160 ff.
Theaterabend gestalten 174 f.

U
Überarbeiten (Bericht) 50
Überarbeiten
- Bericht 41, 50
- Beschreibung 49 f.
- Erzählung 66, 69
- Märchen 148, 157
Umstellprobe 277, 288 ff., 292

V
Venn-Diagramm 98, 305
Verb 47, 245 ff.
- Infinitiv 246, 259
- Imperativ 247, 259
- Konjugation 246, 259

- Tempusformen 248 ff.
- Hilfsverben 248
- Starke und schwache Verben 248, 260
- Prädikat 282 ff., 289

Verse 104 ff., 122, 125
Vokale (Doppel-) 210, 227
Vokale (lang/kurz) 198 f., 226
Vorstellen (sich und andere) 12 f.

W
Wege erkunden 11
W-Fragen 36 ff., 50, 52, 68
Wortarten 232 ff., 258 ff.
Wörter ableiten 206 f., 227
Wörter bilden 300 ff.
Wörterbuch 224 f., 228, 231, 237
Wörter verlängern 203 ff., 226
Wortfamilie 299 f., 302
Wortfeld 62, 296 ff., 302
Wortkunde 294 ff.
Wörtliche Rede 63, 220, 228
Wortliste 213
Wortstamm 206 f., 299 f, 302
Wünsche 28

Z
Zeichensetzung 220 ff., 270 ff.
Zeilensprung 111
Zeiteinteilung 19, 21
Zeitformen
s. Tempus
Zeitstrahl 37, 52, 305

Verzeichnis der Textsorten

Bildergeschichten
Ung. Verf.: Eine Bildergeschichte 60
Ung. Verf.: Eine Bildergeschichte erzählen 64
Charles Addams: Ein Märchen zu einem Comic erzählen 159

Dialogische Texte
Ung. Verf.: Hier läuft etwas schief … 24
Ung. Verf.: Collage oder Olympia-Bild? 27
Ung. Verf.: In der Schülerzeitungsredaktion 36
Ung. Verf.: Im Kinderzimmer 162
Marlene Skala: Petronella. Ein Märchen mit vertauschten Rollen 166–173
Ung. Verf.: Zu zweit läuft's besser 209
Ung. Verf.: Der Sprachersetzer 218
Ung. Verf.: Zeitreisende 249
Ung. Verf.: Tierische Referate 264
Ung. Verf.: Das sprechende Klassenzimmer 298

Erzählungen/Kurzprosa
Ingrid Hintz: Kribbeln im Bauch 17
[Lukas:] Ein nächtliches Abenteuer 39/40
Ung. Verf.: Das Zeltabenteuer 58/59
Giuseppe Pontiggia: Das Versteck 73
Jutta Richter: Der Rattenkönig 73
Jostein Gaarder: Gaia 73
Renate Welsh: Axel und die Freude 74/75
Gunter Preuß: Der Sprung 77/78
Gina Ruck-Pauquèt: Die Kreidestadt 79/80
Jutta Richter: Die Kellerkatze 81/82
Liz Bente Daehli: Was heißt hier Feigling? 85
Ung. Verf.: Wozu braucht man das Präsens – ein Brief 250
Ung. Verf.: Futur I: Wer wird gewinnen? 251

Gedichte
Josef Guggenmos: In der Steppe 102
Jonathan Northon: Der Dschungeltanz 103
Christine Busta: Begegnung im Regen 104
Michael Ende: Die Schildkröte 105/116
Friedrich Hoffmann: Fliegenmahlzeit 105/117
Joachim Ringelnatz: Die Ameisen 106/117
James Krüss: Die kleinen Pferde heißen Fohlen 106/116
Christina Zurbrügg: Einmal 107/116
Ursi Zeilinger: Ein sauschweinisches Gedicht 108
Joachim Ringelnatz: Pinguine 109
Wilhelm Busch: Letzte Gelegenheit 110
James Krüss: Der Uhu und die Unken 111
Gerhard Rutsch: Tierisches 112/117
Josef Guggenmos: Herr Matz und die Katze 112
Ung. Verf.: Haiku 113
Ung. Verf.: Akrostichon 113
Helga Glantschnig: Tintenfisch und Tintenfrau 114
Christine Nöstlinger: Karpfenschuppe 114
Paul Maar: Mitten in der Nacht 115
Ernst Jandl: ottos mops 117
Hermann von Lingg: Das Krokodil 118
Ron Padgett: Die Giraffe 118
Hanna Johansen: Ein Krokodil 118
Günther Strohbach: Verschieden, aber zufrieden 118
Christian Morgenstern: Die Vogelscheuche 119
Bertolt Brecht: Die Vögel warten im Winter vor dem Fenster 119
Wilhelm Busch: Rotkehlchen 119
Matsuo Bashô: Wintermorgenschnee 119
Rose Ausländer: Der Vogel 125
Jan Kaiser: Traurig in Aurich 125
Hugo Ball: Wolken 164
Hugo Ball: Seepferdchen und Flugfische 164
Marlene Skala: Die Wortkomponisten 301

Jugendbuchauszüge/Zusammenfassungen
THiLO: Im Angesicht des Drachen 129/130
Andreas Steinhöfel: Rico, Oskar und die Tieferschatten 186–190
Joanne K. Rowling: Harry Potter und der Stein der Weisen 257
Otfried Preußler: Krabat 262/263
Freya Stephan-Kühn: Vorsicht, Grabräuber! 284
Astrid Lindgren: Pippi findet einen Spunk 295

Märchen
Jelko Peters: Ein Verwirr-Märchen 140
Jacob und Wilhelm Grimm: Die drei Königssöhne 141
Jacob und Wilhelm Grimm: Die sieben Raben 142/143
Joachim Ringelnatz: Rotkäppchen 149/150
Ung. Verf.: Als es Krapfen regnete 152
Ung. Verf.: Das wertvolle Salz 153
Ung. Verf.: Die Schwanenprinzessin 154/155
Hans Christian Andersen: Die Prinzessin auf der Erbse 155
Janosch: Der Riese und der Schneider 159

Nicht lineare Texte
Ung. Verf.: Wer kennt mich? 12
Ung. Verf.: Leistung der frühen Flugpioniere 95

Ung. Verf.: Ausleihheft der Klasse 5 a   182
Ung. Verf.: Umgang mit ausgeliehenen Büchern   183

Sachtexte/informierende Texte
Ung. Verf.: Erste Flugversuche   87
Ung. Verf.: Wie Vögel fliegen   88
Ung. Verf.: Anpassung der Vögel an den Luftraum   89
Ung. Verf.: Wie funktioniert das Fliegen?   90
Ung. Verf.: Vögel und Flugzeuge   91
Ung. Verf.: Der Fortschritt der Brüder Wright   92
Brigitte Endres: Über den Großen Teich   96
Ung. Verf.: Wright Flyer contra Airbus A340–600   98
Anne-Katrin Schade: Fliegen wie Batman   101
[Meyers großes Kinderlexikon:] Igel   104
Ung. Verf.: Katzen   125
Ung. Verf.: Die ersten Werkzeugmacher   202
Ung. Verf.: Die Menschen erheben sich in die Luft   204
Ung. Verf.: Der Zeppelin   205
Ung. Verf.: Raumfahrt und Atmosphäre   211
Ung. Verf.: Was ist ein Mitmachmuseum?   214
Ung. Verf.: Im freien Fall nach Hollywood   240
Ung. Verf.: Wie wird man Stuntman?   241
Ung. Verf.: Turnübung I   247
Ung. Verf.: Als die Bilder laufen lernten   252
Ung. Verf.: Zoonachrichten   267
Ung. Verf.: Wie fängt man ein Krokodil?   270
Ung. Verf.: Tiernachrichten   271
Ung. Verf.: Die Zooattraktion   272
Ung. Verf.: Das Rätsel der Sphinx   281
Ung. Verf.: Die Schrift der Ägypter   282
Jean Vercoutter: Howard Carter oder die Entdeckung des verschollenen Grabes   285
Ung. Verf.: Nofretete   286
Ung. Verf.: Herstellung von Mumien   288
Ung. Verf.: Die drei Pyramiden von Gizeh   293
Ung. Verf.: Das Spiel   299

Schülertexte
[Sophie:] Was ich dir mitteilen möchte   15
[Malte:] Maltes Gipsbein   37
[Steffen:] Seenotretter im Einsatz   41
[Henning:] Eine Fahrradtour   42
Ung. Verf.: Achtung: Irrweg   43
[Tim:] Geflügelte Vielfalt   44
[Lisa:] Der Seehund   46
[Lena:] Der Sandregenpfeifer   47
Ung. Verf.: Die Strandkrabbe   49
Ung. Verf.: Das Zeltabenteuer   58/59
[Sophie, Max, Mustafa:] Erzählausschnitte   61
[Mareike, Finn:] Figurengespräche   63
[Hannah:] Die alte Kiste   66
[Samira, David:] Beschreibung der Flugrouten   95
[Maximilian/Hendrik:] Kleiner Freund   104
[Peter, Clara, Mara:] Elfchen   113, 125
Ung. Verf.: Der Wolf mit den silbernen Haaren   148
[Florian D.:] Wer war das? „Forscher und Erfinder" [von] Christine Schulz-Reiss   194
[Hannah B.:] Tintenblut [von] Cornelia Funke   194
[Aylin T.:] Honky Tonk Pirates. Das verheißene Land [von] Joachim Masannek   194
Ung. Verf.: Zoobesuche   275

Schwankgeschichten/Lügengeschichten
Ung. Verf.: Ein Fremder in Schilda   127
Ung. Verf.: Nasreddin Hodscha beantwortet vierzig Fragen auf einmal   127
Ung. Verf.: Wie Till Eulenspiegel Eulen und Meerkatzen buk   128
Erich Kästner: Der Kampf mit den Windmühlen   131
Hans Jakob Christoffel von Grimmelshausen: Aufschneiderei   132
Gottfried August Bürger: Drittes Seeabenteuer des Freiherrn von Münchhausen   133
Johann Peter Hebel: Seltsamer Spazierritt   134
Paul Maar: Till Eulenspiegel trifft die Schildbürger   137
Gottfried August Bürger: Münchhausen jagt einen achtbeinigen Hasen   137

Spielvorlagen
Ung. Verf.: Sich recken und strecken   161
Ung. Verf.: Käfer an der Wand   161
Ung. Verf.: Im Kinderzimmer   162
Ung. Verf.: Fernbedienung   163
Ung. Verf.: Dolby surround – Hörspiel   163
Marlene Skala: Petronella. Ein Märchen mit vertauschten Rollen   166–173

Zeitungstexte
Ung. Verf.: Faszination Mitmachmuseum   220
Ung. Verf.: Theatervergnügen: Nomen bestimmen und deklinieren   239
Ung. Verf.: Zooartikel für die Schülerzeitung   269

Textquellen

Alle Texte, die nicht im Textquellenverzeichnis aufgeführt sind, sind Eigentexte der Autorinnen und Autoren.

Andersen, Hans Christian: Die Prinzessin auf der Erbse; S. 155. Aus: http://gutenberg.spiegel.de/buch/1227/153.

Ausländer, Rose: Der Vogel; S. 125. Aus: „Alle Vögel sind schon da!" Gedichte. Hrsg. v. E. Polt-Heinzl und Chr. Schmidjell. Stuttgart: Reclam Verlag 2008, S. 78.

Ball, Hugo: Seepferdchen und Flugfische; S. 164. Aus: H. Ball. Gesammelte Gedichte. Hrsg. v. A. Schütt-Hennings. Zürich: Verlag Die Arche 1963, S. 33 f.

Ball, Hugo: Wolken; S. 164. Aus: H. Ball. Sämtliche Werke und Briefe. Bd. 1: Gedichte. Hrsg. v. E. Faul. Göttingen: Wallstein Verlag 2007.

Bashô, Matsuo: Wintermorgenschnee; S. 119. Aus: Hör zu, es ist kein Tier so klein, das nicht von dir ein Bruder könnte sein. Gedichte und Bilder. Hrsg. v. A. Abmeier. Hamburg: Carlsen Verlag 2006, S. 44.

Brecht, Bertolt: Die Vögel warten im Winter vor dem Fenster; S. 119. Aus: B. Brecht. Gesammelte Gedichte. Frankfurt am Main: Suhrkamp Verlag 1967.

Bürger, Gottfried August: Drittes Seeabenteuer des Freiherrn von Münchhausen; S. 133. Aus: G. A. Bürger. Wunderbare Reisen zu Wasser und zu Lande, Feldzüge und lustige Abenteuer des Freiherrn von Münchhausen, wie er dieselben bei der Flasche im Zirkel seiner Freunde selbst zu erzählen pflegt. Frankfurt am Main: Insel Verlag 1976, S. 84 ff.

Bürger, Gottfried August: Münchhausen jagt einen achtbeinigen Hasen; S. 137. Aus: G. A. Bürger. Wunderbare Reisen zu Wasser und zu Lande, Feldzüge und lustige Abenteuer des Freiherrn von Münchhausen, wie er dieselben bei der Flasche im Zirkel seiner Freunde selbst zu erzählen pflegt. Frankfurt am Main: Insel Verlag 1976, S. 39.

Busch, Wilhelm: Letzte Gelegenheit; S. 110. Aus: H. Erhardt. Das große Heinz Erhardt Buch. Oldenburg: Fackelträger Verlag 1970.

Busch, Wilhelm: Rotkehlchen; S. 119. Aus: W. Busch. Und die Moral von der Geschicht. Hrsg. v. R. Hochhuth. München: Bertelsmann Verlag 1982.

Busta, Christine: Begegnung im Regen; S. 104. Aus: Chr. Busta. Wenn du das Wappen der Liebe malst. Gedichte. Salzburg: Otto Müller Verlag 1981.

Daehli, Liz Bente: Was heißt hier Feigling?; S. 85. Aus: L. B. L. Daehli. Was heißt hier Feigling! München: Bertelsmann Verlag (Omnibus) 1997, S. 17 ff.

Ende, Michael: Die Schildkröte; S. 105/116. Aus: Allerlei Getier. Gedichte für Kinder. Hrsg. v. U. Remmers und U. Warmbold. Stuttgart: Reclam Verlag 2003, S. 63.

Endres, Brigitte: Über den Großen Teich – die erste Atlantiküberquerung; S. 96. Aus: B. Endres. Helden der Luftfahrt. Der Traum vom Fliegen (Lesen – Hören – Staunen). Köln: Helmut Lingen Verlag 2009, S. 30 f.

Gaarder, Jostein: Gaia; S. 73. Aus: Ich möchte einfach alles sein. Geschichten, Gedichte und Bilder aus der Kindheit. Hrsg. v. U.-M. Gutzschhahn. München: Deutscher Taschenbuch Verlag (dtv) 1999 (München/Wien: Carl Hanser Verlag 1998), S. 172.

Glantschnig, Helga: Tintenfisch und Tintenfrau; S. 114. Aus: Großer Ozean. Gedichte für alle. Bilder, Fotos, Illustrationen. Hrsg. v. H.-J. Gelberg. Weinheim/Basel: Beltz & Gelberg 2000, S. 153.

Grimm, Jacob und Wilhelm: Die drei Königssöhne; S. 141. Aus: Das große deutsche Märchenbuch. Hrsg. v. H. Brackert. Düsseldorf: Albatros Verlag 2002, S. 104 f.

Grimm, Jacob und Wilhelm: Die sieben Raben; S. 142 f. Aus: Brüder Grimm. Kinder- und Hausmärchen. 3 Bände. Hrsg. v. H. Rölleke. Stuttgart: Reclam Verlag 2001.

Grimmelshausen, Hans Jakob Christoffel von: Aufschneiderei; S. 132. Aus: Grimmelshausens Werke in vier Bänden. Ausgewählt und eingeleitet v. S. Streller. Bd. 4: Des wunderbarlichen Vogelnests zweiter Teil/Ratstübel Plutonis/Continuationen/Aus dem Ewigwährenden Kalender. 5. Aufl. Berlin/Weimar: Aufbau-Verlag 1984, S. 358 f.

Guggenmos, Josef: Herr Matz und die Katze; S. 112. Aus: Überall und neben dir. Gedichte für Kinder. Hrsg. v. H.-J. Gelberg. Weinheim/Basel: Beltz & Gelberg 2000 (1986), S. 42.

Guggenmos, Josef: In der Steppe; S. 102. Aus: Hör zu, es ist kein Tier so klein, das nicht von dir ein Bruder könnte sein. Gedichte und Bilder. Hrsg. v. A. Abmeier. Hamburg: Carlsen Verlag 2006, S. 80.

Hebel, Johann Peter: Seltsamer Spazierritt; S. 134. Aus: J. P. Hebel. Schatzkästlein des rheinischen Hausfreundes. München: Winkler Verlag 1972 (1818), S. 116.

Hintz, Ingrid: Kribbeln im Bauch; S. 17. Aus: Treffpunkte. Lesebuch für das 5. Schuljahr. Neubearbeitung. Hrsg. v. W. Menzel. Hannover: Schroedel Verlag 2000, S. 10 f.

Hoffmann, Friedrich: Fliegenmahlzeit; S. 105/117. Aus: So viele Tage wie das Jahr hat. 365 Gedichte für Kinder und Kenner. Hrsg. v. J. Krüss. Gütersloh: S. Mohn Verlag 1959, S. 179.

Jandl, Ernst: ottos mops; S. 117. Aus: E. Jandl. Laut und Luise. Frankfurt am Main: Luchterhand Literaturverlag 1990, S. 141.

Janosch: Der Riese und der Schneider; S. 159. Aus: Janosch. Janosch erzählt Grimm's Märchen. Weinheim/Basel: Beltz & Gelberg 1996 (1991), S. 236 ff.

Johansen, Hanna: Ein Krokodil; S. 118. Aus: Überall und neben dir. Gedichte für Kinder. Hrsg. v. H.-J. Gelberg. Weinheim/Basel: Beltz & Gelberg 2000 (1986), S. 14.

Kaiser, Jan: Traurig in Aurich; S. 125. Aus: Wenn der Biber Fieber kriegt. Komische Tiergedichte. Hrsg. v. D. Hildebrandt. Wiesbaden: Marixverlag 2004, S. 124.

Kästner, Erich: Der Kampf mit den Windmühlen; S. 131. Aus: Erich Kästner. Don Quichotte. Hamburg: Cecilie Dressler Verlag 1992 (1956), S. 36–40.

Krüss, James: Der Uhu und die Unken; S. 111. Aus: J. Krüss. James' Tierleben. Hamburg: Carlsen Verlag 2003, S.106.

Krüss, James: Die kleinen Pferde heißen Fohlen; S. 106/116. Aus: J. Krüss. James' Tierleben. Hamburg: Carlsen Verlag 2003.

Lindgren, Astrid: Pippi findet einen Spunk; S. 295. Aus: A. Lindgren. Pippi findet einen Spunk. Hamburg: Oetinger Verlag 2009.

Lingg, Hermann von: Das Krokodil; S. 118. Aus: Hör zu, es ist kein Tier so klein, das nicht von dir ein Bruder könnte sein. Gedichte und Bilder. Hrsg. v. A. Abmeier. Hamburg: Carlsen Verlag 2006, S. 46.

Maar, Paul: Mitten in der Nacht; S. 115. Aus: Ich liebe dich wie Apfelmus. Die schönsten Gedichte für Kleine und Große. Hrsg. v. A. Fried. In Zusammenarbeit mit U.-M. Gutzschhahn. 2. Aufl. München: cbj 2006, S.14.

Maar, Paul: Till Eulenspiegel trifft die Schildbürger; S. 137. Aus: Östlich der Sonne und westlich vom Mond. Die schönsten Kindergeschichten. Hrsg. v. P. Maar. 2. Aufl. Berlin: Aufbau-Verlag 2007, S. 245 f.

Morgenstern, Christian: Die Vogelscheuche; S. 119. Aus: Chr. Morgenstern. Alle Galgenlieder. Frankfurt am Main: Insel Verlag 1972.

Northon, Jonathan: Der Dschungeltanz; S. 103. © Die Ampelmännchen Edition, Editiones Musicales Peter Thomas P.T.V., Castagnola-Lugan, Schweiz.

Nöstlinger, Christine: Karpfenschuppe; S. 114. Aus: Großer Ozean. Gedichte für alle. Bilder, Fotos, Illustrationen. Hrsg. v. H.-J. Gelberg. Weinheim/Basel: Beltz & Gelberg 2000, S. 206.

Padgett, Ron: Die Giraffe; S. 118. Aus: Hör zu, es ist kein Tier so klein, das nicht von dir ein Bruder könnte sein. Gedichte und Bilder. Hrsg. v. A. Abmeier. Hamburg: Carlsen Verlag 2006, S. 118.

Peters, Jelko: Ein Verwirr-Märchen; S. 140.

Pontiggia, Giuseppe: Das Versteck; S. 73. Aus: Ich möchte einfach alles sein. Geschichten, Gedichte und Bilder aus der Kindheit. Hrsg. v. U.-M. Gutzschhahn. München: Deutscher Taschenbuch Verlag (dtv) 1999 (München/Wien: Carl Hanser Verlag 1998), S. 213.

Preuß, Gunter: Der Sprung; S. 77 f. Aus: Mut tut gut! Geschichten, Lieder und Gedichte vom Muthaben und Mutmachen. Hrsg. v. R. Portmann. Würzburg: Arena Verlag 1994, S. 37 ff.

Preußler, Otfried: Die Mühle im Koselbruch; S. 262 f. Aus: O. Preußler. Krabat. Stuttgart/Wien: Thienemann Verlag 2008.

Richter, Jutta: Der Rattenkönig; S. 73. Aus: Ich möchte einfach alles sein. Geschichten, Gedichte und Bilder aus der Kindheit. Hrsg. v. U.-M. Gutzschhahn. München: Deutscher Taschenbuch Verlag (dtv) 1999 (München/Wien: Carl Hanser Verlag 1998), S. 48.

Richter, Jutta: Die Kellerkatze; S. 81 f. Aus: Ich möchte einfach alles sein. Geschichten, Gedichte und Bilder aus der Kindheit. Hrsg. v. U.-M. Gutzschhahn. München: Deutscher Taschenbuch Verlag (dtv) 1999 (München/Wien: Carl Hanser Verlag 1998), S. 45 ff.

Ringelnatz, Joachim: Die Ameisen; S. 106/117. Aus: J. Ringelnatz. Und auf einmal steht es neben dir. Gesammelte Gedichte. Berlin: Henssel Verlag 1958.

Ringelnatz, Joachim: Pinguine; S. 109. Aus: J. Ringelnatz. Das Gesamtwerk in sieben Bänden. Hrsg. v. W. Pape. Zürich: Diogenes Verlag 1994.

Ringelnatz, Joachim: Rotkäppchen; S. 149 f. Aus: J. Ringelnatz. Meistererzählungen. Zürich: Diogenes Verlag 1998, S. 164–167.

Rowling, Joanne K.: Eine Romanfigur beschreiben; S. 257. Aus: J. K. Rowling. Harry Potter und der Stein der Weisen. Aus dem Englischen v. K. Fritz. Hamburg: Carlsen Verlag 1998, S. 26.

Ruck-Pauquèt, Gina: Die Kreidestadt; S. 79 f. Aus: G. Ruck-Pauquèt. Wir sind Freunde. KinderBilderLeseBuch. Berlin: Elefanten-Press-Verlag 1983, S. 77 ff.

Rutsch, Gerhard: Tierisches; S. 112/117. Aus: Alles Unsinn. Deutsche Ulk- und Scherzdichtung von ehedem bis momentan. Hrsg. v. H. Seydel. 4. Aufl. Berlin: Eulenspiegel Verlag 1985 (1969), S. 180 f.

Schade, Anne-Katrin: Fliegen wie Batman; S. 101. Aus: Dein SPIEGEL. Heft Nr. 3/2011, S. 70 ff.

Schwedhelm, Joachim: Es war einmal ein Jüngling; S. 151. Aus: DIE ZEIT. Nr. 45. 2.11.1973.

Skala, Marlene: Petronella. Ein Märchen mit vertauschten Rollen; S. 166–173. Bearbeitet von Marlene Skala auf einer Textgrundlage von Jay Williams (Williams, Jay: Petronella. Aus: Tomi Ungerers Märchenbuch. Zürich: Diogenes Verlag 1975).

Steinhöfel, Andreas: „Ich bin für den Spaß am Lesen zuständig"; S. 185. Aus: http://www.hr-online.de/website/rubriken/kultur/index.jsp?rubrik=43074&key=standard_rezension_38204005

Steinhöfel, Andreas: Rico, Oskar und die Tieferschatten; S. 186–190. Aus: A. Steinhöfel. Rico, Oskar und die Tieferschatten. Hamburg: Carlsen Verlag 2008.

Stephan-Kühn, Freya: Vorsicht, Grabräuber!; S. 284. Aus: F. Stephan-Kühn. Viel Spaß mit den alten Ägyptern. Würzburg: Arena Verlag 1990, S. 124 f.

Strohbach, Günther: Verschieden, aber zufrieden; S. 118. Aus: So viele Tage wie das Jahr hat. 365 Gedichte für Kinder und Kenner. Hrsg. v. J. Krüss. Gütersloh: S. Mohn Verlag 1959, S. 171.

THiLO: Im Angesicht des Drachen; S. 129 f. Aus: THiLO. Der Rostige Robert und elf zufällige Zufälle. Geschichten eines unschlagbaren Ritters. Bindlach: Loewe Verlag 2003, S. 38–42.

Vercoutter, Jean: Howard Carter oder die Entdeckung des verschollenen Grabes; S. 285. Aus: J. Vercoutter. Ägypten – Entdeckung einer alten Welt. Ravensburg: Otto Maier Verlag 1990, S. 116 f.

Welsh, Renate: Axel und die Freude; S. 74 f. Aus: Unter dem Sonnenschirm. Hrsg. v. H. Ossowski. Düsseldorf: Patmos Verlag 1989, S. 62 ff.

Zeilinger, Ursi: Ein sauschweinisches Gedicht; S. 108. Aus: http://www.kindernetz.de/aktuell/-/id=140846/nid=140846/did=189764/1bbllxx/.

Zurbrügg, Christina: Einmal; S. 107/116. Aus: Großer Ozean. Gedichte für alle. Bilder, Fotos, Illustrationen. Hrsg. v. H.-J. Gelberg. Weinheim/Basel: Beltz & Gelberg 2000, S. 206.

Texte unbekannter Verfasserinnen und Verfasser

Wie Vögel fliegen; S. 88. Aus: Linder Biologie 1. Hrsg. v. U. Erdmann, W. Jungbauer und O. Müller. Braunschweig: Schroedel Verlag 2008, S. 166.

Anpassung der Vögel an den Luftraum; S. 89. Aus: Netzwerk Naturwissenschaften 5/6. Ein Lehr- und Arbeitsbuch. Hrsg. v. H.-P. Konopka. Braunschweig: Schroedel Verlag 2011, S. 210.

Wie funktioniert das Fliegen?; S. 90 (Z. 1–5). Aus: M. Zeuch. Bionik (WAS IST WAS Bd. 122). Nürnberg: Tessloff Verlag 2006, S. 19.

Vögel und Flugzeuge; S. 91 (Z. 1–14). Aus: M. Zeuch. Bionik (WAS IST WAS Bd. 122). Nürnberg: Tessloff Verlag 2006, S. 20 f.

Vögel und Flugzeuge; S. 91 (Z. 15 ff.). Aus: Netzwerk Naturwissenschaften 5/6. Ein Lehr- und Arbeitsbuch. Hrsg. v. H.-P. Konopka. Braunschweig: Schroedel Verlag 2011, S. 212.

Der Fortschritt der Brüder Wright; S. 92. Aus: Abenteuer Fliegen. Script zur WDR-Sendereihe „Quarks & Co" 2004, S. 4 f.

Wright Flyer contra Airbus A340–600; S. 98. Aus: http://www.stern.de/wissen/technik/technische-entwicklung-wright-flyer-contra-airbus-a340-600-517294.html.

Igel; S. 104. Aus: Meyers großes Kinderlexikon. Lexikon-Geschichten zum Nachschlagen, Lesen und Vorlesen. 5. akt. Aufl. Mannheim/Leipzig/Wien/Zürich: Meyers Lexikonverlag 2002, S. 123 © Bibliografisches Institut & F. A. Brockhaus AG, Mannheim 2002.

Ein Fremder in Schilda; S. 127. Aus: Eulenspiegel, Palmström und Co. Humoristische Texte, Gedichte, Anekdoten. Hrsg. v. M. Sandkühler. Stuttgart: Verlag Urachhaus 2001, S. 41.

Nasreddin Hodscha beantwortet vierzig Fragen auf einmal; S. 127. Aus: Schelmengeschichten. Erzählt v. V. Cibula. Ins Deutsche übertragen v. I. Kondrková. Hanau/M.: Dausien Verlag 1981, S. 109.

Wie Till Eulenspiegel Eulen und Meerkatzen buk; S. 128. Aus: Till Eulenspiegel. Ein Volksbuch. Hrsg. v. H. Marquart. Textbearbeitung v. G. Jäckel. 2. Aufl. Berlin: Verlag der Nation 1978, S. 47 f.

Als es Krapfen regnete; S. 152. Aus: Südamerikanische Märchen. Hrsg. v. F. Karlinger. Frankfurt am Main: Fischer Taschenbuch Verlag 1973.

Das wertvolle Salz; S. 153. Aus: http://www.turkinfo.at/index.php?id=870.

Die Schwanenprinzessin; S. 154 f. Aus: Märchenreise. Ausgewählte Märchen aus Europa. Erarbeitet v. B. Stamer. Braunschweig: Schroedel Verlag 2008, S. 31 ff.

Zitate; S. 178. Aus: http://lesenacht.wordpress.com/zitate-ubers-lesen/ und aus: http://www.pb.seminar-albstadt.de/projekte/forum2007/Leser_werden_Leser_%20sein_Leser%20bleiben_Folien.pdf

Die ersten Werkzeugmacher; S. 202. Aus: I. Robbin. Erfindungen, die unsere Welt veränderten (WAS IST WAS Bd. 35). Nürnberg: Tessloff Verlag 1982, S. 4 ff. (teils übernommen).

Die Menschen erheben sich in die Luft; S. 204. Aus: B. Schuh. 50 Klassiker Erfindungen. Vom Faustkeil zum Internet. Unter Mitarbeit von Almuth Heuner. Hildesheim: Gerstenberg Verlag 2003, S. 176 (teils übernommen/bearbeitet).

Der Zeppelin; S. 205. Aus: B. Schuh. 50 Klassiker Erfindungen. Vom Faustkeil zum Internet. Unter Mitarbeit von Almuth Heuner. Hildesheim: Gerstenberg Verlag 2003, S. 181 (teils übernommen/bearbeitet).

Raumfahrt und Atmosphäre; S. 211. Aus: http://www.kindernetz.de/infonetz/thema/planeten/mondlandung/-/id=27594/nid=27594/did=27618/500ir2/index.html (teils übernommen/bearbeitet).

Was ist ein Mitmachmuseum?; S. 214. Aus: http://www.phaenomenta.de/Luedenscheid/ (bearbeitet).

(Aufrufdatum der Internetseiten: 29. Juni 2011)

Lösung zu Seite 251

Makrele, Igel, Tiger, Nixe

Bildquellen

10: Kohn, Klaus G., Braunschweig; 11–16: Gehrmann, Katja, Hamburg; 18 l.: Jüngling, Stephanie, Weilheim a. d. Teck; 18 r.: Kohn, Klaus G., Braunschweig; 18 m.: Köcher, Ulrike, Hannover; 20–25: Gehrmann, Katja, Hamburg; 26: Kohn, Klaus G., Braunschweig; 28: Gehrmann, Katja, Hamburg; 29 o.: Sportunion Salzburg, Salzburg; 29 u.: Fotoagentur Frank Boxler, Lauf-Simonshofen; 30: Gehrmann, Katja, Hamburg; 31 o. r.: Blickwinkel, Witten (F. Hecker); 31 m. l.: vario images, Bonn; 31 m. m.: Picture-Alliance GmbH, Frankfurt/Main (dpa/Langefeld); 31 m. r.: Picture-Alliance GmbH, Frankfurt/Main (dpa/Patrick Pleul); 31 o. l., u. r.: Roggenthin, Peter, Nürnberg; 31 u. l.: Picture-Alliance GmbH, Frankfurt/Main (dpa/Kay Nietfeld); 33: Picture-Alliance GmbH, Frankfurt/Main (dpa); 34: Getty Images, München (Sabine Lubenow); 35 l.: laif, Köln (Arnold Morascher); 35 r.: Die JugendHerbergen GmbH, Bremen (Danny Gohlke); 37–40: Gehrmann, Katja, Hamburg; 41: Sea Tops, Karlsruhe (D. Reimer); 42: Die JugendHerbergen GmbH, Bremen (Danny Gohlke); 43: Westermann, Technisch-Grafische Abteilung ; 44 o. l.: bildagentur-online GmbH, Burgkunstadt; 44 o. r.: OKAPIA KG Michael Grzimek & Co., Frankfurt am Main (Henry Ausloos); 44 u. l.: OKAPIA KG Michael Grzimek & Co., Frankfurt am Main (Lutz Gerken, Stefan Erns); 44 u. r.: Picture Press Bild- und Textagentur GmbH, Hamburg (Brigitte + Ludwig Werle); 46: Picture-Alliance GmbH, Frankfurt/Main (dpa/Rainer Jensen); 47 o.: www.photo-natur.de, Amöneburg (Andreas Trepte); 47 u.: OKAPIA KG Michael Grzimek & Co., Frankfurt am Main; 48 o.: Wildlife Bildagentur GmbH, Hamburg (F. Graner); 48 u. l.: TopicMedia Service, Putzbrunn (Wernicke); 48 u. r.: OKAPIA KG Michael Grzimek & Co., Frankfurt am Main (Markus Essler); 49: Natur- und Fotodienstleistungen, Eschborn; 50: OKAPIA KG Michael Grzimek & Co., Frankfurt am Main (imagebroker/Ulrich Niehoff); 53 l.: Danegger, Manfred, Owingen-Billafingen; 53 r.: Juniors Bildarchiv GmbH, Hamburg; 54: Carl Hanser Verlag, München (© 1997/Quint Buchholz, Der Sammler der Augenblicke); 56: laif, Köln (Hans-Bernhard Huber); 57–64: Heimrich, Heike, Berlin; 69: Pawle, Margit, München; 71 o.: go-images, Mittenwald; 71 u.: Blickwinkel, Witten (F. Hecker); 72: www.art28.com, Stuttgart (© James Rizzi, www.james-rizzi.com/James Rizzi wird verlegt von Art28); 74–83: Heimrich, Heike, Berlin; 86: Scala Archives, Bagno a Ripoli/Firenze (Courtesy of the Ministero Beni e Att. Culturali); 87 o.: Bridgeman Art Library Ltd. Berlin, Berlin (Bibliotheque de l'Institut de France, Paris); 87 u.: akg-images GmbH, Berlin; 89: Ecke, Julius, München; 90 o.: Gehrmann, Katja, Hamburg; 90 u.: Verlagsarchiv, Braunschweig; 91 o. l.: TopicMedia Service, Putzbrunn (Sohns); 91 o. r.: TopicMedia Service, Putzbrunn (Rosing); 91 u. l.: Imago, Berlin (Imagebroker); 91 u. r.: vario images, Bonn; 92: INTERFOTO, München (awkz); 94 Alcock: Focus Photo- u. Presseagentur GmbH, Hamburg (SPL); 94 Blériot: Picture-Alliance GmbH, Frankfurt/Main (dpa/empics); 94 Brown: wikimedia.commons; 94 Earhart: Getty Images, München (New York Times Co./Kontributor); 94 Johnson: Getty Images, München (Hulton Archive/Ruth Hollick); 94 Lindbergh: Focus Photo- u. Presseagentur GmbH, Hamburg (Science Photo Library); 94 o.: Tessloff Verlag, Nürnberg (Illustration aus: WAS IST WAS Band 10, Titel: Fliegerei und Luftfahrt); 96: Corbis, Düsseldorf (Hulton-Deutsch Collection); 97: Westermann, Technisch-Grafische Abteilung ; 98 o. l.: Blickwinkel, Witten (R. Linke); 98 o. r.: mauritius images GmbH, Mittenwald (Kalt); 98 u. l.: Getty Images, München (Katsuhiko Tokunaga/Check Six); 100: Tessloff Verlag, Nürnberg (Illustration aus: WAS IST WAS Band 10, Titel: Fliegerei und Luftfahrt); 101 l.: Picture-Alliance GmbH, Frankfurt/Main (dpa/Nic Bothma); 101 r.: Nature Picture Library, Bristol (Kim Taylor); 102: Meyer, Kerstin, Hamburg; 103–109: Pawle, Margit, München; 110: akg-images GmbH, Berlin; 111–120: Pawle, Margit, München; 121: Kohn, Klaus G., Braunschweig; 122–124: Pawle, Margit, München; 126–134: Heimrich, Heike, Berlin; 138, 139: Pawle, Margit, München; 141: Picture-Alliance GmbH, Frankfurt/Main (DB Brüder Grimm Museum); 143–147: Pawle, Margit, München; 149 o.: Picture-Alliance GmbH, Frankfurt/Main (dpa); 149 u., 151, 153: Pawle, Margit, München; 154: Verlagsarchiv, Braunschweig; 155: akg-images GmbH, Berlin; 156, 157: Pawle, Margit, München; 159: Tee and Charles Addams Foundation, Wainscott/NY; 160: Scala Archives, Bagno a Ripoli/Firenze (© VG Bild-Kunst, Bonn 2012); 162: Gehrmann, Katja, Hamburg; 164 o.: akg-images GmbH, Berlin; 164 u.: Rassmus, Jens, Kiel; 165: Skala, Marlene, Altenhundem; 166, 170: Vonderwerth, Klaus, Berlin; 171, 173: Skala, Marlene, Altenhundem; 174: Pawle, Margit, München; 175: Skala, Marlene, Altenhundem; 176: Vonderwerth, Klaus, Berlin; 177: Skala, Marlene, Altenhundem; 178, 179 l.: Heimrich, Heike, Berlin; 179 2. v. o. r.: Carlsen Verlag GmbH, München (Rick Riordan/Gabriele Haefs: Percy Jackson – Der Fluch des Titanen, Bd. 3, Carlsen Verlag GmbH, 2010); 179 o. r.: Ravensburger Buchverlag Otto Maier GmbH, Ravensburg (Susan Meredith: Was Mädchen wissen wollen: Das Mädchenfragebuch, © 2008); 179 2. v. u. r.: Franckh-Kosmos Verlags-GmbH & Co. KG, Stuttgart (Hendrik Buchna: Die drei ??? Im Zeichen der Schlangen, Kosmos © 2011); 179 u. r.: Arena Verlag GmbH, Würzburg (Antje Babendererde: Der Gesang der Orcas, © 2006); 180–184: Heimrich, Heike, Berlin; 185: Lehnhof, Ingo, Braunschweig (Foto Andreas Steinhöfel: Intro, Berlin/Martin Lengemann. Illustrationen und Cover: Carlsen Verlag, München. © 2008. Aus: Andreas Steinhöfel. Rico, Oskar und die Tieferschatten. Mit Illustrationen von Peter Schössow); 188, 189: Carlsen Verlag GmbH, München

(© 2008. Aus: Andreas Steinhöfel. Rico, Oskar und die Tieferschatten. Mit Illustrationen von Peter Schössow); 190 l.: Carlsen Verlag GmbH, München (Andreas Steinhöfel: Rico, Oskar und das Herzgebreche – mit Bildern von Peter Schössow); 190 r.: Carlsen Verlag GmbH, München (Andreas Steinhöfel: Rico, Oskar und der Diebstahlstein – mit Bildern von Peter Schössow); 192: Kohn, Klaus G., Braunschweig; 195: Heimrich, Heike, Berlin; 196–201: Gehrmann, Katja, Hamburg; 202 m.: Thüringisches Landesamt für Denkmalpflege und Archäologie, Weimar; 202 o.: Tegen, Hans, Hambühren; 202 u.: Stiftung Neanderthal Museum, Mettmann; 204: akg-images GmbH, Berlin (World History Archive); 205 o.: A1PIX – Your Photo Today, Taufkirchen (Bildagentur Geduldig); 205 u.–208: Gehrmann, Katja, Hamburg; 210: Astrofoto, Sörth (Bernd Koch); 211 l.: Astrofoto, Sörth (NASA); 211 r.: Picture-Alliance GmbH, Frankfurt/Main (epa/AFP/NASA); 214: PHÄNOMENTA Lüdenscheid, Lüdenscheid (Interaktives Museum für Physik und Technik/Fotostudio Dahlhaus); 217–228: Gehrmann, Katja, Hamburg; 230: mauritius images GmbH, Mittenwald (Steve Bloom Images); 231: mauritius images GmbH, Mittenwald (corbis); 232–246: Skala, Marlene, Altenhundem; 247: Verlagsarchiv, Braunschweig; 248–251: Skala, Marlene, Altenhundem; 252: Cinetext Bildarchiv, Frankfurt am Main (Sammlung Richter); 253: Picture-Alliance GmbH, Frankfurt/Main (KPA); 255 o.: Skala, Marlene, Altenhundem; 255 o. l.: alamy images, Abingdon/Oxfordshire (Tibor Bognar); 255 o. m.: Corbis, Düsseldorf (Fridmar Damm); 255 o. r.: Corbis, Düsseldorf (Don Hammond/Design Pics); 255 u. l.: Corbis, Düsseldorf (Régis Bossu/Sygma); 255 u. m.: Getty Images, München (Katsuhiko Tokunaga/Check Six); 255 u. r.: ANDIA, Pacé (Aucouturier); 256: Picture-Alliance GmbH, Frankfurt/Main (dpa); 257: ddp images GmbH, Hamburg; 258–262: Skala, Marlene, Altenhundem; 263: Junges Theater Bonn; 264: Erlebnis-Zoo Hannover; 268–271: Pawle, Margit, München; 272: Picture-Alliance GmbH, Frankfurt/Main (dpa/Wolfgang Kumm); 274: OKAPIA KG Michael Grzimek & Co., Frankfurt am Main (imagebroker/Mark Newman/FLPA); 275: TopicMedia Service, Putzbrunn (pm/Andreas Schuster); 276: Pawle, Margit, München; 277: Lotos Film, Kaufbeuren; 278: akg-images GmbH, Berlin (Hervé Champollion); 279, 280: Pawle, Margit, München; 281: mediacolors Bildagentur & -Produktion, Zürich; 282: aus: Jean Vercoutter: Ägypten, Entdeckung einer alten Welt. Abenteuer Geschichte. Ravensburger Verlag © 1990. Illustrationen von Dominique Thibault/Editions Gallimard Jeunesse, Paris; 283, 284: Pawle, Margit, München; 285: Verlagsarchiv, Braunschweig (Schroedel Archiv); 286: bpk – Bildagentur für Kunst, Kultur und Geschichte, Berlin (SMB/Ägyptisches Museum und Papyrussammlung/M. Büsing); 287: Pawle, Margit, München; 288: Corbis, Düsseldorf (Brooklyn Museum, New York (USA)); 289: Pawle, Margit, München; 292: Verlagsarchiv, Braunschweig; 293: Picture-Alliance GmbH, Frankfurt/Main (dpa/Dassault Systemes); 294: Kunsthalle Mainz, Mainz (© Fotografie: Norbert Miguletz/© VG Bild-Kunst, Bonn 2012); 296–303: Heimrich, Heike, Berlin.

Unregelmäßige Verben

Infinitiv	Präsens	Präteritum	Perfekt
befehlen	du befiehlst	er befahl	er hat befohlen
beginnen	du beginnst	er begann	er hat begonnen
beißen	du beißt	er biss	er hat gebissen
biegen	du biegst	er bog	er hat gebogen
bitten	du bittest	er bat	er hat gebeten
blasen	du bläst	es blies	er hat geblasen
bleiben	du bleibst	er blieb	er ist geblieben
brechen	du brichst	er brach	er hat/ist gebrochen
bringen	du bringst	er brachte	er hat gebracht
denken	du denkst	er dachte	er hat gedacht
erschrecken	du erschreckst/ du erschrickst	er erschreckte/ er erschrak	er hat erschreckt/ er ist erschrocken
essen	du isst	er aß	er hat gegessen
fahren	du fährst	er fuhr	er hat/ist gefahren
fallen	du fällst	er fiel	er ist gefallen
fangen	du fängst	er fing	er hat gefangen
finden	du findest	er fand	er hat gefunden
fliegen	du fliegst	er flog	er hat/ist geflogen
fließen	es fließt	es floss	es ist geflossen
fressen	du frisst	er fraß	er hat gefressen
frieren	du frierst	er fror	er hat/ist gefroren
geben	du gibst	er gab	er hat gegeben
gehen	du gehst	er ging	er ist gegangen
gelingen	es gelingt	es gelang	es ist gelungen
geschehen	es geschieht	es geschah	es ist geschehen
gewinnen	du gewinnst	er gewann	er hat gewonnen
gießen	du gießt	er goss	er hat gegossen
greifen	du greifst	er griff	er hat gegriffen
haben	du hast	er hatte	er hat gehabt
halten	du hältst	er hielt	er hat gehalten
hängen	du hängst	er hing	er hat gehangen
heben	du hebst	er hob	er hat gehoben
heißen	du heißt	er hieß	er hat geheißen
helfen	du hilfst	er half	er hat geholfen
kennen	du kennst	er kannte	er hat gekannt
klingen	du klingst	er klang	er hat geklungen
kommen	du kommst	er kam	er ist gekommen
können	du kannst	er konnte	er hat gekonnt
laden	du lädst	er lud	er hat/ist geladen
lassen	du lässt	er ließ	er hat gelassen
laufen	du läufst	er lief	er hat/ist gelaufen
leihen	du leihst	er lieh	er hat geliehen
lesen	du liest	er las	er hat gelesen
liegen	du liegst	er lag	er hat/ist gelegen
nehmen	du nimmst	er nahm	er hat genommen